A History of

FRANCE

从高卢人到戴高乐

法国简史

［英］约翰·朱利叶斯·诺威奇 著　陈薇薇 译

John Julius Norwich

中国友谊出版公司

献给我的母亲，

最初是她将我带到法国，

教会我像她一样热爱这个国家。

目　录

前　言

　　"这一生中，我对法国始终有一种设想。"戴高乐将军回忆录中的这句开场白早已举世闻名。带着无限的谦卑，我亦一直怀有这样一个设想。我想，这源于我初访法国的经历。1936 年 9 月，我还是个不满 7 岁的孩子，母亲带我在艾克斯莱班度过了两周的时光，她这么做主要是为了让我戒掉对英国保姆的依赖。时至今日，我依然能感受到当初跨越英吉利海峡时的兴奋之情，一幕幕恍如发生在昨日一般；一大群行李工来来往往，他们那蓝绿色的束腰短上衣散发出令人窒息的大蒜味；我被一片喧闹的法语声包围（鉴于从 5 岁起我每周都要上两次法语课，对当时的我而言，听懂法语已不成问题）；诺曼底的田野一望无际，奇怪的是，不见树篱的踪影；还有暮色中的巴黎火车北站和戴着警帽、拿着雪白色小警棍的警察们；以及我与埃菲尔铁塔的初见。我们来到了艾克斯一家简朴的、带有漂亮花园的小旅店，当母亲忙着安抚我，用法语和我对话时，一个名叫西蒙娜[①]的年轻女孩负责照料我。

　　战前，我还去过法国两次，其中一次是和父母亲一道在巴黎待了一周，我们做了所有老套的事。我们乘坐观光船游览了塞纳

---

① 　后来她有了一个孩子（我想孩子的父亲是一个美国兵），她用我母亲的名字，给孩子命名"戴安娜·维尔康姆"（Diana Welcome）。

河，去参观了卢浮宫（我对卢浮宫厌烦至极）和下水道（我对此倒是兴致盎然），登上了凯旋门顶部——相比埃菲尔铁塔，在这里能欣赏到更好的巴黎风貌，仿佛是在飞机上俯瞰一般。当然了，我们也去了埃菲尔铁塔，不仅登顶，还在塔内那家极为考究的餐厅享用了午餐。父亲声称这是他最爱的巴黎餐厅，因为这是唯一看不到这座铁塔的地方。我记得看到遍布整座城市的餐厅时的惊讶：竟然有这么多人在室外用餐。在战前的伦敦，餐厅数量寥寥无几，将餐桌摆到人行道上几乎是闻所未闻。我的另一个记忆是，几乎所有的少年都戴贝雷帽，穿灯笼裤，数百名少年会定期在香榭丽舍圆点广场上一个规模庞大的面向集邮者的市场聚会。8年后，父亲当上大使，我们在法国的生活变得很不一样。那时我还在上学，但节假日往往是在法国的一座官邸度过的，包括1944年战时的圣诞节。我认为，位于圣奥诺黑市郊路的沙罗斯特府邸（其正式名称）是世界上最漂亮的大使官邸。这处府邸此前为拿破仑的妹妹波利娜·博尔盖塞所有；滑铁卢战役后，惠灵顿公爵短暂出任驻法大使，在此期间他将其买下；过去200年时间里，该府邸一直是英国驻法大使官邸。那年冬天很冷，这里是极少数暖和的地方之一，还无限量供应威士忌和杜松子酒——自战争爆发后，法国就找不到这两样东西了。每天晚上，这里聚满了包括让·谷克多在内的巴黎上流社会精英。很快，它就变成某种意义上的学会，被称为"绿色沙龙"。沙龙的女王是女诗人，也是我父亲的情妇，路易丝·德·维尔莫兰，有时候，她会在大使馆连续待上数周。（我母亲不知嫉妒为何物，她对路易丝的爱几乎和我父亲对路易丝的爱不相上下。这并不奇怪：路易丝是我认识的最迷人的女性之一。我们成了很好的朋友，她教了我很多动听的法国歌曲，晚餐之后，我会在吉他的伴奏下演唱这些歌。）沙龙里的政治家屈指可数，作家、画家和演员很多。我记得舞台设计师克里斯蒂安·贝拉尔德，又被称为贝贝，他是沙龙的另一位常客。一天晚上，他把他的小哈巴狗带来了，它立刻在地毯上拉了一小坨干干的屎。贝贝毫不犹豫地将屎捡起来放进自己的口袋。事后，母亲说这是她见过的最得体的举止。参与聚会的绝不只有法国人，还有来访的英国人、美国人以及任何我父母亲认识并正好路过官邸的人。

回首那些日子，我只有一个遗憾：当时的我偏小两三岁。相较自己的年龄，我觉得自己的表现尚可算早熟，但对所有这些名人，我知道的只有他们的名字而已。我直呼让·谷克多为"让"，给他调马提尼酒，可我从没读过他写的东西。倘若1944年那年我是18岁而非15岁，我会知道并学到更多。可事实如此，没什么好抱怨的，能够出现在那里，我已足够幸运。

父亲刻意将其工作出行安排得与我的假期相一致，我们得以造访了这个国家的每一个角落。1945年复活节，战争行将结束之际，我们驱车南下，沿途偶尔会经过锈迹斑斑、被烧毁的坦克。这是我第一次看到地中海。在看过灰绿色的英吉利海峡后，地中海呈现出来的湛蓝色令我终生难忘。1946年，我和一个同学一同骑车从阿维尼翁出发，穿越普罗旺斯到尼斯。不过酷热、因战争而变得坑坑洼洼的路面以及车胎无休止地被扎破（多亏有合成橡胶制成的内胎）使这次旅程变得不尽人意。1947年，在等待加入海军期间，我还在斯特拉斯堡和一家令人愉悦的阿尔萨斯人一起度过了6个月，并且在大学听德语和俄语课（我从12岁起就开始上灵格风课程）。我非常喜欢斯特拉斯堡，除了房东太太不断试图

剥夺我的处子之身而导致我的厌恶尴尬——她总是在丈夫回来前
5分钟这么做。（现在回想起来，她很有可能每天晚上在床上把一
切都巨细无遗地告诉她丈夫，然后两个人一起窃笑。）那年年末，
在离开大使官邸后，我们就一直住在尚蒂伊外一座湖畔的房子里。
彼时，法国已经成为我永远的家，唯一的家，我越来越爱它。

正是待在大使官邸期间，我第一次也是最后一次见到了戴高
乐将军。那是1947年6月6日，诺曼底登陆3周年纪念日。在
海滩举行完纪念仪式后，人们在最近的酒店享用丰盛的自助午餐。
出于某些原因，我无法像父母那样在前一晚赶到那里。我不得不
在纪念日当天驱车赶路。当时的我17岁，那是我第一次独自长
途开车。我本希望能在午餐时间赶到，却无可救药地在诺曼底没
有标记的窄巷里迷了路，直到午餐即将结束时才到达目的地。父
亲将我介绍给将军，让我受宠若惊的是，他完全站起身来和我打
招呼——他站起来有6英尺5英寸高。[①] 我深感荣幸，不过同时，
我也已饥肠辘辘，所有的食物似乎都已经被收走了。桌上只剩下
一个盘子——将军的盘子，盘子上面摆着一大块看上去没有动过
的苹果馅饼。我死死盯着那个馅饼。"你觉得他会吃吗？"我问母
亲。"我怎么知道？"她说，"你最好去问他。"在经历了一番饥
饿与羞怯的短暂斗争后，饥饿占据了上风，我来到将军的餐桌前。
"对不起，我的将军，"我说，"您打算吃您的苹果馅饼吗？"他
微微一笑，立刻把盘子推给我，还道歉说把烟灰都弹到了馅饼上。
我意识到自己刚才的行为有点过分，便说道，能够吃到将军的烟
灰是一种荣幸——事实证明这样一句俏皮话大获成功。这是我与

---

① 1英尺约合0.3米；1英寸约合0.03米。——编者注

这位伟人的唯一一次对话，但不同于他和我父亲或和温斯顿·丘吉尔之间的大多数对话，这是一次再友好不过的谈话。

这本书不是面向专业历史学家的，书中写的全都是他们早已熟知的东西。这本书是专门为普通读者写的，即那些被法国人迷人地用法语称作"l'homme moyen sensuel"的人，并且，我是抱着说英语的普通人对法国历史知之甚少这一看法写下本书的。我们或许对拿破仑、圣女贞德、路易十四有所了解，但对我们中的大多数人而言，对法国历史的了解也仅限于此。在我就读过的3所学校里，学到的只有我们赢下的那几场战役：克雷西战役和普瓦捷战役，阿金库尔战役和滑铁卢战役。

于是，我试图通过这本书来填补空白。我想谈谈受可憎的"美男子"腓力迫害的圣殿骑士团的悲惨命运，以及这位国王的儿媳在奈斯勒塔的故事；谈谈了不起的蓬帕杜夫人和令人厌恶的曼特农夫人；谈谈如今几乎被人们遗忘的路易-腓力——他或许是法国有史以来最好的国王；而这些还只是开始。第1章快速地回顾了从高卢人和尤利乌斯·恺撒到查理大帝这段贯穿约8个世纪的历史。不过随着叙述的继续，节奏不可避免地会慢下来。第21章只讲述了第二次世界大战的那5年时光，本书的讲述也到此为止。所有历史书都必须有一个明确的截止点，否则就可以一直延续到当下发生的事件。虽然我或许可以讲到越南和阿尔及利亚，但绝无可能写到欧盟。不：1945年是旧时代的终结，新时代的开启。第四和第五共和国得另找一位编年史家了。（事实上，已经有好几位负责叙述这段历史的专家了。）

在类似的入门书中，作家通常被允许增添自己的注解，不过这本书并不期待这样的自由。我得承认，我在最后两章中偶尔也打破了这一规则。1937 年，我的父亲达夫·库珀被任命为第一海军大臣——这是当时给予英国海军大臣的响亮名号——为了表达对内维尔·张伯伦在慕尼黑与希特勒签订条约一事的抗议，他辞去了这一职务；1940 年，他加入温斯顿·丘吉尔的内阁，担任信息大臣；他先是去远东，然后在伦敦从事了一段时间的秘密工作，然后在 1944 年 1 月，他成为戴高乐将军设在阿尔及尔的法兰西委员会的英国代表；8 月，巴黎解放后，他就立刻动身，成为战后英国首位驻巴黎大使。担任过这些职务的他将以这样或那样的方式出现在我们的叙述中。我几乎无法将他排除在外。

在其他方面，我同样有出格之举，尤其是在一致性方面，而我素来哀叹这一良好习惯的缺失。在接下来的篇章里，读者会读到 duke 和 duc、count 和 comte、John 和 Jean、Henry 和 Henri。这些选择偶尔是由于混淆，但更多时候仅仅是我出于语音和谐的考虑——我很清楚，在我听来不错的名字可能会引起他人的厌恶。若是如此，我只能表示歉意。

我知我以前也说过这样的话，但这几乎可以肯定是我写的最后一本书。我享受撰写本书的分分秒秒，视之为一份献给法国的感恩礼物，感谢这个美好的国家多年来给予我的幸福快乐。

约翰·朱利叶斯·诺威奇

伦敦，2018 年 3 月

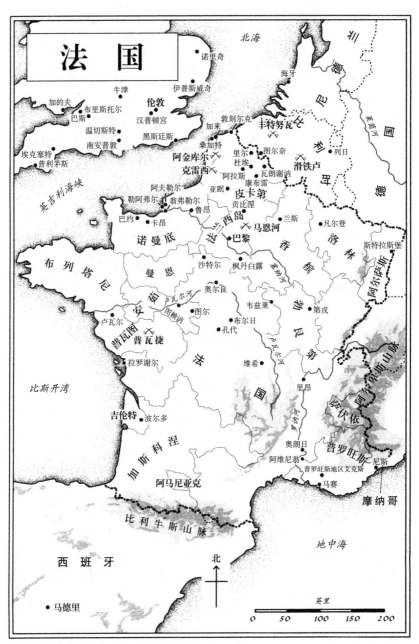

法 国

北海

诺里奇

牛津

伊普斯威奇

海牙

加的夫
布里斯托尔
巴斯

伦敦

敦刻尔克

丰特努瓦

川
德
弗
尼
河

列日

德
意
志
帝
国

汉普顿宫

加来
桑加特
里尔
图尔奈

埃克塞特
普利茅斯

温切斯特
南安普敦

黑斯廷斯

阿金库尔
克雷西

杜埃
阿拉斯
瓦朗谢讷

滑铁卢
康布雷

阿夫勒尔
勒阿弗尔
翁弗勒尔

亚眠
皮卡第
贡比涅

列日

英吉利海峡

巴约
卡昂
鲁昂

法
兰
西
岛

兰斯

凡尔登

斯特拉斯堡

诺曼底

马恩河
巴黎

香
槟

洛
林

阿
尔
萨
斯

布
列
塔
尼

曼
恩

沙特尔
枫丹白露

马
恩
河

塞
纳
河

卢瓦尔河
奥尔良

安
茹

图勒讷
图尔

韦兹莱

第戎

卢瓦尔
普瓦图

普瓦捷

布尔日
孔代

勃
艮
第

拉罗谢尔

法
国

维希

索
恩
河

罗
讷
河

萨
伏
依

阿
尔
卑
斯
山
脉

比斯开湾

吉伦特
波尔多

里昂

加斯科涅

奥朗日

普罗旺斯

阿马尼亚克

阿维尼翁
普罗旺斯地区艾克斯

尼斯

马赛

摩纳哥

比利牛斯山脉

地中海

西 班 牙

北

↑

英里

马德里

0   50   100   150   200

* 此书中地图系原文插附地图。

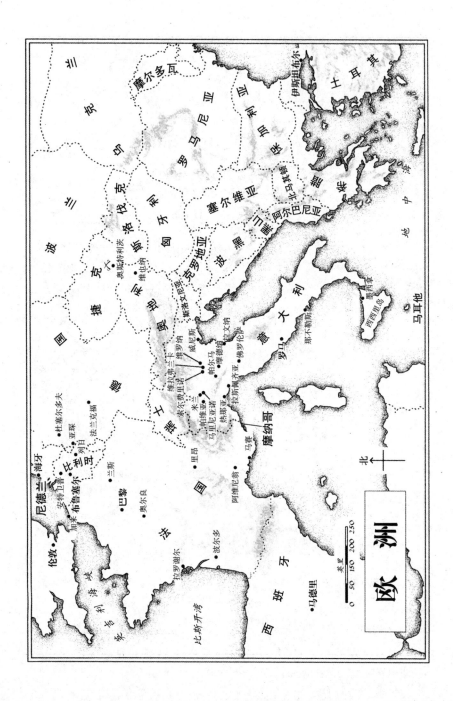

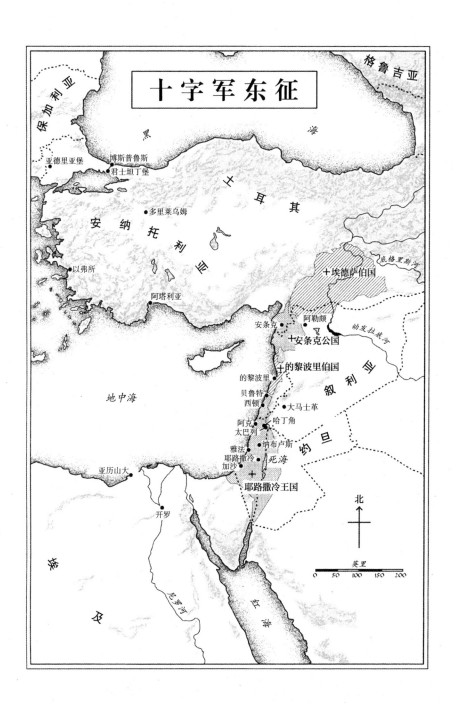

十字军东征

保加利亚　格鲁吉亚

黑海

亚德里亚堡
博斯普鲁斯
君士坦丁堡

土耳其

多里莱乌姆

安纳托利亚

以弗所

阿塔利亚

埃德萨伯国

底格里斯河

阿勒颇

安条克

安条克公国

幼发拉底河

的黎波里伯国

的黎波里

贝鲁特
西顿

叙利亚

大马士革

哈丁角

地中海

阿克
太巴列

纳布卢斯

约旦

雅法
耶路撒冷
加沙

死海

耶路撒冷王国

亚历山大

北

开罗

埃

及

尼罗河

红海

英里

0　50　100　150　200

第 1 章

至暗时刻

公元前 58—公元 843 年

齐心协力的高卢人

组成一个民族

在共同精神的激励下

能挑战宇宙。

——维钦托利纪念碑铭文

　　和英国人一样，法国人也是由各民族融合而成的集体：利古里亚人、伊比利亚人、腓尼基人、凯尔特人，这些还只是开了个头，更不必说古代高卢 500 余个不同的部落了。不过，史前时期——我想我之前可能说过——最好还是留给史前史学家吧。不过有件事或许值得一提，大约在公元前 600 年，一群富有冒险精神、来自小亚细亚爱琴海海岸城邦福西亚的希腊人建立了马赛。只可惜他们没有留下任何纪念性建筑，也没多少相关文化保存下来。我们的叙述真正始于公元前 2 世纪末，当时罗马人征服了现今法国东南角，在此建立其第一个行省（province），这一地区因而得名普罗旺斯（Provence），并且此名沿用至今。他们建立了新城塞克斯泉城作为该省首府，即后来的普罗旺斯地区艾克斯。其余华丽的城市——起先是尼姆，接着是阿尔勒和奥朗日——也纷纷建起来。老普林尼觉得这个地区"更像意大利，而非一个行省"。在当时，这里想必是一个宜居之地。

当被要求说出法国史上第一位英雄的名字时，除了法国人，几乎没有人能说出比查理大帝更早的名字。但对法国人而言，维钦托利——这个名字意为"伟大的勇士国王"或"伟大勇士们的国王"——才是他们心目中最早的重要领袖。更令人惊叹的是，所有关于维钦托利的书面记录都出自罗马人之手，而他们其实能通过贬低其名声获得极大的好处。法国南部是罗马帝国最早也最有利可图的行省。事实上，这一地区有利可图到让罗马人迫不及待地想进一步扩张领土。看到毗邻的高卢"分为三部分"——借用恺撒那句著名的开场白，狡猾的罗马人决定利用这三个相互敌对的部落之间长期以来的紧张关系。恺撒一直声称其于公元前 58 年入侵高卢主要是出于防御和先发制人的考虑；当时，来自北方的高卢部落对罗马行省发起了无数次的突袭，以及几次非常激烈的攻击，恺撒决心出击，杜绝后患。这可能部分属实，这场战争无疑让罗马有机会在莱茵河建起天然边界。但众所周知，恺撒是个野心勃勃的人。罗马共和国正迅速滑向独裁统治，越来越多的权力集中在越来越少的人手中。若能如恺撒所愿，他最终将独掌大权，而要实现这个目标，他需要一支军队，在高卢发动一场重要战争能为他提供这样一支队伍。

尽管许多高卢部落已经达到了一定程度的文明，但反抗恺撒的高卢人基本上还是蛮族。他们没有真正意义上的城镇，居住的村庄通常不过是几座由泥巴和枝条砌成的简陋小屋，这些小屋用茅草盖顶，用原始的栅栏围起来。他们对农业可以说是一无所知，或者说毫不在乎。他们是牧民，而非农民；他们养羊和猪，猎捕鹿——这种动物的数量总是很充足。他们是彻头彻尾的食肉动物，嗜好战斗。他们的骑术甚至很可能远胜罗马人。尽管没有更为精良的罗马武器，但他们的勇气和决心，以及在人数上的优势，使他们成为可怕的敌人。在双方几次最为血腥的交锋中，高卢人总是获胜的一方。他们最终落败的原因，可能只是因为部落社会体系使他们无法达成任何程度的政治统一。

很大程度上正是由于这个原因，在高卢战争的前半段，高卢人中并没有出现杰出的领袖。但在公元前 52 年初，当恺撒前往山南高卢 ① 招募军队时，30 岁的维钦托利成为阿维尔尼人——这个部落生活在现今的奥弗涅地区——的首领。他立刻开始与周围部落结盟，很快就组建起一支具有相当规模的军队。第一步是让高卢人相信，他们的敌人是罗马人，而非邻近的部落。事实证明他是一个能力出众的战略家。维钦托利与入侵者的第一次交锋发生在法国中央高原的日尔戈维亚，他带领高卢人取得了关键的胜利。据恺撒自己的描述，约 750 名罗马军团士兵在这场战斗中丧生，其中包括 46 名百夫长。这个年轻卓越的将军被描述为恺撒迄今面临过的最严重的威胁。维钦托利决意不惜一切代价将罗马人

---

① 即位于阿尔卑斯山这一侧（例如意大利）的高卢人居住区，公元前 2 世纪，这一地区被罗马人征服。

赶出高卢领地，他采取了焦土政策，毁掉了所有能提供食物或庇护的村庄。然而，这场游击战让原住民和入侵者一样付出了巨大的代价。情势发生了变化：轮到要焚烧富庶的定居点阿瓦利库姆时，高卢部落退却了，他们称此地的天然屏障（此地建在山丘之上，为沼泽地所环绕）能起到保护作用。维钦托利不情愿地妥协了，但罗马人对阿瓦利库姆的围困取得了成功，而这证明维钦托利原先坚持的策略是对的。随后的9月，在阿莱西亚①，恺撒赢得了决定性的胜利。落荒而逃的高卢人被罗马骑兵拦截，几乎被屠杀殆尽。在寥寥无几的幸存者中，就有高卢人的领袖，他在战败的次日正式投降。伟大的希腊–罗马历史学家普鲁塔克在公元100年左右用文字描述了维钦托利：这个"首屈一指的战争活跃分子"穿上其最精良的盔甲，给自己的座驾套上最好的辔头，然后骑马出城。他礼节性地绕着备受尊崇的恺撒转了一圈，接着下马，脱掉盔甲，静静地坐在恺撒的脚边，直到被带去监狱。

　　他一定有过自杀的念头，就像人们认为一个世纪后的布狄卡女王在战败后所做的那样。但是，维钦托利被囚禁了5年，然后被迫参加恺撒的凯旋仪式，随游行队伍穿过罗马街头，最终依照惯例被绞死。19世纪，多亏了拿破仑三世，维钦托利被奉为法国第一批伟大的民族英雄之一。在克莱蒙费朗，有一尊这位年轻将军绝妙的骑马雕像，雕像上他的座驾正在飞驰。而在被认为是他参加过的最后一场大战的地方，立着另一尊他的雕像，圆柱柱基上刻着本章开头引用的铭文，雕像上的维钦托利留着极其浓密的

---

① 如今，阿莱西亚已消失得无影无踪，关于其确切地点的讨论有很多。最有可能的地点是奥克苏瓦山，这座山俯瞰着勃艮第的阿利斯–圣雷讷村——不过，历史学家难以将恺撒有关这场战役的描述和当地的地形对得上。

海象胡子，在乔治·克列孟梭之前，几乎没有人可与之媲美。

这场战争又拖了一两年，但阿莱西亚之战后，高卢地区几乎在一切方面都已经为罗马人所掌控。天晓得，高卢人怎么有理由去爱他们的征服者：恺撒无情地对待他们，常常可以说是很残酷，一点儿也不尊重他们。他将他们洗劫一空，不带丝毫的怜悯，将他们的金银财宝占为己有，将数以千计的俘虏卖为奴隶。但随着时间的流逝，高卢人开始意识到事情也有好的一面。没有什么比一个共同的敌人更能让人们团结在一起了，在罗马行政长官的统治下，高卢人变得前所未有的团结；他们的部落体系就此衰落。罗马人建立了三个政府，分别治理凯尔特高卢行省（行省总督驻地设在里昂）、比利时高卢行省（范围大致相当于今日的比利时）以及西南角的阿基塔尼亚；它们立刻开始运转。在 50 年的时间里，高卢地区变了样貌，变成了兴盛的普罗旺斯，拥有全新的道路、城市、乡村别墅、剧场、公共浴场，并且头一遭出现了以正确方式犁过的田地。现在，通过一些努力，一个受过教育的高卢人有望获得罗马公民身份，享有这一身份赋予的所有特权：作为罗马公民，他甚至可能受任指挥军队，或者管理行省。

罗马帝国对高卢的统治还将持续 500 年左右，与我们当今的英国人距离亨利八世的统治的时间差不多。到 2 世纪初，人们开始谈论一种新兴的宗教，它起源于遥远的亚细亚行省，却将在欧洲各地以及更远的地方掀起巨变。和罗马文明本身一样，基督教从地中海地区慢慢向北传播。公元 100 年，第一批传教士抵达马赛，他们又花了将近一个世纪将教义传到里昂。出人意料的是，罗马帝国——此时它已成为一个帝国——在宗教问题上采取了宽容的政策：只要在口头上延续对皇帝的崇拜，人们就能差不多信仰自己想信仰的。然而，基督徒连那也不愿意。因此，不可避免地发生了针对他们的迫害。对基督徒的迫害始于尼禄统治时的公元64年，在罗马大火之后，并断断续续地持续了250年。在公元3世纪和4世纪之交，戴克里先统治时期，对基督徒的迫害到了最黑暗的时刻。殉道者数不胜数，其中包括3世纪的巴黎主教圣德尼。在被斩首后，他平静地捧起自己的头颅，步行数英里[1]，来到如今以他的名字命名的大教堂[2]的所在地，围绕悔悟这一主题进行了场布道。

但黎明随后来临：313年2月，君士坦丁大帝和李锡尼这两位皇帝颁发了米兰敕令，在帝国全境永久确立了对基督徒的宽容政策，25年后，君士坦丁本人也接受了洗礼，但不可否认的是，他是在临死之时才受洗的。[3]此后数个世纪里，虽然法国在宗教战争中将要遭受尤其多的苦难，但基督教的影响力在法国大革命之前都没有再受到威胁。

5世纪初，罗马帝国已经奄奄一息，几乎无法抵御蛮族，哥特人、匈人和汪达尔人从东北方一路袭来，目的就是寻找更温暖的气候和更肥沃的土地。他们并非入侵的军队，而是在进行迁移的整个民族——包括男女老幼。东哥特人、西哥特人和汪达尔人

---

[1]　不过，如迪代方夫人指出的，重要的是第一步。

[2]　作为地名，一般译为"圣但尼"。——编者注

[3]　愤世嫉俗者立刻指出临终受洗的好处：能洗去所有罪恶，且受洗者没有时间犯下更多罪行，因而能像飞雪一样纯洁地升入天堂。

至少是半开化民族，他们都是日耳曼民族，且都是基督徒。遗憾的是，他们也是阿里乌教派异端。不同于正统基督徒，他们坚信耶稣基督不是同永恒的，与圣父并不是一体的，而是圣父在特定时间出于特定目的创造出来的，是被圣父选中来拯救世界的。这使他们与教会产生了冲突，但他们无意摧毁罗马帝国，对帝国，他们除了钦佩，别无他想。他们想要的不过是一方可以居住的土地，也确实得偿所愿。

匈人则不同，他们属于蒙古人种，而且是彻头彻尾的蛮族。大多数匈人仍然在户外环境中生活、睡觉，对农耕甚至熟食不屑一顾，不过传说他们会在骑马的时候将生肉夹在大腿和马的侧腹之间，从而让肉质变得软嫩。在衣着方面，他们喜欢穿用亚麻布或者田鼠皮粗糙缝制而成的束腰短袍。他们会一直穿着这些短袍，从不脱，直到衣服自己解体。（416 年，帝国通过一项法令，禁止穿动物皮或留长发者进入罗马城墙内。）匈人领袖阿提拉个头矮小，皮肤黝黑，塌鼻梁，胡子稀疏蓬乱，有一双机警的小眼睛，和身体相比，他的脑袋显得大。短短几年时间里，他就让自己成为令整个欧洲畏惧的人物：或许除了拿破仑，他比以前和以后的任何人都令欧洲畏惧。

正是这些人在 451 年跨过莱茵河，在法国长驱直入，直至奥尔良。直到 6 月 20 日，在马恩河畔沙隆外的卡塔隆平原，他们被罗马和西哥特联军击败。若阿提拉继续往前推进，法国的历史可能会有很大的不同，可即便是没有他，当时的情况也已经够糟糕了。帝国这一庞大机构开始分崩离析，就连阿尔卑斯山脉两侧的通信往来也中断了，罗马的命令无法抵达山的另一边。476 年，西罗马帝国最后一位皇帝，可怜的孩子罗慕路斯·奥古斯都卢斯——他的名字有双重指小之意——被迫退位，这并不让人意外。

　　随着罗马帝国在实际意义上的消亡——尽管君士坦丁堡的拜占庭皇帝继续宣称拥有帝国权威——高卢地区分裂成诸多蛮族小国，为所谓的国王、公爵和伯爵所统治。常言道，自然界憎恶真空，迟早会出现一个比其他国家更强大的国家，最终占据统治地位。这一回是萨利安法兰克人。在这一地区，他们算是姗姗来迟的，第一次出现是在 2 世纪，在接下来的 300 年时间里，他们渐渐融入高卢-罗马人，并在这个过程中将他们的名字给了现代法国。4 世纪后期，他们的王国由墨洛维之子希尔德里克建立，这一王朝也因此被称为"墨洛温王朝"。481 年，希尔德里克的儿子克洛维成为法兰克人的国王。通过他的东征西讨，几乎整个高卢地区都为墨洛温王朝所统治，他绝对有资格被称作法国第一位国王。他的名字（后来转变成"路易"）将被赋予 18 位继任者，直至法国君主制终结。

　　确实，倘若我们能像看待维钦托利那样，视克洛维为英雄，那将会是一件令人愉悦的事，只可惜我们不能那么做，他就是个恶魔。偶尔，他会通过正当的战斗去消灭敌人，例如 486 年在苏瓦松，他切实终结了西罗马人在意大利境外的统治。但更多时候，他钟情于冷血谋杀，乐意暗杀所有潜在的威胁，不只是法兰克人，还包括其他人。他的谋杀奏效了。当克洛维于约 513 年去世时（确切日期不明），他的统治范围覆盖了现代法国的绝大部分、比利时的全部，往东延伸至德国北部相当远的地方。克洛维还不情愿地放弃了最初信奉的阿里乌教派，这在很大程度上是受了来自勃艮第的妻子克洛蒂尔德的鼓动，496 年的圣诞节，他皈依正统基督教。那一天，阿里乌教派在法国境内的命运就注定了。接下来的几年里，越来越多的臣民将追随克洛维的步伐，最终促使法国与德意志在宗教上达成统一，并持续到下一个千年。也多亏了克洛维的受洗，300 年后，查理大帝和教皇利奥三世能够联手，而这一联手带来了神圣罗马帝国的诞生。

~

在大约 250 年的时间里，墨洛温王朝统治着法国，并且后来险些毁了法国。由稳定政府治理的美好时光已成过去，城镇被任由破败。法兰克人的国王们留着据说代表了太阳光芒的齐肩金发，明显有别于他们的臣民，很容易被分辨出来。他们率领官员和士兵，带着三重密封的巨大宝箱，不停地从一个村庄奔波到另一个村庄，兴致勃勃地发动无休止且无意义的小规模家族战争。即便是在他们不积极参战的日子里，暴力也未曾远离。我们只需以克洛维的孙子希尔佩里克为例，他被后来的法国编年史家图尔的格里高利称为"那个时代的尼禄和希律王"。希尔佩里克的第二任妻子是西班牙西哥特国王的女儿加尔斯温特。这并不是一桩成功的婚姻。一天早上，加尔斯温特被发现死在自己的床上，是被人勒死的。凶手似乎是一个名叫弗雷德贡德的侍女，她当国王的情妇已经有很长一段时间了。就在加尔斯温特死后不久，国王就娶了弗雷德贡德。碰巧的是，加尔斯温特有一个妹妹，名叫布伦希尔达，是希尔佩里克的兄长西吉贝尔特的妻子。这起谋杀在兄弟二人间引发了一系列可怕的争斗，直到 575 年，就在西吉贝尔特的胜利几乎板上钉钉，希尔佩里克任其摆布时，西吉贝尔特被弗雷德贡德谋害了。希尔佩里克又活了 9 年，这期间，他引入了挖眼睛这种新的惩罚手段。584年，他被一个不知名的行凶者刺死，后者可能是布伦希尔达的手下。不过在希尔佩里克死后，他的儿子克洛塔尔二世替父亲报了仇，他抓住了布伦希尔达，将她绑在一匹马的尾巴上，然后让马狂奔。

从理论上说，墨洛温王朝一共有27位国王，但读者大可放心，本书不会对他们的历史展开详述。事实上，即便是27这个数字也只能算是非常保守的估计，这一时期很多时候，法国再次分裂成无数个小王国，常常出现几位国王同时统治的局面。不过，这里必须要提及一个人，因为他是这些国王中最出名的：达戈贝尔一世，法国每个学童都知道，他把裤子穿反了。[①]但除此之外他也做了很多事。630年左右，达戈贝尔一世吞并了阿尔萨斯、孚日和阿登高地，建立起一个新公国，并且定巴黎为首都。虽然以骄奢淫逸著称——所以才会有那首让他显得十分愚蠢的小调——但达戈贝尔十分虔诚，他建造了圣但尼修道院，成为首位安息于此地的法国君主。从10世纪开始，所有法国国王都葬在圣但尼，仅3人除外。

这个时期是黑暗时代，在法国，是至暗时刻。唯一的微光来自教会，不同于动荡的国家，教会表现得稳定、组织有序。此时，基督教会已经牢固确立了等级制度，每一个教区都有一名主教和一群勤勉但多半没受过教育的神职人员。同时，得益于教徒的捐赠以及高效的什一税征收，教会财产稳步增加——教会权力亦是如此：每一个统治者都心知肚明，自己时刻处于被开除教籍，甚

---

① "好国王达戈贝尔/他的裤子穿反了。/伟大的圣人埃利吉乌斯/对他说：'哦，陛下/国王陛下/裤子穿错了。''你说得对，'国王答道，'我会换回来的。'"时至今日，圣但尼市政厅的钟仍然会定期演奏这首曲子。

至是禁行圣事令的危险之中，受惩罚的不仅是其本人，连带着他的臣民也会遭殃。修道院也开始引起人们的注意。长期以来，修道院在东方兴盛发展，东方只有一个修会，即圣巴西略修会，但巴西略主义者本质上是冥想者和隐士。6世纪，西方隐修主义之父圣本笃则持截然不同的观点。身着黑袍的本笃会修士是真正意义上的隐修团体，致力于完全的服从和艰苦的体力劳动，这些劳动以农业为主。但他们也会找时间学习，誊抄手稿——在印刷术发明之前的数个世纪里，这种方式极为重要——在他们生活的那个黯淡压抑的世界里，大致保留了学习和人性的火花。

之后，穆斯林来了。633年，也就是先知穆罕默德去世一年后，穆斯林冲出阿拉伯半岛，其扩张速度之快令人震惊。30年时间里，他们不仅征服了叙利亚和巴勒斯坦，还占据了波斯帝国的大部分、阿富汗以及旁遮普的部分土地。接下来，他们将注意力转向了西方。君士坦丁堡看来是块难啃的骨头，于是他们转向左边，沿着北非海岸前进。此时，穆斯林放缓了前进的步伐，7世纪行将结束时，他们才抵达大西洋，直到711年，他们才做好了穿越直布罗陀海峡进军西班牙的准备。但到732年，距离他们从故乡的沙漠中冲出来还不到一个世纪，这些人已经翻过比利牛斯山，根据传统说法，他们一直前进到距离巴黎仅150英里[①]的城市图尔。最终，法兰克人的统治者查理·马特在那里阻止了穆斯林。爱德华·吉本从双方的这场交战中获得灵感，写出了其最为有名的遐想之一：

---

① 1英里约合1.6千米。——编者注

胜利的行军队伍从直布罗陀巨岩一直延伸至卢瓦尔河畔，长达 1000 英里。再走同样长的路程，萨拉森人就能进入波兰和苏格兰高地境内。莱茵河并不比尼罗河或幼发拉底河更难渡，阿拉伯人的舰队可能不需要经历一场海战就能驶入泰晤士河河口。若是如此，现今牛津的学校或许得教授《古兰经》的释义，学生们可能要向受过割礼的人们宣扬穆罕默德天启的神圣及真理。

现代历史学家立刻指出，同时代及随后的阿拉伯历史学者鲜少提及图尔战役，即便是提及，也只将它认定为相对无关紧要的一段插曲罢了。这些作家提供的证据强烈表明，查理·马特遇到的那群阿拉伯人不过是一支突袭队而已，他们打头阵，可能领先主力部队数百英里，而所谓的图尔战役充其量是一次持续时间略长的小规模冲突。不过我们永远无法确知真相。对我们而言，更重要的是查理·马特这个人。到 7 和 8 世纪，墨洛温王朝的国王是如此堕落放荡，以至于无法有效实施治理。王国的真正统治权掌握在宫相这一显赫的首要官员手中，此时，这一官职已经变成世袭制，由丕平家族的后人继任。"铁锤"查理·马特于 715 年接替父亲成为宫相，此后的 25 年时间里，他是法国的实际统治者，直到其子"矮子"丕平继位。这一变动预示着墨洛温王朝的终结。没过多久，也就是 751 年，丕平迫使最后一位墨洛温国王希尔德里克三世遁入修道院，让教皇为自己加冕，成为法兰克人的国王。他建立了一个全新的王朝，以其父亲的名字（Charles）为这个王朝命名——加洛林王朝（the Carolingian）。

丕平是他那个年代最伟大的欧洲统治者。但遗憾的是，他将在一位更伟大的统治者面前黯然失色，后者便是他的儿子查理，即人们熟知的查理大帝。丕平于 768 年去世，查理登上王位。魁梧的体形、充沛的精力、健康的体魄和惊人的活力（他有 5 位合法的妻子，外加 4 位侍妾）以及简朴的生活方式（除了参加国事，他和臣民一样穿亚麻质地的束腰短袍、猩红色马裤和交叉吊袜带），这一切使查理大帝成了一个近乎传奇的人物。他的权力覆盖范围远超前任们。774 年，他占据了帕维亚，宣布自己为伦巴第国王。回到德意志后，他先是征服了异教徒萨克森人，使他们全都皈依基督教，接着吞并了已经信奉基督教的巴伐利亚。入侵西班牙则没有那么成功，倒是为西欧首部史诗级叙事诗《罗兰之歌》提供了灵感。但查理此后同匈牙利和上奥地利的阿瓦尔人进行了一系列战争，最终摧毁了对方的独立王国，将其领土并入自己的版图。就这样，在一代人多一点儿的时间里，他让法兰克人的王国从诸多半部族的欧洲国家之一发展成了一个拥有广袤疆土的单一政治单元，其规模是自罗马帝国时代以来绝无仅有的。

并且，至少在大多数时候，查理大帝所采取的行动都得到了教皇的热情认可。近半个世纪前，教皇斯德望二世历经千难万阻翻越阿尔卑斯山脉，向查理的父亲丕平寻求帮助以对抗伦巴第。查理本人在 774 年对罗马进行过国事访问，当时的他还是个 32 岁的年轻人，所见所闻给他留下了深刻的印象，他受到了教皇哈德良一世的欢迎。查理确认了父亲将意大利中央的部分区域赠送给教皇的行为，而这些土地将构成教皇国的核心区域。800 年，他为了处理一些更严肃的事再度来到罗马。自 4 年前任职以来，教皇利奥三世持续遭受阴谋迫害，一群年轻的罗马贵族决心除掉他。4 月 25 日，利奥三世竟然在街上遇袭，被打得不省人事。万幸的是，他被朋友救了，并被送至查理位于帕德博恩的行宫，在那里疗养。几个月后，教皇在法兰克密探的保护下回到罗马，却发现自己正面临敌人捏造的一系列严重指控，包括买卖圣职、作伪证和通奸。

但是，谁能审判他呢？谁有资格对基督在世间的代理人下判决呢？通常情况下，唯一能想到的答案是君士坦丁堡的皇帝，可当时占据这一位置的是一个女人，伊琳娜女皇。在利奥和查理心目中，她刺瞎并谋害自己的亲生儿子之事几乎无关紧要；仅仅她是个女人这一点，就让她不够格了。女性被认为是不具备统治能力的，古老的萨利克传统也禁止女性执政。至于欧洲西部，皇帝之位是空置的。

当查理在 800 年末来到罗马时，他很清楚自己的权威并不比伊琳娜大，不足以在圣彼得大教堂主持审判。不过他也知道，尽管那些指控还未被推翻，但基督教界缺少的不只是一位皇帝，还有一位教皇，因此他决意倾尽全力为利奥洗脱罪名。12 月 23 日，在主祭坛上，教皇手按福音书，立下庄重誓言，称自己是清白的，未犯下任何被指控的罪行。至于其证言的真实性，我们只能猜测了。教会会议接受了他的誓言。两天后，查理在圣诞弥撒的尾声起身，利奥将皇冠戴在他头上，所有教徒都为他欢呼。但如其敌人迅即指明的，查理得到的不过是一个头衔罢了：皇冠并没有给他带来新的臣民或一兵一卒，也没有为他增添一寸新的领地。但相比不管多少场征服，这个头衔具有更为深远的重要意义，它意味着经过 400 余年后，欧洲西部再次拥有了一位皇帝。

在历史学家之中，一直存在着这样的争论：这次加冕究竟是利奥和查理共同策划的，还是如当时看起来的，完全在法兰克人的国王的意料之外。这两者中，后者的可能性似乎更大。查理从未对帝位表现出哪怕是丝毫的兴趣，终其余生，他继续以法兰克人和伦巴第人的国王自称。最重要的是，他也不想欠下对教皇的义务；我们有充分的理由相信，事实上，当发现自己被迫承受这样一份义务时，他非常愤怒。另一方面，利奥则开创了一个极为重要的先例。通过为查理加冕这一举动，他强调帝国及其最高统治者查理都是由他创造的。如此一来，全世界都清楚了：教皇，且只有教皇一人才能让皇帝拥有这一头衔。

尽管加洛林文艺复兴被认为是查理大帝的功劳——在其统治期间，修道院学校以及缮写室的数量大大增加——但几乎可以确定他本人基本是文盲。有说法称他识一些字，但他的传记作者艾因哈德生动地记录了皇帝想掌握写作技巧的努力：皇帝将蜡板放在枕头下，睡不着的时候就会拿出来练习。他很努力。"但是，"艾因哈德写道，"他起步太晚，几乎没有取得什么进展。"用肯尼斯·克拉克爵士的话来说，查理就是没法掌握写作的窍门。但这基本没关系：这个半属蛮族的了不起的人物，仅凭借其人格魅力就将新近建立的帝国捏合在了一起。814 年查理大帝离世后，帝国逐步走向衰落，先是遭家族内部瓜分，最后随着查理的血脉在 888 年终结，帝国实际上也彻底解体。这样的结果或许是必然的——与此前的罗马帝国一样，加洛林帝国早就埋下了自我毁灭的种子。它实在太大了，无论是纵向，还是横向，都无法实现像样的沟通。

查理大帝仅剩的儿子"虔诚者"路易一世，为他留下三个孙子。在历经多次冲突后，此三人于 843 年在凡尔登就领土划分达成协议。"秃头"查理得到了罗讷河和索恩河以西几乎所有的法国地区；"日耳曼人"路易二世得到了奥斯特拉西亚（法国东北部大部分地区、比利时和德意志西部）、巴伐利亚、施瓦本和萨克森；而年纪最小的洛泰尔只得到一片狭长的地区，从北海开始，沿着默兹河谷、莱茵河谷和罗讷河谷向南穿过意大利，直到卡拉布里亚。在凡尔登的分割奠定了现代法国和德国的疆域，并让这两个国家，再加上夹在中间的阿尔萨斯-洛林地区，陷入长期的混乱纠缠中。

此外，尽管查理大帝的帝国已经消亡，但他的理念并没有消失。从此，欧洲西部之人几乎能将君士坦丁堡抛诸脑后了。公元800年之前，基督教世界只有一个帝国——属于奥古斯都、图拉真和哈德良的帝国，即便它迁都博斯普鲁斯海峡，却依旧与罗马有着千丝万缕的联系。但博斯普鲁斯海峡与巴黎相距近1500英里；西方如今拥有自己近在咫尺的皇帝，由罗马的教皇加冕的皇帝。墨洛温王朝的大多数国王只不过是暴徒头目而已，加洛林王朝的统治者及其继任者则是耶和华的受膏者。皇帝和教皇将共同统治，他们联手，前者保护后者的肉身，后者要确保其教徒享有精神及文化两方面的福祉。诚然，在接下来的数个世纪里，这一体系将无数次陷入瘫痪，但这个思想始终存在。查理大帝之后，欧洲再也不会同过去一样了。

第 2 章

确是他们自取沉沦

843—1151 年

若上帝呼唤你们这些可怜虫来捍卫他的产业，不要因此认为他的膀臂变短或他的手失去了力量……若非全能上帝的至善、直接的干预，又怎能允许谋杀犯、强暴犯、通奸者、作伪证者以及其他罪人参加他的仪式，获得救赎？

——明谷的圣伯尔纳致德意志教会，

《明谷的圣伯尔纳书信集》

10 世纪初，年轻的金发维京人罗洛率领一支由维京长船组成的舰队沿塞纳河而上。911 年，他从加洛林王朝的"糊涂"查理三世那里获得了封地——今诺曼底东半部的大部分土地。罗洛并非最早的诺曼入侵者。第一波入侵在半个多世纪前来自斯堪的纳维亚森林和峡湾，885 年，这些侵略者甚至试图围攻巴黎。自那以后，他们就以相当稳定的速度持续南下。但是，是罗洛将同胞凝聚在一起，激励大家齐心协力，融入新家园，获得归属感。到912年，他和许多拥护他的人就已经接受了基督教的洗礼。（据吉本所述，其中一些人"为了得到洗礼仪式上分发的白袍，接受了10或12次洗礼"。）在短短一两代人的时间里，诺曼人就成了法国人。他们的语言亦是如此。到940年，虽然古诺尔斯语在巴约及沿海地区仍然通用（估计是因为新来的移民依旧说这种语言），但在鲁昂，它已经被遗忘了。10世纪末，古诺尔斯语彻底消失，几乎没有留下任何踪迹。

罗洛及其朋友只是将慵懒的法国摇醒，终结了其所陷入的混乱。加洛林王朝后期的国王和此前墨洛温王朝的统治者一样糟糕，并且被强大的对手——该王国中势力最强的人物之一，安茹及布卢瓦伯爵"强者"罗贝尔的家族成员——进一步削弱。通过选举君主制^①，"罗贝尔"家族（后来被称为"卡佩家族"）的成员常常与加洛林家族成员轮流登上君主宝座。但这个国家尚未完全成形，通信方式仍处于原始阶段，远比罗马时期糟糕；不尽人意的政府在很大程度上仍然是地方性质的，并被更强大、更富有的土地所有者所控制——这些人后来成为贵族，将附庸们聚集到身边，慢慢发展出我们现在所知的封建制度。地方领主会为自己建造一座城堡，村庄簇拥在城堡周围，必要的时候，村民会躲进城堡避难。每一个人都要宣誓效忠领主，在被召唤时为其战斗。这一制度或许远不够完美，但比无政府状态好得多。

加洛林王朝艰难地维持着其统治，直到987年5月，"懒王"

---

① 这一君主制更像是多头政体，有时候是世袭制，有时候则是选举制，这种做法无疑会制造混乱。

路易五世（法国人在提及他时会冠以"le Fainéant"，意为无所事事）在桑利斯森林狩猎时意外身亡。由于他没有留下合法子嗣，法兰西的领主们聚集在一起，选举其继任者。彼时有两位王位候选人：一位是加洛林公爵下洛林的查理，另一位是于格·卡佩[①]，"强者"罗贝尔的曾孙。根据世袭原则，查理无疑是正统国王。但在讨论初期，鲁昂大主教明确表达了自己的偏好。"王位，"他大声说，"不应是通过世袭权利获得的。当选国王者不应仅仅凭借高贵的出身，还当有过人的智慧。"领主们听取了大主教的这番话，于是，于格·卡佩当选法国国王。

　　这个王位就如同一杯毒酒，于格·卡佩本人对此必定心知肚明。首先，他周围是一群势力强大的封建领主：安茹公爵、阿基坦公爵、（新晋的）诺曼底公爵、佛兰德伯爵和布卢瓦伯爵。这些人在过去一个世纪里纷纷崛起，且都认为自己和于格一样，配得上至高权力。若他们联手造反，他根本无法自保。在南方，于格的王位几乎得不到认可。在那里，图卢兹伯爵的威信远胜国王。于格的臣民甚至没有通用语：布列塔尼地区说凯尔特语；东部边境说日耳曼语；北边说弗拉芒语；普罗旺斯和阿基坦地区说奥克语；更别提全国各地的至少 10 余种方言了。

　　国王这边有什么呢？全票当选当然对他有利，但最重要的是，他拥有教会。教会全力给予其支持，包括举办了可能是教会史上最盛大、最令人难忘的加冕仪式。据称，给于格涂抹的圣油——不仅涂在前额，还抹在其身体的其余部位——和 5 个世纪前圣雷

---

① 卡佩（Capet）这一姓氏听上去极为平民，也确实如此。它源自拉丁语 capatus，意为"披着斗篷"。一开始，这似乎是于格的绰号。让人惊讶的是，如今"卡佩"一词被用于指代他的王朝。

米吉乌斯为克洛维施涂油礼时所使用的一样，那是天堂的一只鸽子带来的。在祝圣礼之后，国王领取了圣餐。当他走出努瓦永大教堂[①]时，他头上戴的王冠在阳光照耀下闪闪发光，想必在很多在场人的眼中，他是半神一样的存在。几乎可以肯定，他是第一位被认为具有治愈淋巴结核（"国王病"）能力的法国国王，据说，他行过这一神迹很多次。

但于格·卡佩始终没有当国王的感觉。从巴黎到奥尔良，他拥有超过 400 平方英里的城镇和庄园，并且在昂热和沙特尔也有一些小规模地产。但对他而言，在法国其余地方出行都是不安全的；要承受几乎肯定会被俘的风险，他或许能保命，可无疑会被扣留以索取赎金——对方很可能开出极端苛刻的条件。一位同时代的人说："查理大帝的继任者不敢离家。"毫无疑问，这种不确定性、这种长期生活在谎言中的感觉使于格从不自称为法国国王，他的继任者亦是如此，直到 12 世纪末的腓力·奥古斯都才打破这一惯例。"法兰克人的国王"是于格加冕时获得的头衔，那之后，他始终是法兰克人的国王。

但于格毕生致力于让法国成为一个真正的民族，不过不可避免的是，他没有完成这一任务。996 年 10 月 24 日，于格在被其设为永久首都的巴黎去世，葬于圣但尼修道院。于格的儿子罗贝尔继承王位，于格在世时就很明智地为儿子行了涂油礼。尽管不是卡佩家族第一个登上王位的人，但于格被很公允地认为是卡佩王朝的奠基者，该王朝对法国的统治一直延续到 1328 年"美男子"查理去世为止。事实上，之后的瓦卢瓦家族以及再后面的波

---

① 768 年，查理大帝在此加冕为法兰克联合国王之一。

旁家族都是卡佩家族的支系，因此可以说，卡佩家族的世系持续了八个半世纪，直至 1848 年，法国最后一位国王退位。

～

10 世纪见证了 8 位法国君主的交替。11 世纪只有 3 位：于格·卡佩的儿子"虔诚者"罗贝尔统治到 1031 年；罗贝尔的孙子亨利一世死于 1060 年；在接下来的 48 年里，则是罗贝尔的曾孙，被臣民称为"多情者"的腓力一世一直占据王座，这在当时可算是非比寻常的景象。这表明法国在 100 年时间里实现了稳定。此时，王位的继承几乎不再有争议，王室权威的覆盖范围大大增加，法国正稳步走在凝结成一个民族的道路上。这个世纪还发生了另外两件重要的事。一件是诺曼人征服不列颠，另一件是第一次十字军东征。

新近到来的诺曼人与卡佩王朝的臣民截然不同。他们很快就表明自己并非法国人最初认为的那种维京蛮族，相反，他们以惊人的速度吸收了东道主的拉丁语言、文化和宗教。此外，他们具备了通常不会与中世纪早期法国联系在一起的品质：非凡的活力和精力，以及对远行和冒险的热爱——没有这份热爱，他们不可能背井离乡。他们高效地治理自己的土地；对法律有深刻的认识，尊重法律；并且他们已经开始建造无论是精美程度还是技术水平都远胜法国东道主的大教堂和教堂。他们于 1066 年完成的征服对法国的影响几乎和对英国的影响相当。"私生子"威廉公爵不再只是法国国王主要的封臣之一，他自己就是一位势力强大的君主，是法国国王的有力对手。

接下来就是十字军东征。1095 年 11 月 27 日，周二，教皇乌尔班二世在克莱芒（今克莱蒙费朗）会议上发表演说，最后，他向人们发出了热情的呼吁。他宣称，异教徒持续占据圣地，尤其是耶路撒冷，这是对基督教世界的侮辱，并且他得知朝圣者正遭受各种羞辱和侮辱。现在所有良善的基督徒出于发自内心的真正信仰，都有责任拿起武器，对抗那些亵渎耶稣基督所经之地的人，收复这片土地。接下来的几个月里，这番话通过教皇本人传至法国和意大利全境，而通过一大批传道士，更是传遍欧洲西部每个角落，引发强烈的反响。就连在遥远的苏格兰，人们也迫不及待地领取十字。无论是神圣罗马帝国皇帝亨利四世，还是刚刚因通奸而被开除教籍的国王"多情者"腓力，与罗马的关系都没有好到能参加十字军东征的程度，不过这样可能正好：乌尔班决意这一伟大的事业应当由基督教会全权掌控，他任命勒皮主教阿德马尔为领袖和教皇的官方使节，阿德马尔是少数曾前往耶路撒冷朝圣的法国教士之一。不过，陪同这位主教出征的还有几位权贵。图卢兹伯爵圣吉尔的雷蒙，他是这几人中最年长、最富有，同时也是最显赫的；法王的弟弟韦芒杜瓦伯爵于格，他在亚得里亚海遭遇可怕的海难，抵达的时候依然惊魂未定；佛兰德伯爵罗贝尔二世；"征服者"之子诺曼底公爵罗贝尔，以及他的妹夫布卢瓦伯爵斯蒂芬；下洛林公爵布永的戈弗雷，和戈弗雷同行的还有他的弟弟布洛涅的鲍德温，后者是没能分到遗产的非长子，他带着妻儿出征，决心在东方建立一个属于自己的王国。

乌尔班是法兰西人；法国早就确立了骑士精神，这显然是一次带有极强法兰西色彩的十字军东征。法国骑士带着高涨的热情投入其中，出乎很多人的预料，这次东征最终取得了——尽管是不义的——轰动的成功。1098 年 6 月 3 日，十字军战士收复了安条克。最终在 1099 年 7 月 15 日，周五，在惨绝人寰的屠戮景象中，基督的士兵杀入耶路撒冷。他们将这座城市的穆斯林屠杀殆尽，将所有犹太人关在主要的犹太教堂中活活烧死，以这种方式来庆祝胜利。紧接着，十字军举行选举，以决定圣地未来的统治者。图卢兹的雷蒙本是公认的候选人，但他拒绝坐上这个位置。他很不得人心，他本人也清楚这一点；他永远不可能指望其他贵族服从并支持他。最后当选的是布永的戈弗雷，而他之所以被选中，更多是因为他真正的虔敬和无可指摘的私生活，而非军事或外交能力。他接受了，不过拒绝在基督戴上荆棘冠的城市被冠以国王的头衔。他认可了"圣墓守护者"这一头衔，并且总是用公爵或亲王的称呼，从不用国王的称呼。但在占领耶路撒冷后，戈弗雷只活了一年。他的继任者就没那么谨小慎微了：他们全都自封为王——耶路撒冷拉丁王国的国王。

十字军的王国当然完全独立于法国，但其几乎所有最有权势的领主都是法国人，且官方语言是法语，法国不可避免地成为最大受益者。从商业角度看，随着新路线和市场的开放，法国势力出现在黎凡特具有重要意义。而朝圣者的大幅增加，使法国能在经济上获利，至少是间接获利。与此同时在法国本土，法兰西君主国明显变得更加稳固，因为很多较具威胁的封建领主都觉得有责任前往圣地，他们中有很多人再也没有回来。

～

1108 年 7 月 29 日，"多情者"腓力终于辞世，其子"胖子"

路易六世继位。路易被称为"胖子"可谓名副其实，在其统治末期，他几乎无法在无人帮助的情况下从王座上站起来。但在持续增加的体重令他无法迈步之前，他总体来说可以算是一位武士国王，是自查理大帝之后最强的君主，一生致力于巩固卡佩王朝在其领土上的至高权威。尽管他的前任们都尽了力，但当路易登基时，这个王国主要的公爵和伯爵依然十分强大，更别提诺曼底公爵威廉了，国王在法兰西岛（即巴黎及其周边地区）以外的地区几乎没有实权。这些大贵族并非国王面临的唯一问题，更令他烦恼的是那些小角色，用强盗贵族来形容他们再合适不过了。简单地说，他们就是靠劫掠为生，对过往商人和朝圣者非法收取过路费，抢劫教堂和修道院，有时还会犯下些轻微的绑架罪行。

多亏了国王忠实的顾问、传记作者兼朋友，圣但尼修道院院长叙热，我们拥有了路易参与的很多战役的详尽记述。其中包括与两位英格兰国王——"征服者"之子及继任者"红脸"威廉和威廉的弟弟亨利一世，后者于1119年在布雷米勒醑畅淋漓地击败了路易——的战斗。但在路易的军事生涯中，获胜的次数要远多于失利的次数。当他于1137年去世时，尽管时局尚不稳定，但他已经控制了很大一部分的法国。不过，他留给自己王国的其中一项最重要的馈赠无关乎政治或治理，而是关系到王朝。就在辞世前几周，国王让自己的儿子兼继承人，又一位路易，娶了法国最重要的女继承人，阿基坦的埃莉诺，她带来的嫁妆是直至比利牛斯山脉的整个法国西南部地区。

可惜，这对夫妻并不般配。路易七世是其父的第二个儿子，最初决心投身教会，只是由于兄长意外身亡才被迫改变计划的。作为一个虔敬到近乎狂热的教徒，他流露出一种忧郁虔诚的气质，这让周围的人都感到压抑，把他年轻的妻子都要逼疯了。"我嫁给了一个修士，"她抱怨道，"而不是一个国王。"埃莉诺长得非常漂亮，生性活泼，对丈夫宫廷内冷冰冰、苦修式的生活深恶痛绝；她渴望回到阿基坦宫廷，享受那里轻松、随心所欲、游吟诗人般的生活，并且她从不掩饰自己的这份渴求。形势很快恶化。1142年，路易一反常态，允许法国王室总管韦芒杜瓦伯爵拉乌尔与妻子埃莱奥诺尔（即香槟伯爵提奥巴尔德二世的妹妹）离婚，从而迎娶埃莉诺的妹妹——阿基坦的彼得罗妮拉。这让提奥巴尔德很是愤怒，进而对路易宣战。这场战争持续了两年。1143年，路易的军队放火焚烧了位于马恩河畔的小镇维特里（今维特里-勒弗朗索瓦）。镇上的男女老少加起来超过1000人躲进教堂，被活活烧死。路易在远处目睹了这场大火，却无力阻止。自那以后，他一直为这一天的惨烈记忆所困扰。他知道自己对此负有责任。唯有一场承诺可赦免所有罪行的十字军东征才足以赎罪。

近半个世纪之前，也就是1098年，当第一次十字军东征的主力部队向圣地进发时，布洛涅伯爵鲍德温转向东面，在幼发拉底河岸边的埃德萨建立起属于自己的伯国。他并没有在那里停留很久，两年后，他接替兄长成为耶路撒冷的国王。但埃德萨仍然是半独立的基督教国家，为理论上的宗主国所统治，直到1144年，摩苏尔总督伊马德丁·赞吉率领一支阿拉伯军队对其进行了25天的围困，埃德萨最终陷落。

这一消息让整个基督教世界深感震惊。在欧洲西部人眼中，第一次十字军东征的成功显然是神之恩惠，而此次埃德萨的失守使他们持有的想当然的信念遭到质疑。半个世纪不到，十字架再度让位于新月。这究竟是怎么一回事？这难道不是上帝盛怒的表现吗？去过东方的行者有时在回来时会反映海外之地（Outremer）的法兰克人普遍堕落了。莫非他们被认为已失去守护圣地、阻止异教徒入侵的资格了？

无论法兰克人对自己的宗教价值抱有怎样的想法，他们在军事上处于劣势是无可辩驳的事实。第一波强烈的讨伐热情如今已消散殆尽。从西方来的移民逐渐减少；仍然有很多朝圣者来此朝圣，他们遵循着古老的传统，手无寸铁地来；即便是那些有备而来的人，也至多参加一场夏季战役。唯一所谓的常备军是由两个军事修会组成的，分别是圣殿骑士团和医院骑士团。但仅靠他们的力量，是无法抵抗如赞吉这样的穆斯林领军人物的。他们亟须增援。教皇必须宣布发起另一次十字军东征，除此之外，别无选择。

当时在法国流亡的教皇尤金三世①欣然同意。这一次，他决定从世俗阶层中选择领军人物，当考虑西方王族权贵时，他只看到一位适合的候选人。理想情况下，这一荣誉应当归神圣罗马帝国皇帝霍亨斯陶芬的康拉德所有，但康拉德在德意志也有自己的麻烦要解决。英格兰国王斯蒂芬已经深陷内战6年之久。至于西西里国王罗杰，则有太多理由将其排除在外。法国的路易七世成为唯一可行的选择。

---

① 当时的罗马为激进修士布雷西亚的阿诺德所掌控，他对教会的世俗权力恨之入骨。

对路易而言，没有比这更好的机会了。1145 年圣诞节，他告诉召集来的直属封臣们，自己决定加入十字军，并号召他们追随自己。将成为此次十字军的随军神父的德伊的奥东记录道："国王因其对信仰倾注的热忱、对世俗享乐和现世荣耀的鄙视而熠熠生辉，因此他本人的存在就是很好的典范，比任何演讲都更具说服力。"然而，这样的说服力是不够的。封臣们的反应令国王失望。他们也必须考虑对自己的领地负有的责任。此外，关于海外之地的传闻说明，那些放纵的同胞大难临头很可能是咎由自取的，就让他们想法子自我救赎吧。就连这位国王昔日的守护者兼导师、头脑冷静的神职人员、修道院院长叙热也坚决反对东征这一提议。但路易决心已定。若他本人无法将东征的热情之火注入封臣心中，就必须得找一个能完成这项任务的人。他写信给教皇，表示接受后者邀请。然后他找来明谷的圣伯尔纳。

彼时的圣伯尔纳 50 多岁了，是欧洲最具影响力的宗教人物。在我们当代的客观观察者——这样的观察者完全不受圣伯尔纳令人难以置信的个人魅力影响，而他就是用这种个人魅力轻松支配着所有与其有过接触的人的——眼中，他并非一个讨人喜欢的人。伯尔纳身材高大，形容枯槁，面色不好（他一辈子都处在节食中，所以长期忍受着疼痛的折磨），他因为异乎寻常的宗教热情——这种热情不容宽容或克制存在——而憔悴。他的公众生涯始于 1115 年。当时，熙笃修道院院长，英格兰人斯蒂芬·哈丁派伯尔纳去香槟的明谷建立一座分院，实际是让伯尔纳不再受修院规范的束缚。从那时起，尽管并不是伯尔纳的本意，但他的影响力日渐扩大。在人生最后的 25 年里，他一直四处奔波，忙于传道、劝导、争辩，写了无数封信，不由自主地投入每一场他认为与基督教基本原则有关联的争论中。

对伯尔纳而言，这是一项能追随自己内心的事业。尽管他已经精疲力竭，真心渴望退隐到宁静的修道院中，但面对国王的召唤，他以非凡的热情回应，正是凭借这股热情，在超过四分之一个世纪的时间里，他成为基督教世界里最具影响力的精神发言人。他愿意在法国发起十字军运动，同意出席国王为即将到来的复活节在韦兹莱举行的集会并发表讲话。伯尔纳这个名字所拥有的魔力立刻开始显现，当集会那一天到来时，法国各地的男男女女都拥入这座城市。由于人数太多，大教堂容纳不下，一个巨大的木质平台被匆忙地搭建在山坡上。[①] 1146 年 3 月 31 日，棕枝主日的上午，正是在这个平台上，伯尔纳出现在民众面前，发表了其生涯中最具重大意义的演讲之一。根据奥东的记录，他的身体是如此虚弱，似乎已经被死亡触碰到了。国王站在他旁边，而国王胸前可以看到教皇给他的用于代表其决定的十字架。两人一起登上平台，伯尔纳开始讲话。

我们没能获得这番讲道词的文本，但就伯尔纳而言，真正能对其听众产生影响的是他演讲的方式，而不是言语本身。我们所知道的是，他的声音"如天国的管风琴"传遍整个草坪。当他讲话时，人群起初保持静默，随后便高喊着要求领取属于自己的十字。一捆捆用粗布剪成的十字早已准备好，用于分发给民众。当这些全都发完后，院长脱下自己的长袍，将之撕成条状，以制作更多十字，其他人纷纷效仿。夜幕降临时，他和帮手仍然忙着缝制十字。

---

① 该平台一直保留到 1789 年，法国大革命期间被毁。

　　对圣伯尔纳而言，韦兹莱的成功如同一剂强心针。他不再考虑回明谷，反而是辗转勃艮第、洛林和佛兰德，并前往德意志，宣扬十字军东征，无论他到哪个教堂宣讲，教堂里总是挤满了人。他的方式总是很直接，直接的程度有时候令人震惊。到秋天，德意志也是群情激动，就连一开始在预料之中拒绝参与东征的皇帝康拉德，也在伯尔纳于圣诞节发表了一番严厉谴责后进行了忏悔，并同意加入十字军东征。

　　教皇尤金得到这一最新消息后高度警觉。这不是明谷修道院院长第一次做得超出教皇的诏令了。教皇的指示是在法国宣扬十字军东征，根本没有提及德意志。德意志人和法国人肯定会起争执，他们一贯如此，而且他们必然会争夺地位，从而很可能导致整个东征事业付诸东流。但此时再做改变为时已晚。誓言已经许下。几乎没等尤金出面劝阻这些即将成为十字军战士的人，第二次十字军东征就已经开始了。

　　圣伯尔纳给德意志神职人员的信或许比他以为的更具预见性。很大程度上是因为所有十字军运动都得到了大赦的应许，因此和大多数中世纪时期的军队相比，十字军成员在名声上往往有更多的污点。1147 年 5 月底从拉蒂斯邦出发的 2 万名德意志士兵中，不良分子所占的比例似乎超过了常规，从个别的宗教狂热分子到常见的游手好闲者和逃犯，各种类型都有。没等进入拜占庭领地，这些人就开始对乡村地区大肆劫掠，随心所欲地强暴、毁坏，甚至杀人。将领们往往给手下树立了坏榜样。在亚德里亚堡（今埃迪尔内），康拉德的侄子兼副指挥官，年轻的施瓦本公爵弗里德里希（其后来的绰号"红胡子"在历史上更为有名）为了报复当地强盗的一次攻击，将一整座修道院焚烧殆尽，屠杀了所有完全无辜的修士。

十字军东征路线沿途的人们尚未从惊恐中恢复过来，法国军队又出现在了西方的地平线上。相比德意志军队，这支军队的规模要小很多，整体表现也更为得体。他们更有纪律性，很多尊贵的女士（包括埃莉诺王后在内）陪伴丈夫征战，这无疑起到了让军队进一步收敛的作用。然而，他们的前进之路远非一帆风顺。巴尔干半岛的农民此时表现出了明显的敌意，毫不意外，他们给仅存的一点儿食物开出离谱的高价。很快，不信任就发展成为相互的，结果双方都采取了激进手段。因此，在距离君士坦丁堡还有很远的路程时，法国人就开始对德意志人和希腊人心怀怨恨。当最终于 10 月 4 日抵达君士坦丁堡时，他们却获悉拜占庭皇帝曼努埃尔选择在那一刻与塞尔柱突厥人达成休战协议，他们对此很是震惊。

尽管不能指望路易认可这一事实，但对曼努埃尔而言，这是明智的防范措施。相比在亚洲的突厥人，兵临首都城门下的法国和德意志军队构成了更为严重而急迫的威胁。皇帝清楚，法国和德意志的军营内都有极端分子在敦促西方势力联合起来对君士坦丁堡发起攻击。实际上，就在几天后，圣伯尔纳的亲戚朗格勒主教戈弗雷就正式向国王提交了这一建议。曼努埃尔故意散播一支庞大的塞尔柱突厥军队正在安纳托利亚集结的消息，暗示若法兰克人不赶紧通过这一充满敌意的地区，就很可能永远无法通过了，他这才成功化解了危机。与此同时，他还奉承讨好路易，不停地举办宴会和铺张的娱乐节目，让国王无暇顾及其他事，并且安排国王及其军队尽快穿过博斯普鲁斯海峡，前往亚洲。

当皇帝与这群不受欢迎的客人道别，目睹着博斯普鲁斯海峡上来来往往的满载着人和动物的渡船，没有人比他更清楚在法兰克人行军的第二阶段，将会有怎样的危险等待着他们。曼努埃尔本人不久前刚刚参加了一场在安纳托利亚的战役，尽管他夸大了塞尔柱突厥部队集结的消息，但在亲眼见过十字军后，他必然知道一旦遭到塞尔柱骑兵的攻击，这支已然士气不振、缺乏纪律性的蹒跚军队没有丝毫的胜算。他为他们提供了补给和向导，提醒他们小心水资源的缺乏，建议他们不要走穿过内陆的直接路线，而是一直沿着仍在很大程度上为拜占庭所掌控的海岸走。他能做的只有这么多了。如果在采取了所有这些预防措施后，那帮蠢人仍然固执地要自取灭亡，那就只能怪他们自己了。皇帝会感到难过，但恐怕不会到悲恸的程度。

就在告别法国军队的几天后，曼努埃尔从疾行的小亚细亚信使那里接到消息。德意志军队在多里莱乌姆（今埃斯基谢希尔）附近被塞尔柱突厥人突袭，惨遭屠杀。康拉德本人得以逃脱，回到尼西亚与法军会合，但他的军队中有十分之九的士兵死在营地的废墟中。

～

第二次十字军东征没能取得好的开局。康拉德与在多里莱乌姆屠杀中幸存下来的德意志士兵和法国人一起行军至以弗所，军队在那里停下来庆祝圣诞。在那里，康拉德患上了重病。他的同胞继续前进，而他则返回君士坦丁堡养病。他以客人的身份在皇宫一直住到 1148 年 3 月，此时曼努埃尔为他提供船只前往巴勒斯坦。法国人及其贵族女士们的境况虽然比德意志人好，但在穿过安纳托利亚时也历经艰险，塞尔柱突厥人让他们吃了不少苦头。不过这在很大程度上是国王路易的错，他无视曼努埃尔让他沿着海岸行军的告诫，还坚持将每一次与敌人的遭遇归咎为拜占庭的粗心大意或背信弃义或二者皆有，而且他很快就发展出对希腊人近乎病态的仇视。最终，绝望的他带着家眷和船上能容纳的所有骑兵从阿塔利亚（安塔利亚）起航，将其他士兵和所有的朝圣者留下，让他们从陆上继续艰难前进。直到春末，这支前一年自信出征的军队的残部才凄惨地抵达安条克。

而麻烦才开了个头。强势的赞吉死了，但他的衣钵由更强大的儿子努尔丁继承，后者在阿勒颇的据点已经成为穆斯林对抗法兰克人的中心。因此，阿勒颇应当是十字军的首个目标。路易抵达安条克没几天，公爵雷蒙就向他施压，要求他立刻发起对阿勒颇的进攻。路易不出所料地拒绝了，他给出的理由是自己必须先去圣墓祈祷。王后埃莉诺从法国行至此地的各种危险、颠簸，并没有增进她对丈夫的感情；而她与雷蒙的关系已经让人觉得超过了严格意义上的叔侄关心。埃莉诺宣布打算留在安条克，并提起离婚。她和丈夫是远房表亲，这一血亲关系在两人结婚时被选择性地无视了，但再度挖出还是可以让人觉得尴尬，而埃莉诺清楚这一点。

性格阴郁的路易在面临危机时亦会表现出果断决绝的一面，他无视妻子的抗议，强行带着她前往耶路撒冷。不过在此之前，他已经成功地惹恼了雷蒙，那之后，雷蒙拒绝参与十字军东征的任何行动。没人怀疑国王在处理这一状况时维护了自己的尊严，但至少可以这么说，此事对其名誉的影响，尤其是在这样一个时刻，显然来得很不是时候。5月，在康拉德抵达圣城不久后，路易和缄默不语的埃莉诺也到达了这座城市。梅利桑德女王及其18

岁的儿子鲍德温三世为他们举办了符合他们身份的欢迎仪式。他们在耶路撒冷一直待到 6 月 24 日,所有十字军战士被请到阿克来商讨行动方案。他们没花很长时间就做出了决定:必须立即调集所有可以派上用场的人和牲畜,对大马士革发起联合攻击。

为何选择大马士革作为首个进攻目标,我们永远不会明白。在整个黎凡特地区,大马士革是唯一一座仍然反对努尔丁的重要阿拉伯城市,能够并且理应成为十字军宝贵的盟友。而进攻大马士革,法兰克人得不偿失,他们逼得这座城市加入努尔丁的穆斯林联盟,确是他们自取沉沦。当他们抵达时,他们发现大马士革的城池固若金汤,守军毅然坚定。第二天,攻城军又做出了一个灾难性的决定——这类决定在整个十字军东征中屡见不鲜——将营地搬到城墙东南段沿线。这片地区没有遮阴处,也缺乏水资源。巴勒斯坦的贵族们——原本已经在为占领这座城市后的未来争执不休——突然惊慌失措起来,开始极力主张撤退。有关贿赂和叛变的可怕谣言流传开来。路易和康拉德感到震惊万分、深恶痛绝,但很快,他们不得不接受现实的处境。继续围困不仅意味着将大马士革让给努尔丁,而且鉴于士气全线崩溃,几乎可以肯定,整支军队会遭遇灭顶之灾。7 月 28 日,就在发起围攻的 5 天后,他们下令撤军。

在叙利亚的沙漠中,没有比位于大马士革和太巴列之间的这片由沙子和玄武岩组成的深灰色、平淡无奇的地区更能使人筋疲力尽的了。此时正值阿拉伯的盛夏,烈日当头,炽热的沙漠风直往脸上打来,撤退的十字军穿过此地,而骑马的阿拉伯弓箭手对他们紧追不舍。十字军留下的是一长串由死人和死马带来的臭气熏天的痕迹,士兵们必然陷入了深深的绝望之中。大局已定,无论是物质上，还是人员方面，十字军都损失惨重。他们无心也没有足够的财力来继续这场战争。而最糟糕的是，这次东征让十字军蒙受了耻辱。这支宣称自己会将基督教西方的理想奉为神圣的曾经荣耀的军队，在一年中最好的时节出征，他们常常陷入极度危险的境况之中，他们经历了饥渴、病痛和酷热严寒，结果只战斗了 4 天，就彻底放弃了这整个事业，根本没有从穆斯林那里夺回一寸土地。这是终极耻辱，无论是十字军，还是他们的敌人，都不会忘记这个耻辱。

虽然渴望将这次堪称灾难的十字军东征抛诸脑后，但国王路易并不急于离开海外之地。和很多之前与之后的旅行者一样，面对巴勒斯坦冬季的和煦阳光，他可能不愿意踏上归途，因为阻隔在他与他的王国之间的是波涛汹涌的大海和积雪覆盖的道路。他也清楚自己的婚姻已无可挽回。一旦回到巴黎，他将不得不面对离婚产生的不快和随之而来的不可避免的政治影响。直到 1149 年春，路易才极不情愿地踏上归程。这一次，他和埃莉诺决心走海路，但他们很不明智地将自己托付给了西西里的舰队——这些船在拜占庭的水域中航行是十分危险的。[①] 在爱琴海南部某处，他们的舰队遇上了一支希腊舰队，后者立即发动进攻。路易急忙升起法国旗帜，才得以逃脱，但一艘载着国王几位随从和其几乎所有行李的护卫舰被俘，作为战利品被带到君士坦丁堡。由于与丈夫关系冷淡，王后埃莉诺当时乘坐了另一艘船，侥幸避免了类似的命运，她被西西里的军舰及时救起。

最终，在 1149 年 7 月 29 日，路易在西西里登陆，埃莉诺被

---

① 当时的西西里为诺曼国王罗杰二世所统治，他是拜占庭的死敌。

迫和丈夫一起作为国王罗杰的客人在岛上住了几日。接着，路易和埃莉诺来到离罗马最近的城镇图斯库卢姆，仍在流亡的教皇尤金在此安身。这个温和善良的人讨厌看到别人不开心。而看到承受着十字军东征和婚姻双重失败重压的路易和埃莉诺，教皇似乎是发自内心地感到痛苦。关于教皇为调解国王夫妇的关系而做出的努力，当时受雇于罗马教廷的索尔兹伯里的约翰给我们留下了一段出奇感人的记述：

> 他因厄运而痛苦不已，下令不允许出现任何反对两人婚姻的言论，且这段婚姻不应以任何借口解除。这一裁决显然让国王很高兴，因为他以一种近乎幼稚的方式热烈地爱着王后。教皇让他们睡在同一张床上，那是张他用自己拥有的无价之宝装饰过的床。在两人短期造访的这段时间里，教皇每天都会与他们进行友好的谈话，以期让他们破镜重圆。他给他们准备了许多礼物。当离别来临时，他止不住地落泪。

在获悉自己白忙活一场后，教皇或许流下了更多的泪水。埃莉诺已经铁了心，教皇或其他任何人都不可能让她改变主意。不过眼下，她准备继续装样子，陪丈夫前往罗马。在那里，他们受到了元老院的热烈欢迎；和往常一样，路易在每一座重要的圣殿都俯首叩拜。然后，他们翻过阿尔卑斯山脉，回到巴黎。两年半后，路易和埃莉诺的这段婚姻终于以两人有血亲关系为由解除了。但王后还很年轻，她令人惊叹的一生才刚刚开始，作为英格兰最伟大国王之一的妻子和两位英格兰史上最糟糕国王的母亲，她将在半个多世纪的时间里继续影响欧洲的历史。

第 3 章

圣剑之礼

1151—1223 年

在得知法国国王将进入墨西拿港口后，当地的男女老少都蜂拥而至，想一睹这一声名显赫的国王的真容。但国王并不介意乘坐一艘不起眼的船，悄悄进入港口的城堡。那些在岸边翘首以盼的人视之为国王懦弱的证据。他们说，这样一个人，因同胞的注视而表现得如此缩手缩脚，不可能成就任何伟业……

——文索夫的戈弗雷，《理查一世及他人的圣地之旅》

路易七世的儿子腓力在 13 岁时，曾在贡比涅的森林打猎，其间他与队伍走散，彻底迷路了。他饥寒交迫、筋疲力尽，最终被当地一名烧炭工发现，但当时的他已经发起了可怕的高烧。路易国王前往坎特伯雷朝圣，祈祷儿子能够康复。国王成功了，但在返回巴黎的途中，国王自己却遭遇中风导致瘫痪。1179 年 11 月 1

日，路易依照卡佩家族古老的传统，安排名字讨喜的兰斯大教堂枢机大主教"白手"威廉在该教堂为腓力加冕，只不过，国王本人病得太重，无法出席加冕仪式。一年不到，路易就去世了。

　　路易总体而言是一个好国王，却从来都不是一个快乐的国王。他始终未能完全走出第二次十字军东征的耻辱，而这并不是他蒙受的最后一次羞辱。1152 年 5 月 18 日，也就是离婚才 8 周，埃莉诺就再婚了，这一次是为了爱情，她嫁给了未来的英格兰国王亨利二世。对于可怜的路易而言，这不啻又一次打击。理论上讲，亨利是他的封臣，结婚应该先征得路易的同意——尽管在这种情况下，这些繁文缛节会让所有相关人员感到尴尬。更糟的是，新娘将整个阿基坦送给了新任丈夫。亨利已经从母亲玛蒂尔达那里继承了诺曼底公国，从父亲戈弗雷伯爵那里获得了曼恩和安茹的领地；加上阿基坦，现在他的统治范围从苏格兰一直延伸至比利牛斯山脉，并且在法国境内，亨利的势力远胜路易本人。不过路易还年轻，才 32 岁，依旧精力充沛。同时，他也很清楚自己还缺少一个继承人。埃莉诺为他生了两个女儿。后来，他的第二任妻子，卡斯蒂利亚的康斯坦丝又给他生了两个女儿，后死于难产。只有第三任妻子，香槟的阿黛勒终于生下了一个男孩，教名为腓力。

　　路易留下了两项宏伟的不朽作品，不过很难说清他个人在其中究竟起了多少作用。第一项是始建于 1163 年的巴黎圣母院。据说，圣母院的基石是由教皇亚历山大三世安放的。当教皇与神圣罗马帝国皇帝"红胡子"弗里德里希长期不和时，路易为其提供了庇护。第二项是巴黎大学[①]，它起初是教会学校，而它有充足的

---

① 校名索邦出自罗贝尔·德·索邦，此人在 1257 年左右建立了该校附属的神学院。

理由宣称自己是除博洛尼亚大学之外的世界上最古老的大学。至于其他方面，路易在统治期间主要做的两件事是与亨利之间的反复但最终徒劳无功的战争，以及路易因之给予大主教托马斯·贝克特的支持——几乎和所有认识贝克特的人一样，路易发觉此人是个令人厌烦的家伙。路易在位时间长达 43 年，整体看来，他是一位明君，和父亲一样，专注在其命令仍然有效的地区进一步巩固王权。路易于 1180 年 9 月 18 日去世，葬在巴布的熙笃会修道院，直到 1817 年，他的遗骸才被移到圣但尼修道院。

事实证明，腓力·奥古斯都（这一皇帝性质的头衔是其编年史家里戈德给他的，就此保留下来）是法国最伟大的国王之一。我们甚至可以说，他是第一位法国国王，他的前任全都满足于自称为法兰克人的国王。[①] 他发现法国处境很危险。西边，英格兰的亨利二世统治着近半理应属于腓力的领土；东边，神圣罗马帝国皇帝"红胡子"弗里德里希的势力正如日中天，弗里德里希的权力不仅延伸至今德国和奥地利全境，还越过阿尔卑斯山脉进入意大利。夹在这两个巨头之间的法国显得很局促。但在接下来的 40 年里，腓力战胜了这两个敌人。亨利当然是两个敌人中更强的，腓力痛恨其占领自己的领土，就像法国人在近 8 个世纪后的第二次世界大战期间憎恶纳粹一样。教会积极地站在腓力这边，他们永远不会忘记贝克特遇害这件事；而亨利与其 4 个忤逆子之间持续的争斗也对腓力有利。亨利一家联手本可轻易地击垮腓力，但对这几位金雀花家族成员而言，团结一致是难以想象的。

---

① 巴黎地铁有一个车站以他的名字命名，他是唯一一位获得这一待遇的法国君主。

1183 年亨利二世次子（不过是其第一个活过幼儿期的儿子，也叫亨利①）的死亡标志着大麻烦的开始。为了弥补与法国的裂隙（但结果是徒劳的），当亨利还是个孩童时，他就订婚了，后来娶了腓力的姐姐玛格丽特。玛格丽特的嫁妆是巴黎西北部的韦克桑，这是一个面积很小却很重要的县。现在，腓力要求对方归还韦克桑，但亨利二世拒绝了。在双方领土交界处吉索尔附近的一棵榆树下，两位国王数次会谈，直到匈牙利国王贝拉三世要求迎娶寡妇玛格丽特时，亨利才不情愿地同意了。接着在 1186 年，亨利的第 4 个儿子，布列塔尼公爵杰弗里去世，身后留下怀孕的妻子。亨利坚称自己应当代表未出生的孩子保留公国的监护权，而作为领主的腓力表示反对。这一分歧导致了两年没有结果的争斗。这期间，亨利剩下的两个儿子理查和约翰背叛了他们的父亲。腓力加入他们的行列，最终，他和理查联手迫使亨利屈服。1189 年 7 月 4 日，在阿宰勒里多，亨利重新表示效忠腓力，放弃对奥弗涅的所有权主张。这是亨利最后的政治行为。不到两天，他就死了。

然而，世界局势已经变化。就在正好两年前，也就是 1187 年 7 月 4 日，驻扎在基督教东方的整支军队被穆斯林军队歼灭。和往常一样，西方世界收到了很多警告，但等他们做出反应已经太晚了。对大多数欧洲人而言，十字军国家是不真切的远方——它们是基督教世界充满异域风情而腐朽堕落的前哨站，在那里，朴素严苛与奢侈逸乐轮番上演，甜蜜和危险并存；它们呈现出独特的瑰丽；比起出现在本土常见的意志消沉、怯弱的战斗中，它们

---

① 他也被称为"幼王"，因为他在 1170 年加冕，当时他的父亲还活得好好的。

更适合出现在游吟诗人浪漫的叙事诗中。即使是消息灵通人士，也难以密切跟上黎凡特地区的政局，这里的大多数名字都难以发音，就算消息最终传达，也已经完全被曲解且过时了。只有当灾难真正降临时，西方基督教世界的骑士才会惊跳起来，拿起他们的剑，发出愤怒又恐怖的喊叫。

40 年前，埃德萨陷落的消息和圣伯尔纳热情洋溢的演讲，让欧洲大陆群情激昂，发动了第二次十字军东征这样一场荒谬的灾难。眼下亦是如此。在任何冷静的观察者——过去 15 年一直关注事态发展的人，不管是欧洲人还是黎凡特人——看来，耶路撒冷的陷落是不可避免的。穆斯林这一边，萨拉丁稳步崛起，这位天才领袖起誓要为他的信仰收复圣城；基督徒这一边的 3 个法兰克国家——耶路撒冷、的黎波里和安条克——则由一帮庸才治理着并且因内部夺权斗争而分崩离析。而在萨拉丁势力占优的关键时期，患有麻风病的国王鲍德温四世的身体每况愈下，因而耶路撒冷本身承受了更大的压力。当 13 岁的鲍德温四世于 1174 年登基时，他就已经患上了这种疾病。11 年后，他去世了。并不令人意外的是，他没有留下子嗣。在当时，要想拯救这个王国，有一位明智而坚定的领导者至关重要。但是耶路撒冷的王冠落到了鲍德温年仅 8 岁的侄子头上。

鲍德温五世，这位年幼的新国王在次年夭折。在外界看来，他的死对于耶路撒冷王国来说或许是因祸得福，但寻找一位真正领袖的机会被浪费了。王位由其继父吕西尼昂的居伊继承，这是一个软弱、爱抱怨的人，有过一连串无能的不良表现，也因而被大多数同胞所鄙视。所以，当萨拉丁在 1187 年 5 月宣布发动其期待已久的圣战，穿过约旦进入法兰克人的领地时，耶路撒冷正处于内战的边缘。在令人不快的居伊领导下，基督徒遭遇失利是肯定的。7月3日，居伊率领自己王国有史以来能招募到的最大规模的军队翻过加利利山区，向太巴列进发，萨拉丁正对那里的城堡发起围攻。在最炽热的季节，经过一天漫长的行军后，基督徒不得不在一块干旱无水的高原上扎营。次日，炎热和令人发疯的口渴让这些士兵精疲力竭，在一座被称为哈丁角的双峰山丘下方，他们被穆斯林军队包围，惨遭屠戮。

穆斯林接下来的任务只剩逐个肃清孤立的基督教要塞。哈丁战役发生后的第二天，太巴列陷落，然后是阿克，很快，纳布卢斯、雅法、西顿和贝鲁特接连投降。萨拉丁向南推进，通过突袭拿下阿什凯隆；未经任何战斗，就让加沙缴械投降。现在他准备好进军耶路撒冷了。这座城市的守军英勇抵抗了12天。但在10月2日，穆斯林工兵成功在耶路撒冷的城墙上打开缺口，守军清楚大局已定。守军的领袖伊贝林的贝里昂——国王居伊在哈丁战役后一直在当俘虏——亲自找到萨拉丁，讨论投降条件。

萨拉丁既非嗜血成性之人，也没有强烈的报复心。经过一番谈判，他同意耶路撒冷的每一个基督徒都可以通过支付适当数目的赎金来赎身。有2万名穷人无法筹到这笔钱，不过在诸多基督教机构联合起来一次性付款后，其中7000人能恢复自由。就在同一天，征服者带领自己的军队入城。88年来第一次，在先知于熟睡中从耶路撒冷被带入天国的纪念日，先知绿色的旗帜在圣殿山上飘扬，他就是在那里受到召唤的，而他那神圣的脚印再一次显现，接受信徒的崇拜。

到处都井然有序。不同于此前十字军占领这座城市后犯下的一系列罪行，这一次没有谋杀，没有流血，没有劫掠。1.3万名没能筹集到赎金的人留在城里，但萨拉丁的弟弟兼副官阿迪勒要求获得 1000 人，作为对他的贡献的回报，他随即释放了这些人。耶路撒冷牧首得到了 700 人，贝里昂得到了 500 人。随后，萨拉丁主动释放了所有的老人、所有已获赎的女人的丈夫，以及所有寡妇和孩童。最终，几乎没有基督徒遭囚禁。这并非萨拉丁第一次展现宽宏大量，很快，他的这一品质就会闻名东西方。[①] 但他从未有过如此大规模地展现。这是一个骑士精神的楷模，会对接下来的十字军东征产生影响。

　　新近当选的教皇格里高利八世没有浪费时间，他号召基督教世界领取十字。1190 年盛夏，腓力·奥古斯都和亨利二世的儿子及继任者"狮心王"理查带领各自的军队，在韦兹莱会合——在这种情况下，这个会面地点或许有些尴尬。两位国王同意一起踏上征程，与其说是出于友谊，倒不如说是因为他们根本就不信任彼此。确实，这是两个截然不同的人。法国国王只有 25 岁，但已经成了鳏夫，[②] 除了一头惊人的疯长的乱发，在他身上看不到一点儿年轻人的气息。腓力从来都不是一个英俊的男子，现在他的一只眼睛已经失明，这使他的脸部看上去不对称。他在法国国王这一宝座上待了 10 年之久，因而具备了在如此年轻之人身上不常见的睿智和经验。但他也因此变得一直多疑，学会了将想法和情绪隐藏起来，始终表现得沉默阴郁。尽管他在战场上足够勇敢，却被认为缺乏非凡的勇气。在社交方面，令人不解的是，他缺乏魅

---

① 1183 年，当萨拉丁围攻卡拉克城堡时，正值城堡继承人、托隆的汉弗莱与耶路撒冷公主伊莎贝拉大婚之时。萨拉丁仔细询问新房所在的塔，然后下令不许攻击那座塔。

② 几个月前，他的第一任妻子埃诺的伊莎贝尔死于难产。

力。但在那呆板的外表下，他有着思索的智慧，而且他明确知道身处王位所要承担的道德和政治责任。他是个容易被低估的人，但这样做可不明智。

腓力不可能不嫉妒同为统治者的理查。就在一年前，理查接替父亲亨利登上王位。33岁的他正当壮年。尽管身体状况常常欠佳，但健美的身形和充沛的精力让人感觉他是个不知病痛为何物的人。理查以相貌英俊著称，领导力亦毫不逊色，并且他的勇猛早就传遍两个大陆。理查从母亲埃莉诺那里继承了普瓦捷人对文学和诗歌的热爱，在很多人眼中，他想必是个如同他所深爱的游吟叙事诗中那些人物一般的闪耀人物。只差一样东西，这一形象就完整了：不管理查多么甜蜜地颂扬爱的喜悦和痛苦，他从来没有背叛过年轻女子或令她们心碎过。但是即使他的喜好转向其他方向，这也从未明显地影响到他那响亮的声誉，这声誉就像直至他去世那一天一直陪伴着他的胸甲一样闪亮。

另一方面，那些对理查了解更多的人很快意识到，他有一些不那么令人钦佩的品质。他的脾气甚至比他痛恨的父亲更冲动、更火爆。他完全不具备亨利二世持续管理国家的能力，后者尽管有诸多不足，却凭借这一能力，几乎是只手将英格兰捏合成一个民族。理查的野心是无限的，近乎毁灭性的。他无力去爱，也因此可以为了达成自己的目的而变得没有信仰、不忠，甚至背信弃义。为了王座，没有哪个英格兰国王比他拼得更凶或更无耻。为了个人荣耀，没有人比他更轻易地无视国王这一身份要背负的责任。在剩下的9年生命里，理查在英格兰一共只将度过两个月。

一位目击者写道，韦兹莱周围的山丘布满了大小帐篷，看上去就像一座五彩斑斓的大城市。两位国王郑重重申了东征誓言，签署了进一步结盟的协议。然后，他们领着各自的军队以及一大群朝圣者，向南进发。这支队伍到达里昂时，横跨罗讷河的桥不堪重负坍塌，这被解读为一个不祥的预兆。自此地始，法军和英军才分开行军。腓力往东南方向的热那亚前进，那里有一支特许的舰队等着他。舰队规模一定是可观的，因为它们要运送的军队包括 650 名骑士——每名骑士都带着 2 个扈从，外加 1300 匹马。理查则继续沿着罗讷河谷行军，他将在马赛与自己的舰队会合。两位国王同意在墨西拿会面，英法联军将从那里起航，前往圣城。

～

9 月 14 日，腓力先抵达墨西拿，9 天后，理查也到了。没有能比两人下船的方式更能体现他们的不同个性了。本章开头引用了一段关于腓力抵达墨西拿的描述。理查的现身方式则与腓力形成了有趣的对比：

当理查即将登陆时，人们成群结队地拥向海滩。从远处看过去，大海似乎被无数船桨劈开了，号角齐鸣，响声震天。桨帆船越来越近了，船桨整齐划一地舞动着，船身上装饰着各式纹章，无数三角旗和方形旗在矛尖上飘扬……大海因无数船桨的搅动而沸腾，空气因号角声和兴奋的人群发出的热烈喊声而震颤。这位伟大的国王，比其所有随从都高贵且华丽，挺直身子立在船首，如人们想看到和被看到的那样……随着号角发出不协调却悦耳的声音，人们开始交头接耳："他确实配得上一个帝国，他确应成为诸民族和诸王国的国王。我们先前耳闻的与如今亲眼所见相差得太远了。"[1]

在那难忘的一天，恐怕并非所有理查的崇拜者都知道，由于害怕晕船，这位尊贵的人物更希望走沿半岛南下的陆路，这一声势浩大的登陆的起点，其实只是几英里外的卡拉布里亚。不过，极少数人可能察觉到，虽然抵达时万众瞩目，理查却处于一种阴郁且危险的情绪中。几天前，在经过米莱托时，他试图从一间农舍里偷鹰，结果险些死在农舍主人及其朋友的手中。更糟糕的是，当他抵达墨西拿后，他发现市中心的王宫已经被法国国王占据了，他只分到了城墙外较为简朴的住处。

我们或许会问，为什么西西里国王本人没有住在王宫里？因为西西里正处于混乱之中。该王国最后一位合法的国王威廉二世于一年前去世，没有留下子嗣，他的遗孀琼是亨利二世的女儿，理查的妹妹。如今，西西里的王位被威廉的堂兄莱切的坦克雷德所占据，此人是个私生子。理查有充足的理由相信坦克雷德对年轻的王后很是不敬，一直扣押着她，并扣留部分属于其婚姻财产协议规定的收入。这些控诉是否能成立，难以说清。但理查后来的行为表明，他视西西里为一颗自己的王冠上潜在的新宝石，而且他已经在找寻任何可以制造麻烦的借口了。他将琼安置在卡拉布里亚海岸的巴尼亚拉修道院，然后返回墨西拿，攻击了这座城市最庄严的宗教机构，救世主巴西略修道院。修士们遭到粗鲁的强行驱逐，理查的军队随后搬进了这一新营房。

或许有人会问，腓力·奥古斯都对这种诡计做何反应？在他

---

[1]　出自文索夫的戈弗雷，《理查一世及他人的圣地之旅》。

眼中，西西里不过是个中转站罢了，他迫不及待地想尽快动身前往圣地。同为君主的理查的行为让腓力很是震惊，并且感到羞愧，他提出调解，但这一提议遭到冷遇。同时，墨西拿的局势日益严峻。距离西西里城市上一次被要求接待一支外国军队已经过去很多年了，而且英格兰人的野蛮行径已让以希腊人为主的当地人很是愤慨。尤其是英格兰人对待当地女性的轻浮态度，恐怕不是胸前有基督十字架的人应该有的行为。占领该修道院是决定性的暴行。10月3日，严重的骚乱爆发了。墨西拿人有充足的理由担心英格兰国王可能会占领他们的城市，甚至是整个岛，他们冲过去闩紧城门，其他人封锁了海港入口。英格兰人最初强行进入的尝试以失败告终，但没人觉得这样的阻挡能撑太久。那天晚上，太阳徐徐落下，余晖洒在这座焦虑难安的城市上。

次日清晨，腓力·奥古斯都出现在理查位于城墙外的指挥部。陪他一起来的有他的表兄勃艮第公爵于格、普瓦捷伯爵，以及法军其他领袖，外加同样由高级别成员组成的西西里代表团，包括蒙雷阿莱、雷焦和墨西拿的大主教。随后的讨论出人意料地顺利。眼看就要达成协议，但此时，激烈的喧哗声传来，一群墨西拿人聚集在指挥部外，高声咒骂英格兰人和他们的国王。理查抓起剑，冲出大厅，他召集部下，下令立刻发动进攻。这下轮到墨西拿人被突袭了。英格兰士兵冲入城中，一路破坏劫掠。一位当代编年史家对英格兰士兵在短短几小时内的劫掠情形做出了如下描述：

比祈祷的时间还短，墨西拿陷入火海之中。所有金银珠宝，总之能找到的任何贵重的东西，都被胜利者收入囊中。他们点燃了敌人的桨帆船，将它们付诸一炬，以防有市民逃脱，养精蓄锐后再进行反抗。胜利者还掳走了对方最高贵的女人。看哪！等一切结束后，法国人突然看到国王理查的旗帜飘扬在城墙上方。这一幕让法国国王羞愧难当，他对理查怀恨在心，至死方休。

接下来，文索夫的戈弗雷描述，腓力坚持法国的旗帜也应该和英格兰的旗帜并排飘扬，理查最终同意了。他没有提及墨西拿市民对这一伤害其自尊的新羞辱做何感想。他们肯定会问自己，英格兰国王原本应该和谁战斗？他是否有意永远留在西西里？这种开展十字军东征的方式，令人不解。

对腓力·奥古斯都而言，旗帜事件似乎证实了他最坏的猜测。在以贵宾身份抵达的两周时间里，理查已经完全掌控了岛上的第二座城市。西西里国王坦克雷德就在不远处的卡塔尼亚，却没有表示出哪怕丝毫的反对。因此，腓力派勃艮第公爵前往卡塔尼亚，让他去警告坦克雷德目前形势严峻，并提出若理查得寸进尺，法军愿意予以支持。然而，坦克雷德并不需要这样的警告。他很清楚让墨西拿落入理查之手是很危险的。但一个新点子在他脑海里逐渐成形。西西里王位的合法继承人是国王罗杰二世的遗腹女康斯坦丝。威廉二世做了一个不可饶恕且莫名其妙的决定，将她许配给"红胡子"弗里德里希的儿子，霍亨斯陶芬的亨利。此时，弗里德里希已经去世——在十字军东征途中，他溺死在小亚细亚的一条河中。亨利，如今的神圣罗马帝国皇帝亨利六世，很快就会来西西里，以妻子的名义要求获得此地的王位。若坦克雷德打算抵抗——他完全打算这么做——他就需要盟友。而相比法国人，英格兰人是更为合适的盟友之选。他们或许很粗鲁，未开化，且他们的国王尽管名声响亮，却和手下人一样坏，但至少理查对霍亨斯陶芬家族没有好感。腓力·奥古斯都则相反，他与"红胡子"关系极好。眼下，十字军仍在西西里，若德意志人选择此时入侵，至少可以这么说，法国人是否会继续站在西西里这边是个未知数。因此，坦克雷德让勃艮第公爵带了一些丰厚体面的礼物给腓力，但仅此而已。同时，他派自己的使者前往墨西拿，与理查直接展开谈判。

这一回，坦克雷德开出的财物贿赂让理查难以拒绝。他给理查和琼每人两万盎司的黄金，同意理查的继承人、侄子布列塔尼公爵亚瑟与他的一个女儿订婚。作为回报，理查承诺，只要他和他的手下留在西西里王国，他就会给予国王充足的军事援助，同时答应将上个月骚乱期间掠夺来的财物悉数归还其正当主人。11月11日，双方按照应有的礼节，在墨西拿签署了协议。

这两位君主突然达成和解，腓力·奥古斯都的反应可想而知。但和往常一样，他藏起了内心的怒火。表面看起来，他和理查依然保持友好的关系。再次出发之前，两人还有很多事要商讨。他们必须为士兵和朝圣者制定行为准则；无止境的后勤问题仍待解决；此外，预先就占领地的分割和战利品的瓜分达成一致也很重要。在所有这些问题上，理查都表现得出奇地顺从，但只有在一件与十字军东征没有联系的事上，他拒绝做出让步，这件事与腓力的姐姐艾丽斯有关。20多年前，艾丽斯被送到英格兰，以嫁给亨利二世的一个儿子。一开始她被安排嫁给理查，可以预见，理查不会跟她有关系。可亨利并没有因此将艾丽斯送回法国，而是让她带着她那丰厚的嫁妆一起留在自己的宫廷内。后来亨利让艾丽斯当了他自己的情妇，几乎可以肯定，她还给亨利生下了一个

孩子。如今亨利已死，30 岁的艾丽斯仍留在英格兰，依然没有
出嫁。

腓力根本就不在乎她是否幸福；他从未对遭遇更加可悲的妹
妹，拜占庭皇后阿格尼丝·安娜伸出过援手，后者未满 16 岁，就
两度在可怕的境况下成了寡妇。但英格兰如此对待一位法兰西公
主，这样的侮辱是腓力所不能容忍的。他发现理查和亨利一样顽
固，不仅再一次直截了当地拒绝考虑娶艾丽斯，还厚颜无耻地试
图以她被玷污的名誉为自己的态度开脱。这对腓力的沉着冷静而
言不啻一次考验。当理查告知腓力，自己的母亲埃莉诺正在来西
西里的路上，和她同行的纳瓦拉公主贝伦加丽娅将成为他的新娘
时，两位君主的关系几乎降至冰点。

1191 年 3 月 3 日，英格兰国王郑重地骑马来到卡塔尼亚，拜
访西西里国王。两人重申了双方的友谊，交换了礼物。理查得到
了 5 艘桨帆船和 4 驾马车。而根据至少 2 个可靠消息来源，坦克
雷德得到的回礼更为珍贵——亚瑟王的圣剑，据说它是在不久前
于格拉斯顿伯里被发现的，就在老国王遗体旁。会面结束后，两
位国王一同返回陶尔米纳，怒火中烧的腓力正等在那里。当坦克
雷德将其去年 10 月收到的、腓力用于警告他英格兰诡计的来信
拿给理查看时（他这么做的原因，我们只能猜测了），一场新的危
机似乎不可避免。但是到 3 月底，英法这对盟友再度达成一致，
彼此似乎保持着全方位相对友好的关系。3 月 30 日，腓力带着他
的军队出发，驶向巴勒斯坦。

他离开的时间正是时候，或者应该说，是埃莉诺和贝伦加丽
娅选择了合适的时机抵达西西里。几乎就在法国舰队消失在地平
线上的那一刻，埃莉诺的船队在墨西拿的港口抛锚停泊。年迈的

王太后上一次见到西西里还是在 44 年前，当时她和她所厌恶的丈夫在从圣地返回的途中拜访了罗杰二世。在这第二次访问期间，她希望亲眼看到最喜欢的儿子迎娶她为他挑选的妻子。但时值大斋节，无法举行婚礼。虽然新近的规定禁止女性出现在东征的十字军队伍中，不过贝伦加丽娅还是被认为应当陪同未来的丈夫前往东方。而年轻的琼王后显然也不能留在岛上，正好可以当贝伦加丽娅的成年女伴。一切都安排妥当后，埃莉诺觉得没有理由继续拖延。抵达墨西拿仅 3 天后，以精力充沛闻名欧洲的她启程返回英格兰，此时的她已经 69 岁高龄，不间断地旅行了 3 个月之久。在琼与母亲做最后一次告别后的第二天，她和贝伦加丽娅出发前往圣地。理查又停留了一周的时间，组织自己的军队登船。最终，在 4 月 10 日这一天，他也起航了。墨西拿人民对于其离开丝毫不觉得遗憾。

腓力于 1191 年 5 月 20 日抵达巴勒斯坦。他并没有在那里停留太久，而是直接向阿克进军——阿克当时已经被包围了。理查于 6 月 8 日抵达，途中，他占领了塞浦路斯，顺便与不幸的贝伦加丽娅完婚。阿克坚守到 7 月 12 日，但那个时候，法国军营中爆发了痢疾，情况很严重。腓力也被感染了，痛苦地躺在病床上，其间，他得知佛兰德伯爵阿尔萨斯的腓力死于同一传染病。这是个令人不安的消息，谁将继承佛兰德地区备受关注，特别是这事关腓力能否确保其在东北边境的掌控权。有人推测，此消息反倒能让国王松口气，如此一来，他便有恰当的理由返回法国了。不管怎样，腓力一恢复健康，就立刻启程返家。7月31日，他和叔叔库特奈的彼得一起离开了巴勒斯坦。腓力在那儿待了10周多一点儿的时间，这期间与理查发生了几次更激烈的争吵，现在，两人再度互不理睬。与此同时，腓力的军队仍然留在圣地，由勃艮第公爵指挥。

不出所料，在重新投入战争之前，理查对腓力的提前离开进行了一番冷嘲热讽。8月20日，他下令屠杀他的所有穆斯林战俘，约3000人，外加一些妇孺——他的骑士声誉毁于一旦。可理查没能彻底摧毁萨拉丁。直到1192年夏，他才意识到自己在本国的缺席很可能让腓力和自己的弟弟约翰获利。终于，他明白自己必须返回英格兰，遂与他极为憎恶的萨拉丁签订了3年的停战协议。停战期间，基督教朝圣者和商人可以自由进入耶路撒冷与圣地。几天后，理查在阿克乘船出发。但他的返程之路被耽搁了：先是遇到恶劣天气，接着是海难，最后他被奥地利公爵利奥波德囚禁，只有拿出10万磅白银（这一数额是英格兰国王年收入的2到3倍）才能重获自由。腓力曾试图贿赂皇帝亨利六世，让他将这位囚徒再多关几个月，但没有成功。1194年2月，在听闻理查方面终于筹集到这笔巨款时——很大程度上得归功于王太后埃莉诺——腓力给理查的弟弟约翰亲王传了个信："小心点——魔鬼松绑了！"一个多月后，理查重新踏上英格兰的领土。

在此之前，腓力·奥古斯都在我们的故事中展现的为人远胜于"狮心王"理查，不过当他回到法国后，他立刻开始拉平他们二人的"比分"。他清楚除非把英格兰人赶出法国，否则自己永远不会开心。在十字军出发前，他和理查都发誓不会在对方不在的时候攻击对方的领地。但眼下，他着手发起了一场诋毁理查名声的运动，指责理查与萨拉丁勾结，称数座十字军城市之所以陷落，是因为理查与萨拉丁密谋，称理查还应对耶路撒冷女王 ① 伊莎贝拉的丈夫，蒙费拉侯爵康拉德在 1192 年 4 月遇刺一事负责。但这些控诉都无足轻重：9 个月后，理查本人怒不可遏地回来了。很快，整个诺曼底陷入战火之中，这场战争持续了 5 年。腓力一度险些溺毙：当时他率领军队正在过桥，结果桥塌了。1199 年 1 月，两位国王最后一次见面。当时腓力站在塞纳河畔，理查则在离岸不远的一艘船上。两人在让各自使者展开进一步会谈一事上达成一致，这最终促成了 5 年停战协议的签订——万幸，这一协议维持了下去。3 个月后，在利穆赞发生的一场镇压叛乱封臣的小规模战役中，理查被弩箭射中，伤口很快恶化，生了坏疽。1199 年 4 月 6 日，理查去世，时年 41 岁。

不过，腓力·奥古斯都不能放松，现在，他首要的敌人就是昔日的盟友约翰。个别现代历史学家试图为约翰辩护，将其恶劣的名声归咎为文多弗的罗杰和马修·帕里斯这两位编年史家，他们都是在约翰死后动笔的。约翰或许并没有像帕里斯说的那样，提出用皈依伊斯兰教来换取西班牙南部阿尔摩哈德统治者的军事援助，但他极有可能得为其侄子布列塔尼公爵亚瑟被害一事（莎士比亚笔下最令人感到沉痛的场景之一的原型）负责。并且毋庸置疑的是，他好色、狡诈、不忠诚、残忍，比他的兄长还糟糕，是英格兰至此时拥有过的最糟糕的国王。在短期的和平协议后，1202 年，腓力和约翰之间的斗争正式开始。在接下来的两年时间里，主要由于约翰对待盟友的方式，越来越多人抛弃了他。到

---

① 其实这不过是个空名，因为耶路撒冷已经不再为基督徒掌控。

1204 年 8 月，腓力已经收复了诺曼底、安茹和普瓦图的所有领土。在欧洲大陆，仍然为约翰所掌控的就只剩下阿基坦了。但埃莉诺王太后于 4 月去世，享年 82 岁。没有了母亲的支持，约翰对阿基坦的统治只持续了两年。

1209 年，约翰得到了一个强大的新盟友：他的外甥奥托[①]，当时的神圣罗马帝国皇帝奥托四世。奥托曾承诺帮助舅舅夺回失去的领土，却一直没能找到机会。正如可以想象的，腓力视这两人为永久的威胁，看到他们卷入与教皇的权力争斗，腓力决定发起攻击。1214 年 7 月 27 日，他在皮卡第的布汶村附近与约翰、奥托以及佛兰德伯爵斐迪南率领的联军遭遇。联军有约 2.5 万名士兵，而腓力的军队在人数上处于下风，为 1.5 万人。战斗中，腓力被佛兰德的长矛兵拖下马，幸好盔甲救了他一命。但没过多久，奥托被其受到惊吓、伤痕累累的战马带离战场，受重伤的斐迪南伯爵被俘，于是帝国军队知道大势已去，四散而逃。法国人乘胜追击，但天色渐暗，腓力下令收兵。他得意扬扬地返回巴黎，身后跟着一支看似没有尽头的战俘队伍。当他抵达时，全城沸腾欢庆。人们在撒满鲜花的街头起舞，成立不久的大学的学生们连续一周都狂饮作乐。与之相比，被腓力击败的三位君主，除了保全性命，没什么可庆祝的。奥托回到德意志，很快就被迫退位。约翰颜面尽失，耻辱地回到英格兰，次年他签订了《大宪章》，后死于 1216 年，不过在离世前不久，他目睹了自己的国家再次遭受法国人的侵略。至于佛兰德的斐迪南，布汶战役结束后的 12 年里，他一直被关在监狱里。

---

① 他是约翰的姐姐玛蒂尔达的儿子。玛蒂尔达嫁给了萨克森公爵，"狮子"亨利。

~

　　腓力·奥古斯都统治期间还发生了法国历史上最黑暗的事件
之一：被荒谬地称为"阿尔比十字军运动"的事件。这场运动始
于 1209 年，讨伐的目标是有史以来最纯洁、最无害的无辜群体。
卡特里派最早于 11 世纪初期出现在朗格多克，因为大致以阿尔比
这座城市为活动中心，他们又被称为"阿尔比派"。本质上，他
们支持摩尼教教义：善和恶构成了不同的两个领域——善的灵魂
之神的领域和物质世界的创造者恶神的领域——尘世是两个领域
永恒的战场。他们的领袖被称为"完美者"，不吃肉、禁欲。同
时，卡特里派也拒绝对圣人、圣像和圣人遗物的崇拜，不参加基
督教会的任何圣礼，尤其是洗礼和婚礼。对教皇英诺森三世而言，
这种背离正统信仰的行为是不能容忍的。起初，他希望通过和平
手段让这些人皈依正统基督教，于是派出一个熙笃会传教团，由
教皇使节卡斯泰尔诺的彼得带领，后来西班牙人古斯曼的多明戈
（他更为人熟知的名字是圣多明我）也加入进来。但 1208 年，彼
得被图卢兹伯爵雷蒙的亲信谋害，英诺森遂宣布发动十字军运动。

　　此次十字军运动将持续 20 年，北方贵族在蒙福尔的西蒙的
带领下与南方贵族展开斗争。这期间发生了数次骇人听闻的屠戮，
最可怕的一次发生在蒙塞居尔镇——这场屠杀最终导致中世纪早
期灿烂的普罗旺斯文明被摧毁。即便在 1229 年，战争随《巴黎条
约》的签订而宣告结束，这一异端仍拒绝消失。还得再过 100 年，
宗教法庭才凭借骇人的功效彻底铲除了这一教派。

　　腓力本人对阿尔比十字军运动兴趣寥寥，他宁可留在巴黎监

督自己喜爱的工程项目：铺设主要街道；给中央市场^①提供供给；在塞纳河畔建造宏大的堡垒（日后成为卢浮宫）；以及继续父亲未竟的巴黎圣母院建造工程。他建立了王室档案馆，又组建了这座城市第一支警察部队——由20名骑兵和40名步兵组成。腓力活到1223年，终年54岁。时不时地对犹太人进行迫害、榨干对方的钱财，是腓力生平的一大污点。不过，他留下的法国已不再惧怕德意志人的威胁，也不再有一半的领土被英格兰人所占据：几乎可以肯定，这是一个比以往任何时候都幸福的法国。

---

① 该市场存在了七个半世纪，于1971年被拆除。

第 4 章

致命塔楼

1223—1326 年

他非人非兽，乃一尊雕像。

——帕米耶主教伯纳德·塞塞特评价腓力四世

有约一年的时间，腓力·奥古斯都的儿子路易八世都要求获得英格兰国王的头衔。他于 1216 年 5 月 21 日在肯特郡的萨尼特岛登陆，受到了当地贵族的欢迎。随后他率军来到伦敦，在圣保罗大教堂被宣布为王。3 周后，他攻占了温切斯特，很快就控制了这个王国一半以上的领土。若不是约翰在 10 月 18 日死于痢疾，留下 9 岁的儿子亨利，路易无疑会更进一步，甚至可能被加冕。或许是觉得这个孩子不可能像他的父亲那么坏，很多英格兰贵族转而效忠幼王亨利三世，他们一致同意立刻为他加冕，以稳固其对王位的主张。28 日，加冕仪式在格洛斯特大教堂举行，使用的是亨利母亲的项链，因为约翰在作战时遗失了随军携带的御宝。①
对路易而言，风向突变。次年5月，路易的军队在林肯郡战败，8
月，他的舰队驶离桑威奇。路易不得不妥协。他悄无声息地离开
了。通过《兰贝斯条约》，他得到了1万马克，作为交换，他承诺
永远不再进犯英格兰，并承认自己从来都不是英格兰的合法国王。

诚然，路易对英格兰王位的所有权主张微不足道，但我们有
理由认为，若他活得更久些，或许能成为一位杰出的法国国王。
可惜，可怕的痢疾再度袭来，他于1226年11月去世，留下一个
12岁的儿子，又一个路易，他的遗孀卡斯蒂利亚的布朗歇出任摄
政。布朗歇是亨利二世之女埃莉诺的女儿，因而是"狮心王"理
查和约翰的外甥女。布朗歇异常疼爱自己的大儿子，当路易迎娶
普罗旺斯的玛格丽特时，她嫉妒至极。两人举行完婚礼后，被安
置在上下相邻的两个套间，据说两个卧室都在布朗歇的密切注视
之下。这对深爱着彼此的夫妻不得不在楼梯上相会，以避开布朗
歇的监视。尽管如此，他们还是生了11个孩子。

几乎可以肯定，也正是布朗歇让路易九世变得过度虔诚。每
天上午，路易都会聆听弥撒，每天下午，他都会参加亡者日课。
他会定期给穷人洗脚。他还参加过两次十字军东征。这两次中的
第一次——其实总的来说是第七次十字军东征，这次东征，法国
国王离开自己的国家达6年——跟第一次十字军东征之后的所有
十字军东征一样，是一系列灾难。1248年秋天，在国王的弟弟
安茹的查理和阿图瓦的罗贝尔的带领下，王室舰队从艾格莫尔特
出发，前往埃及——穆斯林势力的基地已转移至此。路易试图在

_____

① 传说，它们是在王室行李车途经沃什周边变幻莫测的潮泥滩时被遗失的。

1249 年盛夏从达米埃塔行军至开罗，但酷热和一年一度的尼罗河泛滥使这成为几乎不可能完成的任务。路易本人似乎完全没有预见到会遇上这样的泛滥。到 1250 年 4 月，在持续 3 天的曼苏拉之战中，路易率领的约 2 万人组成的军队全军覆没。他本人被俘，在发誓永不返回埃及后，他支付了 40 万第纳尔的赎金，得以恢复自由。对路易而言，此时回法国无疑是明智之选，可他又在海外之地（只剩下阿克、雅法和凯撒利亚）待了 4 年，帮助余下的十字军重建防御工事，与叙利亚的穆斯林当局进行徒劳的谈判。直到 1254 年春，路易才乘船返家。

当路易回到法国，发现贵族们（英格兰国王也不可避免地出现在其中）结成新的联盟准备好反抗自己时，他并没有感到太诧异。他以最不寻常的方式来应对，让所有人震惊同时让很多人心生恐惧的是，路易欣然将普瓦图、吉耶讷和加斯科涅让给英格兰国王。他解释称："我们的妻子是姐妹 ①，我们的孩子是表亲，因此我们应当和平相处。"路易只要求获赠土地的亨利向自己表示效忠，同时放弃对其他欧洲大陆领土的所有权主张。事实上，路易一贯如此：基督徒和睦相处是他优先考虑的，并且他愿意不惜一切代价来达成。基督教世界的团结从未如此接近实现。

在法国境内，路易继续完成了父亲未竟的事业，不遗余力地结束封臣之间频频发生的小规模战争。他还从根本上修改了司法制度，禁止神判法，更重要的是，他引入了无罪推定原则。（我们被告知，路易本人会在万塞讷森林一棵老橡树下亲自执行审判。）与其个人特点相符，他热衷收藏耶稣受难的相关遗物。为了珍藏

---

① 亨利三世娶了玛格丽特王后的妹妹埃莉诺。

自己所有藏品中最神圣的物件，君士坦丁堡的拉丁皇帝鲍德温二世[①]赠予的荆棘冠，他建造了全法国最美丽的早期哥特建筑——圣礼拜堂。[②]

可即便是圣礼拜堂亦无法满足路易的基督教热情。还有更多的十字军东征要开展。第八次十字军东征是路易的点子。他一直对灾难性的第七次东征以及自己被俘耿耿于怀。20 年后，也就是1267 年，他 54 岁的时候，他决定再做一次尝试，以恢复圣地的基督教统治。在弟弟安茹的查理的建议下，路易决定这一次东征应该率先对突尼斯发起攻击。他耗费 3 年时间组建了一支合适的舰队，但人们不禁要问，他是否从上一次在炎热地带的经历中吸取了教训。总体看来，答案似乎是否定的，因为舰队选择在 1270年 7 月登陆非洲海岸。十字军几乎找不到饮用水，所有水源都污秽不堪。没几天，路易的大多数部下都病倒了，一个月后，国王本人也去世了。安茹的查理接管了军队，但没有路易，人们无心恋战。很快，存活下来的人就打道回府。

圣路易——1297 年，距离路易去世过了约四分之一个世纪，他被封为圣徒——留下了一个与他继承时截然不同的法国。从此以后，这位卡佩王朝的首领被公认为上帝选定的合法君主，这是向绝对君主制迈进的前所未有的一步，而他的王国亦获得了一种前所未有的道德权威。不用说，对后来者而言，路易九世成了难以企及的目标。他的儿子腓力三世被称为"勇敢者"腓力，但并没有什么充分的理由。他陪伴自己的父亲参加了第八次十字军东

[①] 第四次十字军东征（1204—1205 年）之后，希腊皇帝被法兰克人所取代。1261 年，他们收复君士坦丁堡。

[②] 不过，荆棘冠如今被珍藏于巴黎圣母院内。

征，不过并没能脱颖而出。父亲去世后，他一返回巴黎，就表现得怯弱顺从，出奇地缺乏个性——可能是被性格专横的双亲，尤其是他的母亲，一直压制的缘故。在丈夫还活着时，强势的玛格丽特王后就要求儿子发誓 30 岁之前不能脱离自己的监护。尽管严格说来，在腓力 18 岁时，教皇就已经免除了他履行誓言的义务，但腓力始终没能走出母亲的阴影。

～

继腓力·奥古斯都和圣路易之后，伟大的卡佩三人组的第三位也是最后一位出现了，即腓力四世，绰号"美男子"。腓力国王始终带有一丝神秘感。他喜怒不形于色，没有人知道什么会触动他。腓力在公众心目中是一位年轻英俊的国王，昂首阔步，风度翩翩，但没有比这更具误导性的了。就我们所知，他仅是一般好看。他是"勇敢者"腓力和阿拉贡的伊莎贝拉的长子，天性沉默寡言，脾气暴躁，贪得无厌，有时候会变得极度残忍。不过，腓力四世是一位伟大的国王，这是毋庸置疑的。他是个认真、努力的专业人士，他没有与贵族一起治理国家，而是与律师、官员一起，他的目标跟祖父的目标——将法国打造成一个高尚、和平、信奉基督教的君主国，后者最为重要——完全不相同，是让法国变得强大、高效且具有影响力。（与纳瓦拉的女王让娜一世的）婚姻和其他的继承所得使腓力的统治范围稳步扩大，经费支出也随之增加。在位期间，腓力极度需要钱，为了得到钱，他不惜采取任何方式。这种态度导致他树敌颇多，其中最大的敌人非教皇卜尼法斯八世莫属。

卜尼法斯八世是典型的世俗神职人员。他出生于1220至1230年间，极为聪慧，是一流的法学家、学者。他创办了罗马大学，编纂了教规，重建了梵蒂冈图书馆和档案馆。但从本质上说，他并非属灵之人。对他而言，教会的重大制裁只是为了他进一步实现他自己的世俗目标并让他的家族大赚一笔罢了。在这位教皇眼中，外国统治者并非自己的臣民，而更像是他的奴仆。至于自己的职位，他完全是从政治角度出发，决心重申圣座对欧洲新兴国家的权威。为了完成这一任务，他展现出充沛的精力、自信和韧劲，但他不具备任何外交和策略意识。他对和解或让步这些概念根本没有兴趣；他不顾一切地往前冲，最终付出了代价。

教皇和国王腓力彼此仇视，这种状态始于1296年，当时腓力对法国教士征收重税。教皇大发雷霆，颁布诏书予以回应，正式禁止在未得到罗马授权的情况下对神职人员或教会财产征税。倘若他能认真考虑下这件事，就会立刻看出自己采取的行动是多么缺乏远见：腓力干脆禁止了货币和贵重物品出口，同时禁止罗马收税员进入法国。由于教廷国库在很大程度上依赖于从法国来的收入，卜尼法斯别无选择，只能做出让步——通过正式为腓力的祖父路易九世封圣，来挽回一些失去的声望。

到1301年秋，腓力草率地将寂寂无闻却貌视权威的帕米耶主教投入监牢，指控他犯有叛国罪和冒犯罪。[①]教皇甚至没进行调查，就气冲冲地要求腓力释放主教。国王拒绝了。双方的争斗到了最后阶段。卜尼法斯再次颁布诏书——《听着，吾儿》，傲慢地召唤国王本人及其高级神职人员参加1302年11月在罗马举行

---

① 国王有他的理由，这位主教骂他是"一只无用的猫头鹰"。

的教会会议。腓力当然予以拒绝；但让人惊讶的是，有 39 位法国主教竟然鼓起勇气出席了这次会议。在会议结束后，卜尼法斯进行了最后一次猛烈抨击，他在《一圣教谕》这份诏书中明确表示："每个受造的人，要得救都必须臣服于罗马教皇。"这并没有什么新意，英诺森三世和其他一些教皇也都提出过类似的要求。尽管如此，教皇专制几乎无法更进一步，而且显然，国王腓力是卜尼法斯的针对目标。

或许是在新任使节诺加雷的纪尧姆——他的阿尔比派信徒祖父被以火刑处死，因此他对教廷没有好感——的建议下，腓力又采取了此前的策略，对教皇展开全面的人身攻击。他重新提出所有的旧指控，加上数条新指控，例如非婚生子、宣扬异端邪说，并且坚持要求召开公会议，教皇需在会上对其犯下的罪行负责。诺加雷受命带领一支由 1600 人组成的军队前往意大利，他们接到的命令是抓住教皇，将他带回法国，必要时可使用武力。同一时间，卜尼法斯正在其位于阿纳尼的府邸，为一份宣布开除腓力教籍并让其臣民无须再对其效忠的诏书进行最后的润色。他本应在 9 月 8 日颁布这份诏书，但就在前一天的下午，诺加雷及其军队抵达。此时应该快 80 岁的教皇身着他的教皇盛装，勇敢地面对这些人，要求他们杀了自己。法军将他囚禁起来，但阿纳尼人民悄悄救走了教皇。诺加雷意识到要想抓到教皇，只有屠杀这一个方法，他明智地选择了撤军。

不过他此行并非徒劳无获。老教皇自尊心遭受致命打击。经过几天的休养后，教皇被护送回罗马，但他却始终未能从这次惊吓中恢复过来。一个月不到，在 1303 年 10 月 12 日，教皇去世。按照但丁的预计——此时距离这位诗人造访地狱已经过去 3 年了——这位教皇将被打入第八层地狱中，接受倒插火穴的酷刑。如此判决可能会被认为略显严厉，但或许人们能明白诗人的意图。

～

卜尼法斯的继任者本笃十一世在当选后只活了一年，可以放心忽略。此后于1304年召开的教皇选举秘密会议在中途出现分歧，僵局持续了11个月。最后与会者达成一致：新教皇必须由枢机主教团之外的人来担任。最终，波尔多大主教戈特的贝特朗当选教皇，名号克雷芒五世。如果他是意大利人，在罗马当选并加冕，或许能证明自己即便不是一位伟大的教皇，至少也是一位强势的教皇。然而，作为国王腓力四世的臣民，从当选的那一刻起，他就发现自己承受了这位国王施加的几乎让人无法忍受的压力。腓力则坚持原本的打算，认为既然新教皇已经在法国，理当在法国加冕。

我们没有理由认为克雷芒不想在适当的时候迁到罗马。接下来的4年里，他居无定所，不断辗转于里昂、普瓦捷和波尔多之间，枢机主教们只能尽力追随他（此时大多数枢机主教都是法国人：在克雷芒于1305年12月册封的10个枢机主教中，有9人是法国人，其中4人是他的男性晚辈；在1310和1312年，教廷的法国势力还将进一步增加）。同一时期，腓力则继续施压，让克雷芒继续留在法国。但1309年，克雷芒决定将教廷迁至位于罗讷河东岸的阿维尼翁，这在当时是属于腓力的堂弟及封臣，安茹的查理二世的领土。而克雷芒之后，还将有6位教皇安顿在这座拥有约5000名居民的小镇上——在当时，其规模仅略大于一个村庄。

接下来的 68 年里，阿维尼翁一直是教廷所在地。

那段时光通常被称为"巴比伦囚房"，但教皇住在阿维尼翁与巴比伦囚房事件有着天壤之别，教皇是自愿待在这里的。尽管如此，14 世纪早期的阿维尼翁并非舒适之地。诗人彼特拉克形容其为"一座令人作呕的城市"，饱受密史脱拉风蹂躏，是一个"汇集全宇宙污秽的下水道"。街上散发的恶臭让阿拉贡大使非常恶心，不得不打道回府。作为教廷领地，阿维尼翁也成了各类罪犯的避难所，拥有臭名昭著的酒馆和妓院。并且这里最初也不是为了容纳教廷而设置的。教皇及其亲近随从搬进了当地的多明我会修道院，少数幸运的枢机主教征用到了较大的屋子，至于剩下的人，只求能找寻到可遮风避雨之处。

迁往阿维尼翁至少能让教皇克雷芒享有一定程度的独立，但对他而言，腓力是过于强势的存在。教皇身体状况欠佳，据说他在担任教皇期间始终受胃癌折磨。很快，他就表现出他不过是法王的傀儡而已。腓力决意要让卜尼法斯接受审判，1309 年，他迫使克雷芒对已故教皇展开全面调查。历经种种耽搁和复杂情况，此次调查于 1311 年 4 月中止。但克雷芒不得不付出沉重的代价：卜尼法斯所有损害了法国的利益的行为都被宣告无效，而攻击卜尼法斯的诺加雷的纪尧姆获得赦免。更大的羞辱还在后面，腓力让克雷芒卷入了将成为其人生中最耻辱罪行的事件之中：铲除圣殿骑士团。

如今的我们很难理解，甚至难以相信，圣殿骑士团在中世纪后期的影响力。圣殿骑士团成立于 12 世纪初期，致力于保护在第一次十字军东征之后大批前往圣地的朝圣者。在 50 年的时间里，从丹麦至西班牙，从爱尔兰至亚美尼亚，他们几乎在所有的基督教王国里都站稳了脚跟。在一个世纪内，"耶稣基督的贫苦骑士团"——虽然他们发下了清贫、忠贞和服从的本笃会誓言——为半个欧洲提供资金，是文明世界最具影响的国际银行家。到1250年，据信，他们拥有约9000处地产；在巴黎和伦敦，他们的宅邸被用作存放王室珍宝的堡垒。1235年，亨利三世购买奥莱龙岛的钱就是向英格兰圣殿骑士团借的。而"美男子"腓力设法从法国圣殿骑士团那里得到了女儿伊莎贝拉嫁给英格兰的爱德华二世的嫁妆。圣殿骑士团支付了路易九世的大部分赎金，还给爱德华一世出了不少于2.5万里弗尔。在法国，他们是势力最为强大的，他们实际上建立了一个国中之国。随着骑士团影响力的增加，腓力开始感到不安，这并不出人意料。但这并非他此时对骑士团采取行动的原因。

腓力想要圣殿骑士团的钱。他已经对付过犹太人了，1306年，他侵占了犹太人所有的资产，并将他们逐出法国。[1] 现在轮到圣殿骑士团了。同样的行动将让腓力得到骑士团在其王国内的所有财产，应该能解决此后数年的财政问题。他清楚，这一军事修会是个很难对付的对手，幸好他已经有了可以使用的武器。多年来，一直有传言称圣殿骑士团在午夜集会时会举行秘密仪式。腓力要做的就是展开正式调查。找到能给出所需证据的证人——只要给予一点点报酬——并非难事。而他的希望全都寄托在那些被设法获取的证据之上。腓力声称圣殿骑士团骑士是撒旦崇拜者，他们在入会仪式上否认耶稣基督，践踏十字架。他们不仅允许鸡奸，还积极鼓励这种行为，而非法出生的孩童将会被活活烤死。

---

[1] 英格兰的爱德华一世早在1290年就已经这么做了。

1307 年 10 月 13 日，周五，圣殿骑士团大团长莫莱的雅克及其 60 个重要的兄弟在巴黎被捕。为了迫使他们认罪，王室当局先是对他们进行严刑拷打，然后将他们送到正式负责审讯的人那里再次严刑逼供。在接下来的 6 周里，多达 138 位骑士遭审讯，不太让人吃惊的是，其中 123 人，包括大团长在内，最终都承认了至少部分针对他们的指控。同时，腓力写信给其他君主，力劝他们效仿自己。英格兰的爱德华二世可能觉得理由不够充分，起初倾向于和岳父争辩，但在接到教皇克雷芒五世明确的指令——一如既往，教皇很乐意为法王提供任何形式的帮助——后，他没有再犹豫。1308 年 1 月 9 日，英格兰圣殿骑士团的大团长被关押，没过多久，他手下所有骑士都步其后尘。

1310 年 4 月 11 日，对圣殿骑士团的公开审判在巴黎举行，会上宣布，任何试图翻供的被告都将被绑在火刑柱上烧死。5 月 12 日，54 名骑士被处以这一极刑，此后的 2 周时间里，又有 9 人惨遭同样的厄运。这整件卑鄙的事又拖了 4 年，在此期间，教皇和国王一直在商讨——这是一个外界始终质疑他们的行为的明确信号——两人还就圣殿骑士团巨额财富的处置问题进行了协商。与此同时，大团长在监狱饱受煎熬，直至他的命运可以被裁决。1314 年 3 月 14 日，当局将他带到立在圣母院前的脚手架上，在那里，他进行了最后一次认罪。

国王和教皇有理由后悔自己所做出的决定。莫莱，差不多可以这么说，在过去的 7 年里表现得完全不出众。他认过罪，翻过供，又再次认罪，他几乎没有展现出勇气，甚至几乎没有展现出领袖品质。但眼下，他垂垂老矣，70 多岁，即将去见他的上帝：他没什么可失去的了。因此，在同为圣殿骑士的沙尔内的若弗鲁瓦的支持下，他大声而清晰地说："上帝可作证，我和我的骑士团是清白无辜的，未犯下任何被指控的罪行。"王室官员立刻将莫莱和沙尔内两人带离，信使赶紧将消息报给腓力。国王不再迟疑。当天晚上，两位老骑士被带上船，送到塞纳河的一座小岛上，在那里，火刑柱已经准备好了。

后来有传言称，莫莱死前曾预言，当年之内，教皇克雷芒和国王腓力都将出现在上帝的审判席上，他还诅咒王室血脉只能延续到第 13 代。人们不可能不留意到，仅过了一个多月，教皇就死了，11 月底，才 46 岁的国王就在打猎时遭遇致命的中风。[①] 两位老骑士勇敢地面对烈焰，高贵地死去。夜幕降临后，对岸奥古斯丁修道院的修士们过来收集起他们的遗骨，它们将像圣人和殉道者的遗骸一样受到人们的尊崇。

伟大的教皇，例如格里高利七世或英诺森三世，能够并且会拯救圣殿骑士团，可惜，克雷芒五世与伟大相距甚远。在堪称腓力统治期间最可耻的那段日子里，克雷芒表现得懦弱无能，一味迎合国王，这成为关于他的记忆中无法抹去的污点。只有一次，他表现出了按自己方式行事的意愿：1312 年 5 月 2 日，教皇颁布诏书，称圣殿骑士团的所有财产（卡斯蒂利亚、阿拉贡、葡萄牙和马洛卡王国的除外；对于这四个王国的，他将推迟做决定）应该移交给医院骑士团。腓力——发起这场铲除运动只是为了得到圣殿骑士团的财富——对此自然无法接受。而医院骑士团发现自

---

① 诅咒的第二部分似乎也发挥了一定作用。腓力及其 5 位继任者总共统治了 177 年。他的 3 个儿子先后登基，每个人在位的时间都没有超过 6 年，死时分别为 27、28 和 33 岁。虽然这 3 人一共娶了 6 位妻子，但都没有留下男性继承者。

己比想象中的更为富有。

～

　　与此同时，英法关系继续公开不睦。在英格兰，爱德华一世
于 1272 年接替父亲亨利三世登上王位。身高 6 英尺 2 英寸的他比
身边人高出一截，不过他的左眼皮耷拉下来，说话有些口齿不清，
这对他的整体形象略有影响。先是参加第九次十字军东征，后来
忙着在英格兰、威尔士和苏格兰与贵族们开战，这些占据了爱德
华一世戎马生涯的很多时间，对法王腓力而言，这是有利的。但
1293 年，随着一群法国士兵在英格兰掌控的加斯科涅登陆时遭到
猛烈攻击，局势变得严峻起来。腓力略显专横地传唤爱德华，要
求后者以阿基坦公爵的身份来巴黎高等法院[①]回应相关指控。

　　爱德华当然无意照做。他先是派使者前往巴黎，使者们立刻
被驱逐。接着，爱德华派弟弟兰开斯特伯爵，"驼背"埃德蒙（既
是腓力的舅舅，又是其妻子的继父）代表自己发言，除了谈加斯
科涅发生的纷争，还谈国王本人再婚一事。1290 年，爱德华心爱
的妻子卡斯蒂利亚的埃莉诺（他们的婚姻是英格兰历史上最幸福
的婚姻之一）去世，此时，他依然沉浸在悲伤的情绪中。不过爱
德华勉强同意与腓力同父异母的妹妹布朗什结婚，他这么做完全
是出于外交原因。爱德华吩咐兰开斯特伯爵，若谈判成功，就将
布朗什带回英格兰。遗憾的是，谈判并不成功：腓力尴尬地表示

————————

①　法国高等法院（parlement）不应与英国议会混淆，前者更像是一种常
设法院。

布朗什其实已经和哈布斯堡的鲁道夫三世订婚了。爱德华闻讯勃然大怒，再次宣战，此时距离双方上一次订立的明显靠不住的停战协议只过去了5年。终于在1299年，双方围绕两桩婚姻签订了一系列条约：第一桩，爱德华将迎娶布朗什的妹妹玛格丽特；第二桩，爱德华的儿子，未来的爱德华二世会娶腓力的女儿伊莎贝拉。第一桩婚姻无疑有助于维系两国之间的和平关系，虽然可怜的玛格丽特不可能很开心——她比她的丈夫小40岁。第二桩婚姻是一场灾难，因为我们很快就会看到，正是它引发了英法百年战争。

"美男子"腓力于1314年去世。但他生命的最后一年笼罩在卡佩王朝有史以来最大的丑闻的阴影之下。他的女儿英格兰王后伊莎贝拉公开指控他的3个儿媳通奸。伊莎贝拉称这三人大多数的通奸行为都发生在幽暗神秘的奈斯勒塔中，这是一座在塞纳河左岸的老城墙的守卫塔。国王有3个儿子，后来都当上了法国国王。长子，即未来的路易十世，娶了勃艮第公爵罗贝尔二世的女儿玛格丽特。他们的婚姻并不幸福，据说，路易无视自己"活泼漂亮"的妻子，更愿意和朋友打网球。次子腓力娶了勃艮第伯爵奥托四世的长女让娜。这桩婚姻似乎成功得多，两人很快就生了4个孩子，腓力热情洋溢的情书也传到了我们手中。三子查理，据我们所听到的，似乎是个极无趣的家伙，他与让娜的妹妹布朗什的婚姻也很无趣。

故事要从1313年说起，当时爱德华二世和伊莎贝拉王后来巴黎拜访后者的父亲。两人的婚姻显然不顺利。爱德华是公开的同性恋者，与其宠信的皮尔斯·加韦斯顿相伴的时间远远超过他和妻子待在一起的时间。不过在巴黎期间，两人的举止都很得体，伊莎贝拉将刺绣钱包分别送给了三个哥哥和三个嫂子。几个月后，国王和王后在伦敦举办晚宴庆祝归来，伊莎贝拉发现自己送给嫂子的两个钱包被年轻的骑士戈蒂埃和菲利普①·奥奈兄弟带在身上。她立刻得出结论，并通知了自己的父亲。

国王派人密切监视这两人，真相逐渐浮出水面。看来，戈蒂埃和菲利普定期在奈斯勒塔与玛格丽特和布朗什相会。至于三位女士中剩下的让娜，则被认为更喜欢在一旁观看。不管怎样，腓力四世决定公开此事，并逮捕了这五人。奥奈兄弟遭到了酷刑审问，两人供承认并被判决有罪。他们先是被阉割，然后被处以吊剖分尸刑。布朗什和玛格丽特在巴黎高等法院接受了审讯，同样被判有罪。她们的头发被剃光，两人都被判终身监禁。她们被送到盖拉德城堡的地牢。路易十世登基后，玛格丽特马上被闷死在地牢中，这样她的丈夫就能再婚了。而布朗什在地牢里待了 8 年，后来被送到女修道院。让娜也接受了审讯，不过被判无罪。

针对这三位贵族女士及其情人的裁决是否公平？答案或许是肯定的，不过伊莎贝拉在这之前刚刚诞下儿子爱德华，除掉所有三个嫂子无疑能让爱德华登上法国国王的希望大增。她自己的婚姻将在几年内惨淡收场。人们普遍认为，她对丈夫爱德华二世的惨死（在她和情人罗杰·莫蒂默于 1326 年掌权之后）负有间接责任。她被称为"法兰西母狼"不是没缘由的。

---

① 我在此使用的是其名字的法语拼写 Philippe，以免引起混淆。莫里斯·德鲁恩的《被诅咒的国王》对这一故事进行了绝妙的描述。大仲马写过戏剧《奈斯勒塔》，我没看过。此外，1954 年上映的那部由阿贝尔·冈斯拍摄的电影很有意思，我看过。

第 5 章

被俘的国王

1326—1380 年

告诉他，他篡夺的王位，是我的，

他踏足之地，本应双膝下跪；

我要求的并非是一个小小公国，

而是整个王国的统治权；

若他不情愿，拒绝屈服，

我将剥夺他那些借来的华服（borrow'd plumes），

将他赤身裸体赶至荒郊野外。

——莎士比亚，《爱德华三世》，第一幕，第一场 ①

---

① 如今，大多数学者认为至少这部剧的绝大部分是由莎士比亚完成的。这部剧被收录进了"阿登版莎士比亚"和"剑桥新莎士比亚"作品集中。顺便提一下，这似乎是"borrow'd plumes"这个英语词组首次出现，《牛津英语词典》认为这一词组出现的时间不早于 1802 年。

卡佩王朝的终结令人唏嘘：三兄弟，更确切地说，还得加上一个仅一周大的婴儿，加起来统治时间不过 14 年。路易十世（被称为"吵架王"，虽然还有其他几位国王或许更有资格获得这一绰号）事实上自母亲让娜女王于 1305 年去世后，便一直是纳瓦拉国王，但他在法国国王王位上只会待不超过 18 个月的时间。路易十世的辩护者称赞他废除了农奴制，允许犹太人重返法国，但这两项退让措施并不如表面看起来的那么理想。首先，农奴必须拿金钱赎买自由，若他不能或不愿意，其所拥有的财产，不管多少，都会被没收，用来资助在佛兰德进行的看似永无止境的战争。至于（被路易的父亲驱逐出境的）犹太人，他们确实被允许回到法国，但需要经正式批准，且只能待 12 年。这期间，他们不得不戴上臂章，并且得生活在专门为犹太人划分的居住区内。12 年过后，他们仍有可能再被驱逐。

路易人生最大的污点是谋害了妻子玛格丽特，无论后者在奈斯勒塔内做了什么，肯定都不至于落得被闷死的下场。玛格丽特遇害才 5 天，也就是 1315 年 8 月 19 日，她的丈夫就娶了匈牙利的克莱门丝[①]。一年不到，路易十世在打了一场尤其累人网球比赛后死去了，[②]留下了有孕在身的克莱门丝。问题来了，这是有史以来第一次，卡佩王朝的国王死后没能留下男性继承人。路易已经有一个女儿让娜。若克莱门丝生下的是儿子，他就会继承王位；如果生下的是女儿，她和让娜就有差不多的获得王位的权利。让

[①] 关于克莱门丝这一头衔一事，解释起来过于冗长复杂，就不在这里展开了。她出生在那不勒斯，并在那里长大，一生从未踏足过匈牙利。

[②] 他是我们所知的第一个有名有姓的打网球者，也是第一个因打网球而死的人。

娜是长女，而另一方面，她是玛格丽特的女儿，奈斯勒塔事件之后，没有人知道她究竟是不是路易亲生的。于是路易的弟弟腓力出任摄政，直到 1316 年 11 月 15 日，克莱门丝在那天生下一个男孩。遗憾的是，"遗腹子"约翰一世只活了 5 天，20 日便夭折了：他成了法国史上最年轻同时也是统治时间最短的国王，也是唯一一个终身享有法国国王这一头衔的君主。尽管有大量反对，但约翰的叔父腓力继承了王位，成了腓力五世，从而重申了古老的萨利克法典中关于女性无继承权的规定。

腓力无疑是三兄弟中能力最突出的，同时也是最善良的。在那桩惊世丑闻被曝光后，路易和查理都对出轨的妻子表现得冷酷无情，但腓力始终支持勃艮第的让娜——诚然，她究竟是否参与了此事，我们并不能肯定——与她患难与共。最终巴黎高等法院澄清了让娜的名誉，并允许她返回宫廷。怀疑论者认为腓力之所以拒绝抛弃让娜，是因为他担心这么做可能会失去勃艮第，但发生如此结果的概率是相当低的。那些保存下来的信件指向一个更可能的原因：这两人深爱着彼此。

从政治和外交角度看，腓力的主要成就是与佛兰德伯爵罗贝尔达成了协议，照此协议，罗贝尔正式承认腓力年幼的外孙路易为继承人，而路易会承诺迎娶罗贝尔的次女玛格丽特。不过在和更为狡猾的邻居，英格兰国王爱德华二世打交道时，腓力就没有那么成功了。加斯科涅省成为大难题。严格说来，在加斯科涅，爱德华是腓力的封臣，但此前，他已经拒绝向腓力的哥哥路易十世效忠，眼下显然也不打算承认罗贝尔。最终，爱德华勉强同意进一步宣誓自己效忠腓力，但当他抵达亚眠时，他震惊地发现腓力提出了更多的要求。可以理解的是，爱德华拒绝了。但这么做的后果就是两位国王的关系未能好转，还进一步恶化。

　　腓力在位 5 年多，于 1322 年 1 月去世，是几种自然因素加在一起导致的死亡。兄弟三人中最年轻的查理四世继位。他在位 6 年，但 3 任妻子都没能为他生下男孩。和腓力一样，查理四世与佛兰德伯爵和英格兰的爱德华都有纷争。不过与爱德华有关的纷争很快就被一系列事件所盖过。1326 年，伊莎贝拉王后及其情人罗杰·莫蒂默带着一支小规模的雇佣兵夺取了英格兰，并迫使她的丈夫退位。次年，爱德华二世在伯克利城堡遭残忍杀害。伊莎贝拉的儿子爱德华当时刚 14 岁出头，便成了欧洲最富有且最有权势的统治者。事实上，英格兰在英吉利海峡之外的领地已和往日不再一样。两个世纪前，爱德华三世的五世祖亨利二世通过遗产继承以及与阿基坦的埃莉诺的婚姻得到了今天法国几乎近半的土地。然而，自亨利之后，英格兰几乎丧失了所有这些领地，爱德华三世想收复失地。在母亲的指示下，他与查理签订了和平条约，尽管这么做完全违背其天性。他要回了阿基坦，但作为交换，查理也得到了很大一片土地，包括利穆赞、凯尔西和佩里戈尔这几个富庶的省份。

　　1328 年 2 月 1 日，查理在万塞讷城堡去世。和两个哥哥一样，他没有留下男性继承人。不可思议的是，历史重演了。查理和路易一样，留下了一个怀孕的妻子，他的堂兄瓦卢瓦的腓力出任摄政，直到王后生产。但是两个月后，王后产下了一个女孩。因此根据萨利克法典，卡佩王朝的直系分支就此终结。现在，法国王位有三位候选人：英格兰的爱德华三世，他是伊莎贝拉的儿子，"美男子"腓力的外孙；埃夫勒的腓力，他是路易十世的女婿；瓦卢瓦的腓力，他是腓力四世的侄子，腓力三世的孙子，为其三子查理所生。萨利克法典再度成为关键，不过事实是，法国人不想有一个外来国王，他们显然不希望和英格兰人一起被同一个君主所统治。爱德华几乎还是个孩子——尽管他已经和埃诺的菲莉帕结婚了——住在海的另一边，并且是金雀花家族的高级代表。在过去两个世纪里，该家族给法国人带来的只有麻烦。再说，腓力已经出任摄政了。法国人想要一个法国国王，他们最终得到了一个。1328 年 5 月 29 日，腓力六世在兰斯加冕。

就这样，"幸运王"腓力六世开启了瓦卢瓦王朝的统治。这并不是一个前途十分光明的开头。整体而言，卡佩王朝的国王都是出色的统治者。他们稳步建立起了法国，将之从加洛林王朝时期分得的一杯羹打造成一个民族。然而，腓力或许很清楚自己并非王室出身——他的父亲瓦卢瓦的查理是腓力四世的弟弟，倾尽一生想坐上王位，却始终未能如愿——因此似乎格外在乎与封建威望有关的事，尤其是牵涉到年轻的爱德华三世的事，后者正是与腓力四世血缘最近的男性亲戚。腓力六世加冕后最先采取的行动之一就是召唤爱德华为阿基坦而向自己宣誓效忠。爱德华答应了，但并不着急。13 个月后，当他终于在亚眠大教堂见到腓力时，他在宣誓时却含糊其词，这成为两位国王在此后数年里争执不断的导火索。但这种争执是不可避免的。因为爱德华确信自己更有资格登上法国王位。他坚称，即便是依照萨利克法典，自己是已故国王的外甥，从血缘关系上看比腓力更近，后者只是一个堂兄。从自己加冕的那一刻起，爱德华就开始为战争做准备了。

在 13 世纪中期以前，弓箭被认为是低等武器，射程太短，面对装甲骑兵时穿透力不足，派不上太大用场。但爱德华三世的祖父爱德华一世在与威尔士的战斗中发现了威尔士长弓的优点：

　　在与威尔士的战争中，一名重骑兵被威尔士人射出的一支箭击中。箭穿透他内外皆被护腿甲胄包裹的大腿，往上穿过他皮质上衣的下摆，然后刺进被称作阿拉瓦或座位的马鞍中，最后扎入马身，扎得如此之深，以至于那只动物最终丧命。[①]

　　爱德华一世颁布过法令，要求所有"腿不瘸、非老弱"的臣民都必须定期练习射箭，从理论上说，该法令至今依然有效：因此，他的孙子调遣着欧洲（至少是可能）最强大的军队。但他还没有准备好对法国采取行动。首先，他得对付莫蒂默。莫蒂默正在用自己的权力敛财，并在全国各地占据诸多城堡和头衔。终于在 1330 年，国王在诺丁汉城堡将莫蒂默抓住。尽管有伊莎贝拉那句著名的恳求之言——"吾儿公正，请怜悯善良的莫蒂默吧。"——但她那可憎的情人还是被绞死在泰伯恩行刑场，他拥有的巨额财产被国王没收，尸体被留在绞刑架上，暴尸示众整整两天。

　　在腓力登基的最初几年，他和爱德华的关系还算融洽。1332年，两人甚至打算联手发起十字军东征，不过并未付诸现实。但阿基坦仍是他们关系中的痛处，佛兰德是另一痛处，就是因为在经济上，英格兰和佛兰德相互依赖：英格兰的主要产品是羊毛，佛兰德则拥有纺织工。佛兰德的实际统治者，讷韦尔的路易是腓力的封臣，但他的臣民无一例外是亲英派，爱德华清楚自己可以在必要的时候指望他们。到 1336 年，阿图瓦伯爵罗贝尔又惹出了麻烦。他声称自己被不公平地剥夺了财产，试图通过造伪证的手段来收回这些财产。罪行暴露后，他前往英格兰寻求庇护。腓

---

① 出自《威尔士行纪》，1191 年。

力要求引渡罗贝尔。爱德华拒绝了，因为罗贝尔曾是法王的顾问，所以对自己极为有用。作为报复，腓力指控爱德华"做出了诸多过分、反叛以及对我们不利的违抗行为"，且"为国王的死敌提供庇护"，宣布没收阿基坦。爱德华终于忍无可忍，他拒绝承认腓力的合法性，要求他放弃法国王位。

英法百年战争就此爆发。

～

我们没有理由去详细追溯这场战争的进程。事实上，它并非单一的一场对抗，而是 1337 至 1453 年金雀花家族为了获得法国的控制权而向瓦卢瓦家族发起的一系列战斗。虽然战争初期，爱德华就已经为自己和家人在安特卫普设立了前哨基地，不过他直到 1339 年秋才入侵法国领地。侵略军鲜少会善待当地人，但英格兰军队似乎是最糟糕的。乡村地区惨遭蹂躏，村庄被完全摧毁。奥里尼当地的修道院被付诸一炬，修女们被轮番强暴。如此暴行或许是故意的，旨在激怒法国国王，让他投入战斗，若真是如此，这一激将法距离成功仅一步之遥。当法军终于在圣康坦附近遇上英军时，腓力提议双方正式决斗——古老的骑士传统依旧根深蒂固——地点由爱德华选，不过腓力规定战场上不能有树、沟渠和沼泽地。

爱德华求之不得。他时年 25 岁，正是身体最强壮、最具活力的时候，且他酷爱各种形式的战争。他经常参加骑士比武，而腓力居然提议进行一场荣耀的长枪比武赛？然而，爱德华刚答应，腓力就改变了主意。编年史家傅华萨认为，腓力是听了其舅父安茹的罗贝尔的建议，后者是那不勒斯国王，同时也是一位著名的占星家。不过，更有可能是因为密探向腓力报告称，英格兰国王远比别人让腓力认为的强壮。无论如何，他返回了巴黎。英格兰人边大声抱怨着法国人的怯弱，边退回到布鲁塞尔过冬。

1340 年 1 月，佛兰德人民承认爱德华对法国王位的所有权主张，这让爱德华的情绪好了很多。他立刻用自己的纹章把法国纹章分成了四块，定制了一枚有百合花饰的新印章，还选用了一款猩红色和蓝色相间的外套，上面绣有豹子和百合，人们至今仍能在王室的盾形纹章中看到这些图案。佛兰德将摆脱法国，成为英格兰的附庸国，这让佛兰德人很高兴，但他们首先是商人，对金钱的重要性有着清醒的认识。不久后，当国王回英格兰催促所需粮食补给的运输时，佛兰德人客气地坚持要求国王的妻儿留下来，以确保国王能偿还债务，菲莉帕王后的王冠被典当给了科隆的商人。

这期间，法国海军进入了英吉利海峡，开始制造越来越多的麻烦。早在 1338 年，法国的私掠船就突袭了朴次茅斯和南安普敦。那年 10 月，爱德华下令在泰晤士河上立起一排桩子，以免伦敦遭到类似的袭击。次年，轮到多佛尔和福克斯通遇袭。终于，在 1340 年仲夏，国王准备好带领其筹备已久的海军驶离泰晤士河河口，他有约 200 艘船，载着 5000 名左右的弓箭手和披甲战士，外加马匹和粮草。根据一位同时代人的描述，陪同英王一起出征的还有"大批英格兰淑女、伯爵夫人、男爵夫人、骑士的爱人以及伦敦市民的妻子，她们将去根特拜访英格兰王后"。但就在他们出发前，坏消息传来：在英吉利海峡巡逻的侦察兵报告称，一支规模至少是英格兰舰队两倍的法国舰队正在小镇斯鲁伊斯（当时是布鲁日附近的港口）附近的茨温河河口等着他们。虽然出发在即，但爱德华的大臣，坎特伯雷大主教约翰·斯特拉特福德仍竭力劝说国王取消这趟征程：大主教认为在这种情况下继续起航无异于自杀。可国王还是很坚决，斯特拉特福德遂当场辞任。6 月 22 日午夜刚过，爱德华就下令起锚。

次日下午，当英格兰舰队逼近佛兰德海岸时，爱德华目睹了腓力组建的那支庞大的舰队的力量：400 多艘战舰——"太多了，"傅华萨写道，"桅杆林立，如同森林。"其中有 19 艘战舰比英格兰人见过的任何战舰都要大。按照国王的一贯作风，他决定立刻进攻。只是为了确保女士们得到保护，爱德华才暂停下来，用这一天余下的时间部署自己的战舰：每两艘载有弓箭手的战舰夹一艘载着披甲战士的战舰。仲夏日这一天清晨，他率领自己的舰队直入港口。

接下来就是一场大屠杀。法国人很勇猛，但水湾太狭窄，法军舰队紧紧挤在一起，几乎无法移动。爱德华占据风向优势，他的弓箭手在安装在甲板上的高耸平台或者说"城堡"上万箭齐发，敌舰上方箭如雨下。同时，英格兰战舰利用尖锐的船首将无法动弹的法军战舰撞成碎片。在对法军造成足够的伤害后，长弓手才暂时放下武器，然后披甲战士出击，登舰，与对手展开殊死搏斗。这场战斗持续了 9 个小时。等到结束时，包括旗舰在内的 230 艘法国战舰被俘，其余的都被摧毁，残骸中可见两名身亡的海军将官。战后流传着这样一种说法，港口的鱼饮饱了法国人的鲜血，若上帝赋予这些鱼开口说话的能力，它们说的应该是法语。

斯鲁伊斯海战的胜利是英格兰海军历史上赢得的第一次重大胜利，它使爱德华夺得了对英吉利海峡的控制权，确保了自己的远征军在接下来几年中有一个较令人满意的桥头堡。然而，法国陆军——与其海军形成鲜明对比——依然毫发无伤，仍拒绝参战。厌倦了战争的佛兰德盟军变得越来越无法管束。秋季来临时，隐退于修道院的年迈的埃诺伯爵夫人，也就是爱德华的岳母、腓力的妹妹出面，建议停战，两位君主都欣然接受。1340年9月23日，双方签订停战协议，和平持续到次年的仲夏。

接下来的5年时间里，在布列塔尼和加斯科涅发生了很多没有结果的战斗。但在1346年，腓力国王收到了令人不安的消息。英格兰人正在组建一支具有相当规模的陆军，报告称该军队有1万名弓箭手和4000名披甲战士。同时一支由700艘战舰组成的舰队正在朴次茅斯集结。他们的目的地仍然是个秘密；据说，即便是船长，收到的也是密封的命令，只有离港后才能打开。这意味着腓力必须大范围地部署自己的战舰，以应对任何可能出现的进攻。博华萨告诉我们，英格兰舰队一开始要向加斯科涅进发，但在最后时刻，爱德华改变了整个计划：7月12日，他的舰队在诺曼底科唐坦半岛①东侧的小港口圣瓦斯特-拉乌格登陆。

出于一些我们不完全清楚的原因，英军在海滩上扎营36小时，然后才开始行军，②军队一路烧杀抢掠。没有城墙的巴夫勒尔、卡朗唐以及卡昂都被占领，遭到洗劫，如果不是法军及时赶

---

① 位于犹他海滩以北10英里处，1944年6月4日，即诺曼底登陆日，美军第四师就是在犹他海滩登陆的。

② 可能是因为英王在登陆时受伤的缘故。博华萨称："他绊了一下，重重摔倒，鼻血喷涌而出。他身边的骑士视之为不祥的预兆，恳求他当天回到船上休息。'为什么？'国王不假思索地反驳，'这是个很好的预兆，说明这块土地如此渴望获得我。'"如果不是"征服者"威廉身上也发生过同样的事，这个故事的可信度会更高——而且我记得，尤利乌斯·恺撒好像也有过类似的经历。

到，鲁昂也难逃同样的命运——那样的话，英格兰人就无竞争地控制了塞纳河下游。爱德华没有时间也没有财力发动长期围城，于是，他选择右转，在圣路易的出生地普瓦西过河。腓力最喜爱的宫殿之一也在普瓦西，爱德华在这座宫殿里庆祝了圣母升天节，尽情享用腓力最好的葡萄酒。然后，他再度启程，向皮卡第和低地国家进发。当他抵达索姆河时，他得到了运气的眷顾：虽然桥垮了，但这条河正值低潮，军队得以从一片浅滩过河，随后涨起的河水阻挡了追赶他们的法军。12 个小时的喘息可谓天赐之机，让爱德华有时间找一个合适的防御点，安排部下休息整顿，为他期待已久的战斗做准备。8 月 26 日，他在阿布维尔以北 12 英里，梅耶河流经的克雷西找到了理想的据点，他面前是一个山谷，身后则是茂密的树林。

8 月 26 日周六下午晚些时候，8000 名法国骑兵加上 4000 名雇来的热那亚弩手以及来自波兰、丹麦的雇佣兵抵达克雷西，这里此前刚下过一场倾盆大雨。步兵仍落在后面，单是出于这个原因，就不应考虑立刻交战，经过一番简短侦察后，腓力下令将进攻推迟到次日。但先头部队中的骑士无视国王的命令，继续向山上挺进。终于，英格兰弓箭手按捺不住，放出了第一拨箭。此时撤退为时已晚：法军全军投入，战斗开始了。热那亚人拿着弩弓往前冲，弓弦已经被雨水浸湿了。但黄昏的日光正刺入他们的眼中，而且在意大利人送出 1 发箭的时间里，英格兰长弓手——他们先前把弓弦取下，护进了头盔中——就能射出 6 支箭。意大利人转身逃跑，直接撞上往前冲锋的法国骑兵，数以百计热那亚人被撞翻在地，紧接着，骑兵也被铺天盖地的箭雨击倒。法国人一次又一次地发起冲锋，但收效甚微，至少在英军中路和左翼是如此。

英军受到的主要威胁来自右翼，那里由年轻的威尔士亲王 ①
指挥。在那里，一些法国骑士加上少数德意志人和萨伏依人冒着
箭雨冲锋，此时与英格兰披甲战士展开了肉搏。战斗十分激烈，
拖了很久，不过最终，法国人被亲王及其部下击败了。同时，随
着天色越来越暗，国王腓力彻底失去了对战局的掌控，他的军队
陷入混乱。入夜后，战斗依然持续了很久。到早上，法军有三分
之一士兵战死疆场。阵亡者包括国王的弟弟阿朗松公爵、国王的
外甥布卢瓦的居伊、洛林公爵、佛兰德伯爵、9 位法国伯爵，以
及 1500 多位骑士。同样战死的还有波希米亚国王卢森堡的约翰，
尽管双目失明，他仍然坚持让人带他上战场，渴望至少挥舞一次
自己的剑。为了不让国王走丢，随从将他的马辔与自己的绑在一
起。他们都没能活下来。次日，人们发现这几位骑士倒在他们的
领袖身旁，他们的马依然拴在一起。国王的遗体被用温水洗净，
用干净的亚麻裹尸布包裹，达勒姆主教为他主持了肃穆的弥撒，
以让他的灵魂得到安息。威尔士亲王挪用了他那由 3 根鸵鸟羽毛
组成的徽章以及 Ich Dien ("我效忠"之意) 这句座右铭，时至今
日，虽然相隔久远，威尔士亲王的继任者依然保留着这套徽章和
座右铭。英格兰方面仅损失了不到 100 人。

黎明时分，大雾弥漫，这种情况在 8 月下旬的皮卡第并非不
常见，阿伦德尔伯爵、北安普敦伯爵和萨福克伯爵带领一支骑兵
出发去搜寻法王腓力以及任何可能试图逃跑的法国重要人物。他

---

① 没有理由认为他在生前就被冠以"黑太子"这个绰号，"黑太子"可能
是因为他身披黑色盔甲的缘故。

们没能找到国王，但遇到了大量法国步兵以及数位教会要人，包括鲁昂大主教和耶路撒冷圣约翰骑士团大修道长。这些人对此前发生的战斗一无所知，一开始还以为前来的人是自己的同胞。但很快，他们的期望就落空了。英格兰人对敌人没有丝毫的怜悯之情，他们冷酷地杀死了所有神职人员以及绝大多数步兵，据一份报告称，这次的死亡人数是主战场阵亡者的 4 倍。

傅华萨告诉我们，爱德华国王仍然留在被他选为指挥所的风车中，这场战役由始至终，他都没有戴上头盔。但这是一场真正属于他——而非他儿子——的胜利。只有他的策略是让这一切成真的策略，而他的冷静和精明的战术意识与对手的冲动和控制力不足形成鲜明的对比。[1] 同样明显的是，他比任何人都更了解战争的演变方式。长弓的改良，使技术娴熟的弓箭手从 100 码[2] 或更远的地方就能射穿锁子甲，甚至是钢铁胸甲，这意味着从此以后任何骑兵冲锋都可以被阻止。至于大炮，这种当时尚属原始的武器只在围城战中使用；还要等一个多世纪，大炮和火枪的杀伤力才会碾压弓箭，而胜利的天平将再次向侵略者而非防御者倾斜。

最后，法王腓力怎么样了？他或许是个无能的统帅，但他两次被拖下马，两次受伤，眼睁睁看着自己的旗手被杀，和手下将士一样无畏地战斗。在埃诺伯爵约翰的帮助下，他设法逃离了战场，在夜幕的掩护下策马来到拉布罗耶城堡。城堡总管在深夜被

---

[1]　圣但尼修道院的编年史家提出了法军战败的另一个原因："普通士兵穿紧身衫，这些衣衫是如此之短，以至于他们每次俯身时，都会露出私处。另一方面，贵族身穿过于华丽的锁子甲，头戴浮夸的羽冠。上帝被如此下作虚荣之行所震惊，决定让英格兰国王担当上帝之鞭，让法国人彻底失败。"

[2]　1 码约合 0.91 米。——编者注

唤醒，他要求知道究竟是谁坚持要进城堡。"快点开门，"腓力回答，"我是法国的财富。"他的话没错。10年后，他的儿子在普瓦捷的遭遇将证明，法国无力为被俘虏的国王支付赎金。

～

一埋葬完阵亡者，爱德华就向加来进发。他并不拥有这座城市的合法所有权主张：加来从来都不属于英格兰。就连法国人也因为它多沼泽的道路和整体的交通不便而望而却步；直至约1个世纪前，布洛涅伯爵们才意识到此地的战略重要性，并将它发展成为眼下这样一座繁荣、防御森严的城市。但对爱德华来说，加来的优势也是显而易见的。加来处在英吉利海峡最狭窄的地方，距离英格兰海岸线仅20英里左右，相比佛兰德的港口，它不仅是更为便捷的桥头堡，而且对掌控从东部进入海峡的通道至关重要。不过，要占据加来并非易事。这座城市坚固的城墙被两条注入海水的护城河保护，而在城墙之后，有一支强大且坚毅的驻防部队，指挥这支部队的是虽然饱受痛风折磨但能力出众的让·德·维埃纳。直接发动袭击显然是不可行的，英军唯一的希望就是围城。于是，9月初，英军在平坦多风的沼泽地扎营，实际上，他们建造了一个由木屋组成的小村，爱德华为之起名 Villeneuve-le-Hardi（意为"无畏的新城"。法语当时仍是英格兰宫廷语言。）这次围城可能旷日持久，对英军而言，尽可能让自己住得舒适些是明智之举。

冬去春来，夏季接踵而至，加来仍然在坚持。最后，1347年7月底，法王腓力率领军队出现在加来以西1英里左右的桑加特的悬崖上。眼前所见让他无比震惊。"无畏的新城"已经发展成为一座真正的城镇。街道围绕着一个集市展开，纵横交错，布局合理。集市每周三和每周六定期开市。根据博华萨的记录，那里有"杂货店和肉店，售卖布料、面包和其他必需品的摊位，如此一来，几乎所有东西都可以在这里买到。所有这些东西都是每天经海路从英格兰运过来的，也有佛兰德提供的商品和食品"。这个繁荣的小社区当然能轻而易举地被摧毁，前提是腓力能够到达那里。但爱德华预先得到了警告，做了必要的部署。他在战舰上配备了弓箭手、弩炮和射石炮，将这些战舰排布在桑加特和加来之间整个海岸沿线的浅水域，从而让任何敌舰都不可能从海岸线闯进来。除此之外，唯一一条路线是依靠纽莱的一座桥穿过沙丘之后的沼泽地，爱德华派远房堂兄德比伯爵带领余下的弓箭手和披甲战士驻守在这座桥旁。受紧密合作的英格兰人的影响，法军只进行了一次最为潦草的侦察，侦察结果足以让腓力确信进攻无望。次日早上，腓力带着他的军队离开了。

国王的离开使让·德·维埃纳认清了现实。继续抵抗已经没有意义。他发出信号表达了投降的意愿，但前提是英王必须保证所有市民的安全。一开始，爱德华直截了当地拒绝了。加来让他损耗了大量财力人力，并且他还搭上了自己生命中近一年的时光。但当他的使者沃尔特·曼尼爵士回来报告称，若得不到安全保证，加来会继续抵抗时，爱德华终于答应。曼尼被再次派到德·维埃纳那里，提出了新的条件：6 位最重要的市民必须光头赤脚，脖颈上套缰绳，手持加来城门及城堡的钥匙，来到国王面前。这 6 人将任由爱德华处置，其余市民则能保全性命。

英格兰人开出的条件在集市上公布后，所有市民中最富有的厄斯塔什·德·圣皮埃尔立刻站了出来。没过多久，又有 5 个人加入了他的行列。6 个人当场脱掉衣裤，套上缰绳，拿起钥匙，向城门走去，让·德·维埃纳骑着一匹矮马亲自带领着这一行人，他的剑倒置着，表示投降。他们来到国王面前，跪倒在地，呈上钥匙，乞求怜悯。爱德华不听，下令立刻处死他们。沃尔特爵士恳求国王能宽宏大量，却徒劳无果。只有当已经处于怀孕后期的王后菲莉帕略显艰难地跪倒在自己的丈夫面前，恳求他饶了这些人时，爱德华才松口。[①] 1347 年 8 月 4 日周六，爱德华三世得意扬扬地进入加来，下令整座城市必须腾空。可怜的市民不能带走任何东西：房子和地产、家具和私人财物，所有这些都将供国王带来的、取代当地人的英格兰殖民者使用。这些殖民者的后代还会在加来待两个世纪，直到 1558 年 1 月 7 日，这座城市终于被法国收复。

　　加来陷落的 9 年时间里，战争在很大程度上被人遗忘了。1348 年 1 月，黑死病侵袭法国。据估计，不到 10 年里，有三分之一生活在印度到冰岛之间的人死于此病。对幸存者中的大多数而言，还有更令他们感到紧迫和焦虑的事。加斯科涅和布列塔尼地区发生了一些小规模冲突，1355 年底，爱德华甚至率领另一支军队在加来登陆。他原本似乎对此次行动有更多的期待：不过，一个多月后，他和部下便回到了英格兰。但爱德华一如既往地坚定，只有法国王位才能让他满足。腓力的儿子，后来被称为"好人"约翰的约翰二世在 1350 年继承了父亲的王位，他是个无可救

――――――

[①] 1884 年，加来市委托奥古斯特·罗丹创作了壮丽雕塑作品《加来义民》，如今这组雕塑就立在市政厅前。在 12 套原始铸件中，有一套摆放在伦敦议会大厦旁的维多利亚塔公园内。

药、没什么钱的浪漫主义者，憧憬蛮勇的骑士精神，但这个梦想一而再、再而三地背叛他。一如爱德华，好战是他的天性。此时，两位君主心里都在盘算其他事，但等时机来临时，两人都将表现出对继续战斗的渴望。

就在爱德华的加来远征以失败告终的同一年，已经 25 岁的"黑太子"（也是其父亲在加斯科涅的代理统治者）带领一支军队前往法国西南部，他们虽然没能占领纳博讷和卡尔卡松，却对周边的乡村地区造成了极大的破坏。1356 年，"黑太子"的野心更大了，在卢瓦尔河谷来回发动袭击，以至于约翰二世决定给他点教训：约翰召唤所有贵族和骑士带上随从于 9 月的第一周在沙特尔集结。法王这次可谓一呼百应，等整装完毕时，军队中包括了国王的 4 个儿子（全都只有十几岁）、法国骑士统帅戈捷·德·布里耶纳、2 位指挥官、26 位公爵和伯爵，还有不计其数的小领主和骑士，他们全都带着他们他们自己的军队。霍林斯赫德提到有三个"营"，每个营有 1.6 万人，总共有 4.8 万人，但几乎可以肯定，他言过其实。不管准确数字是多少，这都是一支规模相当惊人的队伍。他们在不同地方渡过卢瓦尔河，然后全速南下，追击英格兰人。9 月 18 日周日上午，他们在位于普瓦捷东南 7 英里处，小河穆瓦松流经的山谷中赶上了敌军。

法国人很自信。首先，他们在人数上远胜英格兰人，后者可能至多不超过 1 万或 1.2 万人。此外，他们也有理由相信入侵者面临严重的粮食缺口。那天余下时间里，双方忙着侦察彼此的状况，准备作战，而被教皇派来促成双方进行和平谈判的枢机主教佩里戈尔的塔列朗在两军之间周旋却毫无成效。如果可以的话，"黑太子"自然希望避免这场战争，他提出不需要赎金就释放所有

俘虏，并且归还被他侵占的所有城堡。但约翰只接受他本人带着
100 名骑士投降——这是这位王子无法接受的要求。因此，次日
日出后不久，进攻就开始了。

令人不解的是，自克雷西战败后，法国人并没有招募、训练
足够多的长弓手，以英格兰人之道还治其身，况且约翰完全清楚
英格兰弓箭手的杀伤力。他的计划似乎是派一支由 300 名骑士组
成的小分队冲进敌军中间，驱散他们，随后主力部队跟进——步
行跟进，因为沼泽、数不胜数的树篱和沟堑令骑兵不可能通过。
事实证明这一战术是灾难性的。面对如往常倾盆而下的箭雨，打
头阵的骑士——法军中的精英，包括法国骑士统帅和两名指挥
官——溃不成军。开场的屠戮已经为这场战斗奠定了基调。法国
人尽管很勇猛，却最终败下阵来。战斗结束时，法王本人也沦为
俘虏。"黑太子"待他彬彬有礼。傅华萨称，战斗结束后的那个晚
上，"黑太子"为法王准备了一顿晚餐，还邀请了其他被俘的贵
族，包括 13 位伯爵、1 位大主教以及 66 位男爵。"无论是在国王
的餐桌旁，还是其他人的餐桌旁，他都招待得很是谦恭……坚称
他本人并非一个足够强大的王子或勇敢的士兵，因此没有资格与
他们同桌。"7 个月后，他亲自护送约翰前往伦敦。

约翰二世的被俘——使法国落入 19 岁的王太子 ①（dauphin）
之手——有可能标志着战争的结束。但爱德华不这么想。对他而
言，这是个完美的机会，让他完成最后决定性的一击，从而赢得
法国王位。接下来的 4 年里，他继续奋力作战，常常表现得极为

---

① 他是第一个使用此头衔的假定继承人。1349 年，当维埃诺瓦的安贝尔
二世将自己的领地多菲内（Dauphiné）卖给腓力六世时，他提出了一个条
件，那就是 dauphin 这个头衔必须永远为法国国王或其继承人使用。

出色，但与预期相反，他并没能取得实质性的进展。1360 年初，他同意展开和平谈判。5 月 8 日，在沙特尔附近的布雷蒂尼小村，"黑太子"和法国王太子查理就条约条款达成一致，待各自父亲的确认。法国将承认爱德华对加斯科涅、普瓦图以及包括加来在内法国北部数个城镇的所有权；法国还会交出拉罗谢尔——这座城市是盐运贸易的中心，对英格兰至关重要。法王约翰二世的赎金确定为 300 万金克朗：在支付完第一笔赎金，也就是总赎金的五分之一后，约翰二世就可以获释。不少于 40 名贵族作为人质，确保剩余的赎金将在 6 年内分期付清。爱德华方面，则同意放弃对法国王位以及法国其余领地的所有权主张。

　　然而，当两位国王于 10 月在加来会面时，爱德华坚持只有接手法国在布雷蒂尼同意让出的所有土地后，才会放弃他的主张，他还附加了一个条件，那就是法国必须在 1361 年 11 月 1 日前将这部分土地交给他。双方都很清楚这是一项极为不真诚的条款。如此大规模的土地转让必然是一个漫长且复杂的过程：不可能在一年里完成。其实，爱德华决定要给自己留出选择的余地。他欣然同意放宽赎金支付条件——但事实证明，若英格兰方面没有收到任何赎金，反而对英格兰更有利。1363 年夏，人质之一，约翰二世的次子安茹公爵违反条约，逃走了。他的父亲大感震惊，表示愿意回到伦敦当人质。他的谋臣竭尽全力劝阻他，但约翰心意已决。"就算信用和荣誉在其他地方无处可觅，"他说道，"它们依然存在于王公贵族的心和话语中。"他在圣诞节后的那一周离开了巴黎，在仲冬时节穿过英吉利海峡，于 1364 年 1 月抵达英格兰。4 个月后，约翰死于"一种不知名的疾病"。爱德华下令为其在圣保罗大教堂举办了盛大的葬礼，随后其遗体被送回法国，安葬于圣但尼修道院。

　　昔日的法国王太子，如今的查理五世，或许没有其父那样的气节，但他要聪明得多，而且是个更为出色的国王。他和他的臣民一样清楚地看到，法军已经极度落后。他将彻底改造法军的任务交给了名不见经传的布列塔尼贵族贝特朗·杜·盖克兰，贝特朗在诸多小规模战斗中表现出了始终如一的勇气，如今被国王任命为统帅。结果，法国拥有了第一支领固定工资的常备军，这极大地减轻了农民的负担，他们不用再经常遭未被雇用的成群士兵劫掠。这个世纪余下时间没有发生重大的战役。相反，法国采取的策略就是稳步向英格兰人施压，毫不留情地烦扰他们，让他们精疲力竭。这一招果然奏效：当查理六世于1380年继位时，英格兰人已经失去了兴趣和热情，他们中的大多数人都打道回府了。

　　唉，事实证明这只是个虚假的曙光。百年战争还没有结束，很快，人们就发现新任法国国王是个无可救药的疯子。

第 6 章

必然的结局

1380—1453 年

九三年所有不幸的缘由：

全世界在滑铁卢的缘由；

复仇女神及其追随者枪炮之下，

可怕又自由的喊叫；

骑马径直而来的少女如此真实，

信心十足地冲扰阵形；

他们溃不成军，无能为力；

魔鬼不喜欢他们，所以他们死了。

——希莱尔·贝洛克

新王统治初期，一切都很顺利。由于查理六世当时只有 11 岁，政府被交由摄政议会管理，该议会由五六个重要贵族组成，为首的是国王的叔父勃艮第公爵（"勇敢的"）腓力和奥尔良公爵路易。这两兄弟并没有什么感情，但他们竭力掩饰着对彼此的敌意，只在摄政结束之后，他们有重大影响的权力争斗才开始。

　　1392 年 8 月，麻烦的第一个征兆出现了。当 23 岁的国王和一群骑士骑马穿过一片森林时，一个年轻的侍从因为犯困，将手中的御用长矛掉落在地上。查理突然暴跳如雷，拔出他的剑，大喊道："向叛徒进攻！他们想要把我交给敌人！"说着便不分青红皂白地向周围人发起攻击。最后，国王被从马上拉下，被解除了武装，但此时，已经有几位骑士丧命。从那时起，他就时常处于这种精神失常的状态。症状多种多样。有时候，他会忘记自己是谁，不知道自己是国王；有时候，他认为自己是圣乔治；有时候，他深信自己是玻璃做的，哪怕是最轻微的磕碰也会令他粉身碎骨。人们无法以正当理由罢黜他，因为他也能在较长的时间里表现得完全正常。但毫无疑问，国王需要新的摄政，此摄政机构极有可能在查理余下的统治期内都得从旁辅佐。

　　新的摄政议会由王后巴伐利亚的伊萨博主持。不可避免地，奥尔良公爵和勃艮第公爵都再度成为议会成员，但这一次，他们的相对位置发生了变化。在之前由于国王尚未成年而成立的摄政议会中，勃艮第的腓力占据主导地位，但这次，他的影响力不复往昔。奥尔良的路易掌握了新摄政议会的话语权。路易娶了米兰公爵吉安·加莱亚佐的女儿瓦伦蒂娜·维斯孔蒂。他非常聪明，精通意大利艺术和文化。但他也因放荡而臭名昭著，几乎可以肯定，他是伊萨博王后的情人。在王后生下的 12 个孩子中，有一些很可能是他的骨肉。几年后，路易成为王太子及其兄弟姐妹的正式监护人，他在宫廷的权力得到进一步提升。腓力公爵目睹了这一切，他心中的怒火可想而知。但直到他于 1404 年去世，其子

"无畏的"约翰继位后，事态才发展至白热化阶段。勃艮第和奥尔良这两大家族之间的关系彻底破裂，开始公然起冲突。1407 年 11 月 20 日，国王的叔父，贝里公爵约翰说服双方郑重发誓，达成和解。然而仅仅 3 天后，奥尔良的路易就在巴黎街头遭一群刺客袭击身亡。"无畏的"约翰并没有试图撇清关系，他声称这场谋杀是完全正当的"诛弑暴君"之行。他很明智地离开巴黎，暂避风头，但仅仅 16 个月后，根据《沙特尔条约》，他的罪行被正式赦免，重获王室宠爱，且他对王室子女的监护权也得到了确认。

但到那时，勃艮第和奥尔良这两大对立家族之间已经爆发了内战规模的冲突。路易遇刺后，他的继承人，年仅 14 岁的奥尔良的查理决意要收复勃艮第人在过去这些年里从他的父亲那里没收的所有财产。而要实现这一目标，他需要强有力的盟友，其中为首的就是他未来的岳父，阿马尼亚克伯爵贝尔纳七世。[①]奥尔良派也因此被称为"阿马尼亚克派"。法国再一次陷入严重而危险的分裂中。

不过在年轻的英格兰国王亨利五世（他于 1413 年继承父亲亨利四世的王位）看来，这些全都是好消息。法国正因为内战而分崩离析，坐在王位上的是一位疯王，负责治理它的则是一个年轻的、没有朋友的王太子——这样一个国家，对英格兰国王而言，不啻唾手可得。事实上，作为篡位者之子——亨利四世废黜了他的前任理查二世——亨利五世没有足够的资格获得法国王位的继承权，但他希望通过娶法王的女儿凯瑟琳公主，让自己对法国王

---

① 奥尔良的查理于 1410 年与贝尔纳的女儿博内结婚。与此同时，瓦伦蒂娜的弟弟卡洛娶了贝尔纳的妹妹贝亚特丽斯。

位的所有权主张更具说服力。1415年初，亨利五世派自己的叔父托马斯·博福特前往法国宫廷，他带领了一群引人注目的高级神职人员和贵族，带来了一长串苛刻的要求。这是一种和外交本身同样古老的策略：故意向弱国提出其难以实现的要求，而在对方不可避免地表示拒绝后，便以此为借口发起战争。英格兰方面提出的第一个要求便是法国王位。果不其然遭到拒绝后，博福特要求得到诺曼底、曼恩、安茹、图赖讷以及所有在1360年签订的《布雷蒂尼条约》中割让给法国的土地。接着，他以亨利的祖父，冈特的约翰留下的兰开斯特遗产为由，要求得到普罗旺斯一半的土地，包括博福特城堡和诺让城堡。这些要求已经包括了法国大量的领土，但英格兰方面想要的不止这些。亨利进一步坚持要求法国立刻付清所有拖欠的约翰二世的赎金——160万金克朗。最后，他提出了娶凯瑟琳公主的要求，并索要200万克朗的嫁妆。

　　法国没有做好开战的准备，因而愿意付出沉重代价来避免战争，然而，英格兰方面的要求已经超出了合理的范围。贝里公爵带领的法国谈判团提出，给英格兰的阿基坦公国增加一大块土地，并且为凯瑟琳准备了前所未有的60万克朗嫁妆，后来增加至80万，但除此之外，法国人无法给予更多。博福特毫不犹豫地拒绝了法国人的这一提议，返回英格兰禀报其君主。亨利的得意之情溢于言表，这正是他所期望的。外交手段可以助他获得重要的领土，但唯有战争才能为他赢得王位。他开始认真地做准备。在不到6个月的时间里，南安普敦和朴次茅斯之间的海岸沿线就停泊了约1500艘船。与此同时，亨利招募了约2500名武装骑士（他们带着自己的扈从、侍从和马匹）和8000名左右的弓箭手，外加炮手、工兵、军械师、马夫、外科医生、厨师、马具匠、铁匠、造箭匠、神父，甚至还包括吟游诗人。而组建这样一支军队势必付出巨大代价：巨额的现金贷款从富裕平民那里被募集来，用国王拥有的几乎所有值钱的物品作为担保，其中包括大部分御宝。

大军集结的同时，亨利启程前往威尔士霍利韦尔的圣威妮弗雷德圣殿朝圣，往返路程约 400 英里。接着他向南海岸进发，途中在温切斯特短暂停留，接见了法国宫廷派来的代表团，后者绝望地试图在最后时刻阻止即将到来的入侵。鉴于这些特使都是位高权重之人，亨利对他们礼遇有加，送上了礼物，但他拒绝了对方将凯瑟琳的嫁妆提高至 90 万克朗的提议。他解释称，远征军出发在即，现在已经没法回头了。于是，1415 年 8 月 11 日周日，亨利带着没有抵押的御宝以及一大块真十字架碎片，登上"皇家三一"号，渡过英吉利海峡，来到阿夫勒尔。

阿夫勒尔位于勒阿弗尔以东一两英里的塞纳河河口，被普遍认为是坚不可摧的。其城墙长 2.5 英里，为一条宽阔深邃的护城河和 26 座塔楼所保护。英军舰队停泊在河口，处在阿夫勒尔炮火的射程之外，陆军在城镇东面一点的松软的沼泽地带登陆，在此布置好攻城器械。第二天，英军对阿夫勒尔发起了围攻。此后的 5 周时间里，行动一直在继续，但对于攻城军而言，这 5 周很快就变成了一场噩梦。沼泽地，即便是在最好的情况下，对人体健康也是有害的，而此时正逢 8 月，酷热难当，苍蝇成群；他们唯一能得到的食物是腐烂的水果和可疑的贝类，搭配未经处理的诺曼底苹果酒，这导致发烧和痢疾迅速蔓延至全军。在一个月内，诺里奇主教和萨福克伯爵都死了，同样丧命的还有很多重要的骑士和大约 2000 名士兵。另有 5000 人，包括国王的弟弟克拉伦斯公爵在内，被用担架送回了英格兰。

　　不过，阿夫勒尔人的日子亦不好过。此时，他们面临严重的食物短缺。9月18日，驻军司令派信使求见国王，表示愿意谈条件。亨利的第一反应是坚持要求对方无条件投降，但随后他意识到自己的军队也撑不下去了，便松口允许阿夫勒尔派一个代表团向在鲁昂的法国王太子求助，条件是如果4天内没有获助，阿夫勒尔就将投降。代表团出发了，却被告知法国军队根本没有做好采取行动的准备。9月22日，阿夫勒尔驻军如约投降。英格兰人浩浩荡荡地进城，用了亨利能组织起来的最大排场。但是他在城门口下马，脱掉鞋子，赤脚步入圣马丁教堂，以示感谢。

　　亨利对市民的态度十分严厉，却并不野蛮。阿夫勒尔本可能被洗劫一空，但最终未遭如此下场。重要市民被捕获，用来索取赎金。至于其他人，愿意向英格兰君王宣誓效忠的被允许留下来，拒绝效忠的——大概有2000人，包括妇孺——则遭到驱逐（其中大多数人后来遇到法军，在鲁昂重新定居下来）。同时，亨利派使者去找法国王太子，提议与对方一对一决斗，胜者将在查理六世死后获得法国王位。但这一提议不过是走个形式罢了。19岁的王太子是个不折不扣的浪荡子，已经染上了将在一年之内要他性命的疾病，几乎不可能与一个比其年长8岁、年富力强、身体健康的职业战士对抗。

　　从某种意义上来说，英军在阿夫勒尔收获了一场胜利，但这亦是一场灾难。死亡和疾病使国王损失了近三分之一的部下。随他一起征战法国的2500名披甲战士只剩下了900人，弓箭手剩下约5000名。进军巴黎的计划显然泡汤了。对亨利而言，唯一明智的选择就是直接返回英格兰，留一支强大的部队驻守被征服的阿夫勒尔。但在亨利看来，这次冒险还没有结束。他对存活下来的军官宣布，他打算进军加来。

在大多数军官看来，这样的计划无异于疯狂之举。加来与阿夫勒尔相距 150 英里，中间地带艰险难行；敌方城堡和设防城镇比比皆是；河流纵横交错，秋雨可能导致不少河流泛滥成灾。同时，据人们所知，法军期盼已久的阿马尼亚克援军已经到位，如此一来，他们在人数上肯定超过损兵折将严重的英军，极有可能会封锁英军路径。英格兰国王对这一切都心知肚明，但他主意已定。10 月 8 日，他下达了行军的命令。

军队离开索姆河没多久，就有法国传令官骑马来通知国王，法军就在前方不远处；英国人必须做好激战的准备，依据中世纪的骑士制度，英法两军将在对双方都有利的场地交战。事实是，3 天过去了，这场预期中的遭遇战并没有发生。直到 10 月 24 日清晨，随着黎明的到来，英格兰人发现法军就在泰努瓦斯这条小河的对岸扎营。在费了一番功夫加固河上已有的一座桥梁后，英军安全过河。但国王清楚，若想继续前进，战斗不可避免。很快，双方交战之地也明朗了——就在阿拉斯西北方向约 30 英里处的开阔地带，特拉默库尔和阿金库尔 ① 这两个邻近的村庄之间。法军正在为即将到来的战斗做准备，目睹此情此景的亨利似乎终于意识到自己处境的严峻。首先，英军的人数远不及法军，后者可能是前者的五六倍。此外，敌军精力充沛，以逸待劳，而亨利的军队在两周的行军后已是精疲力竭。于是，他做出了一个常常被英国历史学家（当然还有莎士比亚）所忽略的决定：他主动求和，提出归还阿夫勒尔及其余所得，并且愿意全额赔偿英军造成的一

---

① 这个村庄如今名为阿赞库尔。

切损失，以换得通往加来的安全通道。亨利很清楚自己的提议被接受的希望渺茫，但这么做至少可能延迟开战时间，让手下的士兵获得他们迫切需要的一晚休息时间。

降雨已经持续了几乎一周的时间。白天再度阴云密布，随着夜幕的降临，又一场倾盆大雨落下，在晚上持续很久。大多数英格兰人就躺在野外，很少有人能睡个好觉。然而，鲜有人意识到，对即将到来的战斗而言，这场几乎不停歇的雨是可能发生的最好的事，事后回想，它将被视为上帝的恩赐。

～

10月25日周五上午，正值圣克里斯平和圣克里斯皮尼安节，雨停了，东面特拉默库尔树林和西面阿金库尔树林之间刚刚开垦的草地变成了一片积水的沼泽。但亨利求和的提议未收到答复，两军现在都做好了战斗的准备。亨利将其军队分成3个师，排成横阵。他本人穿上无袖铠甲罩袍，上面的纹章由象征英格兰的3只豹和代表法国的百合花饰构成。国王的头盔上有一顶纤细的金王冠，他居中发号施令。所有3个师中的披甲战士都下马作战，两侧均有弓箭手策应。

担任法军指挥官的是骑士统帅查理·德阿尔布雷和法兰西元帅让·布西科，他们采取的作战计划与英军截然不同。东西两片树林相距约1200码，以法军的规模，空间着实有限，不可能采用横线阵势：因此，他们组成了一支纵队，分成3段，彼此相接，同样是下马参战，但第一梯队两侧均部署了重骑兵。弩手穿插在3个梯队之间。法国人没有吸取此前一个世纪的教训，长弓仍然未被普及。基本上，法军仰仗的是其在人数上的压倒性优势，同时通过侧翼骑兵进攻的冲击力来打开局面。

令人不解的是，法国人似乎没有考虑过近期天气的影响。即使对于最强壮的马匹而言，全副武装的骑士的重量也不可小视，而对一次成功的骑兵冲锋来说，硬地至关重要。11 点，德阿尔布雷发出了进攻的信号，战马开始冲锋，但很快，马蹄就陷入烂泥中，而下马的披甲战士的境遇也好不到哪里去。同一时间，英格兰的弓箭手拉弓放箭，暴雨般的箭落下来，这令法方骑兵和步兵都伤亡惨重。紧接着，他们将弓换成短剑、斧子和棍棒，消灭了成功冲至英军阵线的人数相对较少的法国人。法军在阿朗松公爵的带领下发起第二波进攻，其结果和第一波的差不多。英格兰人争相越过成堆的尸体和伤兵，继续屠戮。在目睹了同胞的悲惨下场后，负责第三波进攻的法军吓得转身就逃。

正是在此时，即英格兰胜局已定之际，国王下达了一个命令，在后人眼中，这一命令构成了他名誉的最大污点。仅级别最高的贵族能保住性命——英方有望通过他们拿到高额赎金；亨利下令，立即处死其他所有俘虏。究竟是什么导致亨利有这样完全违背战争传统的反应？是否如后来所说的那样，法军骑兵采取的某项突然行动使亨利怀疑自己的后方会遭到袭击？有这个可能，虽然类似的攻击从未发生过。国王的很多部下断然拒绝服从命令，即便他威胁要绞死所有抗命者。最后，亨利不得不指派自己的 200 名弓箭手来专门执行这项任务。唉，这就是英格兰历史上最辉煌的胜利之一带来的可怕余波。

到下午 3 时左右，除了清点死者并尽可能确认其身份，也没有别的事可做了。法军损失惨重：在约莫 2 万人中，超过三分之一（约 7000 人）阵亡，包括德阿尔布雷、阿朗松公爵和巴尔公爵、勃艮第公爵的两个弟弟——布拉班特公爵安东和讷韦尔伯爵腓力。与他们一起丧命的还有 1560 位骑士，大约 5000 名披甲战士和人数不详的非正规军。布西科元帅、波旁公爵和奥尔良公爵都沦为俘虏。相比之下，英格兰人至多折损了 1600 人，实际人数很可能要少许多。只有两位英格兰贵族阵亡：年轻的萨福克伯爵（他的父亲在阿夫勒尔去世）和 42 岁的约克公爵（此人严重肥胖，身上所穿的沉重盔甲似乎导致其心脏病发）。

　　考虑到场地状况以及法国人选择的战术，英格兰人赢得阿金库尔之战是必然的结局，但还有其他原因导致了这样一个结果。英军由一位指挥官统一指挥，而且这位指挥官早就证明了自己具备非凡的领导才能，他在整场战役中表现得如猛虎般英勇，还亲自救了弟弟格洛斯特公爵一命。法军则相反，处于分裂的状态，没有将帅拥有不容置疑的控制权，且其指挥机制（不怎么像样）因为相关人员效忠的对象各异而四分五裂。此外（有必要再说一遍，因为从我们回顾者的角度看，这一点几乎无法解释）尽管有克雷西和普瓦捷的前车之鉴，可法国人依然不认可长弓的优势，结果在面对英格兰弓箭手时表现得无能为力。单凭这个缘故，他们就该输，不过他们肯定不该在失利后遭到那样无法形容的残暴对待。

～

　　阿金库尔战役相当于往勃艮第派和阿马尼亚克派之间燃烧的仇恨之火上浇油。1418 年 5 月，"无畏的"约翰（他的军队并没有参战）攻占了巴黎，宣布自己为疯王的保护者。王太子被迫逃命。约翰一直表现得很谨慎，没有公开与英格兰人结盟，因为他担心会失去在法国平民中的巨大声望，但到此时，他支持哪一方已经很明显了：1419 年，当英格兰人拿下鲁昂时，约翰袖手旁观。随着几乎整个法国北部都落入英格兰人手中，而巴黎为勃艮第家族所掌控，王太子意识到自己唯一的希望就是和解。他和勃艮第公爵同意于 1419 年 9 月在蒙特罗的桥上会面，这里是塞纳河和约讷河的交汇处。约翰带着诚意前来，但抵达不过几分钟，他就被王太子身边一位会错意的朋友杀害了。[①] 约翰的儿子及继任者"好人"腓力提高了内战的速度，他于 1420 年通过《特鲁瓦条约》与英格兰结盟。3 年后，在亨利去世后，腓力的妹妹安妮嫁给了贝德福德公爵约翰，即亨利五世的弟弟、尚在襁褓中的亨利六世的摄政，腓力与英格兰的盟约关系得到了确认。但《特鲁瓦条约》还带来了更为直接且重要的结果：亨利五世与查理六世之女凯瑟琳的婚姻以及亨利被凯瑟琳那可怜的疯父亲认可为法国王位的合法继承人一事。

法国从未陷入过如此绝境。作为自由民族的法兰西几乎不复存在。内战没有丝毫停歇的迹象：勃艮第派和阿马尼亚克派依旧斗得你死我活。通过联姻，亨利五世不仅当上了摄政，还成了王位继承人。王太子实际上已被流放至布尔日。贝德福德公爵在巴黎任总督。而当 1422 年，亨利五世和查理六世在 3 个月内相继去世时，被宣布为法国国王的是仅 8 个月大的英格兰的亨利六世。

---

① 多年后，第戎的一位修士向弗朗索瓦一世展示了约翰头盖骨上的洞。他说："陛下，英格兰人就是通过这个洞进入法兰西的。"

当然，这个国家仍然拥有一位法兰西国王：如今已经 19 岁的年轻的查理七世。他是个极度虔诚之人，始终坚称自己与勃艮第公爵约翰遇刺一事没有瓜葛，不过他一直苦恼地怀疑自己是否真的是瓦卢瓦家族的继承人。他的母亲伊萨博对丈夫一贯不忠，这或许情有可原。查理七世清楚他的绝大多数臣民（如果他们还算是他的臣民的话）会欢迎自己，他们不愿意接受一个外国人的统治。但他要怎样才能提出对法国王位的合理继承主张呢？英格兰人已经成为法国北部的主宰，眼下他们正在围攻奥尔良，而奥尔良虽然英勇抵抗，但击败英军的希望渺茫。

此时，即 1429 年 3 月，法国深受爱戴的女英雄圣女贞德出现了。她出生于洛林的栋雷米村，13 岁时首次听到"特别的声音"；4 年后，也就是 1429 年初春，她不顾周遭人的强烈反对，离开家乡，前往王太子①位于希农的宫廷。3 月 8 日，贞德立刻认出了混在廷臣当中的查理，王太子遂准许贞德谒见，谒见期间，贞德向查理保证"他是法兰西真正的继承人，是国王之子"，她告知查理她肩负的神圣使命：助奥尔良脱困，并护送查理前往兰斯加冕。王太子仍然将信将疑，他将贞德送至普瓦捷，接受一群教士的进一步调查。在得到教士们的绝对认可后，查理才派贞德前往奥尔良。

自前一年的 10 月起，奥尔良就遭到英军的围攻，英军最初由索尔兹伯里伯爵托马斯·蒙塔古指挥，而最近，他带领一支由他自掏腰包组建的拥有 2700 名士兵的私人军队回到法国。不过，11

---

① 虽然此时，查理六世入土已经 7 年之久，查理七世的身份仍然只是王太子，尚未接受祝圣或加冕。

月，索尔兹伯里伯爵站在窗口时被一枚法军炮弹炸死了。两位联合指挥官接替了他的位置，他们是萨福克伯爵威廉·德·拉波尔和什鲁斯伯里伯爵约翰·塔尔博特，他们决意用饥饿迫使这座城市屈服。接下来的冬季并不平静。2 月 12 日，一支护送补给的武装队伍遭到 4000 名法国人和苏格兰人的攻击。虽然攻击者被击退了，但他们的炮火炸碎了装有补给的桶，大量咸鱼喷涌而出布满了战场。"鲱鱼之战"过去没多久，严重缺乏食物的奥尔良守军提议向勃艮第公爵投降，后者带领着自己的军队亦参加了对这座城市的围攻。贝德福德——他到此时一直留在沙特尔的大本营——当然予以拒绝，[①] 但公爵感到受了极大的冒犯，立即带着所有部下撤走了。

贞德就是在这个时候抵达奥尔良的。她的出现让奥尔良居民重新振作起来。5 月 4 日，奥尔良发起了反击。贞德本人虽然颈部中箭，但拒绝离开战场，她一直坚持到法国人取得胜利为止。一两天后，英格兰人全线撤退，法国人紧追不舍。一番激烈的巷战后，萨福克和塔尔博特都被俘。此时已经被各方认为是不可战胜的贞德在图尔见到了查理，并敦促他不要再推迟在兰斯的加冕。1429 年 7 月 17 日，查理七世的加冕典礼举行，贞德出席了典礼。她的任务完成了，她没有再听到那些声音，她的使命结束了，她渴望回到自己的村庄。若贞德被允许这么做的话，就能保住自己的性命，但人们不让她走，而她顺从了他们的意愿，这是一个糟糕的选择。贞德敦促查理向巴黎进发。查理于 9 月出发，但他攻

---

① 面对公爵派来的使者，贝德福德的回答是："英格兰国王树丛驱雀，勃艮第公爵垂手而得，如此行为既不光彩，亦不合乎常理。"

占巴黎的尝试没能成功，而且贞德再次受伤，这一次伤在大腿部位。

不过法方并没有完全失势：仍在撤退的英格兰人已经撤出了卢瓦尔河谷、法兰西岛大部以及几乎整个香槟地区。倘若法国人齐心协力，推进至皮卡第，便有望将英格兰人赶回加来。但他们浪费了这个机会。对贞德怀恨在心的法军指挥官乔治·德·拉特雷穆瓦耶自作主张解散军队。对贝德福德而言，这是个重整旗鼓的绝佳机会，还能让他将他那位年轻的君主带到法国加冕。此时的亨利六世已经9岁了，他于1430年4月抵达加来，陪伴他远行的有枢机主教博福特、温切斯特主教和1万名部下。但当地混乱无序的状态导致亨利不得不在加来停留了3个月，直到7月底，他才得以继续行程，可也只到了鲁昂。亨利住进鲁昂的城堡，5个月后，当戴着镣铐的贞德抵达时，亨利仍然在那儿。5月23日，贞德在试图解救被勃艮第人围困的贡比涅时被俘；但此后，她辗转好几个监狱，这期间，俘虏贞德的卢森堡的约翰忙着与勃艮第的腓力和贝德福德公爵讨价还价。最终，她以1万法郎的价格被移交给英格兰人。贞德和亨利是否见过面？当然存在这种可能。但国王的监护人兼导师，碰巧也是城堡主管的沃里克伯爵理查德·比彻姆派了5名英格兰士兵日夜看守贞德。至少可以这么说，他不太可能允许自己年轻的贵宾与一个他认为是邪恶女巫、"恶魔的信徒及爪牙"的女子接触。

针对贞德的调查于1431年2月21日展开。5周后，也就是3月27日，她出庭受审，这期间，她没能得到辩护律师或精神顾问的帮助。5月30日，周三，贞德被开除教籍并被宣判为异端分子，她被烧死在鲁昂集市的火刑柱上——早在死刑判决下来之前，用于行刑的柴堆就已经准备好了。贞德的骨灰被扔进塞纳河。她才19岁，却取得了了不起的成就。她解救了奥尔良；她见证王太子如其祖先那样在兰斯的大教堂加冕；自她第一次出现的那一刻起，英格兰人的运气就开始走下坡路，再也没能恢复过来。诚然，10岁的亨利六世最终于12月26日抵达巴黎，成为所有英格兰君主中唯一一位在巴黎圣母院加冕的人——枢机主教博福特为其加冕，且按照英格兰的仪式。但若贝德福德公爵期望这一加冕典礼能给法国人留下深刻印象的话，那很遗憾，他失败了。出席加冕典礼的人少得可怜，随后举行的宴会也是惨淡收场，国王没有宣布特赦，也没有向穷人发放救济品，圣诞节刚过去两天，这位国王几乎是偷偷摸摸地溜出巴黎，返回了英格兰。

到此时，英吉利海峡两岸几乎所有人都无心恋战。在年轻虔诚的国王看来，基督徒之间相互的仇视只会导致持续不断的悲伤。贝德福德清楚这是一项没有希望的事业，他渴望结束战争，并得到了议会的有力支持，事实上，议会已经提交了一份相关的请愿书。勃艮第人对和平的渴望同样与日俱增。唯有亨利五世的另一个弟弟，格洛斯特公爵汉弗莱仍强烈主张延续战争，蓄意破坏每一次谈判的尝试。终于，在1435年，勃艮第的腓力失去了耐心，在阿拉斯发起召开和平会议。

英格兰派出的代表团深受汉弗莱公爵的影响，拒绝放弃对法国君位的要求，最后彻底退出谈判。但他们几乎立刻有了后悔离席的理由。一周后，即9月21日，英格兰人惊恐地获悉法兰西和勃艮第达成了和解。查理国王同意就刺杀"无畏的"约翰一事进行公开道歉，交出需为此负责的人；而出席谈判的枢机主教正式免除了腓力此前对英格兰国王效忠的誓言。年轻的亨利六世听闻这个消息后哭了。然而对汉弗莱和他的激进分子来说,有一大波支持:因为不满勃艮第人的背叛,愤怒的伦敦人抢劫并烧毁了伦敦城中所有佛兰德商人的宅邸。

贝德福德若目睹其尽毕生之力为之奋斗的许多事业一无所获,也会落泪,但就在法国与勃艮第派达成和解的一周前,1435 年 9 月 14 日,贝德福德在鲁昂去世,终年 46 岁,他被葬于鲁昂大教堂。他先后为自己的父亲、兄长和侄子效力,始终忠心耿耿,与弟弟汉弗莱截然不同,他从未将自身利益置于所承担的职责之上。如果说他的一生以失败告终,那也并非他自己的过错。在以后的日子里,人们会格外想念他的睿智和无私。

1436 年,法兰西国王查理七世郑重进入巴黎。1450 年,诺曼底被收复,1453 年,吉耶讷亦被收复。英格兰人保住了加来,仅此而已。他们为此付出的却是百年战争这样沉重的代价。

第 7 章

万能蜘蛛

1453—1483 年

在所有乐事中，他最爱的是带鹰狩猎，但没有什么事物比狗更能令他愉悦的了。至于女士们，我和他在一起时，从未见过他与她们有过密切往来。差不多就在我到达时，他失去了一个儿子，因此陷入巨大的伤痛中。他在我面前向上帝发誓，除了王后，也就是他的妻子外，不会碰其他任何女人。尽管依据婚姻法，这本就是他的分内之事，但能表现得如此坚定实属了不起，毕竟他想要多少女人都不在话下，尤其考虑到王后①虽然是个好女人，却并非那种格外取悦男人的女子……

——菲利普·德·科米纳

---

① 萨伏依的夏洛特。

　　随着战争结束，法国开始繁荣发展。到 1440 年，甚至可能更早些，查理七世国王就已经成了欧洲最具影响力的统治者。"他是王中之王，"威尼斯总督如此写道，"没有他，一切都不可能实现。"查理也是幸运的，他的宫廷拥有史上最杰出的商人之一。1430 年左右，雅克·科尔来到黎凡特，他以大马士革为据点，短短几年里，就让法国在中东地区站稳脚跟，使法国成为意大利诸贸易共和国的劲敌。1436 年，查理将科尔召回巴黎，任命他为铸币厂厂长。1448 年，科尔以国王大使的身份来到罗马觐见教皇尼古拉五世，差不多从那时起，他让国王实现定期增加财政收入，有了这些钱，查理就可以在必要时开战。彼时的科尔是法国历史上最富有的普通公民。他拥有的船只的数量很可能超过国王，他雇用了 300 名管理者，在欧洲西部各地都开有商行。他位于布尔日的宅邸至今仍然是我们能找到的最美的中世纪后期世俗大型建筑之一。他出资建造了布尔日大教堂内精美的至圣所，他的儿子让成了这座教堂的大主教。

　　但好景不长。1450 年 2 月，国王美艳绝伦的情妇阿涅丝·索雷尔——她被称为"美丽女士"，是历史上第一个获得官方承认的王室情妇——在 28 岁时神秘死亡。一名欠了雅克·科尔很多钱的侍女正式指控，是科尔毒死了阿涅丝。虽然没有任何不利于科尔的证据，但 1451 年 7 月，迫于越来越大的压力，查理下令逮捕科尔，没收其私人财产。针对科尔的指控如雨点般袭来：他曾向异教徒支付法国金币；为自己的桨帆船绑架桨手；驱逐了一位来到其船上寻求庇护的基督徒奴隶；在朗格多克使用欺诈性伎俩。人人都知道科尔是无辜的，但结果并没有什么不同：他被关押了近 2 年，其间辗转 5 所监狱，然后被迫进行公开忏悔，向国王支付了一大笔额外的款项，其余财产被没收，本人被无限期流放。1455 年，科尔来到罗马，受到了教皇尼古拉的热情欢迎，后者一直对科尔印象不错。尼古拉于 1455 年一去世，接替他的加里斯都三世就让科尔指挥一支由 16 艘船组成的舰队，前往罗得岛，当时，该岛正遭受埃及马穆鲁克苏丹定期发起的围攻。科尔在途中患病，抵达后没多久就死了。

对雅克·科尔的命运，查理是否感到内疚？他理应有愧，但在他生命的最后几年里，他心头萦绕着两个更大的忧虑：勃艮第公国和他自己的儿子，即王太子路易。从理论上说是法国封臣的勃艮第公爵们，和科尔一样，变得过于富有、过于强大；但他们——此时已是有名无实的国王——远没有那么容易对付。除了勃艮第（"勇敢的"腓力从其父亲"好人"约翰那里继承这一封地），他们还通过联姻得到了佛兰德，如今又控制了西至索姆河河口的所有低地国家。勃艮第公国从北海延伸至阿尔卑斯山麓的汝拉山。他们早就不向法国国王宣誓效忠了，事实上，在英法百年战争期间，他们甚至与英格兰人结盟。（相比英格兰人，勃艮第公爵更应该对圣女贞德被捕并被烧死一事负责。）他们位于第戎的宫廷与巴黎的宫廷一样氛围高雅；他们的建筑华丽，他们的雕塑——受天赋惊人的克劳斯·斯吕特的启发——更是如此。早在1429 年，公爵"好人"腓力就创立了金羊毛勋章，而金羊毛勋章将在日后成为全欧洲等级最高且最吸引人追求的勋章。

另一个麻烦是王太子。几乎是从 1423 年出生那一天起，路易就是个麻烦的存在。路易是查理七世与安茹的玛丽所生的 14 个孩子中最大的，作为一个男孩，路易才智过人，远胜父亲；他并不喜欢甚至鄙视自己的父亲。很快，他就要求获得实权，但查理（充分回敬了儿子的感情）总是予以拒绝。路易因此想方设法地动摇父亲的统治。早在 1440 年，年仅 17 岁的路易就参与了一场封臣发起的针对国王的叛乱，即布拉格叛乱。[①] 但很快，他就被迫先是退回到自己的太子领地多菲内省，接着，又于 1456 年向勃艮第的腓力寻求庇护。"我的勃艮第远房伯父不知道他做了什么。"查理感叹道。"他正在养育一只会吃掉他的母鸡的狐狸。"路易还极其仇视父亲的情人阿涅丝·索雷尔，有一次，他拔出剑，将阿涅丝逼到查理的床上。几乎可以肯定，路易就是阿涅丝被害（现在人们认为她死于水银中毒）的幕后推手，而无辜的雅克·科尔却为此付出了沉重的代价。

1458 年，国王患了重病。最初是腿上出现溃疡，伤口始终没有愈合，并开始化脓。很快，感染扩散至他的下颚，出现大面积的脓肿，令他疼痛无比。情况进一步恶化，直到他已无法再吞咽。在意识到自己很可能将不久于人世后，查理召唤王太子至病榻前，但路易不出意料地拒绝了。这是他最后一次违抗父亲的命令，也是最后一次背叛父亲。1461 年 7 月 21 日，查理病逝，被葬于圣但尼修道院，就在他的双亲旁边。查理或许算不上伟大的国王，但他是个好国王。其统治的第一段不可避免地因圣女贞德及其殉难而蒙上阴影，但在后半段，他成功完成了 4 位前任未能做到的事——将英格兰人逐出法兰西，英格兰人只剩下加来这一最后的落脚点。终于，他为法国组建了一支常备军，这是自罗马时代后法兰西拥有的第一支常备军。他的臣民有充分的理由感到感激。

---

① 这场叛乱与同时代发生在布拉格的胡斯信徒暴动有关，路易亦有份参与。

~

　　关于路易十一，我们完全可以这么说，骑士时代一去不复返
了。他的性格没有丝毫的改善。他根本不在乎荣誉，一再食言，
并且觉得别人也会食言。作为一个一贯不听话的儿子，他猜想自
己的孩子也会以如此方式行事，因此从不信任他们。然而，凭借
他可怕的方式，他成了比自己父亲伟大的国王。即便不是出于完
全的无私，但他努力打造出了强大的中央集权性质的君主国，在
这里，贵族阶层会清楚自己的位置。这一点很重要：路易一直对
位高权重之人存有戒心，穷尽一生削弱他们的权力和影响力。他
热衷雇用市民阶级和那些出身卑微之人，经常提拔他们担任最高
级的政府职位。而他本人时常在自己的王国走动，让地方官员和
当地政府措手不及，如果他不满意——他经常不满意——就展开
毫不留情的调查。

　　当路易十一离开勃艮第宫廷，前往兰斯接受法国王位时，他
已经 38 岁了，还是个鳏夫[①]：终于，他可以不受任何约束地进行
各种日后令他出名的计划和密谋了。阴谋就流淌在他的血液之中。
没过多久，他就得到了"狡猾者"这一绰号，又过了没多久，他
就被描述成"万能蜘蛛"：编织出一张错综复杂的阴谋网，逐一缠
住敌人，慢慢将他们逮住。他的头号敌人当然是勃艮第。虽然勃
艮第宫廷曾经为他提供了 5 年的庇护，但对路易而言，那根本算

───────────

① 他的第一任妻子是苏格兰的玛格丽特（国王詹姆士一世的女儿），1445
年，20 岁的玛格丽特凄惨地死去，没有留下子女。1451 年，在未征得父亲
同意的情况下，路易娶了第二任妻子萨伏依的夏洛特，当时他 27 岁，夏洛
特年仅 9 岁。

不上什么。其父的预言被证明是对的，一回到法国，路易就决心倾尽全力摧毁勃艮第。在"大胆"查理于 1467 年继承勃艮第公爵爵位后，路易的这一决心变得更加坚定，因为他知道查理打算将勃艮第变成一个独立的王国。1465 年，路易就已经发现了一群意料之外的盟友，当时，列日的人民率先站出来反抗查理的父亲腓力，路易立刻加入他们的行列。[①]但事实证明路易犯了一个严重的错误。叛军被击败，路易被迫签订屈辱条约，放弃他从腓力那里得到的许多领地。但他随后的行为完全是他的作风。路易先是调转枪头，攻击列日人，他支持查理公爵对列日的围攻，导致数百名昔日盟友惨遭屠戮。接着，他回到法国，立刻否认条约，着手为全面战争组建军队。1472 年，查理对博韦及其他几个城镇发起围攻，战争就此爆发，但他最终一无所获，只能求和。

勃艮第公国作为欧洲一大势力又持续了两年。最终击败它的并非路易，而是洛林公爵和瑞士人。1477 年 1 月 5 日，南锡战役打响。几天后，人们在一条冰冻的河流中发现了查理公爵的遗体——全身赤裸，脑袋几乎被劈成两半，面目全非，以至于医生只能通过他旧时作战留下的伤疤以及奇长的指甲辨认出他的身份。路易运气不错，查理没有留下男性继承人；勃艮第和皮卡第因而重新归法王所有，查理可以为自己感到高兴，因为他不用再忍受自己领土的东北边疆有这样一个强大而麻烦的对手了。

唯一遗憾的是，公爵留下了一个女儿，名叫玛丽。她继承了公爵的个人财产以及此前属于勃艮第公国的全部领地。为了获得这些领地，路易坚持安排玛丽嫁给自己的长子，但问题又来了：

---

① 这一故事在沃尔特·司各特爵士的《惊婚记》中有所讲述。

玛丽已经 20 岁了，而王太子仅 9 岁。不出所料，玛丽更钟情奥地利的马克西米利安，多年后他将成为神圣罗马帝国皇帝。顺便提一下，她的嫁妆是整个佛兰德领地，包括被她的家族定为佛兰德首府的布鲁塞尔。玛丽本人未能当上皇后，1482 年，她因坠马而亡。玛丽留下了一个儿子和一个女儿。儿子亦叫"美男子"腓力，很容易让人搞混，关于他的事，后文还会提及，而女儿名叫玛格丽特。最终是玛格丽特，而非她的母亲，与法国王太子订婚，阿图瓦和位于瑞士边境的弗朗什-孔泰作为她的嫁妆，归属了法国。玛格丽特 3 岁时来到巴黎，作为一个法国姑娘在法国宫廷长大。对路易而言，这又是一次不流血的胜利。

当法国和勃艮第针锋相对时，英格兰人则深陷内战之中：约克和兰开斯特两大家族之间展开激烈斗争，史称"玫瑰战争"。路易，不用说，一直在密切关注着这场战争的进展。1461 年，性格软弱（有人说是智力有缺陷的）的国王兰开斯特的亨利六世被废黜，约克家族的爱德华四世继位，他的登基在很大程度上得归功于沃里克伯爵理查德（"造王者"）。勃艮第公爵公然支持约克家族。另一方面，亨利国王的王后，安茹的玛格丽特是路易的表妹。[①] 那年晚些时候，玛格丽特渡过海峡来到法国，许诺以加来作为回报，说服路易借钱并派出一支远征军给她，助其丈夫复位。事实上，勃艮第的腓力断然拒绝让法军穿过自己的领地，整个计划因而泡汤。不过玛格丽特王后留在了法国宫廷，当沃里克伯爵与爱德华闹翻，来到法国正式向路易提出保护请求时，她仍然在这里。

---

① 路易的母亲，安茹的玛丽是玛格丽特父亲勒内的姐姐。

　　面对沃里克伯爵的请求，路易很乐意同意。此时，英格兰国王爱德华成功地惹恼了几乎所有以前支持他的重要人士，似乎终于有了一个让亨利六世复位、进一步巩固共同对抗勃艮第公爵的英法同盟的大好机会。玛格丽特王后成了最大的绊脚石。她能否被说服，放下对沃里克伯爵的恨意，与他结盟呢？毕竟正是沃里克伯爵导致她的丈夫被废黜的。路易谨慎地准备着说服玛格丽特的理由。1470 年 7 月 22 日，沃里克伯爵出现在玛格丽特面前，扑倒在其脚下。据说，玛格丽特任沃里克俯卧在地，考虑了很长一段时间，方才同意原谅他。即便到了那个时候，她还是坚持，待丈夫复位后，沃里克必须在威斯敏斯特进行公开忏悔。不过，沃里克最终获准起身。为了庆祝双方和解，玛格丽特的儿子威尔士亲王理查在昂热的圣母教堂与沃里克的女儿安妮·内维尔正式订婚，所有在场的人都对着真十字架的遗物起誓，表示会继续效忠亨利六世。

　　不过本书讲的是法国历史，而非英格兰历史。长话短说，爱德华国王一度逃亡至低地国家，但不久后就重返英格兰。1471 年 5 月，他在图克斯伯里灭掉了兰开斯特余党。玛格丽特王后带着侍女退避到伍斯特路上一个"简陋的宗教场地"，她在那里待了 3 天，随后被俘。接下来的 4 年时间里，她相当于被软禁了，不断地被从一个地方转移到另一个地方。若不是爱德华在 1475 年决定提出对法国王位的所有权主张——尽管不怎么有力，玛格丽特的余生很有可能就是在这种状态中度过。

　　爱德华自认与勃艮第公爵形成了有利可图的结盟关系，便带领由约 1.6 万人组成的入侵军于 6 月渡过英吉利海峡。他的目标是穿过勃艮第领地前往兰斯，但很快，他惊讶地发现勃艮第军队挡住了自己的去路，并且勃艮第的城镇拒绝让他进入。路易以其一贯的性格，派人捎信给爱德华，表示可以提供比他所谓的盟友更好的条件。爱德华接受了，听从路易的建议，向亚眠进发。

　　关于爱德华的这次远征，以及路易十一统治的很长时期，我们有一个同时代的、引人入胜的信息来源。菲利普·德·科米纳是法兰西及勃艮第宫廷的作家兼外交官，他被描述为"古典时代后第一位批判及哲学历史学家"[1]，他对所发生的一切进行了细致入微的描述。他写道：

> 　　英格兰国王在距离亚眠半里格[2]处扎营……法王给英格兰国王送去了 300 车他能找到的最好的葡萄酒，这一补给队的规模与英军的规模几乎不相上下……他下令在城门入口处设两张大桌子，一边一张，摆满了各式能激起他们喝酒欲望的食物。侍者从旁服侍，桌上看不到哪怕是一滴水……当英格兰人走近城门时，看到此情此景……他们欣然接受这样的安排。在城里时，无论他们走到哪里，都不用掏腰包。有 9 到 10 家小酒馆，摆满了他们需要的一切，他们可以在那里尽情吃喝。他们想要什么都可以提出来，却无须支付分文。这种情况持续了三四天。

　　最终，两位君主在亚眠城外索姆河畔的小村庄皮基尼会面，就在一座专门架起来的中间有一道木格栅的桥上。这样的环境似

---

① 　出自《牛津英国文学词典》。

② 　1 里格最初是指一个人 1 小时步行所走的距离，介于 3 英里至 4 英里之间。

乎并不适合开展关系到英法两国未来的严肃谈判，但双方设法达成了一致。两位君主于 1475 年 8 月 29 日签订协议，同意休战 7 年，并在两国之间实行自由贸易。路易将支付爱德华 7.5 万克朗，这基本上是一笔贿赂，让爱德华彻底放弃对法国王位的所有权主张。此后，路易每年还会支付 5 万克朗。法国方面还需再付 5 万克朗作为玛格丽特王后的赎金。双方还同意，等爱德华的女儿伊丽莎白成年后，她就会嫁给法国王太子查理。

到此时，英法百年战争才真正画上了句号。这完全是因为路易，在各方面都十分符合他的作风。他认为每个人都是待价而沽的，在必要的时候，他很乐意出价。当然了，对路易而言，皮基尼的这场冒险就是行贿，除了英格兰国王，他身边 6 位主要的顾问都得到了丰厚的补偿金。英法双方都有人谴责此举不光彩，这其中就包括格洛斯特公爵理查。英格兰驻西班牙使节路易·德·布雷塔耶评论称这一不正当的交易使英王爱德华此前取得的所有军事胜利都失去了荣誉。但路易十一并没有为这些问题所困扰，他得到了自己想要的，并且是在不用付出任何流血代价的情况下。如路易所言，他的父亲或许是凭借武力赶走了英格兰人，而他依靠馅饼、鹿肉和法兰西佳酿，同样获得了成功。

路易不仅赶走了英格兰人，还救了表妹玛格丽特，让其免遭终身囚禁的命运。他唯一的遗憾是没能救出玛格丽特的丈夫亨利。1471 年 5 月 21 日晚，亨利在伦敦塔死去。他死时的情形不是很清楚。根据随后发布的公告，亨利"完全是因为烦闷和抑郁"而死。但无论是在英格兰，还是法国，他是被谋杀的这件事是公开的秘密，而凶手几乎可以肯定就是爱德华的弟弟，格洛斯特公爵理查，即未来的国王理查三世。1910 年，亨利的棺材被打开后，人们发现他的头盖骨"严重受损"。对于唯一一位还曾在巴黎圣母院加冕为法国国王的英格兰国王而言，这实在是一个悲惨的结局。

~

路易十一从来就不受欢迎，而他也从没有做出过哪怕丝毫的努力来赢得自己臣民的爱戴，他毫不留情地向臣民征税，常常对他们做出令人惊骇的残忍举动。菲利普·德·科米纳描述过路易用来关押敌人的木笼，仅 8 英尺见方，有时候，路易会把敌人在这些木笼里关上数年。不过到了 1481 年，情况至少出现了些许转机。路易遭遇了让他彻底失常的一连串的中风的第一波：他变得极度偏执，再也无法处理政事。1483 年 8 月 30 日周六晚上 8 点，路易去世，终年 61 岁。无论用什么标准来衡量，他都不是个好人，但他留下了这样一个法国——在经历了中世纪的风云变幻之后，这个国家比其历史上任何时候都更强大、更安全且得到了更好的治理。

第 8 章

阳光普照的温暖大地

1483—1515 年

> 国王陛下身材矮小，气色不佳，容貌丑陋，眼睛茫然无神，鼻子太大，嘴唇异常厚，以至于嘴巴总是张着。他的手在做动作时会出现痉挛，尤其令人感觉不适，并且他讲话时的语速极慢。[1]

> ——威尼斯大使形容查理八世

1483 年，13 岁的王太子成为国王查理八世，他最初并未给人留下深刻的印象。相对于他的身体而言，他的脑袋似乎显得过大，而他的身体很虚弱，体形明显偏小。在他身上没有丝毫王室气质，在人们看来，他就是一个很好的男孩，举止优雅，但老实说，恐怕颇为乏味。提及查理八世，人们脑海中就会出现 "affable"（和

---

[1] 历史学家赫伯特·艾伯特·劳伦斯·费希尔称其为 "年轻放荡的驼背者，精神状态可疑"，但我个人认为这么说有点过分了。

蔼可亲之意，affable 这个词在法语中的意思和在英语中相同），且这个印象挥之不去。他在昂布瓦斯长大，很少见到自己的父亲——就其性格而言，这或许是件好事。他的姐姐博热的安妮担任摄政。

1488 年，布列塔尼公爵弗朗索瓦二世去世，这引发了一场危机。公爵的继承人是他 11 岁的女儿，同样名叫安妮，无论她嫁给谁，公国都会作为嫁妆归她的丈夫所有。奥地利的马克西米利安是安妮的追求者之一，他的第一任妻子勃艮第的玛丽在 6 年前因骑马时的意外身亡。此时的马克西米利安已经控制了佛兰德，若布列塔尼也为他所掌控，法国就将被困于哈布斯堡家族的钳中。博热的安妮没有耽搁，立刻让弟弟提出求婚，并派出一支 4 万人组成的军队支撑这次求婚。这样的求婚方式固然奇怪，却让人难以拒绝。1491 年 12 月，14 岁的布列塔尼的安妮抵达朗热城堡，与法王查理八世举行婚礼，并略显尖刻地带了两张分开的床。

但这么做引发了另一个问题：奥地利的玛格丽特该怎么办？这个可怜的女孩才 11 岁，可过去的 8 年，她在法国宫廷长大，被视为未来的法国王后，而她本人已经慢慢喜欢上了未来的丈夫。玛格丽特被简单告知，不仅是她的这段婚姻被取消了，而且她还要继续留在法国，直到她可以有用处地嫁给其他人，她对这些消息备感痛苦。她写信给父亲，称只要能恢复自由身，她甚至愿意穿睡袍逃离巴黎。终于在 1493 年，她获准带着佛兰德和阿图瓦这两块领地返回奥地利。[1]

---

[1] 后来，她先嫁给了阿斯图里亚斯王子，后者早逝后，她又嫁给了萨伏依公爵菲利贝尔二世，但他同样在很年轻时就去世了。玛格丽特的父亲马克西米利安随后委派她担任低地国家总督以及她的侄子查理——未来的皇帝查理五世——的监护人。

不同于玛格丽特，布列塔尼的安妮很快就接受了自己的新位置，她也渐渐爱上了查理。虽然在大多数人眼中，查理不具备吸引力，但安妮本人也算不上美人，而且陷入了严重的困境。她很快在昂布瓦斯安顿下来，住进克洛·吕斯城堡，这座城堡日后将成为列奥纳多·达·芬奇的居所。虽然安妮和查理有两张分开的床，且大多数时候都处于分居状态，但他们共育有 7 个孩子，两人似乎过得十分幸福。安妮受过良好教育，是知识分子，同时也是一位非常慷慨的艺术赞助人。尤其是在布列塔尼，她从未被遗忘。

～

1492 年，查理终于摆脱了姐姐安妮，可以放手去进行他决意要展开而安妮绝不会赞同的那种冒险。他的大臣竭力劝阻，却白费口舌。他坚信自己有充分的理由。他辩称自己无意去征服别人的领地，只是想收回理应属于自己的土地——对他而言，这其中无疑包括那不勒斯王国。[①] 查理此举还有进一步的考虑：过去 3 个世纪里，那不勒斯王国一直与耶路撒冷国王的头衔联系在一起，虽然这个头衔只是个空名，但能赋予查理必要的声望，让他可以领导他梦想的早该进行的十字军东征。

此时似乎是采取行动的好时机。那一年，先是洛伦佐·德·美第奇去世，仅 3 个月后，教皇英诺森八世亦去世。虽然如今洛伦佐主要因其对艺术创作的资助而被铭记，但当时他也在很大程度

---

① 查理是圣路易的弟弟安茹的查理的后人，在 13 世纪，安茹的查理是那不勒斯及西西里国王。

上维护了意大利诸城邦之间一贯脆弱的平衡。通过维持佛罗伦萨、米兰和那不勒斯间的盟约关系，他为诸如曼托瓦、费拉拉这样的小国以及部分教皇国领地提供了坚实的后盾，同时，他也时刻注意遏制威尼斯危险的野心。随着洛伦佐的去世，以及他无能的儿子皮耶罗的继任，这种调和作用不复存在。虽然教皇英诺森贪污腐败，任人唯亲，但他也是促成和平的推力之一。接替英诺森的西班牙人罗德里戈·波吉亚，也就是教皇亚历山大六世，则只求满足自己的私利。意大利再一次变得易受攻击，而这场攻击并不遥远。

法国的远征有一个很好的开头。1494 年 9 月，查理和远房堂叔奥尔良公爵以及约 2.5 万人组成的军队（法国位高权重的贵族和绅士阶层组成的骑兵、瑞士戟兵和德意志长矛兵、加斯科涅弓箭手和速射轻型炮兵）翻越阿尔卑斯山，在过蒙热内夫尔山口时没有遭遇任何军事冲突，他的重型火炮则已被单独送至热那亚。彼时的米兰正处在杰出而强大的卢多维科·斯福尔扎的统治之下，这座城市热情地接待了查理；卢卡和比萨亦是如此；在佛罗伦萨，查理被多明我会修士吉罗拉莫·萨佛纳罗拉视为解放者。12 月 31 日，罗马打开了城门，惊恐万分的教皇亚历山大前往圣天使堡短暂避难，但到头来还是郁闷地与查理达成了和解。最终，1495 年 2 月 22 日，查理进入那不勒斯，迎接他的是那不勒斯人的欢呼，他们由始至终都视劲敌阿拉贡家族为外来的压迫者。阿拉贡国王阿方索二世逃往西西里。5 月 12 日，查理第二次加冕为王。

但他在自己的新王国并没有逗留太久。很快，他的成功就开始不可避免地变味。摆脱西班牙人的统治一度让那不勒斯人很开心，但他们很快就发现新来的外国占领者与前任没什么差别。很多小规模城镇的居民也流露出不安的情绪，他们发现自己莫名其妙地得去供养贪得无厌且常常做出放荡之举的法国驻军。那不勒斯王国之外，人们也警觉起来。即便是此前对查理进军持友好态度的国家（无论是意大利境内，还是境外）也开始问自己，这位年轻的征服者究竟打算走多远。在西班牙，国王斐迪南和王后伊莎贝拉决定派一支舰队前往西西里。惧怕查理的成功可能会让查理转向主张帝位所有权的神圣罗马帝国当选皇帝马克西米利安，也开始着手准备。从来就不为查理感到高兴的教皇亚历山大，变得越来越紧张。就连此时亦和其他人一样警觉的米兰的卢多维科·斯福尔扎，也因为查理的远房堂叔奥尔良公爵路易——斯福尔扎知道，奥尔良公爵对米兰的所有权主张（通过其祖母瓦伦蒂娜·维斯孔蒂公爵夫人）并不比查理对那不勒斯的主张有力——在附近的阿斯蒂的持续驻扎而更加不安。于是，各方组成了所谓的"神圣同盟"，看似平和，实则都抱着同一个目标：将法王撵走。

查理在那不勒斯获悉神圣同盟成立的消息后勃然大怒，但他没有低估自己面临的危险。距离加冕仪式仅过去一周，他就离开了新王国，启程返家，这一别就是永远。查理先是沿着半岛西海岸来到拉斯佩齐亚，然后右转，顺着山路穿过亚平宁山脉北部，再向下至伦巴第。即便是在仲夏时节，将沉重的火炮拖过高山隘口也一定是一场噩梦。上坡已经够艰难了，下坡的情况更是糟糕至极。有时候，需要多达 100 名早已精疲力竭的士兵，两人一组与一门重炮绑在一起，防止重炮滚落悬崖，若他们动作不够快，就会连同重炮一块掉下去。7 月 5 日，国王终于能俯视到位于帕尔马西南 20 英里处的小镇福尔诺沃了，而在这个小镇后方，神圣同盟已经部署了约 3 万名士兵，由曼托瓦侯爵弗朗切斯科·贡扎加率领。

贡扎加的军队在各方面都占优。其人数是法军的 3 倍，可能达到 4 倍；这支军队体力充沛且补给充足，而且他们有足够的时间来选择有利位置，并为即将到来的交锋做准备。法军则相反，他们疲惫至极，饥肠辘辘，无心投入战斗。不过，他们终究还是参加了战斗，国王本人与其他人一样勇敢无畏。这是意大利 200 年来发生的最为血腥的一场战斗。当战斗最终结束时，战场上尸体堆积如山，难以确定谁是获胜者。贡扎加建造了一座纪念胜利的小教堂，还专门委托曼特尼亚为教堂创作了一幅祭坛画。但并非所有人都与他看法一致。诚然，法军损失了辎重车队，可另一方面，相较于意大利人，他们的损失可以忽略不计。意大利人没能阻止法军的步伐，查理及其部下在当晚继续行军，几天后抵达阿斯蒂，其间未受到任何阻挠。

不过等待法军的是一些坏消息。法国的海军远征队对热那亚发起的攻击以失败告终，舰队大多数船只落入敌手。奥尔良的路易在诺瓦拉遭到米兰军队的围困，支撑不了太久。那不勒斯国王阿方索的儿子费兰蒂诺在卡拉布里亚登陆，然后，在驻西西里的西班牙军队的支持下，他快速向那不勒斯推进。1495 年 7 月 7 日，他重新占领了这座城市。法国人在过去这一年里取得的所有成就突然化为乌有。10 月，查理与斯福尔扎达成了终结神圣同盟的效力的协议。一两周后，查理带着他的军队退回阿尔卑斯山另一侧，留下奥尔良公爵，以尽可能保证意大利境内仍有法国势力的存在。

奇怪的是，受查理此次意大利冒险之旅最为持久影响的是欧洲北部地区。1495 年 11 月，法王的军队在里昂领取酬劳后解散，随后，他们在整个欧洲大陆传播着这样一种说法：有一片阳光普照的温暖大地，居住在那儿的人过着较为阴暗、寒冷的北方气候环境中的居民无法想象的优雅精致生活，但那儿的人并不团结，无法抵御坚决果断的入侵者。随着传闻不断散播，加上查理带回来的画家、雕塑家、泥瓦匠和木雕家着手将其位于昂布瓦斯的旧城堡改造成一座文艺复兴宫殿，意大利在其北部邻居眼中变得更令人向往，它向它们发出了邀请和挑战，而它们在接下来的几年就会应下这个挑战。

这些被解散的雇佣兵还携带了一样远比任何征服梦想都更为致命的东西。1493 年，哥伦布的 3 艘船从加勒比海返回西班牙，带来了旧世界所知的第一批梅毒病例。通过斐迪南和伊莎贝拉派出的西班牙军队，这一疾病迅速蔓延至那不勒斯。当查理率军抵达那不勒斯时，恰逢那里梅毒肆虐。3 个月的悠闲时光过去后，他的部下必然已经完全感染了，所有现有证据都表明，正是他们将梅毒带到了阿尔卑斯山以北。到 1497 年，远至阿伯丁也出现了梅毒病例。同年，瓦斯科·达·伽马抵达印度，1498 年，当地有梅毒记录。7 年后，这一疾病出现在了广州。

可这种被意大利人称之为"法国病"的疾病传播速度再快，也赶不上死亡降临到查理八世身上的速度。1498 年棕枝主日前夕，在昂布瓦斯，在前去观看在城堡壕沟处举行的室内网球比赛（jeu de paume，一种早期形式的网球运动）的途中，查理的头撞到了一根低矮的过梁。他没有停留而是继续往前走，并且看完了整场比赛，但在返回其居所的路上，刚路过之前发生意外的地方，他就昏倒了。虽然此地是整座城堡最脏最破败的一个角落（德·科米纳嫌弃地称之为"每个人都会撒尿的地方"），但侍从们不知何故，认为最好不要移动国王。就在那里，查理在一张简陋的草垫上躺了 9 个小时；就在那里，临近午夜时，他死了。查理当时 28 岁。

～

查理的 4 个孩子都死在他之前；王位因此传给了查理父亲的堂弟，不久前与查理并肩作战的奥尔良公爵路易，后者现在成了国王路易十二。他的父亲查理 [1] 是其所处时代最伟大的诗人，遗憾的是，路易并不是。他长期爱慕王后布列塔尼的安妮，如今她成了寡妇，路易很想娶她。只不过当时的他已经和路易十一的女儿让娜结婚了，据说她"身材瘦小、皮肤黝黑还驼背"，而且没有生育能力。但为了回报路易慷慨送上的金钱和土地，教皇的儿子恺撒·波吉亚 [2] 出面干预，与他的父亲谈了谈。路易方面不无道理地辩称，新郎是在岳父 [3] 的施压之下才同意这桩婚姻的。就这样，路易如愿以偿，他与让娜的婚姻被宣布无效。像对第一任丈夫那样，安妮渐渐爱上了自己的第二任丈夫，而且布列塔尼依旧属于法国。至于可怜的让娜，则隐居布尔日，在那里创立了一个纪念圣母领报的女性隐修宗教团体。1950 年，她被追封为圣人。

对于近年来与路易打过多次交道的意大利境内的统治者们而言，他的继位只意味着一件事：法国将再次入侵意大利半岛，这

---

[1] 查理是被刺杀的路易公爵的儿子，曾在阿金库尔被俘，之后的 25 年，他被囚于英格兰。

[2] 教皇亚历山大六世与不同的情妇至少育有 9 个孩子。

[3] 事实确实如此，路易十一希望这么做能让奥尔良家族绝后。

"伟大的勇士国王"维钦托利的雕像，1865 年立于奥克苏瓦山——据说这里是他最后一次对抗罗马人的战场。

公元 800 年，查理曼加冕罗马人的皇帝。14 世纪半身像圣骨盒。

加尔桥，尼姆附近加尔东河上的罗马引水渠，建于公元 1 世纪。

乌尔班二世在克莱芒会议上发表演说，动员人们前往圣地进行十字军东征。15世纪手抄本。

阿基坦的埃莉诺和国王亨利二世之墓。埃莉诺与路易七世的婚姻于1152年被解除了，之后她与亨利结婚。她对欧洲历史的影响持续了半个多世纪。该墓位于丰特夫罗修道院。

腓力·奥古斯都——最伟大的法国国王之一——与国王约翰达成和解。在腓力于1223年去世时，法国不再有半数领土被英国人占有。14世纪手抄本。

巴黎圣礼拜堂。圣路易（路易九世）在1248年将圣物荆棘王冠安置于此。

圣路易于1248年登船开始第七次十字军东征。15世纪手抄本。

四位圣殿骑士团骑士被押送行刑，腓力四世在旁观看。14世纪早期手抄本。

1340 年的斯勒伊斯海战——开启英法百年战争的战斗之一。15 世纪手抄本。

1346 年的克雷西战役。这场战役的胜利多亏了英格兰长弓的优越性。15 世纪手抄本。

黑死病于 1348 年 1 月降临法国。14世纪中期插画。

贞德。自贞德第一次出现的那一刻起，英格兰人的好运就开始消失，而且再也没有恢复过来。约1605年的肖像画。

查理七世。1429年，国王查理七世在兰斯大教堂加冕，不到10年，他成了欧洲最有影响力的统治者。让·富凯创作的肖像画。

勃艮第公爵"好人"腓力。他于1429年创立了金羊毛勋章。据罗吉尔·凡·德·韦登作品创作的肖像画。

路易十一，被他的敌人称为"万能蜘蛛"。他于 1461 年继承其父查理七世的王位，凭借自己可怕的方式，他成了比父亲伟大的国王。17 世纪肖像画。

查理八世。他于 1494 年对意大利的入侵导致梅毒在欧洲北部首次出现。当时的肖像画。

弗朗索瓦一世。他比任何一个人都更能代表法国文艺复兴。让·克卢埃创作的肖像画。

香波城堡，位于卢瓦尔河谷。这座建筑是在1519年由弗朗索瓦作为一处游猎居所开始修建的，在他去世时该建筑尚未竣工。

凯瑟琳·德·美第奇（左）。她于1533年与亨利二世结婚，后与他生了10个孩子。然而，不是很让人吃惊的是，亨利偏爱比他年长20岁的迪亚娜·德·普瓦捷（右），后者的权力仅次于国王本人。弗朗索瓦·克卢埃创作的肖像画，约1571年。

亨利四世。他原本是新教徒，后改宗罗马天主教——"巴黎值得一场弥撒"。他于 1598 年签署了《南特敕令》，终结了持续危害法国半个世纪的宗教战争。当时的肖像画。

亨利四世骑马像，由詹博洛尼亚创作，位于新桥（巴黎最古老的桥）上。17 世纪晚期油画。

路易十三与枢机主教黎塞留在法国胡格诺派大本营拉罗谢尔的围城战（1627 年 8 月）。当时的油画。

一回不仅要确认安茹家族对那不勒斯的所有权，还有奥尔良家族
对米兰的所有权。听到新任法王在加冕典礼上宣布自己同时拥有
米兰公爵头衔，意大利境内的统治者们一点儿也不惊讶。法国武
器的优越性在福尔诺沃得到了考验与检验，而且据说，路易正在
组建一支比以往规模更大、装备更精良、组织更为有效的军队。
教皇亚历山大或许会表示反对，但路易毫不费力地收买了他。路
易将富庶的瓦伦蒂诺公国（多菲内的一部分）给了恺撒·波吉亚
（此人对枢机主教这一职务心生厌倦，决意放弃教会，转而投入军
事冒险当中），同时安排他与纳瓦拉国王的妹妹，阿尔布雷的夏洛
特结婚。

　　1499 年 8 月中旬，法国发起了第二次侵略。9 月 2 日，卢多
维科·斯福尔扎公爵带着自己的财物逃到了蒂罗尔。10 月 6 日，
法王路易郑重其事地进入米兰。次年 4 月，公爵被俘，再也没能
恢复自由身。此后的 12 年里，米兰成为法国在意大利的主要据
点。但路易仍不满足：那不勒斯在召唤他。他的远房侄子查理一
度赢得了这座城市，可又再度失去，他本人将会更加小心。1500
年 11 月，他和阿拉贡的斐迪南秘密缔结《格拉纳达条约》，根据
条约，两位统治者将联手征服那不勒斯。作为结盟——或者说至
少不干涉——的交换条件，斐迪南能得到半个那不勒斯王国，包
括普利亚和卡拉布里亚这两个省。而路易将获得那不勒斯、加埃
塔和阿布鲁齐。教皇予以认可。1501 年 5 月，法军在 4000 名瑞
士雇佣兵的增援下开始行军。没过多久，法国驻军就占据了那不
勒斯城堡，其余分队则往北进入阿布鲁齐。

　　但《格拉纳达条约》留下了太多悬而未决的问题。条约中
没有提及位于阿布鲁齐和普利亚之间的卡皮塔纳塔，也没有提及

位于意大利这只靴子足背位置的介于普利亚和卡拉布里亚之间的巴西利卡塔。或许有人认为，诸如此类争端可以通过友好的方式和平解决，但事实并非如此：7 月，法国与西班牙开战了。战争断断续续进行了两年，胜利最终归属西班牙人，他们于 1503 年在切里尼奥拉击败了法军。5 月 16 日，他们进入那不勒斯。12 月的最后几天，在加里利亚诺河旁，西班牙人再次对法国人发起攻击。这是一场决定性的战役，意味着法国人被彻底逐出那不勒斯。1504 年 1 月 1 日，法国在这个王国最后的驻防地加埃塔向西班牙军队投降。自那时起，不仅在西西里和西班牙，阿拉贡家族在这个陆上王国的统治也拥有绝对的统治权。路易抱怨："西班牙国王背叛了我两次。"斐迪南则吹嘘："我骗了他十次。"

若不是教皇亚历山大六世在 1503 年去世的话——他的死略显可疑——法国人在意大利的野心原本可能就此终结。亚历山大的继任者庇护三世当选后不到一个月亦去世。接下来的教皇或许是文艺复兴时期所有教皇中最令人敬畏的，朱利亚诺·德拉罗韦雷，圣名尤里乌二世。他对意大利的想法非常坚定。在他看来，意大利半岛现在分成了 3 部分。北部是法国人控制的米兰，南部是西班牙治下的那不勒斯。这两者之间还容得下一个——且只能有一个——强盛的国家。教皇下定决心，这个国家必须是教皇国。而威尼斯无疑是一大麻烦。它可以作为城市生存下去，如果它愿意；作为帝国，它必须被摧毁。作为与自己结盟对抗最尊贵的威尼斯共和国的交换，教皇给予了欧洲君主们极为丰厚的回报。例如，法国能得到贝加莫和布雷西亚、克雷马和克雷莫纳这些城市以及阿达河以东和阿达河与波河交汇处以北所有的土地、城镇和城堡。

欧洲的君主们对教皇的理论不感兴趣。不过他们清楚威尼斯对他们有意侵占的领地拥有完全合法的权利。无论他们如何努力将自己的此次行动包装成正义之举，他们都心知肚明，他们自己的所为远比威尼斯以往的所为都更应受到谴责。但他们受到的诱惑实在太大了，教皇许诺的回报太丰厚了。这些君主接受了。于是，1509 年 5 月 14 日，在贝加莫和米兰之间的小村庄阿尼亚德洛外围，路易十二亲自率领的一支军队击败了威尼斯的雇佣军。马基雅维利写道，在这一天时间里，"威尼斯人失去了他们用 800 年时间所征服的"。

事实证明马基雅维利错了：威尼斯将以惊人的速度复苏。许多投降的城镇其实很满足于在威尼斯统治下的生活，很快，它们就对新统治者更残酷和更无情的治理怨声载道。不过我们的任务是关注法国的命运。这场大捷是否给它带来了长期好处？并没有。1510 年 2 月，阿尼亚德洛战役过去不到一年，教皇尤里乌二世的态度发生了 180 度大转弯。在怂恿法国人拿起武器与威尼斯为敌之后，眼下的他拒绝给予他们之前许诺的回报，用此前对威尼斯人展示的所有怨怒与恶毒来对付法国人。威尼斯共和国——如今已经和教皇国站在同一阵线，虽然这一点就连它自己也大感意外——现在可以退出舞台中心了。此后的战争主要发生在教皇和法王路易之间。路易的盟友费拉拉公爵亦卷入其中，此人是卢克雷齐娅·波吉亚的丈夫，亚历山大六世的女婿，教皇在心中早已对他有诸多谴责。没过多久，尤里乌二世发布教皇诏书，开除公爵的教籍。殉道者圣彼得称该诏书的言辞令自己的头发都竖了起来。

不过，法王路易在这时打出了一张重要的新牌：他的外甥，内穆尔公爵富瓦的加斯东。他年仅 22 岁，却已经证明了自己是同时代最杰出的指挥官之一。1512 年 2 月，内穆尔公爵对教皇和西班牙的军队发起了一场速决战。最后，在复活节，双方于拉文纳展开对决，这也是自近 20 年前的福尔诺沃之战后最为血腥的一场战斗。战斗结束时，将近 1 万名西班牙人和意大利人死在战场上。但和福尔诺沃之战一样，这也是一场代价高昂的胜利。法国方面单是步兵就损失了 4000 多人，包括内穆尔公爵在内，大多数指挥官都阵亡了。若内穆尔还活着，可能会召集剩余部下，向罗马和那不勒斯行军，从而迫使教皇达成协议，帮助法王路易夺回那不勒斯的王位。如此一来，意大利之后的历史就将截然不同。

至此，这场战争的 3 个主人公已先后经历了两种联盟组合。先是法国与教皇国结盟对抗威尼斯，接着是威尼斯和教皇国联手与法国为敌。尚未出现的组合只有威尼斯与法国并肩反对教皇国了，而在 1513 年 3 月，《布卢瓦条约》的签订使威尼斯与法国真的站在了同一条阵线上。威尼斯在重新确立其在这片陆地上的地位后，认定教皇和皇帝不应该排挤自己，而且既然法国已经不再对自己构成任何威胁，显然可以成为自己的盟友。但其实在《布卢瓦条约》签订之前，局势就再度发生变化：1513 年 2 月 21 日，70 岁的尤里乌二世在罗马去世。

据说，当米开朗琪罗在为教皇尤里乌二世创作 14 英尺高的青铜像时，曾建议在其左手放一本书，尤里乌二世这样回答："不，放一把剑吧，我可不是学者！"此言不虚，他确实是个不折不扣的军人。近 5 个世纪时间里，没有教皇曾率军参战；[1] 尤里乌二世

---

[1] 最近一位这么做的教皇是利奥九世，1053 年，他率军参加了奇维塔泰之战。

却数次投身战场，最近一次是在 1511 年，当时的他已是 68 岁高龄。若他的品性中能多一些宗教灵性，就绝无可能做出基督教历史上最无耻的官方破坏行为，即拆除圣彼得大教堂。原先的教堂只保留了一座小小的礼拜堂，枢机主教们聚集于此，选出尤里乌二世的继任者。但对组织机构而言，枢机主教们的商议过程太慢了，致力于加快进度的组织机构削减了饮食，先是改为每餐只有一道菜，后来变成了全部食物皆为素食。即便如此，当最终结果宣布时，也已经过去了整整一周时间：枢机主教乔瓦尼·德·美第奇将出任新教皇，取圣名利奥十世。

"上帝已赐予我们教皇这一职位，就让我们尽情享受吧。"无论新教皇是否真的说过这句显得极为讽刺的话，在当时的意大利，鲜少会有人对此感到惊讶。利奥此时 37 岁。他极其富有，极其有权势——在经历了 18 年的流亡后，美第奇家族于 1512 年重新确立了在佛罗伦萨的统治地位——而且他远比他的父亲洛伦佐更钟情于豪华壮丽。不同于尤里乌二世，他是个热爱和平的人，他的当选确实深得人心。另一方面，他足够现实地认识到，法王路易很快就会再次发动战争，而且他下定决心，在任何必要的时候维护教皇利益。

但路易在意大利的冒险结束了。1513 年 6 月，其由 1 万名士兵组成的军队在诺瓦拉被斯福尔扎请来的瑞士雇佣军击溃，斯福尔扎回到了米兰。神圣罗马帝国皇帝马克西米利安下令，要求所有与法军一同作战的帝国臣民立即返回家乡，违者处死。法国人也被紧急召回故土，以应对入侵的英格兰人，后者此时已经占领了图尔奈。意大利境内没有士兵继续战斗了，况且法王也已无心恋战。战争让 52 岁的他疲惫不堪，开始出现早衰的症状。1514

年秋，他娶了亨利八世的妹妹，英格兰公主玛丽作为第三任妻子。15 岁的玛丽非常漂亮，与其兄长一样精力充沛。路易尽力了：10 月 9 日的新婚之夜过后，他向所有愿意听的人吹嘘称"他的表现棒极了"，但没有人相信他。1515 年新年，也就是婚后不到 3 个月，他去世了。人们普遍认为，他的死因是在寝宫过于卖力导致的体力衰竭。他是否可以算作都铎王朝的第一位法国受害者呢？

第 9 章

他惯有的张扬华丽

1515—1547 年

这位君王注定要成就大事。他受过文学教育，这在我们的国王之中是很不寻常的，并且他天生能言善辩、机智诙谐、处事得体、举止随和，令人愉悦。简言之，他的身心得到自然眷顾，拥有罕见天赋。他热衷欣赏并赞颂那些凭借超群才智、辉煌业绩而脱颖而出的昔日君主。他很幸运，拥有可媲美世界上任何国王的财富，且比任何人都慷慨。

——国王的图书馆馆长纪尧姆·比代致鹿特丹的伊拉斯谟

本书的读者也许有也许没有留意到这一点，即在前文提及的诸多国王中，几乎没有性格特别丰富多彩的人物。他们当中有一些杰出的统治者，有个别几位极为出众的人物——腓力·奥古斯都、圣路易是这样的人物，"美男子"腓力四世或许也可以算一个，当然还有路易十一——但很少有能令人心跳加速。从某种程度上说，这显然是因为他们所处的时代：坦白说，被战争和宗教支配的中世纪并不是那么有意思。即便如此，不得不承认，英格兰在这方面更胜一筹：亨利二世、爱德华二世、爱德华三世、亨利五世、理查三世——诚然，后两位得到了莎士比亚的帮助——作为君主，他们或许并不比其法国同行更为出色，但作为人，他们要比其法国同行有趣得多。

不过现在弗朗索瓦一世来了，他就如同火箭一般，击中了法国。这个国家此前从未见过他这样的人，亦没料到他会成为国王。路易十二被称为"人民之父"，可尽管他先后娶了3位妻子，真正当父亲的次数却不多，他死时没有留下男性继承人。1515年1月25日，路易的侄子，21岁的弗朗索瓦在兰斯大教堂接受涂油礼，加冕为第57任国王。臣民为其欢呼。法国终于拥有了一位像样的国王：一个极富个人魅力、朝气蓬勃的年轻人。他或许算不上非常英俊，超大的鼻子让他得到了"大鼻子国王"的绰号，但这似乎并不重要：他优雅高贵的气质及招摇穿着的华丽丝绸和天鹅绒弥补了相貌方面的不足。此外，很明显，他从一开始就真的喜欢当国王：他爱狩猎、宴会和骑马比武，尤其是爱唾手可得的美女们。

但这一切只是开头：弗朗索瓦是个彻头彻尾的文艺复兴人，几乎可以这么说，在法国，他就是文艺复兴的代名词。弗朗索瓦不仅展现出了对艺术的由衷热情，还拥有足够雄厚的财力沉浸其中。早在30岁之前，他就以那个时代最伟大的艺术赞助人的名号而声名在外。完全符合其风格的是，他将列奥纳多·达·芬奇从意大利请至法国，安排其入住昂布瓦斯的豪华居所，让这位伟大的艺术家在此惬意地生活，直至去世。同时，弗朗索瓦热衷于建筑工程，昂布瓦斯城堡在很大程度上可以说是他的创造物，布卢瓦城堡和香波城堡亦是如此，还有他最爱的枫丹白露宫——他委派自己最喜爱的画家弗兰西斯科·普列马提乔在此进行自由创作，至今，你仍然能在枫丹白露宫的每个房间里感受到弗朗索瓦的特色，而且能看到他的蝾螈纹章。

弗朗索瓦也爱书，对书推崇备至。他的母亲，萨伏依的路易丝确保了儿子能说流利的西班牙语和意大利语，他可以毫不费力地阅读这两种语言的文字。他是弗朗索瓦·拉伯雷的朋友，据说，他为拉伯雷创作《巨人传》中快乐的巨人庞大固埃提供了灵感。在整个意大利北部，他专门请人为自己的图书馆搜寻手抄本以及在当时尚属罕见的印刷书籍。最终，这些收藏将构成法国国家图书馆的核心。在他去世时，他的图书馆拥有 3000 多册藏书，对任何想使用馆内图书资源的学者开放。

1529 年，弗朗索瓦完成了其在知识领域最伟大的成就，他创立了法兰西王室学院，即未来的法兰西公学院，此举令索邦神学院很是不快。总之，称我们所知的法国现代文化其实是他一手打造的，似乎并不为过。中世纪已然过去。对 16 世纪的贵族而言，仅是狩猎和战斗已经不够了：教育和文化同样不可或缺。战争或许依旧重要——如我们接下来会看到的，弗朗索瓦本人在战场上是一位英勇无畏的斗士——但优雅生活的艺术更为重要。因此，现如今，在所有法国国王中，法国人最爱弗朗索瓦（以及亨利四世）也就不足为奇了。他们爱弗朗索瓦的张扬神气，爱他在战争中表现出来的勇气以及在寝宫中的无限精力，爱他总是为五彩斑斓和富丽堂皇所簇拥，爱他留下的全新文明。对于他不计后果的财政支出，法国人予以无视。唯有对其在统治最后 10 年里对新教徒采取的日益加剧的迫害，他们才觉得难以原谅。

弗朗索瓦先后娶过两任妻子。第一任是路易十二唯一活下来的孩子克洛德，布列塔尼的安妮之女。克洛德王后李，即西洋李，就是以她的名字命名的，但也仅此而已。她尽到了自己的责任，为丈夫生了 7 个孩子，但由于她"身材极为矮小，异常肥胖"，跛足且斜视明显，弗朗索瓦始终对其提不起兴趣。克洛德于 1524 年过世，终年 25 岁。在过了 6 年放浪的单身生活后，国王娶了第二任妻子——神圣罗马帝国皇帝查理五世的姐姐，奥地利的埃莉诺。她与葡萄牙国王曼努埃尔一世曾有过一段为期 3 年的短暂婚姻，是曼努埃尔一世的第三任妻子。唉，她比弗朗索瓦的前任好不到哪里去：她个子很高，面如土色，有着哈布斯堡家族特有的突出下巴，毫无个性可言。一位侍女后来称"当她脱掉衣服后，躯干仿佛女巨人一般，上半身长且大，但往下看，就会觉得她好似侏儒，大腿和小腿都显得如此之短"。据传，早在埃莉诺与弗朗索瓦举行婚礼的 4 年前，她就已经开始发福，体重增加，脸上满是红斑。弗朗索瓦基本上对其视而不见，两人没有孩子。埃莉诺当然比不上丈夫的情妇们，其中最迷人的当属安妮，她是皮卡第的皮瑟勒领主（"比狼还坏"）纪尧姆·德·埃利的 30 个子女之一。后来，国王让安妮当了埃唐普公爵夫人。她极有修养，拥有惊人的美貌，弗朗索瓦一世曾这样形容她："学者中最美丽的，美人中最博学的。"

弗朗索瓦总是处在奔波辗转中。一位威尼斯大使写道："在我担任使节期间，法王的宫廷从未在同一个地方连续停留过 15 天。"但是这种流动性对后勤的需求极大。如果宫廷全员出动，至少需要 1.8 万匹马来进行运输。当国王于 1526 年造访波尔多时，当地被要求准备可容纳 2.25 万匹马和骡子的马厩。行李车队通常要运输数以吨计的家具、挂毯（用于保暖）和银器。可以想象，寻找合适的住处就如同一场持续不断的噩梦。常常会出现这样的情况：房间数量只够国王及其女眷入住；其他所有人不得不四下去找容身之所，他们能找到的地方往往在五六英里之外，甚至只能住在帐篷里。可无论宫廷经历多少困难，人们总是期待着宫廷准备好迎接途经的重要城镇为其精心安排的庆典仪式。王室莅临不会不出现意外：1518 年，布雷斯特的长官被迫支付了 100 金埃居，"在国王入城时发生了火炮事故……这笔钱是对伤者和死者遗孀的赔偿"。

～

如果瓦卢瓦王朝的国王能做到不去打意大利的主意，那对法国而言就是好事一桩。只可惜他们做不到。弗朗索瓦始终留心，自己在加冕宣誓时宣告了自己对米兰的所有权主张，而法国在 1513 年诺瓦拉之战后失去了米兰，这让他一直耿耿于怀。弗朗索瓦没有浪费时间，加冕还不到 9 个月，他就对斯福尔扎及其瑞士长矛兵进行了报复。1515 年 9 月 13 日，弗朗索瓦与他们在米兰东南约 10 英里处的马里尼亚诺（今梅莱尼亚诺）狭路相逢。这是一场漫长而艰苦的战役：从下午 3 点左右开始，进行了一整个晚上，直到次日太阳高悬才结束。法王展现出其一贯的勇气，让近乎传奇的"无瑕无畏的骑士"巴亚尔在战场上为他授予爵位。终于，10 月 11 日，弗朗索瓦满心欢喜、趾高气扬地进入米兰。

不过还有其他远比米兰更为重要的有价值之物在等着他，其中最重要的当属神圣罗马帝国。帝国皇帝是通过选举产生的。时任皇帝，哈布斯堡的马克西米利安已近六旬，在那个时代算是老人了。7位选帝侯是美因茨大主教、特里尔大主教、科隆大主教、波希米亚国王、萨克森公爵、勃兰登堡侯爵和莱茵的巴拉丁伯爵，弗朗索瓦觉得这些人或许不会拒绝一些小恩小惠。这其中也有战略方面的考虑：弗朗索瓦主要的对手，马克西米利安的孙子查理已经得到了西班牙、低地国家、奥地利和那不勒斯。若查理也得到帝国的所有领土，他就会让法国被包夹起来，几乎是包围了法国。法王当然很清楚，查理同样对帝位志在必得，其原因与自己的恰恰相反：如果弗朗索瓦成功，那么神圣罗马帝国的领土就将从中间分开。弗朗索瓦倾尽全力，但他成功的机会很渺茫。选帝侯都是德意志人，他们和查理一样，对让一个法国人当皇帝这一想法深恶痛绝；来自奥格斯堡的极为富有且极具影响力的银行业家族富格尔家族大力资助查理；结果，1519年，查理以全票当选皇帝。

尽管查理和弗朗索瓦将在12年后成为郎舅关系，两人也有过热情友好的相处时刻，可单从地理位置角度看，他们就永远不可能成为真正的朋友。不过，弗朗索瓦似乎更有可能与其北部邻居——英格兰的亨利八世——结下友谊。两人年龄相仿，亨利只比弗朗索瓦年长3岁，性格也差不多：他们都拥有充沛的精力，同样爱好艺术。这两人之间不可避免地存在一定程度的嫉妒，也互不信任，因为亨利在1513年曾短暂入侵法国，此举表明他并未放弃对法国的野心。但显然，两人的会晤势在必行，不能再拖延了。因此，1520年6月7日至24日，他们在金缕地展开会晤。

金缕地是个华丽的地名，而会晤场合更为华丽，两位主人公都决心在排场上与对方一较高下。亨利带了 5000 多名随从，雇了约 6000 名工匠和手艺人，以改建位于吉讷的那座不起眼的小城堡，并且在城堡周围加建了精致梦幻、童话般的建筑。在约定好的那一天的破晓时分，随着一声巨大的锣响，两位国王策马向对方全速冲刺。就在即将碰到的那一刻，他们勒缰停步，相互拥抱，然后下马，臂挽臂地走向一顶装饰得富丽堂皇的帐篷。人们饮酒作乐，发表各种演讲。没有与政治有关的讨论：这不是重点。金缕地会晤的目的很简单，让两位国王彼此熟悉，这是史上最为奢侈的认识朋友聚会。双方交换了礼物，数量之巨，质量之佳，都超出了双方所能承担的范围。骑马比武、宴会、跳舞、相互拥抱似乎没完没了。这是一次乐趣无穷的会晤，但到了最后，当亨利和弗朗索瓦分别时，旧有的猜疑依然没有消除：他们相处得很愉快，却根本不信任对方。

～

对于神圣罗马帝国皇帝查理五世而言，弗朗索瓦占领米兰是个非常危险的信号。1521 年，为了增加对付法王的力量，他与教皇利奥签订秘密条约，结果，教皇国与帝国的联军再次将法国人逐出伦巴第，恢复了斯福尔扎家族的统治。此举意味着教皇公然与帝国站在同一阵线上。因此，当利奥的堂弟（圣名为克雷芒七世）于1523年继任时，[①]皇帝自然地认为他会遵循同样的政策。

———————————

① 克雷芒其实是利奥之后的第二位继位者。两人之间还有一位教皇，略显可笑的阿德里安六世，不过在本书中，无须对其予以关注。

但克雷芒并未这么做，他试图使双方议和。不过就如所有人告诫他的那样，这样的尝试以彻底失败告终。查理态度坚决：只有拿勃艮第来交换，他才会交出米兰。而弗朗索瓦决心率领一支比前一次更加庞大的军队立刻返回意大利，一劳永逸地确立自己的霸权。由于教廷方面没有明确表示反对，摆在法王面前的似乎是一条畅通无阻的路。1524 年初夏，弗朗索瓦带领着一支 2 万人组成的军队，翻过塞尼山口，第二次进入了意大利。10 月下旬，水到渠成，他收复了米兰。

接着，弗朗索瓦南下来到帕维亚。事实证明，这座城市是块相当难啃的骨头，超出了他的预期。由 6000 名德意志人和西班牙人组成的帝国驻军明确显示出，他们将顽抗到底。随着冬天临近，对于法王而言，最明智的做法是退回米兰，等来年春天再战，但这不是他的风格。他和部下对帕维亚进行了长达 4 个月的围攻，经历了罕见的寒冬，围城的条件极为艰苦，却收效甚微。次年 2 月下旬，当地平线上出现帝国军队的身影时，法军依然停留在原地。两军在帕维亚城墙外的米拉贝洛城堡大面积狩猎区相遇。1525 年 2 月 24 日周二上午，恰逢神圣罗马帝国皇帝 25 岁生日，双方开战了。这是欧洲历史上最具决定性的战役之一，同时也是第一场确证火器比长矛更具优势的战役。这次为弗朗索瓦效力的瑞士长矛兵表现得英勇无畏，可尽管他们的武器骇人，却敌不过西班牙人的子弹。战斗结束后，法军几乎是全军覆没，约 1.4 万名战士——法国人和瑞士人、德意志人和西班牙人——陈尸战场。弗朗索瓦一如既往地表现出了堪称表率的非凡勇气，在坐骑被杀后，他坚持徒步作战，最终力竭被俘。"一切都完了，"他在给母亲的信中写道，"仅我的名誉和这条命得以保全。"弗朗索瓦确实走运，只有一条腿受伤，外加手部和面颊被划伤。根据最乐观的估计，在战场的1400多名披甲战士中，只有不到400人幸存。

弗朗索瓦先是被带到阿达河畔的皮齐盖托内城堡，在那儿待了3个月左右。当身在马德里的神圣罗马帝国皇帝得知法王被俘的消息后，他下令为这场胜利举办感恩仪式，随后他离场单独进行了祈祷。查理决定将这名俘虏关押在那不勒斯，同时他下令，要求帝国总督查尔斯·德·拉努瓦照顾好弗朗索瓦，并且定期向法王的母亲汇报他的健康状况，此举符合查理的一贯作风。但弗朗索瓦难以想象自己被关在那不勒斯监狱的情景，万分沮丧的他恳请拉努瓦将自己送到马德里。让人略感意外的是，总督胆敢违背皇帝的命令，不过更让人惊讶的是，他甚至没有向查理汇报此事：皇帝完全是在很偶然的情况下得知自己的俘虏已经抵达西班牙的。然而，查理没有表现出任何愤怒的迹象，只是简单地传信表示欢迎，并表示希望和平尽快到来。

在前往马德里的途中，弗朗索瓦发现自己得到了国王应有的待遇。在巴塞罗那，他参加了大教堂举办的弥撒，甚至触摸治疗了"国王病"（淋巴结核病）患者。在巴伦西亚，他被平民百姓团团围住，以至于负责其安全的西班牙军官不得不将他带到城外一处舒适的别墅中。弗朗索瓦这次前往西班牙首都的旅程的最后一段比以往任何时候都像皇家巡游，在此期间有宴会、斗牛，还有到医院和大学的访问。但在马德里，他就要失望了：他被安置在阿卡扎阴森昏暗的塔楼（就在如今王宫所在的位置上）内。两个世纪后，圣西门公爵造访了塔楼，他在回忆录中是这样描述的：

> 房间不是很大，只有一扇门……人走进来时，会发现右

侧有一个射击孔，朝向窗户，这使房间显得稍稍大些，窗户
的大小足够透进一些日光，窗上装有玻璃，能打开，但装有
双层铁栅，它们焊进墙体中，坚固又紧实……房间有足够的
空间摆下椅子、保险柜、几张桌子和一张床。

公爵还补充道，窗户与地面的落差超过 100 英尺，有两支队
伍日夜看守塔楼。弗朗索瓦被迫在这里待着——他曾扮成黑人仆
从，试图逃跑，但没有成功——唯一的运动就是偶尔在守卫严密
的看管之下骑骡子。与此同时，和平谈判的准备工作也在进行中。

正式谈判于 1525 年 7 月在托莱多开启，代表法国出席谈判
的是弗朗索瓦的母亲，萨伏依的路易丝——她此时担任法兰西摄
政——和他的姐姐，阿朗松的玛格丽特。由于勃艮第像以往一样
是双方争论的主要焦点，谈判未能取得太大进展，一直拖着，直
到 9 月 11 日，弗朗索瓦突然病倒了，他病得如此严重，以至于生
命垂危。他一动不动地躺了 23 天，大多数时间都不省人事。此
前一直对法王避而不见的神圣罗马帝国皇帝此刻匆匆来到弗朗索
瓦的床边，这是两人第一次见面。据医生说，弗朗索瓦的病因是
"头上出现一处脓肿"，但 16 世纪的诊断并不可靠。不管怎样，最
后，法王的身体开始康复，很快，他就搬到了首都，在那里慢慢
恢复了健康。

1526 年 1 月 14 日，仍处于康复期的弗朗索瓦与查理签订了
《马德里条约》，通过割让勃艮第、那不勒斯和米兰，他得以恢复
自由身。但是关于这一条约，首先要明确的一点是，尽管弗朗索
瓦同意留下两个儿子作为人质，但他根本就没考虑过守约。为了
以防万一，他甚至签署了一份秘密声明，宣布割让勃艮第的协定

无效，因为他是被迫签约的。但他的身体远未恢复：1 月 29 日周日，他是被人用轿子抬到教堂的。不过次日，他就恢复到能参加特地为其举办的午宴的程度了，之后他甚至去访问了一家女修道院，触摸治疗了 30 位患有淋巴结核病的修女。

2 月 13 日，皇帝与法王在马德里会面。作为条约的组成部分之一，弗朗索瓦应该迎娶查理的姐姐埃莉诺。此时，在查理的引见下，两人第一次见面。埃莉诺试图亲吻法王的手，法王以他一贯的性格，坚持埃莉诺应该吻在丈夫的唇上。（只可惜他们此后的互动少得可怜。）两天后，两位君主分道扬镳——查理前往里斯本，与葡萄牙公主，曼努埃尔国王的女儿（埃莉诺的继女）伊莎贝拉完婚；弗朗索瓦返回巴黎，他的新娘则会在恰当的时候追随前往。

不过在返回法国之前，有一个伤感的小仪式等着弗朗索瓦在比达索阿河（至今仍然是西班牙与法国的边境的组成部分）上去完成。河上没有架桥，1526 年 3 月 17 日清晨，两艘船从两侧驶向河心的一座浮桥平台。法王和那不勒斯总督在一艘船上，另一艘则载着两个小男孩，8 岁的王太子与他 7 岁的弟弟，奥尔良公爵亨利。两人仍在从严重的麻疹中慢慢恢复，眼下他们将前往西班牙，作为确保父亲遵守条约的人质，至于他们要在西班牙待多久，这还是个未知数。两艘船抵达浮桥平台后，乘客进行了互换。弗朗索瓦含泪在两个孩子身上画了十字，承诺会尽快派人去接他们——人们不禁要问，这一可能性究竟有多大。交换完成后，两艘船回到了最初的停泊地。

弗朗索瓦从容地骑行穿过自己的领土，过了一个愉悦的夏天，直到秋天才抵达巴黎，此时，对《马德里条约》条款的最初愤恨逐渐平息。但勃艮第会议依然大声抗议，指责国王无权在未经其人民同意的情况下割让王国的一个省份。弗朗索瓦的回答很简单，即他无意这么做：众所周知，在监狱里通过威逼获得的承诺是没有约束力的。不到万不得已时，他不想惹怒查理。别的不说，他渴望和两个儿子尽快团聚。与此同时，权力的天平出现了严重的失衡：神圣罗马帝国皇帝再次变得无比强大。显然，必须采取些行动将他打回原形。

教皇克雷芒在得知《马德里条约》签订的消息后，惊得目瞪口呆：如果意大利境内没有法国势力，单靠他一己之力，怎能承受来自神圣罗马帝国的压力呢？他连忙召集米兰、威尼斯和佛罗伦萨组成反帝国同盟，以捍卫自由独立的意大利，并邀请法国加入。虽然《马德里条约》墨迹未干，且弗朗索瓦与教皇在米兰问题上的看法大相径庭——教皇支持斯福尔扎家族，而弗朗索瓦仍然希望这座城市为自己所有——法王还是于 1526 年 5 月 22 日以他惯有的张扬华丽签名签下了科尼亚克同盟。这意味着，而且他清楚，除非他能说服查理接受现金赎金，否则自己得等待很长一段时间，也许要再过三四年，才能再次见到两个儿子。但在西班牙，他们会得到很好的照顾，能学美丽的西班牙语，结交未来可能会对他们有用的人。

对于皇帝而言，法王此举等同于背叛。即便对方真的支付赎金，他也不可能接受。弗朗索瓦的背信弃义令他深感震惊，不寒而栗：头戴王冠者不应表现得如此无耻。查理原本打算前往意大利，让教皇为其加冕，现在这一行程被无限期推迟。"他闷闷不乐，"一位英格兰使节称，"独自一人，有时候会若有所思地待上三四个小时。他不快乐，也不舒心。"面对法国大使，查理毫不掩饰自己的愤怒：

> 我绝对不会为了钱而放了他们（两位法国王子）。我之前就拒绝收钱放他们的父亲，现在更不用说拿钱换他们了。我愿意根据合乎情理的条约来释放他们，但不会为了拿到赎金而放人。我再也不会相信法王的承诺，他骗了我，根本不像一位高贵的君主。法王辩称无法在臣民不情愿的情况下履行某些承诺，那就让他履行在其权力范围内的，而这是他以君王的名誉保证会履行的诺言。也就是说，如果他无法兑现所有的承诺，就会被再度囚禁于此。

但弗朗索瓦仍然觉得不安。查理及其弟弟斐迪南似乎决心掌控整个欧洲，他自己的王国已经被潜在的敌人的领土包围了。要想避免被征服的命运，法国最大的希望就是在东方找一个新盟友——那只能是奥斯曼帝国的苏丹了。这是个疯狂、奇特的想法，在早些年是难以想象的，但担任摄政的路易丝比她的儿子更早动过这个念头：首个前往谒见苏莱曼一世的法国外交使团于1525年初出发，也就是帕维亚战役刚结束时，当时法王甚至还没恢复自由身。

但人们会怎样看待这样的盟友关系呢？在基督教欧洲其他地方的人眼中，苏丹就是敌基督，撒旦在地球上的代表。人们不应与之结盟，而应该通过十字军东征对其讨伐。弗朗索瓦不是拥有"最信奉基督教的国王"这一教皇赋予的头衔吗？那他怎么会考虑与这样一个异教徒化身打交道呢？不过正如托马斯·克伦威尔曾经说过的那样，对法王而言，如果土耳其人和魔鬼能帮助法国国王收复米兰，那么没有什么基督教顾忌会阻止他将土耳其人和魔鬼带入基督教世界的腹地。弗朗索瓦本人对此倒是毫不讳言："我不否认我强烈希望这个土耳其人强大、做好了战争的准备，我这样希望可不是为了他，毕竟他是异教徒，我们是基督徒；我这么做的目的是为了削弱皇帝的权力，迫使他付出沉重的代价，让所有与如此强敌对抗的其他政府感到松一口气。"

然而，他发现自己如同在走钢丝一般。一方面，他不得不让欧洲相信其对基督教事业的忠诚；另一方面，他必须不断安抚苏丹，让后者相信自己时不时被迫发表的这类公开声明没有实际意义。他也清楚，自己更需要苏莱曼的支持，而非对方更需要自己。没有苏丹的帮助，他又有何希望能抵御从东西方将法国包围的强大神圣罗马帝国？他又如何实现瓦卢瓦王朝统治意大利的长久梦想呢？

最终，法国与神圣罗马帝国还是实现了和平。1528 至 1529年的冬季，弗朗索瓦的母亲萨伏依的路易丝与其弟媳（皇帝的姑母）奥地利的玛格丽特展开谈判。1529 年 7 月 5 日，双方在康布雷会面，在 8 月的第一周签署条约。该条约被称为"夫人和约"，和约的冗长和复杂程度出人意料，但确认了帝国在意大利的统治。弗朗索瓦正式放弃对米兰、热那亚和那不勒斯的所有权主张，而在此前 40 年的大部分时间里，他和前任法王们为得到这些领地而苦苦奋斗。查理最终同意接受赎金后释放法王的两个儿子，不过他要求赎金不能少于 100 万达克特，同时他承诺不再要求得到勃艮第、普罗旺斯和朗格多克。对弗朗索瓦及其在科尼亚克同盟的盟友而言，这是一次可悲且可耻的和解。但意大利恢复了和平，在其历史中的这一漫长而痛苦、只带来摧残和破坏的篇章终于过去了。

~

　　1532 年秋，弗朗索瓦庆幸自己在外交上取得了突破。他说服教皇克雷芒同意让教皇的侄女凯瑟琳·德·美第奇嫁给法王次子奥尔良公爵。而且，教皇同意出席婚礼。于是，1533 年 10 月 11 日，由 60 艘船只组成的教皇舰队在马赛港抛锚停泊，海岸排炮轰响阵阵，表示欢迎。次日清晨，教皇在 14 位枢机主教的陪同下入城。弗朗索瓦于 13 日抵达。28 日，在圣费雷奥尔·奥古斯丁教堂，克雷芒宣布凯瑟琳与法国王子结为夫妻。新娘和新郎都是 14 岁。婚礼弥撒冗长，随后是华丽的宴会和舞会。午夜时分，两个孩子想必都已经筋疲力尽了，在弗朗索瓦的陪同下，他们被带到婚房。据说，弗朗索瓦一直待在那里，直到新郎新娘正式完成圆房，事后他称"两个人都表现出了骑马比武中的勇猛"。第二天早晨，当两个孩子还在床上时，教皇来访，送上了祝福。人们会认为，这就是他们需要的一切。

　　这样一场婚礼只会被解读为法国与教廷结盟的标志，但由于双方未在婚礼结束后签订书面条约，我们无法确定弗朗索瓦和教皇克雷芒在多次长谈中究竟讨论了些什么。国王肯定会再三提及他对米兰的执念，我们也知道教皇无疑明白弗朗索瓦对土耳其人的态度。"我不仅不会反对土耳其人入侵基督教世界，"据说，法王这样表态，"还会尽我所能支持他，这样就更有希望收复被皇帝篡夺的明显属于我和我孩子的领土。"

　　当教皇于年底回到罗马时，他已经生病了。1534 年 9 月 25 日，克雷芒去世。对弗朗索瓦而言，这是一个沉重的打击。他费心费力建立起来的全新的友好关系不复存在了。他曾引以为傲的豪华联姻在一夜之间变成了一段门不当户不对的婚姻，因为尽管美第奇家族富可敌国，却始终被认为本质上是市民阶级家族，而且永远都会是。如果克雷芒的继任者是这个家族的另一位成员，一切都会太平无事。但 10 月 13 日，亚历山大·法尔内塞当选教皇，圣名为保罗三世，这意味着法国对教廷的政策要重新评估了。更糟糕的是，仅仅 5 天之后，就发生了"布告事件"。

1534 年 10 月 18 日周日早晨，巴黎街头随处可见布告，布告的开头用醒目的哥特字体写着，"关于教廷弥撒中可怕、严重且令人难以忍受的滥用的可靠报道"。随后四段长文对天主教弥撒进行了猛烈的抨击，所使用的语言令读者惊骇不已。随着谣言——所有天主教教堂都将被付之一炬，所有天主教信徒都将在祈圣之地被屠杀——迅速传播开来，整个巴黎都变得歇斯底里。在得知这种布告不仅出现在巴黎，也出现在奥尔良、图尔、布卢瓦和鲁昂时，人们的恐慌进一步加剧。据说，就连法王位于昂布瓦斯的卧室门上也出现了一张布告，当时他就住在那里。

搜寻为此事负责之人的行动随即展开。无数人被逮捕，几个不幸的无辜者被烧死在火刑柱上。悲哀的是，弗朗索瓦似乎失去了理智。接下来的事正如一场异端审判。所有新书被禁。1 月 21 日，可能是为了公然反抗恐怖分子——他们被这么看待——一场"全民游行"在巴黎发起。包括圣礼拜堂的荆棘冠在内，巴黎所有教堂珍藏的最神圣的圣物都被拿出来，沿着从圣日耳曼奥塞尔教堂至圣母院的街道进行展示。巴黎主教在由国王的 3 个儿子以及旺多姆公爵举着的华盖下主持圣餐礼。紧随其后的是一袭黑衣、没戴冠冕的弗朗索瓦，他手持着点燃的火炬。大弥撒在大教堂内举行，然后，国王与王后埃莉诺在主教府邸接受了款待。随后，国王对一大群人发表了讲话，鼓励臣民告发所有异端分子，即便是亲朋好友亦不能放过。这一天最后的安排是将另外 6 个人以火刑处死。

就这样，恐怖统治仍在继续。人们不禁要问，对这次实质上微不足道的挑衅行为，法王为何会有如此疯狂的过激反应？通常的答案是，弗朗索瓦认为张贴在昂布瓦斯的布告是对其个人的侮辱，但这并不是个容易让人信服的观点。[①] 事实是，他别无选择。这次挑衅现在看似微不足道，可在当时并非如此。这些用激烈、侮辱性语言写就的布告攻击了教会、弥撒、教士群体和（通过攻击前述这些）法王的每一位虔诚的天主教臣民。弗朗索瓦无法做到对这些布告视而不见，也不可能轻易放过它们。或许，随之而来的迫害并非是他发起的，更有可能是高等法院下达的命令，但必然是得到了弗朗索瓦的准许。

不可否认，从宗教角度出发，布告事件之后的法国再也不是原来的样子了。1540 年 6 月 1 日，国王颁布了《枫丹白露敕令》，宣布新教是"反上帝及人类的大逆罪"，理应受到酷刑拷打、剥夺财产、当众羞辱以及死刑这些应有的惩罚。1541 至 1544 年，有 6 位巴黎书商或出版商遭受迫害，一人遭严刑拷问，两人被送上火刑柱。1542 年，索邦神学院开始编纂第一份禁书目录。从此以后，新教被视为对国家的一大威胁；法国天主教徒觉得自己四面楚歌，宗教战争的阴影开始显现。最可怕的暴行发生在沃克吕兹的小镇梅兰多勒。这一次，受害者不是新教徒，而是瓦勒度派，这是一

---

① 不到两年前，也就是 1533 年 1 月，有 3 位全副武装的陌生人闯入国王位于卢浮宫的房间，弗朗索瓦的反应不过是让法国高等法院在夜晚加强戒备而已。

个古老的基督教派别，至今依然存在。尽管有一些教义分歧，但瓦勒度派认可宗教改革。不知何故，他们受到了巴黎当局的仔细审查。结果，1541年11月，高等法院颁布了所谓的"梅兰多勒判决"，相当于判了这座小镇死刑。接下来的4年里，该镇几次上诉，但都以失败告终。1545年，一支由2000人组成的军队来到梅兰多勒。他们毫不留情，不仅摧毁了这座小镇，还摧毁了周边20多个瓦勒度派村庄。数以千计的人惨遭屠戮，更多的人失去家园，同时，数百名体格健全的男子被送上桨帆船当苦力。事后，弗朗索瓦和教皇保罗都表示热烈认可，教皇甚至授予普罗旺斯高等法院院长奖章，后者是此次暴行的主要负责人。

～

1542年，苏丹苏莱曼正在为再次向中欧发起大规模远征做准备。由于无须动用舰队，他提出将之借给弗朗索瓦，以便在来年夏天联手向神圣罗马帝国发起攻击。约120艘船于1543年4月驶离伊斯坦布尔，一路上对意大利半岛和西西里海沿岸进行了劫掠——在法王的要求下，他们小心避开了教皇领地。在加埃塔，苏丹的海军司令、昔日巴巴里海盗巴巴罗萨·海雷丁——年约60岁，但看上去明显要年轻许多——娶了总督18岁的女儿：我们得知，这个女孩拥有惊人的美貌。据说，巴巴罗萨对年轻妻子的迷恋加速了他的死亡，不过这正应了当时很多人的评价，死得其所。经历数周兴高采烈的劫掠后，舰队终于抵达马赛，一场盛大的欢迎仪式等着他们。巴巴罗萨身着镶满宝石的华服，接待他的是23岁的昂吉安伯爵弗朗索瓦·德·波旁，后者为巴巴罗萨送上了大量无价之宝，包括一柄荣誉银剑。伯爵代表法王接受了回礼：数匹漂亮的装备精良的阿拉伯马。

　　这充分表明了法国对与土耳其人的友谊的重视程度（若需要例子的话），但如此兴师动众换来的是糟糕的结果。巴巴罗萨有意商讨接下来针对皇帝查理五世的作战计划，但他很快发现，尽管法国人做出种种保证，郑重其事地给出承诺，但实际上他们根本没有认真准备。他们的船只对战争毫无准备，几乎没有装备补给。突然，巴巴罗萨将外交礼节抛诸脑后，大发雷霆。一位目击者这样写道："他气得满脸通红，扯着他的胡子，震怒于他带领这样一支庞大的舰队远道而来，却面临无法立即采取行动的情况。"消息很快就传至弗朗索瓦耳中，他拼命安抚巴巴罗萨，下令立刻为数艘他自己的船只以及土耳其的船只装备补给。可即便如此，双方在联合作战计划上仍然存在严重分歧。巴巴罗萨希望向在西班牙的皇帝发起直接攻击，但对弗朗索瓦来说，这显然是不可行的：这会为他招来基督教世界如山呼海啸般的谴责。弗朗索瓦提议进攻尼斯，这座城市在当时为神圣罗马帝国坚定的拥护者萨伏依公爵所统治。这绝不是巴巴罗萨想要的那种战斗，却是他能期望得到的最好结果。巴巴罗萨不情愿地同意了。

　　发生于 1543 年 8 月的尼斯围城战之所以至今仍为这座城市所牢记，是因为一位在这场战役中表现英勇的女英雄。15 日清晨，巴巴罗萨的桨帆船发起密集的轰炸，在尼斯一座主塔楼附近的城墙上炸出了一个缺口。法国人和土耳其人通过缺口拥入城中，而且一位土耳其旗手打算将己方旗子插到塔楼上。正在这时，一位名叫凯瑟琳·塞古兰讷的尼斯洗衣妇抢过旗子，她召集了几位勇敢的男子，带领当地人展开猛烈的反击。入侵者被击退，留下

300 具尸体。尼斯获救了，但只是暂时的，尽管凯瑟琳表现得如此无所畏惧，却也只是延迟了尼斯无可避免的陷落而已。[①] 一周后，也就是 22 日，尼斯总督正式投降。这么做理应能让他为这座城市争取到更为宽容的对待，他肯定也是这么指望的。然而此后两天，尼斯惨遭洗劫，并陷入火海之中。土耳其人自然被指责为罪魁祸首，但事实上，几乎可以肯定，法国人要为此负责。至少维埃耶维尔侯爵是这么认为的。就在 1571 年去世前不久，他口述回忆录时这样表示："尼斯城被洗劫一空，且被焚烧殆尽，这不能怪罪于巴巴罗萨或萨拉森人……这一暴行之所以被归咎于可怜的巴巴罗萨，是为了维护法国的名誉，或者更准确地说，基督教的名誉。"

围攻并占领尼斯是法国-土耳其同盟第一次也是最后一次联合行动。基督徒在异教徒的帮助下与基督徒厮杀，这样的场景让很多人深感震惊，而这还只是个开始。巴巴罗萨现在要求整修自己的整支舰队，并且重新装备好所有必需品，弗朗索瓦别无选择，只能请他在土伦过冬。这座城镇的很多居民因为听闻了关于土耳其人暴行的可怕传说，惊恐地逃离。但让那些留下来的人惊讶的是，巴巴罗萨实行了铁一般的纪律。用一位法国外交官的话来说，"从未有军队实行过比之更为严格或更为有序的纪律"。唯一美中不足的是开销：弗朗索瓦每个月不得不支付 3 万达克特，这导致

---

① 另一个版本的故事是这样描述凯瑟琳的英勇举动的：她背对土耳其军队，露出自己的臀部，据说这一幕让穆斯林步兵震惊不已，掉头就跑。1923 年，在据说是凯瑟琳抗敌的地方附近，立起了一块纪念牌，上面的浅浮雕描绘了当时的情景。遗憾的是，浮雕展现的是故事的第一个版本，而非第二个版本。

普罗旺斯及整个周边地区遭受苛捐杂税的残酷剥削。更糟的是，巴巴罗萨这个老恶棍似乎不急于离开，他的部下亦是如此。可以推断，他们中的大多数人是首次来到蓝色海岸，他们被这里的美景深深吸引，流连忘返。不过最终，土耳其人停留的时间实在太长，显然到了令人生厌的程度，于是在 1544 年 4 月，巴巴罗萨回到了伊斯坦布尔（他在临走前还洗劫了 5 艘停在港口的法国船只，完成最后的装贮补给），在那里受到了英雄般的欢迎。

～

　　1545 年最初几周，弗朗索瓦病得很厉害。1 月，他的"下身"出现了脓肿，异常疼痛。他反复接受了切开引流治疗。到 2 月初，他的身体基本恢复，他乘坐轿子离开巴黎，前往卢瓦尔河谷。他告诉神圣罗马帝国大使，自己已经恢复了健康，"尽管对女士们而言，与死无异"。但 3 月，他的情况出现了反复，随着这一年时间过去，他变得越来越虚弱。但弗朗索瓦一刻也没有放松对政府的控制，外国大使基本总是有机会评价他对国际事务的认识和理解。不过到 1546 年秋，显而易见，他在这世上的日子不多了。1547 年 1 月底，身在昂布瓦斯的弗朗索瓦得知了亨利八世去世的消息。他打算返回巴黎，在圣母院举办一场追思礼拜。但行至朗布依埃时，他发现自己无法再前进了。3 月 31 日周四下午早些时候，弗朗索瓦在朗布依埃去世，终年 52 岁。

　　葬礼仪式持续了 2 个月之久。最为古怪的环节恐怕要属从 4 月底开始，连续 11 天为逝去国王提供餐食。在圣克卢城堡的大厅中，栩栩如生的弗朗索瓦画像（出自弗朗索瓦·克卢埃之手）摆在一张精美的床上，一切都按照国王活着时的流程进行：摆好餐桌，菜一道接一道呈上，每顿饭都会倒两次葡萄酒。最后由一名枢机主教进行饭前祈祷。直到 5 月 11 日，国王的棺木才被马车送至圣母院，经过简短的追悼仪式后，再被送到圣但尼修道院，这是弗朗索瓦最后的安息之所。新任法王亨利二世堪称孝子的楷模，尽管弗朗索瓦从来都不喜欢他。亨利二世委托建筑师菲利贝尔·德洛姆在该修道院建造了一座精美的坟墓：弗朗索瓦和王后克洛德像庄重地并排躺在墓基上，而他们赤裸、被虫啃咬的遗体安放在墓基下。

第 10 章

"值得一场弥撒"

1547—1643 年

我所有的衬衣都已经烂了,我的上衣衣袖在手肘位置磨破了,大多数时候,我没法款待任何人,过去两天,我时而和这个人用餐,时而和另一个人吃饭。

——法王亨利四世

对法国君主而言,网球(此处指的是网球的早期形式室内网球)一直是一项危险的运动。路易十世是在打完网球后死去的;查理八世是在看完网球比赛后身亡的;弗朗索瓦一世的长子,王太子路易死于 1536 年 8 月,当时,他在打完一场网球比赛后喝了一杯凉水。所以,接替弗朗索瓦登上王位的是其次子,前奥尔良公爵亨利,《马德里条约》签订后,亨利与其兄长曾作为人质在西班牙待了 4 年多。那之后,在马赛,他经历了与凯瑟琳·德·美第奇的那场极为累人的婚礼。不过次年,15 岁的他就与 35 岁的寡妇迪亚娜·德·普瓦捷坠入爱河，在接下来的四分之一个世纪里，这位寡妇在法国享有的权力仅次于国王本人，[1]有时甚至能以他的名义签署王室文书。

迪亚娜 15 岁时嫁给阿内领主路易·德·布雷泽，后者当时已经 54 岁了，后于 1531 年去世。年轻时期的迪亚娜当过克洛德王后、萨伏依的路易丝以及奥地利的埃莉诺的侍女。在亨利二世婚后最初的几年里，她是凯瑟琳王后的好友（两人还是远亲），她在凯瑟琳生病时悉心照料她，并且负责王室子女的教育，到最后她得管 10 个孩子。但是，随着时间的流逝，不可避免地，凯瑟琳的嫉妒心越来越重——尤其是当国王特意为迪亚娜改造阿内城堡[2]时，后来，国王似乎觉得这么做还不够，又将凯瑟琳梦寐以求的舍农索城堡给了迪亚娜。亨利活着时，凯瑟琳显然对此无能为力，但在亨利弥留之际，即便他反复呼唤迪亚娜，凯瑟琳始终拒绝让迪亚娜靠近病房，后来也没邀请迪亚娜参加亨利的葬礼。

法国作家安德烈·莫洛亚坚称亨利二世是法国最伟大的国王之一。他的这一观点很难让人认同。亨利比他的父亲更偏执，继续对此时已经被普遍称为"胡格诺派"的新教徒进行迫害，且比以往更为残忍。一旦罪名成立（基本上总是如此），胡格诺派教徒就得做好在火刑柱上被活活烧死的准备，或者至少会被割掉舌头。出于对英格兰局势的担忧——在那里，在少年国王爱德华六世的

---

① 这个事实并没有阻止迪亚娜同意让弗朗索瓦·克卢埃为自己画一幅裸身沐浴的像。

② 阿内城堡是菲利贝尔·德洛姆的作品，是巴黎附近最迷人的城堡之一。它是让·谷克多执导的影片《美女与野兽》的主要取景地，也出现在詹姆斯·邦德电影《霹雳弹》中。

统治下，新教变得越来越极端——加上决心阻止英格兰与苏格兰达成和解，亨利迅速安排长子弗朗索瓦迎娶年幼的苏格兰女王玛丽·斯图亚特。不过，在德意志的问题上，出于对神圣罗马帝国皇帝查理的憎恶——亨利始终对查理囚禁自己 4 年的往事耿耿于怀——他毫不犹豫地怂恿以萨克森选帝侯莫里斯为首的新教诸侯代表团于 1552 年签订了《尚博尔条约》。根据该条约，诸侯们割让图勒、梅斯和凡尔登这 3 个重要的主教辖区给亨利，这大大加固了亨利的东部边境，而作为回报，法国会在军事和经济方面提供援助，以支持他们对抗查理。[①] 查理立刻展开报复，围攻梅斯。不过主要是因为吉斯公爵弗朗索瓦展现出来的非凡勇气，[②] 以及帝国军营突然出现的斑疹伤寒，神圣罗马帝国最终放弃了这次围攻。

　　亨利延续了其父的政策，与苏丹苏莱曼建立起更为密切的联系，和过去一样，此举令基督教欧洲其他的成员惊恐不安。举个例子，在 1551 年的黎波里围城战期间，法国使节加布里埃尔·德·阿拉蒙被发现与土耳其舰队在一起，更糟糕的是，当土耳其人最终从医院骑士团手中夺走这座城市后，阿拉蒙还出席了土耳其人举行的庆功宴。这一行为引起了人们的密切关注。但亨

---

① 事实上，这些诸侯无权这样割让帝国领土，他们和亨利能得逞算是走运。严格说来，该地区直到 1648 年的《威斯特伐利亚和约》之后才成为法国的一部分。

② 吉斯的弗朗索瓦确是一个了不起的人。1545 年，法国围攻布洛涅期间——前一年，亨利八世占据了此地——他被一支刺穿其头盔的长矛击中。长矛被折断，余下 6 英寸的长矛杆，矛尖刺伤了他的双颊。但公爵依旧稳稳坐在马鞍上，在无人帮助的情况下回到自己的军帐。据说，后来，医生在动手术时觉得他可能会因疼痛而死，但"他轻松忍住了疼痛，表现得仿佛只是从他头上拔下一根头发而已"。

利不为所动：没过多久，他就命令麾下所有在地中海的桨帆船与奥斯曼帝国的舰队会合。这次围城标志着亨利与查理全面开战，这场战争将贯穿这个 10 年余下的时间，蔓延至多个战区：法国东部、地中海和意大利。不过亨利对在意大利进行的争夺表现得不甚积极，不同于前几任法王，他对意大利半岛并没有那么大的兴趣。亨利觉得争夺意大利得不偿失。他欣然签署《卡托-康布雷齐和约》，1559 年 4 月 3 日，该和约为整出悲剧以及这场旷日持久的战争（先是与查理，当查理于 1558 年去世后，换成与他的儿子腓力二世）画上了句号。

毫无疑问的是：神圣罗马帝国赢了，这在很大程度上得归功于萨伏依家族提供的援助。这是欧洲最古老的统治家族之一，其历史可以追溯至 1003 年。[1] 到 16 世纪中期，该家族的势力覆盖今意大利的皮埃蒙特大区以及法国的萨瓦省和上萨瓦省，并定都尚贝里。[2] 萨伏依家族的平静统治在 1536 年被打破，这一年，弗朗索瓦一世入侵并占领了尚贝里。那之后，公爵卡洛三世（"好人"）及其儿子伊曼纽尔·菲利贝托（1553 年接替父亲出任公爵）实际上被流放了，因此他们成了神圣罗马帝国热心的盟友。亨利与腓力二世签订的和约（双方都是由代理人签署）使萨伏依家族收复了之前所有的领地，且亨利宣布放弃对意大利的任何进一步所有权主张。这意味着腓力直接控制了米兰、那不勒斯、西西里

---

[1] 该家族成员在不同时期担任过西西里国王、撒丁岛国王、克罗地亚国王、西班牙国王、塞浦路斯国王、亚美尼亚国王、耶路撒冷国王和埃塞俄比亚皇帝。1861 年 3 月意大利统一至 1946 年 6 月意大利成为共和国期间，萨伏依家族出了 4 任意大利国王。

[2] 1563 年迁都至都灵。

岛以及撒丁岛，同时也意味着意大利半岛上真正独立的国家只有萨伏依和威尼斯共和国了。另一方面，法国得到了加来。可以想见，英格兰人对这后一项条款大为恼火，但他们什么也做不了。与此同时，为和约担保的是，亨利将妹妹贝里女公爵玛格丽特许配给伊曼纽尔·菲利贝托。玛格丽特当时 36 岁，一个同时代的人形容她是"一位有着极好教养、才智超群的未婚妇女"。

但亨利剩下的日子不多了。7 月 1 日，他在巴黎的杜尔纳尔城堡（如今这里是孚日广场所在地）参加为庆祝和约签订而举行的马上比武。他的对手是蒙哥马利伯爵加布里埃尔，这位法国贵族在亨利的苏格兰卫队担任队长。在两人交手过程中，蒙哥马利的长矛裂开，随之发生了一件概率极小的事情：长矛的一片碎片飞进国王的面甲里，穿过他的眼睛，深入他的大脑。10 天后，亨利死于败血症。

国王发生意外并死亡让伊曼纽尔·菲利贝托和玛格丽特的婚礼蒙上阴影。就在失去知觉前，亨利下令婚礼必须立刻举行，显然他是担心准新郎会利用自己的死推翻和约。原本打算在圣母院举行的精心策划的仪式被取消了：当亨利奄奄一息时，伊曼纽尔·菲利贝托和玛格丽特在亨利的病房附近一座小教堂里举行了午夜婚礼。新娘的嫂子，王后凯瑟琳独坐一处，眼泪横流。

∽

接下来的 20 年，三兄弟先后登上法国王座，这是法国历史上第二次出现这种情况。第一位是弗朗索瓦二世，苏格兰女王玛丽的丈夫。身心都很脆弱的他在位仅 17 个月。这段时间发生了很多事，但弗朗索瓦几乎没有控制权：虽然他已经 15 岁了，理论上不再需要摄政了，不过在即位后，他自愿将权力交给玛丽的舅舅，吉斯公爵弗朗索瓦及弗朗索瓦的弟弟，洛林枢机主教查理。① 他的母亲，王太后凯瑟琳仍然沉浸在失去丈夫的哀恸之中，对此没有表示反对。

但很多人表示反对。为首的是娶了纳瓦拉女王让娜的波旁的安东。就他们二人而言，来自洛林的吉斯公爵和他的弟弟是野心勃勃的新贵，现在能成为法国人仅仅是因为他们的父亲被他的朋友弗朗索瓦一世授予了公民身份。这对兄弟当然无权利用国王年轻就独揽大权，可显然，他们正是这么做的。他们采取的紧缩政策，让他们更不得人心，虽说这一措施至关重要，因为与神圣罗马帝国的长年战争使法国濒临破产。最后，随着这两人掌权，胡格诺派教徒遭受的迫害进一步加剧，入屋搜查和逮捕行为与日俱增。

最重要的是，正是这次迫害，让事态发展到紧要关头。无论国王能做什么，新教在法国实际上都迅速发展，特别是在贵族中。到 16 世纪 60 年代，据估计，有超过半数的贵族是胡格诺派教徒，这对君主制本身构成了严重的潜在威胁。1560 年，一群外省胡格诺派贵族计划抓住国王，逮捕吉斯公爵及其弟弟。不用说，他们的阴谋很快传到了枢机主教那里，他迅速将弗朗索瓦及其宫廷从布卢瓦迁至更容易防守的昂布瓦斯。3 月 17 日，密谋者试图猛攻城堡，但他们几乎还没有动手就被打败了。佩里戈尔的领主拉勒诺迪是这群密谋者的领头人，他被吊剖分尸，尸骸被置于城门处示众。当着国王和王后的面，约 1200 至 1500 名拉勒诺迪的追随者被处死，尸体被吊在树上或挂在城墙的铁钩上。这第一轮交锋，

---

① 玛丽的父亲詹姆士五世于 1538 年娶吉斯的玛丽作为自己的第二任妻子。

吉斯家族是毋庸置疑的赢家。

接下来，在 1560 年 12 月 5 日，国王弗朗索瓦因耳部感染去世。这个可怜的人，总是被比其更为强势且聪明的人以这样或那样的方式所支配，他在位时间不足 17 个月，但从未真正统治过法国。他对这个国家的影响力可以忽略不计。如果说有什么事更凸显他的劣等的话，那便是他与苏格兰的玛丽的婚姻：弗朗索瓦的身材异常矮小，几乎等同于侏儒，而玛丽身高接近 6 英尺。我们不知道两人是否圆过房，但似乎可能性不大。我们知道，玛丽还将再有两任丈夫，尽管两人都算不上令人满意，不过在人们看来，他们都明显强于她的第一任丈夫。

弗朗索瓦和玛丽没有孩子，这意味着王位将传给弗朗索瓦的弟弟查理，他成了法王查理九世。年仅 10 岁的他需要摄政辅佐。他的母亲凯瑟琳拿波旁家族威胁吉斯家族，又用吉斯家族来威胁波旁家族，从而没经历许多困难就坐上了这一位置。此时，政治图景已完全由宗教战争所支配。尽管凯瑟琳一直是虔诚的天主教徒，但她意识到自己必须采取折中的方法。只是这说起来容易做起来难。1562 年 1 月，凯瑟琳颁布了《圣日耳曼敕令》，认可新教的存在，保证信仰自由，允许新教徒私下做礼拜——当然了，公共场合的礼拜是不允许的，这么做相当于自找麻烦。敕令颁布仅仅两个月后，吉斯公爵弗朗索瓦在返回自己领地的途中，于瓦西村停留，在那里参加弥撒。在被胡格诺派村民用作教堂的谷仓里，他遇到了一群正在举行自己的礼拜仪式的胡格诺派教徒。弗朗索瓦的几名部下试图挤进去，却被赶了回来。情况变得一发不可收拾，双方开始互掷石头，公爵的头被砸到了。怒不可遏的他下令放火烧谷仓，导致 63 人丧命，100 人受伤。

面对吉斯家族的施压,《圣日耳曼敕令》最终被废除。次年,法国内战爆发。孔代亲王波旁的路易(昂布瓦斯阴谋的疑似幕后主使)扮演了新教保护人的角色,开始派兵驻扎在卢瓦尔河谷沿线的战略城镇。波旁的安东在鲁昂遇害,吉斯的弗朗索瓦在奥尔良被刺。最终,1563 年 3 月,由始至终都表现出非凡勇气和智慧的太后凯瑟琳在昂布瓦斯签署了另一项敕令,成功恢复了秩序。虽然这项敕令不如上一项宽容,但依然允许在贵族的私有住宅举行新教仪式,同时所有重要城镇都专门划分一块郊区让新教徒进行礼拜。此后的一年时间里,法国维持着一种极度脆弱的和平。8 月,查理宣布达到法定成年,但他愿意让自己的母亲继续掌控大权,这是明智的选择。紧张局势逐渐缓和,以至于次年春天,国王和太后都觉得可以开启一次盛大的旅行,游览自己的国家,他们从枫丹白露出发,接下来的两年算是两人生命中最好的时光。[1]

这段和平期持续到 1567 年,之后又是 3 年的战争,战事迅速升级,英格兰、纳瓦拉以及尼德兰共和国加入新教阵营,而西班牙、托斯卡纳以及——不怎么让人吃惊——教皇庇护五世则支持天主教徒。有人试图在莫城绑架法王,而且在尼姆发生了针对天主教徒的骇人屠戮;因此战争一直持续到 1570 年,直到另一份休战协议《圣日耳曼和约》签署。与此同时,让凯瑟琳担心的是,海军元帅加斯帕尔·德·科利尼对法王的影响越来越大。科利尼已接替孔代亲王成为胡格诺派领袖。吉斯家族怀疑,在 1563 年发生于奥尔良的战斗中,正是科利尼派人暗杀了公爵弗朗索瓦。他

---

[1] 当他们抵达鲁西永时,国王颁布法令,规定这一年应该从 1 月 1 日开始。此前的历法由各教区自行设定:根据地点不同,新的一年可能从圣诞节、复活节或 3 月 25 日的圣母领报节开始。

们决意复仇，而没过多久就得偿所愿了。

在这最后一次休战期间，国王的妹妹瓦卢瓦的玛格丽特与胡格诺派的纳瓦拉的亨利（未来的亨利四世）被安排联姻。对于这次联姻，天主教徒自然是感到震惊，表示强烈抗议。另一方面，胡格诺派则很开心，很多重要的胡格诺派贵族蜂拥至巴黎，渴望一睹计划于 1572 年 8 月 18 日举行的婚礼。但这座城市暗流涌动，危机四伏。四天后，有人企图行刺科利尼，他侥幸躲过一劫。但两天后，他就没那么走运了：吉斯公爵亨利及一群追随者闯入他的住所，拿剑对他乱刺一气。科利尼的尸体被扔出窗外，几乎在落地前就身首异处。但科利尼远非唯一的受害者。那一天，即 8 月 24 日的圣巴托洛缪节，以及随后的数天，一场针对胡格诺派教徒的大屠杀展开了，屠杀从巴黎蔓延至法国诸多城镇。几乎可以肯定，吉斯家族策划了这场大屠杀，并且极有可能得到了太后凯瑟琳的支持。究竟有多少人丧命，各方估计不一，最大数估计人数为 3 万。

大屠杀的消息很快传遍了整个欧洲。各方反应差别很大。在英格兰，伊丽莎白女王进行了哀悼。在罗马，教皇格里高利十三世下令专门唱一曲《感恩赞》，以示庆祝。腓力二世的反应更为热烈，他从埃斯科里亚尔修道院（当时还在建造中）发来祝贺。他是这样写的："这个消息是这辈子最让我开心的事之一。"至于法王查理，他始终未能从震惊中恢复过来。他的情绪出现令人担忧的起伏：他诉说，自己的耳中一直回响着被屠杀的胡格诺派教徒的尖叫声。有时候，他会责怪自己，有时候，他会责怪自己的母亲。但凯瑟琳一如既往地保持着镇静；她说自己有一个疯儿子，仅此而已。1574 年 5 月 30 日，查理去世，终年 23 岁，几乎可以肯定，他死于肺结核。他有两个孩子，遗憾的是，他们均不是查理的妻子奥地利的伊莎贝拉①生的。王位因而传给了查理的弟弟，亨利二世的三子。②

这一次的继位比之前复杂多了，因为亨利三世在登基前已经是波兰国王了。在有两个活着的兄长的情况下，没有人会料到他能成为法国国王，因此他曾被认为是由选举产生的波兰国王的绝佳候选人。他在克拉科夫的瓦维尔城堡对波兰进行了 6 个月的统治。但在获悉兄长的死讯后，他以最快的速度经威尼斯返回了法国。③1575 年 2 月 13 日，亨利在兰斯加冕，第二天就娶了出身不算特别好的洛林的路易丝。亨利第一次见到路易丝是在前往波兰的途中，据说，他对路易丝一见钟情。

但真是如此吗？似乎不太可能。所有证据都表明，他基本上是个同性恋，这千真万确。他周围有一群女人气的年轻男子，这些人戴着硕大的耳环，拿着小巧的暖手筒，陪他去到所有地方，他们被称为亨利的嬖幸。但除了没有诞下继承人，他的性取向基本上无足轻重。并且事实证明，对法国而言，亨利三世没有留下子嗣堪称幸事。

～

与此同时，内战梦魇仍在继续。圣巴托洛缪节的大屠杀后，

---

① 她是神圣罗马帝国皇帝马克西米利安二世的女儿。
② 如果算上仅 18 个月大就在 1550 年夭折的奥尔良公爵路易，就应该是第四子。
③ 人们认为，是他从波兰带回了欧洲西部见到的第一把餐叉。

胡格诺派的势力被大大削弱，处于艰难的恢复期。而吉斯家族的两位主心骨（此时变成了枢机主教及其侄子亨利公爵）的势力及影响力都稳步提升。在国王最小的弟弟及假定继承人安茹公爵弗朗索瓦于 1584 年去世时，这一点得到了毋庸置疑的证实。几乎令人难以置信的是，王位的下一个继承人是他的远房堂亲（亨利三世的十一世祖为路易九世，纳瓦拉的亨利的十世祖为路易九世）——纳瓦拉国王亨利，波旁的安东之子，圣路易男系血统的直系后裔。可惜他是个新教徒。由于吉斯家族坚决拒绝拥护一位非天主教国王，他们迫使亨利三世颁布了废除纳瓦拉的亨利的继承权的法令。毫无疑问，此时，国王完全受制于吉斯家族，即便他本人并不情愿。不过他清楚，有一个办法能让自己重获独立。他耐心地等待时机，就在距离 1588 年圣诞节还有两天时，他邀请枢机主教和公爵来到布卢瓦城堡，命令侍卫冷血地杀了这两人。

此事立刻掀起一片哗然。可以想见，太后凯瑟琳吓坏了，她卧床不起，3 周后就去世了。整个天主教法国发起了针对国王的叛乱。据说，在巴黎，估计有 10 万人参与游行，他们一起吹灭手中的蜡烛，齐声喊道："上帝就是这样让瓦卢瓦家族灭亡的！"但亨利始终保持镇静。他悄悄溜到图尔，让他仍然可以依赖的势力纳瓦拉国王（他也是法王的妹夫，娶了其妹妹玛格丽特）来那里与他会合。两位国王计划对巴黎发起联合攻击。但他们只行军到了圣克卢，1589 年 8 月 1 日，一位狂热且年轻的多明我会修士雅克·克莱芒特持凶器捅了亨利三世的腹部。亨利于次日上午去世，死前他命令身边所有人承认纳瓦拉国王为其合法继任者。

胡格诺派对此自然是求之不得。可以想见，天主教徒的态度依旧坚决，他们的质疑主要有两个：除了纳瓦拉的亨利的宗教，还有关于他对法国王位的所有权主张的问题。作为远房堂亲，他真的可以是真正的王位继承人吗？在历史上，在合法继位的国王中，几乎没有人与其前任之间的联系如纳瓦拉的亨利与亨利三世之间的这般远，难道没有哪个信奉天主教的王孙拥有更有力的王位所有权主张吗？因此，纳瓦拉的亨利很快就明白，要统治这一新国度，就必须先征服它。他赢得了两场与天主教同盟的战斗，分别是 1589 年在阿尔克和 1590 年在伊夫里（如今名为伊夫里拉巴塔耶）的战斗。但在 1590 年晚些时候，他对巴黎发起的进攻被击退了。亨利不得不情愿地接受这一事实，即只要他仍然坚持新教信仰，其国王身份就永远得不到普遍的认可。"巴黎值得一场弥撒。"他的这句话已被载入史册。这话听上去有些讽刺，但亨利的本意并非如此。"我作为一个新教徒活到 30 多岁，若我为了赢得一个王国而突然改变自己的信仰，那些最为虔诚的天主教徒会怎么评价我？"他问道。亨利没有着急，他拒绝"在被匕首顶着喉咙"的情况下改宗。在继位 4 年后，1593 年 7 月 25 日，在与自己的长期情妇加布丽埃勒·德·埃斯特雷进行长谈后，亨利才放弃了新教信仰。此时，他终于赢得了绝大多数臣民的拥戴。他终于可以在 1594 年 2 月 27 日加冕——加冕礼没有依据古老传统在兰斯举行，而是在沙特尔大教堂举行，因为当时的兰斯仍然为天主教同盟牢牢掌控。

尽管天主教徒勉强接受了亨利成为他们合法的国王，但他们依旧不高兴，依旧对胡格诺派抱有极大的敌意。在很多城镇，胡格诺派教徒的生活依旧艰辛。为了改善昔日教友的境遇，1598 年 4 月，国王签署了《南特敕令》。在这份敕令中，他尽力而为：新教徒不会再被视为异端者或分裂教会者，而可以享有所有公民权利,包括为国家工作、直接向国王提出合法申诉。事实上,双方都不满意这项敕令:天主教徒对承认新教徒为法国社会的永久组成部分一事深恶痛绝,而新教徒仍觉得自己是二等公民。尽管如此,《南特敕令》标志着法国向前迈出了重要的一步,而且最重要的是,其主要目标已经实现:为这场困扰法国近半个世纪之久的战争画上了句号。

直到这时,亨利才能将注意力放在法国的统一上。"我们都是法国人,"他宣称,"是同胞,拥有同一个祖国。因此,我们必须出于理性和善良联合起来,必须摒弃只会激怒人的恶劣和残暴行径。"亨利还有一张王牌:他闻名于世、令他的臣民难以抗拒(再加上他浓重的加斯科涅口音)的非凡个人魅力。他们也爱他,就如同他们爱戴弗朗索瓦一世那样,因为他从不掩饰自己对漂亮女人的喜好。[①] 亨利的第一任妻子是亨利三世的妹妹玛格丽特,这段婚姻并不成功,两人始终没有孩子。此时,他想废除这段婚姻,娶心爱的加布丽埃勒,后者已经为国王生了 3 个孩子。不出所料,亨利的这个念头遭到了强烈反对。但 1599 年 4 月,加布丽埃勒在产下一个死胎后猝然离世,事情就这样以悲剧的形式解决了。同年,亨利如愿地与玛格丽特离婚,娶了托斯卡纳大公弗朗切斯科一世的第六个孩子玛丽·德·美第奇。29 岁的玛丽体态臃肿,总是一副从鲁本斯画中走出来的样子(鲁本斯确实为她画过画)。她严重超重,被王室成员称为"胖银行家"。玛丽为亨利生了 2 个儿子和 3 个女儿(包括未来的英格兰王后,查理一世的妻子亨利埃塔·玛丽亚),但亨利从来不怎么喜欢她。玛丽不得不郁闷地与其

---

① 细致的研究已经列出了其情妇的名单,这份名单尚不完整。目前确定的总人数为 56 人。

他女人分享龙床，她与国王情妇们持续的争吵也使她和亨利的关系难以得到改善。

　　不过，后宫纠纷从未动摇过亨利完成一项艰巨任务的决心：重建法国，并让其恢复和平。威尼斯大使记录道："这里满目疮痍。大多数牲畜都没有了，因此无法犁地……这里的人也不复从前，不再彬彬有礼，诚实可靠。战争和血腥场景让他们变得狡猾、粗鲁且野蛮。"事实正如他所描述的那样：根据其他目击者的文字记录，没有役畜的农民只能将绳子背在肩上，亲自拉犁。城镇人口急剧减少，有时候降幅高达60%。另一方面，亨利非常幸运，拥有马克西米利安·德·贝蒂纳这样的得力助手。1606年，他被亨利封为叙利公爵。他每天清晨4点起床，6点30分用早餐，接着工作到中午，用午餐，然后会继续工作至晚上10点。他和亨利都认为土地是法国最重要的财富。他们建造桥梁和两旁榆树林立的公路；排干沼泽的水；开凿运河；在因战争而荒芜的大片土地上重新造林。他们为巴黎这座城市做出了两大贡献：一是卢浮宫大画廊，二是新桥。卢浮宫大画廊最初长约500码（后来长度大幅缩短），沿塞纳河右岸延伸，连接起旧宫殿与凯瑟琳·德·美第奇在杜伊勒里新建的宫殿。二者中更为重要的是新桥。虽然名叫新桥，但它其实是塞纳河上最古老的桥，此时以詹博洛尼亚创作的精美的亨利四世骑马像为标志，这座雕像就立在新桥跨越西岱岛的地方。亨利能如此深得民心，原因很简单，因为他是真心热爱自己的人民。他有一句名言，展现了他对民众的爱："如果上帝让我活着，我保证在我的王国中，所有农民在每个周日锅中都有鸡。"唉，上帝没能如他所愿。56岁的亨利已经躲过了两次暗杀，第三次就没那么幸运了。1610年5月14日，他乘坐的马车在铁器街①遇上交通堵塞,一位名叫弗朗索瓦·拉瓦亚克的狂热天主教徒猛地拉开车门,将刀刺入亨利的胸膛,法国历史上最伟大的国王之一的生命就这样终结了。在亨利四世统治初期,几乎没有国王比他更招人痛恨,或者遭受到更为猛烈的攻击了;而在他们死后,鲜少有人比亨利四世更受爱戴。

～

1610 年成了一个分水岭。接下来的 146 年时间里,法国只有 3 位国王,都叫路易,而在此前同样长的一段时期里,法国有 10 位法国国王。和许多近期的前任一样,亨利四世的长子路易十三继位时还是个孩子,尚不满 9 岁。他的母亲玛丽·德·美第奇出任摄政。玛丽属于那种无论在外国生活多久都始终不改意大利本色的意大利人。她留下了大多数曾经辅佐丈夫的大臣,但她本人越来越依赖两位有些阴险的同胞:莱奥诺拉·多里及其丈夫孔奇诺·孔奇尼。莱奥诺拉与玛丽曾共用一个乳母,她跟随玛丽从佛罗伦萨来到法国,孔奇尼被玛丽封为昂克尔侯爵,并且很快晋升至元帅。不用说,宫廷的其他人都极为厌恶他们二人。当玛丽决定——几乎可以肯定,太后是在他们二人的怂恿下做出这一决定的——让自己的国王儿子娶西班牙的腓力三世的女儿,神圣罗马帝国皇帝查理五世的曾孙女奥地利的安妮时,他们二人变得更不受欢迎了。可以想见,新教徒被激怒了,而天主教徒——他们亦不支持哈布斯堡王朝,仍然觉得法国要被神圣罗马帝国包围

---

① 路面上有一块牌子,标出了亨利遇刺的地点。

了——也高兴不到哪儿去。

当年轻的新娘第一次见到自己未来的丈夫时，或许同样不开心。舍伯里的赫伯特被英格兰国王詹姆士一世任命为大使并于1619 年递交了他的国书，他记录道：

> 我向法王提交了英王陛下的国书……他的话一直不多，有很严重的口吃，有时候，他会把舌头伸出嘴外，过好一阵子才能说出一个字；此外，他还长着双排牙齿，几乎不吐口水或擤鼻子，也不怎么出汗，即便他总是忙个不停。而且他在带鹰狩猎时表现得不知疲倦，可以说是沉溺其中。

从理论上说，路易在 1614 年 13 岁生日时就已经成年了，但他似乎乐于让母亲再担任 3 年摄政。到 1617 年，她和孔奇尼成了法国的实际统治者。孔代亲王亨利——在当时是法国王位的第二顺位继承人——曾连续两次发起反抗他们的反叛，一度被太后逮捕入狱。但这一回，太后做得太过火了。国王交情最深的老友，担任法国驯鹰大师一职的查理·德·阿尔贝说服国王，是时候永远与太后划清界限，转而支持孔代亲王及其追随者了。终于，路易采取了坚决的行动。1617 年 4 月，孔奇尼遇刺，几乎可以肯定是国王下的命令。3 个月后，孔奇尼的遗孀莱奥诺拉因使用巫术而受到审判并被定罪，她被斩首，最后还被绑在火刑柱上焚烧。太后被流放到布卢瓦。德·阿尔贝被封为吕讷公爵，成为国王的首席顾问。

路易小试身手，尝到了血腥味。那之后，他做好了统治国家的准备。但他仍然只有 16 岁，不擅应酬，沉默寡言且多疑。他可能是双性恋；可以肯定，女人让他感到害怕。他对自己的妻子不感兴趣，两人于 1615 年结婚，可直到 4 年后，他们才同床。即便到了那个时候，还得在吕讷公爵——他一直是国王唯一的朋友——的逼迫下，路易才会与妻子圆房。不过在政治方面，国王对自己以及自己的判断力都充满信心。虽然患有口吃，但他很清楚自己想说什么。当吕讷公爵在 1621 年死于"猩红热"——或者其他什么病——时，国王没有落泪。事实上，国王身边的人惊讶于他不在乎的样子。但国王需要一位新顾问，很快他就找到了，他与这个人的名字将永远关联在一起，这个人就是阿尔芒·让·迪普莱西，枢机主教黎塞留。

黎塞留并非政治舞台上的新面孔。太后玛丽流放布卢瓦期间，就曾雇他担任自己与国王之间的重要中间人。此外，年轻的王后安妮也请他当过施赈人员。1616 年，他被提升至相当于外交大臣的位置。1617 年国王发动政变后，他被免职并流放至阿维尼翁；不过黎塞留很快就回来了，吕讷死后，他迅速重新掌权。1622 年，他被教皇格里高利十五世任命为枢机主教。两年后，他成为国王的首相。

黎塞留的形象与其身份符合。这或许与菲利普·德·尚帕涅有一定关系，他是唯一获准能描画身着全套礼袍的黎塞留的画家，而且他画了 11 次。但是，那些认识黎塞留的人和那些写过他的华丽风采以及他的鹰钩鼻、山羊胡、那对深棕色眼睛的人留下的文字描述有很多。毫无疑问，法国没有其他政治家如黎塞留这般能被一眼认出来，或者说能立即给人留下如此深刻的印象。而且，他甚至比他的主人显得更为自信。

幸好黎塞留是这样一个人，因为在 1618 年，一场让整个中欧四分五裂的战争爆发了。三十年战争是当时欧洲大陆经历过的最致命且最残酷的动乱——法国宗教战争被此时被大幅放大、转移到欧洲舞台上。等到这场战争于 1648 年结束时，超过 800 万人死亡。战争的导火索是神圣罗马帝国皇帝斐迪南二世试图迫使自己所有的臣民都信奉罗马天主教。他本不该这么做。德意志北部的新教诸侯——斐迪南的伯祖父查理五世在 60 年前在《奥格斯堡和约》中允许他们自行决定自己的宗教信仰——联合起来，以维护自己的权利。很快，巴伐利亚、波希米亚、英格兰、匈牙利、萨克森、苏格兰、瑞典、西班牙和尼德兰共和国都各自站队，投身这场战争。法国尽可能置身事外。长期保持中立显然是不可能的，但法国最初对于究竟支持哪一方表现得犹豫不决。理论上，法国仍然是一个天主教国家。其国王是天主教徒，王后是纯正的哈布斯堡家族成员，人们预计法国可能会加入帝国阵营。但法国对帝国由来已久的敌意太强了，后者实际上把法国包围了。令很多参战国惊讶的是，法国最终选择加入了新教阵营。当然了，这一决定在很大程度上与黎塞留有关。尽管他本人是天主教徒，还担任枢机主教，但他并没有和胡格诺派教徒过不去；事实上，他很乐意接受他们，只要他们愿意当法王顺从的臣民。无论何时，相较于西班牙天主教徒，他更喜欢法国胡格诺派教徒。不过，黎塞留也认为有必要对胡格诺派进行严格管控，因为隐患始终存在，他们可能会成为反抗中央政府的重要力量——确实，他们时不时地会闹腾一下。17 世纪 20 年代，加斯科涅和贝阿恩爆发了公开叛乱；1625 年，拉罗谢尔港口爆发了严重骚乱。

　　半个多世纪以来，拉罗谢尔始终是法国王室不得不面对的一个棘手问题。这座拥有约 2.7 万人口的城市，不仅是法国最大的城市之一，也是法国胡格诺派的主要基地，对他们来说，这座城市拥有行政自治权这个额外优势。拉罗谢尔没有主教，没有高等法院，甚至没有领主，几乎等同于国中国。这座城市防御森严，有一个非常好的港口，自圣巴托洛缪大屠杀之后，这座城市就成为热门的避难地。1572 年 11 月，拉罗谢尔拒绝接受王室任命的总督，因而首次遭到围攻。次年，它受到了 8 次的攻击，但这些攻击都以失败告终。拉罗谢尔的居民随后派使节去向英格兰的伊丽莎白女王求助。7 艘英国舰船于 1573 年 2 月抵达拉罗谢尔，4 月，又有一支更大的军队抵达，但被法国海军击退了。战斗持续到 5 月底，当担任统帅的安茹的亨利（后来的国王亨利三世）得知自己被选为波兰国王后，他立刻对围城失去了兴趣，围城战于 7 月结束。

然而，拉罗谢尔这个问题并没有就此消失。到 17 世纪 20 年代，它再度构成威胁，罗昂公爵亨利和弟弟苏比斯公爵邦雅曼明目张胆地筹划了一场胡格诺派大谋反。1627 年，英格兰国王查理一世因为黎塞留快速提升法国海军实力而越来越警觉，便派宠臣白金汉公爵乔治·维利尔斯率领 80 艘船前往拉罗谢尔，目的是煽动大规模叛乱。但人们早应该告诉他，这一做法从一开始就是错的。让白金汉公爵惊讶的是，他并没有受到热情的欢迎，拉罗谢尔人甚至拒绝让他的舰队驶入港口。他不得不带着 6000 名部下登陆雷岛，在那儿，他甚至没能攻下小镇圣马丁。很快，白金汉公爵就陷入缺乏资金的困境，意识到自己出了丑后，他返回了英格兰。

～

与此同时，1627 年 8 月，对拉罗谢尔的围城战正式展开了。

法王路易握有最高指挥权，黎塞留担任其副手，昂古莱姆公爵查理担任主将。法国工兵在拉罗谢尔周围挖了约 8 英里长的堑壕，每隔一定距离搭建堡垒和掩体。他们还筑了一道长 1500 码的海堤，封锁了通往这座城市的海上通道。英格兰又派了两支远征援军，但都没能起到太大作用。拉罗谢尔坚持了 14 个月，这期间，饥饿和疾病导致城中人口锐减至 5000 人左右。最终在 1628 年 10 月 28 日，拉罗谢尔投降。幸存下来的胡格诺派教徒保留了《南特敕令》应许他们的宗教信仰自由，却失去了他们在领地、政治和军事上的权利，他们的命运完全由君主国所掌控。此外，这次反抗使他们不得不接受中央政府更为严苛的管控，相应地，对于任何违抗中央政府统治的行为，中央政府的容忍度也会降低。

黎塞留是个彻头彻尾的独裁者。对他而言，国家的安全是最为重要的；最大的威胁不再是胡格诺派，而是以太后和王后、国王的弟弟奥尔良公爵加斯东（同时是法国王位法定继承人）为首的贵族阶层——这些人一直在密谋与他作对。其中有几个人权势太大，黎塞留惹不起，不过为了进一步打压贵族的气焰，枢机主教将决斗这一贵族习俗列为死罪。至于普通百姓，他坚持这样一条金科玉律，即永远不能让百姓变得过于富有。否则"无法让他们守规矩……没有了从属的标志，他们也会失去对自我处境的认知。他们必须好比骡子，骡子习惯了承受重负，长期无所事事比劳苦工作对它们的危害更大"。他们不能过每个周日锅中都有鸡的生活。

这种理念或许违背了基督教教义，但黎塞留还有更为重要的考虑。法国仍然是一个天主教国家，他本人是罗马教会的枢机主教，但在对欧洲其余国家的政策上，他毫不迟疑地站在了信奉新教的德意志诸侯这边，对抗以奥地利、西班牙和教廷为代表的反宗教改革派。黎塞留清楚，除非神圣罗马帝国皇帝让新教诸侯彻底臣服，在整个欧洲重建天主教秩序，否则皇帝绝不会善罢甘休；可如果让皇帝得偿所愿，法国就会被碾压，可能永远无法恢复。1624 至 1635 年这 11 年里，他用尽所有外交手段和财政手段，来招募盟友或强化同盟关系，不过仍然没有让法国直接参战。已是坚定的路德宗信徒的瑞典国王古斯塔夫·阿道夫需要资金来继续战斗。黎塞留为他提供了一年 100 万里弗尔的资助，这笔钱的大笔数额被用来请了 8000 名苏格兰雇佣兵。①

但此时局势突然开始变得危险。1632 年，古斯塔夫·阿道夫阵亡。两年后，帝国军队在 1.8 万名西班牙及意大利士兵的增援下，于讷德林根取得了对瑞典及德意志诸侯联军的压倒性胜利。黎塞留意识到不能再继续旁观了，1636 年 8 月，他向神圣罗马帝国宣战。法国很快遭到了侵袭，来自低地国家的西班牙军队最远推进至皮卡第的科尔比，他们的探子甚至到了蓬图瓦兹。不过侵略军被击退了，形势再度发生转变。法军在各条战线推进，到 1642 年，法国实际上已经推进至其天然疆界：斯海尔德河、莱茵河、阿尔卑斯山以及比利牛斯山。

正是在法国取得节节胜利的这几年期间，发生了另一件近乎神迹的事：1638 年 9 月 5 日，在经历了 23 年婚姻和 4 次死产后，37 岁的王后终于生了一个儿子，两年后，她又诞下一子。原本认

① 瑞典人喜欢苏格兰人，苏格兰人也喜欢瑞典人。瑞典参战之前，在瑞典军队中就已经有约 1.2 万苏格兰人，领导他们的是上校詹姆斯·斯彭斯爵士。等到战争结束时，苏格兰人的人数达到 3 万左右，其中有 15 人获得了少将或更高的军衔。

为自己继位几乎板上钉钉的奥尔良公爵意识到希望破灭了。然而，两年后，情况再次发生反转，法国遭受沉重打击：1642 年 12 月，枢机主教黎塞留去世，终年 57 岁。他或许比国王本人更能代表法国。在临终圣礼上，忏悔神父问黎塞留是否宽恕他的敌人。"除了国家的敌人，"枢机主教回答，"我没有敌人。"他的这番话或许并不完全属实，可不管怎样，人们明白他的意思。[①]

　　路易十三只比其首相多活了几个月。他于 1643 年 5 月 14 日死于巴黎，这一天也是他父亲去世 33 周年纪念。路易十三终年 41 岁。多年来，他一直受消化问题困扰，他死后，人们发现他的肠子有严重的溃疡；此外，他很有可能患有肺结核。我们很难界定他的个人成就。他是个不错的音乐家，擅长演奏鲁特琴。他似乎是法国历史上率先引进假发的人，进入而立之年后，路易发现自己过早出现了秃顶的现象，便爱上了戴假发。他的肖像画显示，他的假发是个须发浓密的物件儿，不过不是我们跟下一代联系在一起的那种假发发片。至于其他方面，他注定要因为其他人的对比而黯然失色——先是因为抢去了他很多声势的耀眼的枢机主教，后是因为他的儿子"太阳王"（他也将令所有人都黯然失色）。

[①]　在这位枢机主教取得的非政治成就中，最重要的就是在 1635 年创办法兰西学术院，该学术院至今仍在对法语的方方面面（语法、拼写，甚至文学）进行规范，或者说至少在进行这样的尝试。学术院也出版官方的法语词典，致力于消除法语中的现代英语化现象，尽管大多数时候都属徒劳。

第 11 章

"朕即国家"

1643—1715 年

尽管他遭受各种指责,被认为是卑鄙无情之人⋯⋯在其统治的鼎盛时期,对外国人表现得过于傲慢,沉迷女色⋯⋯轻率发动战争,火烧巴拉丁领地,迫害新教徒;但他出众的才能和伟大的成就远胜他所犯下的过错。时间让人的判断成熟,已对他盖棺定论。

——伏尔泰,《路易十四时代》

新任法王是否总是在稚气未脱的年纪登基? 好像确实如此。路易十四年仅 4 岁就继承了王位,并在此后的 72 年里一直占据法王宝座,成为欧洲历史上在位时间最长的君主。[①] 在他 5 岁时,母亲安妮将他带到高等法院,要求废除其父亲的遗嘱,这符合她

① 伊丽莎白二世女王于 1952 年 2 月 6 日继位。

一贯的行事风格。路易十三同意由安妮担任摄政，但他也很谨慎地安排筹备一个由黎塞留昔日亲信组成的摄政委员会，这些人会严格限制安妮的权力。作为一个骄傲的西班牙人，她无法忍受这样的安排。高等法院很乐意替太后解围，它宣布"限制摄政是对君主国的原则和统一性的贬损"，如此一来，安妮便不再受到任何制约。她一向讨厌黎塞留，这个时候，外界普遍认为她会弃用所有与黎塞留有关联的人，可她并没有这么做：事实上，她选择了黎塞留最信任的伙伴之一朱利奥·马扎里尼担任自己的首相，他有一个更广为人知的名字——马萨林。

马萨林的双亲都是意大利的小贵族，父亲是西西里人，母亲来自翁布里亚。马萨林曾在罗马的耶稣会学院求学，但他并没有加入耶稣会。他曾短暂担任过步兵队长。后来，凭借一段幸运的友情，他在未经正式任命的情况下成为罗马的教士，担任教廷驻法使节。很快，他就引起了黎塞留的注意，两人在各方面都非常不同。枢机主教专横、严苛且坚定，而他的继任者温和、灵活且极其善于说服人。1636 年开始为法国做事后，马萨林出色地完成了几项微妙的任务。不过，在拥有这些外交技巧的同时，他还有着对赌博的热情。一个幸运的晚上，他赢了很多钱，以至于人们围在桌旁，围观他面前越堆越高的金埃居。不一会儿，王后驾到。在她的注视之下，马萨林又掷了一次骰子，这次他押上了自己的全部金埃居——他赢了。马萨林可是一个极好的廷臣，他将自己的成功归功于王后出现在其身边，他当场向王后奉上 5 万埃居。王后客气地拒绝了，但后来又改变了主意。

这是马萨林最明智的投资，从那时起，他就成了王后最宠信的顾问之一，两人的关系是如此亲密，以至于两人已秘密结婚、马萨林其实是王太子的生父的传言广为流传。1641 年，在路易十三的举荐下，马萨林当上枢机主教。两年后，国王去世，马萨林的位置和未来都可以放心了。一直到马萨林于 1661 年去世，先是在摄政时期，后来在年轻的国王成年后，他其实都是法国的联合统治者，并且是一个不可或缺的联合统治者。安妮坚信君权神授，每当觉得自己的权威受到威胁时，往往会反应过激。任何挑战其意愿的人，不管是贵族、大臣，还是高等法院成员，她总是将他们直接投入大牢。若没有马萨林从旁施加的温和影响，麻烦来得要比实际早得多，也猛烈得多。

路易掌权的头几年主要在进行和平谈判。随着神圣罗马帝国及其主要是信奉天主教的盟友战败，三十年战争终于临近尾声。和谈始于 1644 年，直到 1648 年《威斯特伐利亚和约》的签署才尘埃落定。这次和谈将决定欧洲在很长一段时间内的未来。《和约》让法国和以往一样强大，而德意志变得支离破碎——德意志沦为约 350 个独立的诸侯国，它们的集体决策必须是全体一致才能通过，这意味着它们根本做不出决定。"教随君定"是首要原则，即所有人必须信奉其君主的宗教，若拒绝服从，就得移居他地。

马萨林是这些结果的主要策划人。显然，他有功于他的国家，可说来也怪，他的国家并不这么认为。同样是在 1648 年，巴黎发生了反抗政府的暴动。人们似乎痛恨被一个西班牙人和一个意大利人统治；人们厌烦枢机主教们；人们憎恶法国在战争上的庞大开支和由此导致的税收增加。况且，空气中弥漫着叛乱的气息：1647 年，那不勒斯人在渔民马萨涅洛的带领下推翻了他们的国王；英格兰人也将对他们的国王处以斩首极刑。法国则发生了投石党运动（the fronde；fronde 在法语中意为"投石器"），本质上，这是发生于 1648 至 1653 年的一系列极端恶劣但最终以失败告终的暴乱，可以被视为下一个世纪里所发生的事件的凶兆。

理解投石党运动的困难之一，在于这一运动完全没有方向。反抗政府的不仅是人民，还有贵族、市民阶级上层甚至教会中的一些人。让·弗朗索瓦·德·贡迪是这场运动的主要领导人之一，他也将成为一位枢机主教——雷斯枢机主教。这场运动可以划分为两个阶段。第一阶段为高等法院投石党运动，起因是一项对巴黎高等法院法官的税收。法官们拒绝缴税，在太后的坚持下，马萨林动用武力逮捕了包括带头人皮埃尔·布鲁塞勒在内的部分法官。这导致巴黎街头爆发骚乱，群情激愤，以至于为了避免局面进一步恶化，政府不得不释放了布鲁塞勒。就在那时，一群怒不可遏的巴黎人闯入王宫，要求谒见年幼的国王。他们被带入路易的寝宫，这个年仅 10 岁的孩子吓坏了，便假装熟睡。看到了国王，这群人似乎平静下来，他们悄悄离开了。但这件事让所有人都惶恐不已，为了安全起见，宫廷迁至吕埃——在当时是个村庄，如今属于巴黎西郊。同一时间，《威斯特伐利亚和约》签订，后来被称为"大孔代"的昂吉安公爵得以回到首都，他立刻答应帮助安妮重树国王的权威。好在他仍然带着自己的军队。孔代向暴动者发起攻击，经过几次小规模战斗后，双方达成协议，签订了《吕埃和约》。法国宫廷舒了一口气，重返巴黎。

但这样的胜利并不能使孔代感到满足。不久前，这个极度自负的人刚从一场重大战争中凯旋，此时，他下定决心要掌控法国——而第一步就是除掉他所憎恶的马萨林。孔代的这两个目标都没能得到安妮的支持，并且她下令逮捕孔代。反对派开始反击，他们组成了强大的贵族联盟，逼得马萨林下台流亡，孔代获释，并且在一段较短的时间里将安妮软禁起来。这种情况显然不可能一直持续下去，经历一番气氛尚算友善的谈判后，双方达成妥协，保全了面子。但更为重要的是，所有这些事件对年幼国王产生的影响——他的童年就这样突兀且痛苦地结束了。难怪他对巴黎如此深恶痛绝，对传统贵族始终抱有深深的不信任感。难怪他一有机会就立刻搬离了巴黎，并且让传统贵族也远离首都。

但噩梦并没有结束。1650 年，贵族投石党运动爆发。这一次，投石党们似乎忘记了围绕宪制展开的第一阶段叛乱。现在，贵族为了争夺权力占据了舞台中心，他们团结起来的理由只有一个：对马萨林的敌意。这些人包括国王的叔父奥尔良公爵、两位杰出的帅才孔代和蒂雷纳，以及被称为"大郡主"的奥尔良公爵的女儿蒙庞西耶女公爵。正是大郡主在 1651 年——马萨林很明智地引退了一段时间——换上戎装，率领一支军队，为孔代的部下打开巴黎城门。当暴动者再度起事，巴黎市政厅陷入火海时，她命令巴士底狱的枪炮向王室军队开火，以掩护孔代撤退。[1]法国宫廷匆匆回到吕埃。

但事态发展至此，很明显，投石党已穷途末路。所有人都疲乏不堪：他们厌倦了混乱的无政府状态，对贵族的行径感到厌恶，他们中的一些人似乎彻底忘记了是为什么而战。对商人来说，过去的 5 年尤其是灾难性的。他们派代表团前往吕埃，恳请国王返回巴黎。于是在 1652 年 10 月，国王兴师动众地搬回巴黎。4 个月后，马萨林也回来了，多年来一直对其恶语相向的人亦张开双

---

[1] "她用火炮杀了自己的丈夫。"马萨林后来如是说。蒙庞西耶女公爵终生未婚，或者，很可能她从未想要结婚。

臂欢迎他。投石党运动结束了，它缺乏固定的原则，注定以失败收场。再一次，国王被视为秩序和负责任政府的代表——通往专制体制的道路已经畅通无阻，而他也将因这一体制而闻名。国王吸取了一些宝贵的教训。他目睹暴徒冲进王宫，完全明了一位不受欢迎且权力过大的大臣可能引发的危险。在未来，他将亲自实施统治。他之所以留下马萨林是出于深厚的友谊和感恩之情，但这位枢机主教的影响力已悄无声息地被大大削弱了。

路易十四于 1654 年 6 月 7 日加冕。当时的他即将满 16 岁，可以自己做主了，他决定按照自己的意愿统治法国。他很勤奋，一天至少工作 6 小时，常常会久得多。他或许算不上特别聪明（圣西蒙公爵不喜欢路易十四，称其智力低于平均水准，但这种说法肯定不对），但他从来不是一个顽固的人，总是乐于听取别人的意见，若他认为可取，便会付诸行动。所有人都在谈论他那完美的举止。他从不会表现得唐突无礼，鲜少提高嗓门，每次从女士身边经过时，总是会脱帽致意，即便对方是宫廷侍女。他为人亲和，有耐心。诚然，他极其喜欢阿谀奉承，尤其偏好那些溢美之词——但是，比这更为恶劣的行径多得是。

不过，不能忘记的是，路易十四依然是一个彻头彻尾的专制君主。当他宣称"朕即国家"时，所言非虚。他是最终决策者，并且是唯一的决策者。路易十四统治初期，国库为财政总监尼古拉·富凯所掌控，这是一个极为聪明且有教养的人，是法国最主要的艺术赞助人之一，也是塞维涅夫人（当时最伟大的书信作家）

和寓言作家让·德·拉封丹的密友。唉，富凯最大的敌人就是他
自己。他在巴黎东南约 30 英里处的沃勒维孔特为自己建造了一座
豪华的城堡。他在此设宴，组织娱乐活动。有一次，他还邀请了
国王。事实证明这是个错误。首先，此举让人觉得他认为自己可
与国王陛下平起平坐；其次，围绕着他的钱都是从哪里来的这一
话题，人们议论纷纷——既然大家好奇的对象是财政总监，结论
不难得出。但富凯没有收敛，反而更进一步，他买下了布列塔尼
海岸附近荒僻的贝勒岛，并加筑防御工事，因而被指控挪用公款。
他无法自辩，因而被判有罪，遭到流放。国王将这一刑罚"减为"
无期徒刑。富凯被送至皮埃蒙特的皮内罗洛，他在那里待了 16
年，直至去世。

富凯被捕后，来自兰斯的年轻官员让-巴蒂斯特·科尔贝的
晋升之路变得顺畅无阻，他成了富凯的继任者。科尔贝面临的是
一个永恒的难题：掌管一位专制君主的财政。他写信给国王："我
恳请陛下允许我直言，无论是战时，还是和平时期，陛下在决定
开支时从未考虑过自己的财务状况。"人们不禁好奇，他的主人对
战争的热情，或者更重要的对建造凡尔赛宫的热情，究竟让科尔
贝承受了怎样的煎熬。

其实，凡尔赛宫所在地此前已经有一座小行宫了，由路易
十四的父亲建造，路易常常来这里与一两个情妇私会。他之所以
喜欢这个地方，首要原因是足够私密。在卢浮宫，他不可能一个
人待着，人们可以随心所欲地进出。在这种环境下，想享受风花
雪月几乎是不可能的。他越来越频繁地溜到凡尔赛，在原来行宫
的基础上进行扩建。终于在 1682 年，路易将（已经变成王宫的）
凡尔赛宫变成了自己主要的居所，很快，也变成了法国大多数贵

族的居住地。短短一两年时间里，凡尔赛宫内就住进了大约5000人，他们的居住环境往往十分恶劣，宫殿里根本就没有设置卫生设施，但他们别无选择。不同于英国贵族——除了偶尔造访上议院，他们没有离开自己乡间庄园的理由——这些法国贵族与自己来自的地方彻底失去了联系。倘若他们无法在宫廷生活，就会发现自己其实已经被国王抛弃，失去了所有获得肥差和圣俸的机会。凡尔赛宫的生活费用贵得离谱，但这其实是蓄意的：贵族过去的所作所为让路易意识到必须在很大程度上削弱他们的力量。对贵族而言，他们的一切都取决于国王的喜好。国王只需眨眨眼，就能给他们发放津贴或者给予一些宝贵特权；只要一句话，他就能让一个人飞黄腾达或者一落千丈。此外，"密札"制度也让贵族以及市民阶级胆战心惊。任何一名国王的臣民，都有可能被这样一份盖有王室印章并且由国务大臣联署的文件打入巴士底狱，无权申诉，期限不定。路易本人很少使用这一武器，有时候甚至会仁慈地使用这一武器，以让某个家族免受法庭羞辱，落得声名狼藉的下场。不过通常情况下，单是密札的威慑力就足以让野心过大的贵族变得老实本分。

我们知道，路易十四喜欢将自己比作太阳，照亮周围的一切的耀眼的光芒。光芒或许是有的，但温暖微乎其微。不要以为凡尔赛宫的生活充满乐趣，事实上，大多数时候，这里的生活冷清，让人觉得极不舒服，有毒而不利于健康，而且无比乏味。恐惧是这里最普遍的情绪：对国王本人的恐惧，对其拥有的绝对权力的恐惧，对一句欠考虑的话或一个轻率的姿态就可能毁掉一个人的事业甚至付出生命代价的恐惧。不过话说回来，那又是怎样的生命呢？无休无止的各种空洞的仪式，没有任何意义，带来的是偶尔的乐趣而不是真正的快乐。至于幸福感，就不要指望了。当然了，凡尔赛宫不乏舞会、化装舞会、歌剧这样奢华的娱乐项目，不然怎么保持士气呢？但缺席者立刻会被察觉，其缺席理由也会被全面调查。缺席者很容易遭遇社交方面的死亡，或者落得更惨的下场。

~

路易最大的不幸是始终没能找到一位配得上王后头衔或者他自己的王后。1660 年，他娶了西班牙国王腓力四世的长女玛丽亚·特蕾莎。在不得已的情况下，她能勉强应付盛大的王室典礼，但她的心智只停留在 15 岁，她喜欢与宠物狗玩耍，从不读书。根据南希·米特福德的记述：

> 她欠缺吸引力，腿很短，因为吃了太多巧克力和大蒜，牙齿很黑。国王喜欢她，对她如慈父一般……他一个善意的眼神能让她高兴一整天。
>
> 他每个月至少与她交欢两次。人人都知道是何时发生的，因为她会在次日参加圣餐仪式。她还喜欢别人拿这事与她打趣，每次，她都会揉搓着小手，眨着那双蓝色的大眼睛。

可怜的玛丽亚·特蕾莎甚至算不上是一个特别成功的母亲：她唯一的儿子，即王太子在 50 岁时去世，比自己的父亲早 4 年。难怪国王会移情别恋，一开始，他被路易丝·德·拉瓦里埃尔所吸引，路易丝是奥尔良公爵夫人的侍女。奥尔良公爵夫人是英格兰的查理一世的女儿，她嫁给了国王的弟弟腓力，后者毫不掩饰自己的同性恋倾向，并常被人称呼为"殿下"。[1]公爵夫人与路易之间的调情是显而易见的，为了转移外界的注意力，公爵夫人故意选了3个漂亮的女孩"出现在他面前"，其中就包括17岁的路易丝。舒瓦西修士称她"肤色迷人，金发碧眼……表情温柔而谦逊"。让人略感可惜的是，她的一条腿比另一条短，不过她通过穿上特制的鞋来掩饰这一缺陷，而且国王也不介意。她是个温和天真的姑娘：塞维涅夫人形容她为"一朵隐匿在草丛中的小小紫罗兰，她羞于当情妇，也对当母亲、女公爵感到难为情"，她对金钱或头衔完全不感兴趣，在这段关系中，除了国王的爱，她别无他求。路易丝为国王生了5个孩子。但或许不可避免的是，这段婚外情终究还是结束了。从1667年开始，路易丝发现自己在国王心目中的位置被蒙特斯庞侯爵夫人所取代，后者自信强势，路易丝则安静羞怯。1674年，因为懊悔自己做出的不道德行为，路易丝退隐到一家女修道院，在那里度过余生，于36年后离世。

～

　　1683年7月底，王后玛丽亚·特蕾莎回到凡尔赛。她一直陪同丈夫四处征战，但她厌恶这一职责，因为得忍受在马车或马背上漫长且疲惫的日子，不过法王坚持要王后一同出征。王后明显

---

[1] 尽管有同性恋倾向，腓力有过2任妻子、1个情妇、11个婚生子女。事实上，他是奥尔良王朝（波旁王朝的分支）的奠基人，是法王路易-腓力的直系祖先，我们将在后面谈到这位国王。

感觉不适，抱怨自己的胳膊下长了一个脓肿。宫廷医生法贡负责治疗王后，他先是采用放血疗法，然后让其服用强力催吐剂。突然，侍从们看到国王泪流满面地跑到礼拜堂去领圣餐。不到一个小时，王后就死了，终年 45 岁。据说，路易喃喃低语道："可怜的女人，这是她第一次让我不高兴。"这或许是真的。但可怜愚蠢的王后始终比不上聪明绝顶、极其诙谐的蒙特斯庞夫人，而且王后自己很清楚这一点。

弗朗索瓦丝–阿泰纳伊斯（即蒙特斯庞侯爵夫人）最初和路易丝·德·拉瓦里埃尔一样，是"夫人"①的侍女。她与国王的关系始于 1667 年，当时她已经 25 岁了，是一位育有 2 个孩子的有夫之妇。她还会给路易生下 7 个孩子，抚育这些孩子的重任被托付给了她的一个朋友，一位名叫弗朗索瓦丝·斯卡龙的寡妇。蒙特斯庞夫人与国王的这段关系持续了 10 年，以"投毒事件"富有戏剧性地收尾。在当时，也就是 1677 年，爆发了一场巨大的巫术恐慌。巴黎当局逮捕了很多算命师和炼金术士，他们被指控售卖毒药、春药以及其他药水。有些人在酷刑之下承认罪行，供出客户名单，名单中有几位贵族，包括蒙特斯庞夫人。谣言迅速传播开来，人们谈论着黑弥撒、活人献祭，甚至还有在"拉·瓦森"（原文如此）的花园里发现的 2500 具婴儿骸骨。拉·瓦森是主要被告人之一，她最终被烧死在火刑柱上。在调查结束前，有 43 人因类似的指控被判死刑。与此同时，国王的注意力转移到宫中另一位美人丰唐热公爵夫人身上，她于 1681 年有些神秘地死亡。完

---

① 奥尔良公爵（"殿下"）的妻子亨利埃塔·安妮。她是英格兰的查理二世的妹妹。

全是因为被指称与这段韵事有关，蒙特斯庞夫人遭到怀疑。到这个时候，很明显，她和国王的关系必须结束了。在接下来几年里，两人依然柏拉图式地见面，仅仅因为蒙特斯庞夫人毋庸置疑的聪慧、幽默和魅力总能让国王感到愉悦，尽管她偶尔也会发脾气。但在 1691 年，她隐退至一家女修道院。蒙特斯庞夫人于 1707 年去世，终年 66 岁。

谁将接替她成为国王的新欢呢？不是别人，正是她孩子的监护人斯卡龙夫人。几年前，国王封她为曼特农女侯爵。她一直坚称，在最终屈服于国王的求爱前，自己拒绝了他很长一段时间。但可以肯定，在 17 世纪 70 年代后期，两人已经在频繁幽会，在玛丽亚·特蕾莎死后，路易与其秘密结婚。由于这段婚姻属于贵庶通婚，她无法成为正式的王后，因而她在凡尔赛宫的社交生活中几乎没有一席之地。另一方面，不同于两位前任，她获得了相当大的政治影响力；事实上，1700 年后，她充当着丈夫的首相。她是个虔诚的教徒，强烈反对宫廷的挥霍无度。国王不再公开与女士们调情；从此以后，大斋节期间，喜剧和化装舞会遭到禁止。不过，人们如今已不再认为曼特农夫人对路易在其漫长统治期间所犯下的最大错误——废除《南特敕令》——负主要责任，路易此举也被认为是他国际声誉上最不可磨灭的污点。

《南特敕令》是由亨利四世在 1598 年签署的，赋予了胡格诺派实质性的权利，允许个人拥有信仰自由，实际终结了荼毒 16 世纪下半叶的宗教战争。不过，该敕令在贯彻落实时出入很大；胡格诺派教徒肯定仍然觉得自己是二等公民。但在 1685 年 10 月，路易态度坚决地废除了《南特敕令》，而通过颁布新敕令《枫丹白露敕令》，他干脆宣布新教是非法的。新教牧师若不能立刻皈依天主教，就得在两周内离开这个国家。所有新教教堂和宗教建筑都将被拆除。《枫丹白露敕令》导致约 40 万法国男女流亡，大多数人逃到英格兰、瑞士、普鲁士和尼德兰共和国。这不仅给路易在海外的名声造成了不可挽回的损害，更为严重的是，法国失去了很多技能一流的手工艺人，国民经济遭到沉重打击。非天主教徒的信仰自由和公民权直到 1787 年，即旧制度终结前两年才得以恢复。

～

1688 年，奥兰治的威廉及其王后，英格兰詹姆士二世之女玛丽·斯图亚特一同继承了英国王位。在整个欧洲，威廉是路易最大的敌人，他毫不费劲地组建起了反抗法王的奥格斯堡同盟——由英格兰和尼德兰、神圣罗马帝国、西班牙和瑞典组成。随之而来的战争持续了 9 年，双方在陆地和海上、在大西洋和地中海展开激战。1697 年，他们终于在里斯维克达成和约，路易同意将洛林归还给其公爵，并且答应承认威廉为英格兰国王。

但在 17 和 18 世纪，和平状态从不会持续太久。1700 年 11 月 1 日周五，西班牙国王查理二世在其位于马德里的王宫去世。父亲腓力四世去世后，年仅 4 岁的查理二世继承王位，无论是在生理，还是心理层面，他都极为虚弱。宫廷上下都清楚，这个不幸的孩子根本承受不了他将要面临的生活。他总是生病，甚至让很多人怀疑他是着了魔。几乎没有臣民相信他能长大成人，接管广阔的领土。但查理二世长大了，10 年的摄政统治结束后，他掌握了政权，至少理论上是如此。因此，自他于 1665 年即位起，接下来的 35 年时间里，西班牙其实是一个没有君主的大君主国。

查理结过两次婚，却没有孩子，不过这并不让人奇怪。随着 17 世纪进入尾声，谁将继承查理的王位这一问题变得愈发重要。欧洲最强大的两个王朝都对西班牙王位虎视眈眈，事实上，他们都宣称自己拥有继承权。腓力四世有两个姐妹，即查理的姑姑。姐姐安妮嫁给了法王路易十三，妹妹玛丽亚嫁给了神圣罗马帝国皇帝奥地利的斐迪南三世。安妮在适当的时候生下了路易十四，玛丽亚则诞下了日后的皇帝利奥波德一世。外界认为，路易可以通过玛丽亚·特蕾莎获得间接继承权，因为她是查理二世的姐姐，不过遗憾的是，与路易的婚姻使她被迫放弃了自己在西班牙境内的所有世袭权利。

另一方面，查理的另一个姐姐玛格丽特在嫁给皇帝利奥波德一世时并没有发表类似的弃权声明，她的小外孙约瑟夫·斐迪南因而成为哈布斯堡王朝的继承人，但在 1699 年 2 月，他意外夭折。于是，错综复杂的外交谈判再次展开。这一次除了直接相关的三国，英格兰和尼德兰也加入进来。这两个海洋国家都与西班牙有利润巨大的贸易往来。此刻两国有一个共同关注的问题：把法国人挡在门外。若将原本为欧洲最无能的君主所掌管的西班牙转交到最为强势的君主手中，英国和尼德兰两国还能有什么利润可图呢？

但可怜无能的查理还留了出人意料的一手。到 1700 年秋，显然，查理已时日无多。10 月 3 日，他颤颤巍巍地在新遗嘱上签下自己的名字，在这份遗嘱中，他将自己的全部领土都留给了路易十四 17 岁的孙子，安茹公爵腓力。一个月后，查理去世。是什么令他突然改变主意，选择了法国？教会是最主要的原因。宗教法庭，事实上是整个西班牙统治阶级，长期以来都倾向于法国方案。教皇英诺森十二世本人亲自写信给查理，向其推荐安茹的腓力。意识到自己将不久于人世，加上告解神父在耳边低语，查理已无力再争辩了。

对于法王路易而言，他——或至少是他的孙子——得到了一份远超其预期的厚礼。他很清楚利奥波德不可能心平气和地接受这一新分配方案，于是立刻将腓力送至马德里去继承王位，同时还派了一群法国官员去接管所有政府要职。事实上，除了加泰罗尼亚地区表现出敌意，腓力的新王国很乐于接受他这样一位统治者，但欧洲其他地区的感受则完全不同。如果路易同意将腓力从法兰西王室继承人名单中除名的话，就可能避免一场漫长而痛苦的战争，但他拒绝了。他几乎不可能料到自己将为孙子的王位付出多大的代价。

1701 年 9 月 7 日在海牙，来自英格兰、尼德兰和神圣罗马帝国的代表签订了大同盟条约。在某些方面，该条约的条款故意含糊其词，但关于这场无疑迫在眉睫的战争，条约的主要目标是十分明确的。帝国的目标具有明确的政治性：利奥波德意图为帝国收复西班牙在意大利境内的所有领地。英格兰和尼德兰的首要目标则是维持欧洲的力量均势：阻止路易集结起法国和西班牙的力量，不让两国归一位君主统领。对它们而言，若能确保航运和贸易前景，那就更好了。但是条约签订仅 9 天后，流亡的英格兰天主教国王詹姆士二世就死了。路易以故意挑衅的姿态，立即认可其子为詹姆士三世。英格兰人被激怒了。这下，他们多了一个阻止法王行动的理由。

不过在 7 个月前，即同年 2 月，安茹的腓力以西班牙的腓力五世的身份进入马德里，且法军重新占领了西属尼德兰——实质上是法国与尼德兰共和国之间的缓冲带。西班牙王位继承战已打响了。

~

当法王不率军征战沙场时，凡尔赛宫的生活一如既往，围绕着路易一成不变的日程安排展开。国王早上起床，晚上入睡，傍晚狩猎完后则脱掉长靴、更衣。12 点 30 分，他会和王后以及整个宫廷参加弥撒，接着是和蒙特斯庞侯爵夫人短暂相处一段时间。到 2 点，他会和王后一起正式享用午餐。路易的胃口大得惊人：根据我们所读到的描述，他能吃"四盘不同的汤，一整只野鸡和一整只山鹑或者一整只塞满松露的鸡或鸭，一大份沙拉，一些羊肉，两大片火腿，一盘糕点、新鲜水果、糖渍水果和蜜饯"。此后的整个下午，他都在打猎。那之后，路易会回到蒙特斯庞侯爵夫人身边，除了去和王后共进一顿简餐，两人整晚都待在一起。

在当时，路易是欧洲最具权势的君主。包括外籍军团在内，其军队人数接近 25 万，而英格兰、尼德兰和神圣罗马帝国的军队加起来人数才刚刚超过 10.4 万。虽然他的由 108 艘船舰组成海军力量无法与上述三国的联合舰队相抗衡——英格兰为 127 艘，尼德兰 83 艘，神圣罗马帝国没有船舰——但可以料到，这场新战争将和此前的战争一样，以陆战为主。最高统帅自然由路易担任，一小群他信任的顾问从旁辅佐，其中最重要的人物是路易的外交大臣托尔西侯爵。随着战事的深入，加上路易年事渐高，托尔西侯爵开始掌控国务会议。在战场上，旺多姆公爵路易·约瑟夫出任主将。旺多姆公爵是一位经验丰富的老兵。但对他而言，倒霉的是，国王任命自己的孙子，勃艮第公爵路易（后来的法兰西王太子）为另一位指挥官，严格来说，勃艮第公爵其实是旺多姆公爵的上级。事实证明这一任命是一场灾难：两人不断为谁该发号施令而争执。一而再，再而三地，他们只能将纠纷提交国王，由其做出最终决定，而法军一再表现出的优柔寡断使联军得以获得主动权。

另一方面，尼德兰和神圣罗马帝国欣然同意由马尔伯勒公爵约翰·丘吉尔（他于 1702 年 12 月被封为公爵）担任总司令。与他一起统帅联军的还有萨伏依的欧根亲王，这两人与法军两位指挥官形成了鲜明的对比，他们相处得十分融洽。欧根在巴黎出生，在法国宫廷度过了少年时代，但在一桩涉及其母亲的丑闻之后，[①]他遭到法王的排斥，转而效忠神圣罗马帝国。那之后，他几乎一直活跃在战场上，事实上，作为将军，他拥有比马尔伯勒公爵更为丰富的经验。1704 年在布伦海姆，两人并肩作战，挫败了路易侵占维也纳的企图，而且将其盟友巴伐利亚踢出战争。1708 年在奥德纳尔德，很大程度上由于勃艮第公爵连续的犹豫不决和判断失误，联军再一次取得胜利。1709 年在马尔普拉凯，双方进行了整场战争中最为血腥的战役，法军在维拉尔元帅的带领下击溃了尼德兰步兵，但马尔伯勒公爵奋起战斗，获得了最终的胜利。不过事实是，联军损失超过 2.1 万士兵，几乎是法军的两倍。没有比这代价更为惨重的胜利了。正如维拉尔本人（在因为膝盖严重

---

① 苏瓦松伯爵夫人奥林匹娅被指控密谋毒害国王的情妇路易丝·德·拉瓦里埃尔、她自己的丈夫以及王后西班牙的玛丽亚·特蕾莎。这就是"投毒事件"。

受伤而养伤期间）给法王的信中所说的，"如果上帝乐意让陛下的敌人再赢得一场这样的胜利，他们就完蛋了"。

然而，马尔伯勒公爵赢得的胜利在整场战争中只占了极小一部分。除了低地国家、莱茵河和多瑙河地区，在阿尔萨斯和洛林，在意大利、皮埃蒙特和萨伏依，在西班牙和葡萄牙，都发生了激烈的战斗——王位继承战中最重要的海战之一发生在西班牙的维哥湾，联合海军摧毁了西班牙的珍宝舰队及其法国护航舰。在地中海，1704 年，直布罗陀被联军占领。战火甚至蔓延到了北美，英国殖民者担心被在魁北克和路易斯安那的法国人包围。[①] 为了计划中的魁北克行动，英格兰人在佛兰德地区招募正规军，但英格兰海军攻打这座要塞的远征行动以灾难告终，这一战役充其量只是一场外围对决罢了。

不过，这本书并不是关于西班牙王位继承战的，而是讲述法国历史的，所以现在我们将跳到 1711 年，那一年 4 月 17 日，神圣罗马帝国皇帝约瑟夫一世在维也纳死于天花，终年 33 岁，他没有留下男性继承人——整个欧洲的政治版图在一夜之间发生了变化。约瑟夫在世期间，继续着与法国的战争，试图为自己的弟弟查理赢得西班牙王位。若路易十四战败，腓力国王将被迫退位，查理就将成为合法继承人，至少利奥波德一世是这么认为的。但此时，查理显然已是兄长帝位的继承人。大同盟的建立只是为了阻止一个家族，即波旁家族，变得过于强大。如果查理继承帝位（次年他确实当选为皇帝），哈布斯堡家族的势力将比以往任何时候的波旁家族都要强大，并再次统一起其五世祖查理五世掌控的

---

① 当时的路易斯安那比今天大得多，覆盖了法国人声称拥有的五大湖以南、阿勒格尼山脉和落基山脉之间的所有土地。

全部领土，权力平衡将发生逆转，西班牙将重返低地国家——这恰恰是英格兰人最为担心的。英国政府没有片刻的犹豫：与法国单独达成和解。必然地，欧洲列强耗费数月才接受这一新局面。直到1712年元旦，联军和法国才在尼德兰城市乌得勒支展开谈判。

广为人知的《乌得勒支和约》其实是一系列和平条约的总称，11年的欧洲动乱期结束后，法国和西班牙再一次试图调节自己与邻国之间的关系。和约承认腓力五世为西班牙国王，但作为交换，腓力不得不放弃其本人和后代对法国王位的继承权。法国在欧洲基本上保留了其现有边境，但失去了大西洋对岸的纽芬兰和新斯科舍。神圣罗马帝国皇帝查理一直抗争到1714年，因此最终的和约上并没有他的签名。其实，过去12年里，这场大战一直是以他的名义持续的，而通过与签订和约的国家拉开距离，他给他的帝国造成了持久的损害。在乌得勒支进行漫长谈判中，他的利益并没有被完全忽视，但由于这些利益本质上与法国、西班牙波旁王朝和联省（彼时尼德兰共和国的自称）的利益相悖，而英格兰方面又在很大程度上表现得无动于衷，他的利益在一定程度上得不到回应也属意料之中，例如，他被迫放弃西班牙。尽管如此，当谈判代表返回各自的家园时，查理发现自己除了拥有帝国领土，还获得了天主教尼德兰、米兰、那不勒斯和撒丁岛。他几乎没什么可以抱怨的，但只要再施加一点外交手段，他也许可以分得更多羹。

在所有问题中，最重要的当然是西班牙王位的归属，这是最初的开战理由，是造成两个大陆成千上万人死亡的原因。腓力自然是保住了王位，查理已经将位置留给了他。他的王国遭到严重的分割，不过他应该不会对失去低地国家感到惋惜，后者长期以来一直是西班牙的累赘。不管怎样，腓力得到了补偿。他保住了西属美洲及其带来的所有财富，此后的 30 年里，他在那里享有无可争议的统治权。

~

几乎可以肯定，在统治的最后几年里，路易十四患有糖尿病。1715 年 9 月 1 日，就在距离 77 岁生日还有 4 天的时候，路易在凡尔赛宫死于坏疽。[①] 他的去世标志着一个时代的结束：在法国，鲜少有人还记得其父亲的统治。从文化角度看，这同样是一个黄金时代，涌现出了无数文化名人：有如高乃依、拉辛和莫里哀这样的法国最伟大的剧作家；有如帕斯卡这样的哲学家，有如拉罗什富科和拉布吕耶尔这样的道德主义者；有如圣西蒙这样的日记作家，有如塞维涅夫人这样的书信作家；有如普桑和克洛德这样的画家，有如芒萨尔这样的建筑师，有如勒诺特尔这样的园林设计师。但这个时代同样有不如意之处：甚至比路易年轻的同代人圣西蒙公爵写道，当国王去世时，"那些因自己家园倾颓破败而陷入绝望的各省人民因为喜悦而颤抖。那些破产者、被压迫的人、郁郁寡欢者带着可耻的欢欣感谢上帝，庆祝获得解脱，因为他们原本已经放弃了所有的希望"；在当时有这样一段流行的祷

---

① 按照法国国王遗体处理习俗，路易十四的心脏被移除，但在法国大革命期间，他的心脏离奇失踪。不过这颗心脏最终还是出现了，被保存在一个银匣子内，藏于牛津郡的努内汉姆别墅。根据奥古斯特·哈尔的描述，在那里，路易的心脏被名副其实的"杂食者"威廉·巴克兰博士吃掉了。不过巴克兰博士是另外一个故事了，你可以上网搜索他的相关事迹。

词:"我们在凡尔赛的国王,您的名字不再神圣;您的王国不再强大;您的旨意将无法在大地或大海上实现。赐予我们所缺的面包吧……"当伏尔泰在1751年写就《路易十四时代》时,几乎没有历史学家对"太阳王"有好的评价。即便是凡尔赛宫也被认为是一个危险的错误:把贵族们通通带到这座宫殿并把他们削弱到不起作用,这对外省地方政府而言,不啻致命打击。此外,这位国王无可救药的挥霍行径导致他的王国两度陷入财政困境(第一次是在1690年,第二次是在1709年),以至于路易本人不得不目睹自己的金银、盘碟甚至王座被熔化成金银块。

但从长远看,文明必然比经济更为重要;而在路易十四时代,法国拥有堪称有史以来世界上最辉煌的文明之一。显然,任何文明都不可以归功于单一人物,甚至是单一原因,但迄今为止法兰西文明的两个最高点恰恰是在弗朗索瓦一世和路易十四这两位最耀眼的统治者在位期间出现的,这无疑表明两者之间或许存在某种关联:伟大君主散发出的光芒或许多少能滋养并激发其臣民的才华。路易的名声完全来自他的地位,他不能被算作一个伟大的人。然而,强势的性格、充沛的精力以及不可动摇的自信让他成了一位伟大的国王,这是毋庸置疑的。他以一种前所未有的方式给他的国家留下了自己的印记。在整个欧洲历史上,这样威严、显赫的君主前无古人,后无来者。

第 12 章

厄运临头

1715—1789 年

想象一下有几个涂满了油的象牙球，试着把它们都抓在手里。

——阿图瓦伯爵（后来的法王查理十世）
对兄长路易十六的评价

鲜少有君主的王位是由其曾孙继承的，但路易十四的命运便是如此。他的儿子，也就是大太子，于 1711 年猝然离世。大太子的长子，勃艮第公爵路易成为新太子。然而次年，在一周之内，公爵和公爵夫人相继因为天花去世。之后没多久，他们的长子也死于天花，公爵的弟弟贝里公爵因骑马发生意外丧生。公爵年仅 2 岁的幼子虽然也得了天花，但得以幸存，因此在短短 3 年之后，他成了国王路易十五。

法国再一次交由摄政管理。奥尔良的腓力是路易十四的侄子

（"殿下"的儿子），也是其女婿，他娶了路易最小的婚生女儿弗朗索瓦丝。（尽管她给腓力生了8个孩子，但腓力从来没喜欢过她，后来还送了她一个绰号"路西法夫人"。）41岁的腓力非常聪明，以亨利四世为榜样，不过在情妇数量方面，他的表现让亨利四世望尘莫及——腓力似乎拥有100多个情妇。他大幅降低宫廷的开销，暂停使用凡尔赛宫，让年幼的国王迁至杜伊勒里宫，在巴黎王家宫殿治国。他厌恶审查制度，下令重印其伯父统治期间的禁书。他出演莫里哀和拉辛的戏剧，创作了一部歌剧，同时还是一位很有天赋的画家及雕刻师。他再一次违背伯父坚持的政策，与英国、奥地利和尼德兰结盟，对西班牙宣战并取得胜利。而在外交领域，他开拓与俄国的关系——彼得大帝因而对法国进行了国事访问。简而言之，他对自己的国家尽心尽力，到1723年2月15日，年轻的路易十五达到法定年龄，摄政期结束时，腓力转交给他的是一个明显更好的法国。腓力于同年年底去世，在路易的私人教师，未来的枢机主教弗勒里的提议下，国王做出了一个极不明智的选择，将政府交由非常无能的表叔波旁公爵管理。

波旁公爵要解决的首要问题之一就是挑选王后。两年前，宫中决定国王应当娶西班牙公主玛丽安娜·维多利亚，后者已经被送到巴黎。唯一的麻烦是，玛丽安娜年仅3岁，还得等十几年才到达生育年龄，谁知道最近大病初愈的路易能否活到那个时候？他必须尽快生下一个男性继承人，一刻都不能等。1725年3月，公主返回马德里，波旁公爵只能另觅他人。

法国不愁找不到合适的贵族女士，波旁列出的名单上有多达99个候选人，但最终的决定似乎主要受到了公爵的情妇普里侯爵夫人的影响。她说服波旁公爵选择所有候选人中最穷，并且，我们被引导相信也是最丑的一位：尚未加冕的波兰国王之女玛丽亚·莱什琴斯卡。普里侯爵夫人选择玛丽亚的主要原因是她能完全掌控这位年轻的王后——玛丽亚的一切都是她给的。[①] 不过这桩婚姻也有其他好处：不同于西班牙公主，玛丽亚已经 22 岁了，能立刻为王室传宗接代；[②] 并且她为人诚实大方，是虔诚的天主教徒。1725 年 9 月 5 日，两人在枫丹白露宫举行婚礼。新婚前夜，玛丽亚第一次见到了自己的丈夫。尽管新娘相貌平平，但据说两人一见钟情。在他们结婚的前 8 年，路易似乎一直很专一，后来他才开始沉溺于女色。玛丽亚难以赢得法国宫廷的尊重——她没有带嫁妆，且出身相对卑微，这导致她常常被宫中人无视——她也因此变得严格遵循各种繁文缛节。不过玛丽亚一丝不苟地履行自己的王室职责，与国王保持着友好的关系，但凡需要她出现的场合，她都会陪伴在国王身旁。

　　刚结婚时的路易十五显然并不引人注目，他的相貌还算英俊，脸部略显秀气，但看起来无精打采、情绪不外露，总是一脸阴郁。路易十四在经历了投石党运动后变得强硬，路易十五却只知道阿谀奉承。他昔日的私人教师，枢机主教弗勒里如今是其首相，但对国王根本就没影响力，儒勒·米什莱形容弗勒里是"一个和善但无足轻重的人"。不过事实是，弗勒里尽管不是一个合格的教师，但作为首相，他的表现或许超出人们的预期。弗勒里和同时代的英格兰同官职者罗伯特·沃波尔爵士并非完全不同，他没有

---

① 遗憾的是，普里侯爵夫人没有机会去支配王后：没过多久，国王就罢免了波旁公爵，将侯爵夫人流放至其位于库尔贝皮讷的庄园。根据安德烈·莫洛亚的描述，次年，对流放生活感到极度厌倦的她服毒自杀。

② 她一共生了 8 个女儿，但只生下 2 个儿子。

伟大的构想，亦无意干一番辉煌的事业，若这两位能掌控大局，欧洲或许就可以实现和平。

然而，路易的想法有所不同。当波兰国王（和萨克森选帝侯）"强力王"奥古斯特二世于1733年去世时，他立刻代表近25年前被奥古斯特二世废黜的岳父斯坦尼斯劳斯·莱什琴斯基介入王位继承一事。不过，他的努力只能算是勉强成功：斯坦尼斯劳斯乔装打扮回到波兰，在议会获得压倒性的多数票，当选为国王；但在他正式加冕之前，俄国和奥地利担心法国与波兰就此结盟，便入侵波兰，斯坦尼斯劳斯再次被废黜，奥古斯特的儿子即位，成为奥古斯特三世。斯坦尼斯劳斯逃到但泽，在那里等待法国的援助。但事实证明法国人一点儿忙都帮不上，斯坦尼斯劳斯继续勇敢作战，直到被俄国人俘虏。最终，1738年签订的《维也纳和约》允许他保留王室头衔，并且封其为洛林公爵，[①]条件是在他死后，该省份将归属法国所有。

但《维也纳和约》并没有维持太久。西班牙王位继承战争结束仅27年后，又一场王位继承战，即奥地利王位继承战爆发，这对18世纪欧洲历史的读者，更确切地说，对作者们来说必然是巨大的不幸。奥地利帝国，与其说是神圣罗马帝国的替代者，倒不如说是其延续，理论上依然保留了选举制度。但在哈布斯堡统治的3个世纪期间，选帝侯承担的职责只是礼仪性质的，王位的继承实际上采取世袭制。不幸的是，奥地利哈布斯堡王朝和他们的西班牙亲戚一样，男性继承人严重短缺，以至于早在1703年，利

---

① 南锡宏伟的斯坦尼斯劳斯广场是纪念他的，这是全法国最迷人的广场之一。

奥波德一世就颁布法令，规定在没有男性继承人的情况下，女性可以继承王位——因此，其长子约瑟夫的女儿们的继承权自然优先于其幼子查理的女儿们。但正如前文所提到的，约瑟夫在 1711 年的突然离世改变了一切，查理在次年即位。已经当上神圣罗马帝国皇帝的查理六世通过一份秘密家庭约定（基于某些荒诞的原因这份协定被称为 Pragmatic Sanction［《国事诏书》]）让自己的女儿们享有比兄长的女儿们更优先的继承权，同时坚持在未来，哈布斯堡王朝在欧洲北部和中部的领土不可被分割。

在儿子先于自己离世后，查理成为哈布斯堡家族较高支系中唯一活着的男性，因此他决心让自己的女儿玛丽亚·特蕾莎即位。依据《国事诏书》，这么做应该顺理成章。1740 年，查理六世去世，最初几个月里，一切看似顺利。查理此前设法获得了所有欧洲主要强国的郑重保证，即这些国家会认可其女儿的继承权。英格兰、尼德兰、教皇国以及威尼斯共和国都愿意承认这位 23 岁的女王。[①] 法国虽然没有做出任何承诺，但表现得友好可靠。后来被称为弗里德里希大王的新任普鲁士国王弗里德里希二世不仅承认玛丽亚的继承权，甚至承诺在她需要的时候会予以军事支持。但事实证明，他是个口是心非的家伙，不过直到 1740 年 12 月 16 日，一支由 3 万人组成的普鲁士大军入侵帝国的西里西亚时，玛丽亚·特蕾莎才意识到这一点。这次入侵标志着奥地利王位继承

---

① 她直到 1745 年才通过婚姻当上神圣罗马帝国的皇后。其父去世后，帝国由她巴伐利亚的远亲继承，即查理七世。查理七世死后，玛丽亚的丈夫，洛林的弗朗索瓦当选为神圣罗马帝国皇帝，成为皇帝弗朗索瓦一世。（1738 年，弗朗索瓦一世将洛林交给斯坦尼斯劳斯·莱什琴斯基，作为交换，他得到了托斯卡纳大公国。）

战正式爆发。

经过一番踌躇后，法国选择加入弗里德里希一方。尽管除了波旁王朝和哈布斯堡王朝的世仇，法王和奥地利并没有过节，他没有理由进行干预。枢机主教弗勒里不赞成国王的决定，但86岁的他已无力去改变局势。事实是军队渴望战争，并且得到了舆论的支持。路易被告知，如果法国与"自由的"普鲁士站在同一阵线，就能打击奥地利的实力变得过于强大的盟友英国。他被这种说法说服了。对法国而言，这是个灾难性的错误，引发了一系列战争，这些战争将使英国确立海上霸权，使普鲁士控制德意志。战争一直持续到1748年，这期间尤其值得注意的战役或许要属1743年的代廷根战役以及两年后发生的丰特努瓦战役。在代廷根战役中，乔治二世成为最后一位亲自上战场的英国国王。而在丰特努瓦战役中，莫里斯·萨克斯元帅赢得一场大捷。[①] 当时，路易十五、王太子以及国王的情妇，新近被封为沙托鲁女公爵的玛丽安妮·德·迈利都在场，不过他们没有亲自上阵。丰特努瓦是奥地利王位继承战中最具决定性且最为血腥的战役，伤亡人数创下了自1709年的马尔普拉凯战役（当时13岁的萨克斯亦有参与）以来的最高纪录，法军有约7000人伤亡，联军伤亡人数则高达1.2万。

根据1748年签订的《第二亚琛和约》，普鲁士成为这场战争的主要受益国。玛丽亚·特蕾莎保住了王位，但弗里德里希大王扣下了西里西亚——奥地利蒙受羞辱性的失败，玛丽亚对德意

---

① 他是"强力王"奥古斯特二世第一个非婚生子，现在，后者的子女名单上已经有356人。

志各邦拥有领导权的主张也遭到了毁灭性的打击。这两个结果都不令人感到特别意外，较难以置信的是法国的态度。路易十五不希望被视作征服者，自愿将得到的所有土地悉数归还给战败的敌人们，称自己是"法国国王，而不是一名商人"。我们可以想象他的将军们，事实上是整个法国舆论界对此的反应，甚至出现了 travailler pour le roi de Prusse（"为普鲁士国王效力"）这个词组，意为白忙活一场。简而言之，法国参战却没能得到应有的回报。在这场战争期间，弗里德里希两次在没有通知路易的情况下与奥地利达成临时和平协议，路易也确实十分讨厌弗里德里希。

　　由于本书主要聚焦法国，因此上述关于奥地利王位继承战的简短描述仅限于欧洲北部战场，甚至没有提及发生在意大利的那些战役；但这其实是一场世界大战，或许可以算作有史以来第一场。战火蔓延至北美洲、印度、东印度群岛、瑞典和芬兰、孟加拉湾、地中海以及加勒比海地区。毕竟，这场战争发生在殖民时代，无论在世界的哪个地方，当有一个或几个强国试图建立起自己的统治，战争就会立刻在那个地方出现。即便是本国境内平安无事，但在大海东西两岸的英国和法国依然争执不休。双方进行了数不胜数的调整：为了让法军离开佛兰德，英国不得不从加拿大的布雷顿角岛撤退，用路易斯堡要塞交换马德拉斯。但事情并没有结束，有时候，一场战争的主要目的似乎就是为下一场战争重置背景。

～

　　在将征服所得归还敌人后，法王的人气已经陷入低潮。当他返回巴黎后，其私生活为臣民所知晓，人气自然不会提升。玛丽安妮·德·迈利是四姐妹中最小的，路易十五与她们都有过一段情，并且完全是依照年龄顺序来的。1744 年 6 月，在去往前线的路上，路易在梅斯患了重病，生命一度垂危。法国各地都为国王祈祷，但王室神父拒绝赦免路易的罪行，除非国王宣布与玛丽安妮断绝关系。路易最终妥协了，签署了一份个人忏悔书，后来，这份忏悔书被公开分发，让国王十分尴尬。尽管病愈康复为他赢得了"宠儿"这一绰号，但事实上，他根本不是这样的君主；他的声望受到沉重打击，对此他心知肚明。

但路易十五身边始终不缺情妇，直到 1745 年 2 月 25 日夜，在庆祝王太子与另一名西班牙公主结婚的化装舞会上，路易结识了 23 岁的让娜-安托瓦内特·普瓦松。当时的她已经结婚了，不过这似乎算不上大问题：一个月后，她就被安排住进了凡尔赛宫，就住在路易套间的正上方；7 月，她成了蓬帕杜女侯爵，国王的首席情妇。[①]但让娜与她的前任们截然不同。首先，她留心与王后保持和睦的关系，其他情妇则往往对王后不理不睬。其次，让娜非常聪明，受过很好的教育，在与包括伏尔泰在内的同时代伟大哲学家们交谈时能够做到谈吐自若。当然了，上述这些都不能让她免受因为出身平民阶层而遭到的鄙夷。人们谴责她对国王有极大的影响力，用冷酷的谎言和诽谤来攻击她，拿她那略显不雅的姓氏"Poisson"做文章，取笑其为"Paissonades"（鱼糜）。有些攻击当然令她很受伤，但同时，她清楚自己的位置不可动摇。她

---

① 自亨利四世时代开始，这一直是一个半官方的头衔（拥有者可享有专门的房间）。

知道国王完全依赖自己，不仅仅因为床第之欢，还因为她拥有耀眼的智慧，能给出明智的建议。她时刻陪伴在路易身边——在狩猎场，在赌桌旁，以及在他频繁周游的全国各地。她一边弹奏古钢琴，一边为国王唱歌，组织戏剧和歌剧表演取悦他，安排融洽的私人晚宴，让国王忘却烦恼和令他深感沮丧的家人。总之，她照亮了他的人生。

蓬帕杜夫人的政治影响力也不容小觑，尤其是在高层任命这样至关重要的事务上。此外，她也是重要的艺术赞助人。通过弟弟马里尼侯爵，她参与了新的协和广场（当时被称为路易十五广场）以及凡尔赛宫内小特里亚农宫的设计。她委托弗朗索瓦·布歇和宫廷画师让-马克·纳蒂埃创作肖像画。塞夫勒瓷器厂的建立以及随后的发展在很大程度上也得归功于她，这家瓷器厂很快就成了欧洲最著名的瓷器厂之一。当巴黎高等法院和巴黎大主教试图查禁百科全书时，她极力为该书及其主编德尼·狄德罗辩护，并最终获得了成功。尽管她与国王的情人关系似乎在 1750 年左右结束了，但据说，她依旧会安排情妇们在凡尔赛宫的鹿苑与路易十五幽会。国王依然钟情于她，而且在 1764 年她因肺结核病病逝的弥留之际，路易一直守在她床边。伏尔泰在得知蓬帕杜夫人的死讯后，记录下了自己的哀伤之情："我受到她的恩惠，出于感激之情，我为她哀悼。一个垂垂老矣、几乎无力行走的蹩脚文人仍然苟活于世，而一位正处于事业巅峰期的美丽女人却在 42 岁时就香消玉殒，着实荒谬。"

蓬帕杜夫人是路易十五所有情妇中最耀眼的一位，却不是最后一位。她死后 4 年，一位与她截然不同的女子接替了她的位置。让娜·贝屈，即后来的朗热小姐，凭借一段极为可疑的婚姻，成了巴里伯爵夫人。多年来，她一直是巴黎知名的高级妓女，她的众多情人中包括几位高级贵族。她没有非凡的才智，事实上她从来只想做自己，毫不做作。但国王被她迷住了，给她送上大量华服珠宝，对这些，她始终不会厌倦。不消说，宫廷上下对巴里伯爵夫人非常厌恶，且厌恶程度远超对于蓬帕杜夫人的，她最大的敌人是奥地利公主玛丽·安托瓦内特。1770 年，14 岁的玛丽嫁给了未来的路易十六，有整整两年时间，她拒绝和巴里伯爵夫人说话。

到这个时候，法国扛过了又一次欧洲冲突。在欧洲境内，七年战争于 1756 年爆发，持续至 1763 年；但和此前那场战争一样，它波及了半个世界，尤其在美洲——当时法国在加拿大、伊利诺伊和路易斯安那相当可观的殖民地几乎都被主要集中在东海岸沿线的英国殖民地所包围。那里才是战争真正的起始地，战火随后蔓延至整个欧洲，英军逐步占据上风：他们于 1759 年占领了魁北克（英国将军詹姆斯·沃尔夫在奠定胜局时遇害），并且攻陷了加勒比海地区两座宝贵的产糖岛马提尼克和瓜德罗普。[1]

在欧洲，法国和英国交换了盟国。普鲁士的势力日益壮大，有史以来第一次跻身欧洲主要强国之列，这完全得归功于弗里德里希大王。法国对此深感不安，意识到奥地利的玛丽亚·特蕾莎已不再像上个世纪那样构成威胁，法国便放下长久以来对哈布斯堡王朝的敌意，与奥地利并肩作战，意欲收复西里西亚。奥地利的长期盟友英国则转投其昔日的敌人普鲁士。而包括尼德兰共和国在内的大部分小国都明智地选择远远避开。法国没有可与莫里斯·萨克斯相媲美的将军，战场表现不佳。法军对汉诺威和萨克

---

[1] 七年战争结束后，瓜德罗普被归还，但马提尼克的绝大部分仍然为英国所掌控，直到 1815 年的维也纳会议。

森发起攻击，却在罗斯巴赫耻辱地被弗里德里希大王击败。而一系列海战的失利使路易无法实施入侵英国的计划。

对英法两国而言，1763 年《巴黎和约》的签订标志着战争的结束。"这是法国历史上最令人伤心的和约之一，"莫洛亚写道，"法国失去了其帝国地位，让英国作为帝国崛起。"他的这番话或许有些夸张，但法国失去了加拿大（"几英亩雪地罢了。"伏尔泰不以为然），[1] 以及加勒比海上的岛屿，此外，还被迫割让当时路易斯安那的东半部——差不多是从密西西比到阿巴拉契亚山脉之间的整个区域。

～

1757 年 1 月 5 日晚上 6 点左右，路易十五去王宫探望过女儿后，准备返回他当时居住的大特里亚农宫。当他穿过大理石庭院，走向自己的马车时，突然，一个年轻人从黑暗中冲了出来，持刀刺中他的侧腹。幸运的是，正值隆冬时节，路易裹着厚实的冬衣，大概是多层衣服救了他一命。这个行刺未遂的刺客遭到审讯与严刑拷打，最终在格列夫广场[2] 被处死。这件事本身并不怎么重要，伤口从未引发过密切关注，伏尔泰讽刺说，路易的伤口比"针孔"大不少。但国王本人似乎很困惑。"为什么要行刺我？"他问道，"我没伤害过任何人。"

可他伤害过——受害者就是法国人民。他可能没有意识到，

---

① 法国获准保留纽芬兰附近的捕鱼权，以及圣皮埃尔和密克隆这两个小岛，这样渔民可以在岛上将捕捞的鱼晒干。

② 如今的市政厅广场。

但事实就是，他让他们大失所望。他性格软弱，可能是波旁王朝最软弱的君主，而且他很容易被情妇以及其他人牵着鼻子走。此外，他懒得无可救药，沉迷于狩猎和女色，乐于将国事交由往往很无能的大臣处理。这样做的结果就是战争失利，不断与高等法院发生冲突，而且，持续的战争导致经济陷入停滞。路易十五后期的统治糟糕透顶，他经常得面对他那些令人不快的孩子们发起的阴谋，尤其是王太子和他活下来的长女阿德莱德，幸好前者在36岁时死于肺结核，比路易早9年离世。巴里夫人多少能给他一些安慰，但国王日渐衰老，而巴里夫人无法取代蓬帕杜夫人。1774年春天，路易十五第二次感染天花，他立刻不再与巴里夫人同床，这么做既是避免其感染，也是为了能免除两人的罪——这个可怜的女人要被赦免的罪行可多着呢。5月10日，路易十五在凡尔赛宫去世，终年64岁。

他的儿子，即王太子，先于他去世，王位因此传给了他的孙子：三任统治者，跨越六代人和一个半世纪的时间。路易十六已经20岁了，这一次，法国终于不需要摄政了。众所周知，他是个悲剧人物，同时也是个神秘莫测的人。首先，他根本没有风度。路易十六个头很矮，至多5英尺6英寸；脸部松弛，过度肥胖，考虑到其惊人的胃口，这并不令人意外。[①] 他也属于那种即便有最好的裁缝尽力服务，但身上的衣服总显得极不合身的人。他在宫中蹒跚而行，据说那样子看起来更像是个农民，而非一国之君。他的言行举止也很不恰当，尽管那些与他相熟的人坚称他内心其实极富同情心，温柔善良，但与人交谈时，他总是表现得尖刻粗

---

① 据说有一天早上，在去马场之前，他吃了"四块肉排、一只鸡、一盘火腿、半打酱汁鸡蛋以及一瓶半香槟"。（克里斯托弗·希伯特，《法国大革命》）

鲁，甚至令人讨厌。"我想要受人爱戴。"路易十六在即位时说，可他似乎从来没有为此努力过。他或许缺乏个人魅力，但并不愚蠢：早在成年之前，他就会说流利的英语和意大利语，且酷爱天文学。更让人惊讶的是，他还是个相当专业的锁匠。路易十六虔诚且专一，相较于其祖父，这一点着实让人感到宽慰。但他极其厌倦政治，这或许能解释他那近乎病态的优柔寡断，正是这种优柔寡断最终让他性命不保。

1770 年 5 月 16 日，时年 15 岁的路易十六娶了神圣罗马帝国皇后玛丽亚·特蕾莎 16 个孩子中的第 15 个。这位 14 岁的女大公名叫玛丽·安东尼娅，不过我们更熟悉的是她的法国名字：玛丽·安托瓦内特。双亲在她的教育问题上并不是特别上心，但她比她丈夫聪明得多。她有一双深邃的蓝眼睛、一头浓密的金发和光洁无瑕的肌肤——她具备了受大众喜爱的贵族女士所需的全部条件。只可惜，她是奥地利人，对法国人民而言，奥地利就是坏消息的代名词。这桩与"奥地利人"的婚姻甚至在没落实之前就已经很不得人心了。

路易十六似乎也不喜欢玛丽。和路易十三一样，他害怕女人。他那阴郁的、过度虔诚的父亲时常会提起，他祖父路易十五数不胜数的情妇们是堕落的表现，应该不惜一切代价去避免；路易十六将父亲的告诫铭记于心。他直到婚礼前两天才第一次见到新娘，当时他在贡比涅森林附近迎接玛丽一行。两天后，他们在凡尔赛宫举行了婚礼，但当晚传统的圆房却以极度的尴尬收场：尽管床单上洒了大量圣水，路易却倒头就睡。接下来的 7 年时间里，两人始终没能成功圆房，这期间，双方的名誉都严重受损。民间开始流传小册子，称王后陛下开始去其他地方找乐子，对象不仅有男人，还有女人。据传，她和密友，守寡的朗巴勒亲王妃一道参与淫秽至极的活动。但据说，这些诽谤中伤对亲王妃造成的影响要远胜于王后本人，因为亲王妃生性敏感，有一次她看到画中的龙虾竟然昏了过去。

不过，结婚 8 年后，在 1778 年圣诞节前，国王和王后终于迎来了第一个孩子。1781 年，整个法国翘首以盼的王太子诞生。王后宣称自己感到非常幸福；但她是个精力充沛、活泼好动的人，对学术知识兴趣寥寥，极容易感到无聊，烦琐的宫廷礼仪令她心烦意乱。此外，和路易十六一起生活可不容易。"您知道我在和什么人打交道吗？"她在写给奥地利大使夫人的信中写道，这么做多少显得有些不忠，"这一刻你以为他被说服了，但只要一句话，一个异议，就会让他改变主意，而他本人甚至不会有丝毫的质疑。"若让路易来为自己辩护，他肯定会说自己从一开始就被撕裂了。一方面，是他成长其中的古老的保守传统——最上面是仁慈的、如父亲一般的君主国，其下是贵族阶层、教会和古老的宪政体系；另一方面，是哲学家们提出的新理念——他或许对它们并不完全认同，但他知道它们代表了未来。因此，尽管路易十六的第一届内阁以莫尔帕伯爵为首（此人是一个言辞诙谐、举止轻浮的愤世嫉俗者，22 岁时就当上了海军大臣，但后来因为写了一首针对蓬帕杜夫人的恶毒讽刺短诗而被流放），却也包括了这个世纪最杰出的大臣之一——安-罗伯特-雅克·杜尔哥。杜尔哥很快就当上了财政大臣。他是个不容小觑的人：既是思想家、哲学家，也是作家，其作品流传至今。他警告国王："不能破产，不能增加税收，不能借贷。"他要求全面缩减开支："我将不得不与陛下及其珍视的人与生俱来的善良慷慨做斗争。"为了表明自己是诚心实意要实现这些目标的，他将自己的薪酬从 14.2 万里弗尔降至 8.2 万里弗尔。他在《关于财富形成及分配的思考》这篇文章中阐明了自己的经济哲学观点。"我刚刚拜读了杜尔哥先生的大作，"伏尔泰如此写道，"于我而言，不啻打开了一片新天地。"

如果路易能充分信任杜尔哥，没有异议地接受他的所有建议，那或许可以让他的国家免于一场革命。可惜，杜尔哥在财政大臣这个位置上只待了不到两年时间。他那冰冷的、高人一等的态度常常引起人们的反感。国王伤感地评价道："杜尔哥先生的所作所为导致没有人喜爱他。"他本人很有可能也是这么评价自己的，但原因远不止如此。首先，对于天性奢侈无度的王后，杜尔哥总是加以约束，这使王后对他深恶痛绝。当杜尔哥拒绝任命王后宠信的亲奥地利派舒瓦瑟尔公爵为大臣后，王后勃然大怒。另外，银行家和税吏眼见着自己的利益受到严重威胁；贵族和被路易十六恢复的高等法院痛恨杜尔哥攻击特权；农民则不满他试图建立谷物自由贸易。最后还有其他大臣对他的嫉妒。1776 年 5 月 12 日，杜尔哥被要求辞去职务。他生前目睹了自己的所有心血都付诸东流，他极力反对的弊端都被刻意恢复了，而法国坚定地朝着自己历史上最大的灾难迈去。

但 1776 年之所以被载入史册，不仅仅因为杜尔哥下台这件事。七年战争结束后，法国在大西洋对岸蒙受了巨大损失，考虑到这一点，法国从国王开始由上至下都支持美国独立战争就不足为奇了。他们已经秘密为大陆军运送军火和补给有一段时间了。本杰明·富兰克林在签署《独立宣言》后不久就以第一位美国驻法大使的身份抵达巴黎。早就声名远播的他受到了热烈欢迎，并很快被接纳为法国科学院成员。自然而然地，他见到了伏尔泰，两位老人在热情的掌声中公开拥抱。起初，法国对是否积极参战表现得犹豫不决。但到了1777年12月，英国将军约翰·伯戈因及其率领的6200名士兵在萨拉托加两次作战失利，随后选择投降，路易十五因而鼓起勇气签署盟约，承认美国独立，法国正式参战。接下来的两年时间里，一支由7000人组成的法国军队（远超乔治·华盛顿所能夸耀的人数）在罗尚博伯爵让·巴蒂斯特将军的带领下，伯爵又在时年23岁的拉法耶特侯爵的有力协助下，[①]与未来的美国总统并肩作战。同时，一支法国舰队则成功阻止了英国人为康沃利斯侯爵解围，这位侯爵最终在约克镇围城战后投降。

　　形势似乎被扭转了。英国不再是绝对的海上霸主，法国以自由捍卫者的姿态脱颖而出。然而，此时的法国深陷前所未有的债务危机，以至于不得不向一位外国人求助。此人便是雅克·内克尔，这位性格沉闷、能力出众且极为富有的瑞士银行家现在担任法国的财政总监，由于他是新教徒，因此无法出任财政大臣。内克尔接过了杜尔哥的职责。他的妻子苏珊·屈尔绍和女儿杰曼·德·斯塔埃尔与他一样出众，不过她们比他有趣得多——苏珊因其著名的沙龙而有趣，杰曼未来将因其引人注目的书作、无可救药的浪漫主义情怀和政治热情而有趣。1777至1781年的4年间，内克尔独掌法国的国库。他于1781年发表了有史以来第一份国家财政公开报告，内克尔称之为《致国王财政报告书》。这份报告取得了令人意想不到的巨大成功，对很多人而言，这是他们生平第一次对国家经济状况有所了解。遗憾的是，报告本身谎话

---

① 华盛顿的拉法耶特公园立有一尊法国赠送给美国的罗尚博雕像。拉法耶特本人的雕像可以在同名广场中看到。

连篇。法国其实背负了 4600 万里弗尔左右的赤字，但内克尔宣称国家负债为 1000 万里弗尔。他本应唤醒国王及其臣民，让他们意识到危险的逼近，却选择了哄骗他们，让他们产生一种虚假的安全感。

没过多久，内克尔也下台了，并不是因为造假账，而是因为他和杜尔哥一样，沦为宫廷钩心斗角的牺牲者。1787 年，他被流放至巴黎 40 里格以外的地方。他的继任者夏尔·亚历山大·德·卡洛纳的境遇也好不到哪里去：他提出的改革方案包括向贵族阶层和神职人员征税的新土地税政策，因此立刻遭到否决。卡洛纳的继任者是图卢兹大主教洛梅尼·德·布里耶纳。此人毫无原则可言，还很可能是一位支持不可知论的高级神职人员，高等法院对他的憎恶程度甚至超过此前任何一位出任该职务的人。绝望之余，路易十六召回内克尔，至少后者即便在绝境中也能鼓舞人心。内克尔重新上任后立刻有慷慨之举，从其个人财产中拿出 200 万里弗尔捐给法国国库。这令所有人都大为振奋，他设法让这种状态持续了一段时间。但厄运即将临头——在劫难逃的不仅是他，还有整个法国。

三级会议由贵族、神职人员和其他所有人这三个阶层构成，上一次召开会议还是在 175 年前，即 1614 年。它之所以停开那么长时间，在很大程度上是因为其本身已经不具备影响力了。本质上说，三级会议不过是法王身边的一个咨询机构罢了。在超过一个半世纪的时间里，国王根本不需要三级会议的建议。但眼下，

1789 年 5 月 5 日，他需要三级会议的建议，因为当务之急是采取果断的行动。显然，这个国家已经开始腐烂了。

　　到底出了什么问题？法国仍然是欧洲最强大的国家，拥有 2600 万人口（英国只有 1200 万）。美国之所以能在不久前赢得独立战争，很大一部分功劳得归于法国。这个国家的声誉从没像现在这么高过，其文化影响迅速传遍整个北美大陆。既然如此，为什么法国上下会有满腔的不满情绪？首先，君主国令法国人大失所望。这并不意味着法国人是反对君主制者，他们根本不是这样的人。不过法国人希望国王能站在他们这一边，能保护他们免受贪婪的税吏和恶毒的贵族的盘剥。然而，自从决定居住在凡尔赛宫后，国王就将自己与人民隔绝开来。他将贵族召集到身边，使这些人与其拥有的土地以及他们本该关心的农民疏远。接下来就是教会了。在约 2600 万人口中，神职人员不足 10 万，却拥有超过十分之一的土地。简言之，这些人守着巨额财富，但这些财富被真正用于教区居民的少之又少。教会向收成征收什一税，由农民缴纳，但教会本身和贵族一样，基本上享有免于纳税的特权。每隔 5 年，教会会给予国库一笔自愿捐款，但由于具体数额是由教会会议决定的，因此很少达到过很高的数额。枢机主教和大主教活得如同斗鸡一般，他们的言行举止常常令虔诚的信徒，尤其是低级别的神职人员震惊。他们似乎没有意识到时下已进入启蒙时代，他们要对付的是伏尔泰、卢梭和百科全书派的著作。与此同时，在法国很多地方，农民生活极度贫困，衣衫褴褛，打着赤脚，背负着贵族无须承受的税收重担，用托比亚斯·斯摩莱特的话来说，他们看起来就像是"饿坏了的稻草人"。

　　三级会议重新召开，第三等级成为主要的讨论议题。前两个等级，即贵族和神职人员，几乎一如既往，但是由余下的法国人组成的第三等级在过去一个世纪里发生了剧烈的变化。当三级会议在遥远的过去召开时，对第三等级而言，不仅代表名额与票数不及前两个等级，他们还在很大程度上被无视了。但现在，在意识到自己的重要性大幅提升后，第三等级的代表人数也翻了一番，不过没有人透露与会代表是否是按人数进行投票的。（若是按过去的方式，情况并不会比之前好到哪里去。）在 1789 年 1 月发表的一份极具影响力的小册子《什么是第三等级？》中，西耶斯神父进一步强调了第三等级的重要性。究竟什么是第三等级？西耶斯用一个词回答："一切。"不过，他随后补充道："第三等级在如今的政治秩序中的地位是什么？什么都不是。第三等级要求什么？获得某种地位。"文章用词温和，因为神父反对用过于激烈的言辞攻击那些特权阶级。更好的选择是审时度势，步步为营，先改革税制，提升司法公正性；往后还有时间做进一步改进。但文章隐含的意思已经很明确了。

随着三级会议的召开，法国人要求进行彻底变革，但他们最不想要或者说最不希望看到的就是一场革命。投石党运动之后，他们还未经历过真正的暴行；眼下，摆在他们面前的榜样是美国。诚然，美国人不得不为获得独立而战斗，但同时他们避免了严重的内乱，在合乎情理的哲学原理的基础上制定了宪法。法国当然可以效仿，不是吗？如果路易十六对自己的国家和人民有哪怕一星半点儿的了解，答案或许是肯定的。市民阶级——第三等级——和一个世纪前相比，已经今非昔比：他们获得了财富、文化以及可观的权力，开始寻求平等权利和能者上位。倘若路易十六能意识到这一点，他或许能拯救君主国。然而，他认同特权阶级，这个错误是致命的。

第 13 章

"我确实是你们的国王"

1789—1793 年

随着我的死亡，君主制的最后残余也将消亡。

——米拉波在临终前对塔列朗如是说

1791 年 4 月 4 日

这次三级会议注定要失败，[①]首先一点，它选错了会址。国王决心继续在当地森林的狩猎活动，看上去，他或者说其他任何人都没有想到凡尔赛宫找不到可容纳近千名与会代表[②]的空间，也没有想到当第三等级代表目睹了奢靡的宫廷生活后，他们会是何等的震惊和厌恶。这些人还遭到了羞辱：他们被要求穿黑衣，在

[①] 能够完成这一章及下一章，我要感谢我的朋友、已故的克里斯托弗·希伯特，他的著作《法国大革命》是到目前为止我所知的关于这一主题的最有用作品。

[②] 精确数字为：贵族 188 人，神职人员 247 人，第三等级 500 人。

教士的法衣和贵族招摇炫目的绫罗绸缎及天鹅绒面前相形见绌。并且他们发现自己被限制在一个远离国王的单独场所内。之后的会议本身沉闷乏味。国王的讲话冗长且沉闷；接下来内克尔的发言更是一场灾难。他本应宣布一项令人振奋的新经济政策，结果在3个小时多一点儿的时间里，他只是一个劲儿地引述事实和数据，令所有人都心生厌倦。唯有当普罗旺斯第三等级的代表米拉波伯爵奥诺雷·加布里埃尔·里克蒂起身时，大家的精神才重新振作起来。

按理说，米拉波应该代表贵族，但其他贵族以其生活放荡、有暴力倾向且风流成性为由拒绝接受他。乍一看，他似乎不太可能是那种风流成性的人。米拉波长得奇丑无比，脑袋很大，脸上布满了3岁时感染天花留下的疤痕。他以此为武器，喜欢说"丑陋就是力量"，这很符合他的作风。米拉波并没有因为贵族同僚的排斥而气馁，他向普罗旺斯的第三等级发表演说："好吧，我是条疯狗，这给了你们更多选我的理由。我的尖牙能快速解决专制和特权。"他立刻当选为普罗旺斯地区艾克斯和马赛的第三等级代表，并且他就要显示出他是三级会议到目前为止最出色的演说家了。很快，代表提议从性质和名字上对第三等级进行改革。经过一番热烈讨论后，第三等级决定更名为"国民议会"——由"人民"而非不同等级组成的团体。为了增加成员人数，国民议会向神职人员发出邀请，约12名教士加入其中。

第三等级的这一举动并不激进，却吓坏了国王，王后更是惊恐万分。如果让路易十六独自处理，他可能会一如既往地予以默然接受，但家人说服他表示立场。因此，第三等级的行为被宣布是违法的，国王陛下决定召开所谓的"御前会议"，三个等级都要参加。在御前会议召开之前，会议厅将关闭。次日上午，代表们发现会议厅的门被锁上了，他们犹豫了一会儿。然后，在约瑟夫-伊尼亚斯·吉约丹医生（此人后来还将因为另一件有关联的事而出名）的提议下，他们转移到附近最大的室内网球场。在那里，代表们发誓"将在任何条件允许的地方召开会议，不制定出一部王国宪法并使宪法得以实施，议会决不解散"。①

5月23日，路易十六主持召开了御前会议。这又是一场灾难。国王先是明确表态，未来所有的投票将按照等级计票，而不是人数，这意味着第三等级的处境和之前没什么变化。接着，国王宣称三级会议可以讨论税收问题，但不能讨论特权问题。未来任何改革都应当按国王的意志，而不是顺应民众要求。"没有我的明确批准，你们的任何计划或行动都无法成为法律。"路易十六总结道。说完他离开会议厅，贵族和神职人员紧随其后。第三等级固执地留在会议厅，当被要求离开时，米拉波回应："告诉你们的主人，我们应民意来此，除非受到刺刀驱逐，否则我们不会离开！"没有人会料到他竟会如此答复路易十六。而国王的反应只是耸耸肩。"该死的，"他嘟哝道，"如果他们想留在那里，就随他们去吧。"但4天后，大多数神职人员和47名贵族就加入了国民议会，国王知道他再也控制不住局面了。

但玛丽·安托瓦内特和认同她的"王后党"不愿放弃。7月11日，内克尔被免职。尽管在凡尔赛宫开会期间表现糟糕，可他仍然被视为一个能够创造奇迹的人；因此当消息传到巴黎时，人们惊愕不已：股市暴跌，证券交易所关闭，暴乱在整座城市蔓延

---

① 再一次，网球在法国历史中扮演了重要的角色。

开来。这下，路易真的害怕了，他召集军队（共有 16 个团，其中大多数为外国雇佣兵）来维护秩序，但他们在路易十五广场遭到如骤雨般的石头攻击；在杜伊勒里宫附近，一支骑兵队还遭到了花园椅子的轰炸。同一时间在王宫外，一位名叫卡米耶·德穆兰的年轻律师号召民众拿起武器，设置街垒。他将栗树叶扭成一个简单的帽徽，将其插在自己的帽子上。此举很快就成为一个象征：此后，市民若想走在街上不被人吐口水的话，就得戴上这样的帽徽。这时最不祥的事发生了，暴民冲进枪炮匠的店里，将之洗劫一空；他们冲向荣军院，拖走了至少 10 门大炮和 2.8 万杆火枪。7 月 14 日清晨，暴民向巴士底狱进发。

巴士底狱建于 14 世纪，它最初是百年战争期间用于保护巴黎的军事堡垒，1417 年被宣布为国家监狱。路易十四曾用巴士底狱来关押通过密札被逮捕但没有犯下任何可受普通法惩罚的罪行的上层阶级成员。在《南特敕令》被废除后，这所监狱里关押的都是顽抗的胡格诺派教徒。但此刻，这些人都被转移走了，监狱里再一次关进了各式各样的囚犯——不过到 1789 年春末，这里只剩下 7 名犯人。狱里的条件算不上太糟糕。令人胆战心惊的地牢已经多年未使用过了；付得起钱的犯人可以住得很舒服，分到有挂毯和地毯的舒适房间，获准穿自己的衣服；狱里甚至还有图书馆；食物也很不错，而且有特权的犯人往往有机会受邀与监狱长共进晚餐。不过这里终究还是巴士底狱，阴郁地矗立在巴黎市中心，如同一片巨大的雷雨云，时时刻刻提醒着人们国王所拥有的权力与威严，向那些胆敢冒犯他的人发出可怕的警告。

到上午 10 时左右，巴士底狱外已经聚集了约 900 人。监狱长洛奈侯爵只有两天的食物补给，且监狱内没有水源。他清楚自己根本可不能抵御围攻，便邀请一两名攻击者进入巴士底狱，让他们亲眼看到自己根本没有特殊的防御措施。但他拒绝交出由他负责看管的枪支和火药，而是等候着来自凡尔赛宫的指示。不幸的是，他很快就发现暴民并不打算继续等待。午后，攻击者冲进巴士底狱外面的庭院，局势一片混乱，双方都开火了。洛奈侯爵别无选择，只能尝试进行投降谈判。可当他在谈判时，吊桥突然掉下来。暴民冲进来抓住他，将他拖到外面的街上，有人对着他的腹部狠狠刺了一刀。后来，他被斩首，脑袋被长矛戳着在巴黎游街示众。没有人进行抵抗了。巴士底狱陷落了。

　　不消说，国王这一整天都在打猎，返回王宫后，他直接上床睡觉。直到次日早晨，他才得知这一消息。接下来就发生了那段著名的对话。"是发生叛乱了吗？"路易十六睡眼惺忪地问拉罗什富科公爵。"不是，陛下，"公爵回答道，"这是一场革命。"突然间，国王似乎意识到情况的严重性。他从床上跳起来，以不寻常的速度穿上衣服，匆匆赶去通知国民议会，自己已经下令从巴黎和凡尔赛宫撤军。国王的这一决定受到了在场人士的热烈欢呼，一个由 90 人组成的代表团立刻带着这一好消息前往巴黎。不久前的美国独立战争的英雄拉法耶特将军向聚集在市政厅前的人们大声宣读了国王刚刚在凡尔赛宫发表的讲话。他当场被任命为民兵队司令，没过多久，民兵队就成为国民自卫军。自卫军成员被要求戴代表巴黎的红蓝双色的帽徽，后来又增加了一道象征国王的白色。因此出现的蓝白红三色组合同时代表了新旧法国，时至今日仍然是法国国旗的组成色。

　　然而，巴黎和凡尔赛宫一样难以讨好。国王路易拒绝将内克尔召回政府，这成为民众不满的集火点。他们为何要坚持这一条件，这至今仍然是个谜。内克尔并不是那种可以创造奇迹的人。他故意误导法国人民，使他们对自己的经济状况没有清晰的认识。在三级会议上，他的发言让所有人大失所望。但不知什么原因，他被视为不可或缺的关键人物。"先生们，"拉利-托勒达勒侯爵宣布，"正如我们所看到、所听到的那样，从街巷到广场、从码头到集市，到处回响着'让内克尔回来'的呼声！人民的要求就是命令：我们必须要求他复职。"

于是，窘迫的国王召回内克尔，次日上午，他穿过群情激愤的人群返回巴黎，"国家万岁！代表万岁！拉法耶特先生万岁！"这样的呼声不绝于耳。明显的是，"国王万岁！"的呼声少得可怜。英国大使多塞特公爵记录道，"陛下更像是一名俘虏，而不是一位国王"，他如同"一头被驯服的熊"被引领着。抵达市政厅后，有人将三色帽徽递给路易十六，他立刻接过来，插在自己的帽子上。在结结巴巴地发表了一番简短的讲话后，他走到了阳台上，而此时戴上了帽徽的他受到了热烈的欢呼。恐怕从未有人料到过路易十六会如此受欢迎。

但这种良好局面没能持续多久。国民议会获得了实行改革和制定宪法的新权力，然而对城市里的穷人和法国各地的农民而言，日子一天比一天难熬。一位威尼斯大使写道："革新想要给法国的第一个馈赠就是可怕的无政府状态……行政机关、法律、地方法官或警察统统不复存在。"法国各地都爆发了暴乱。在特鲁瓦，市长被杀；在雷恩，王室驻军集体逃走；在马赛，驻军则被一群武装暴民强行解散。人们闯入监狱，释放囚犯，将军火库洗劫一空，占领了各地的市政厅。在巴黎，圣但尼的副市长在街头遭到暴民追逐，最后逃到教堂塔楼顶，在那里，他惨遭砍头。据传，路易十六政府中一位名叫富隆·德·杜埃的大臣曾说过这样的话，要是人们觉得饿，就应该让他们吃干草。结果，人们往他的脖子上套了一个荨麻圈，在他的手里放了一把蓟，往他的嘴里塞了一把干草，然后将他吊死在路灯柱上。

8 月 4 日，曾在美国与拉法耶特并肩作战的年轻的诺瓦耶子爵向国民制宪议会提议，废除所有封建权力。他得到了法国势力最大的土地主艾吉永公爵的支持。诺瓦耶的提议引发热烈反响；贵族和教会要人一个接一个站出来表态，宣布放弃他们所享有的权利和特权，会议一直持续到深夜。最终，拉利-托勒达勒侯爵给主席传了个话："暂停会议，他们全都疯了。"次日早上，不出所料，大多数人都改变了主意。接下来几天里，弃权声明被大幅修改。不管怎样，弃权声明都会遭到禁止，因为国王不答应。"我绝不会同意针对我的教士和贵族进行的掠夺行径，"他告诉阿尔勒大主教，"我也不会批准企图掠夺他们的法令。"

然而，几天后发生的一件事让路易十六再度受到严重的惊吓。10 月 5 日，大雨滂沱，大约 6000 名劳动妇女——渔妇、清洁工、集市摊贩、妓女——向凡尔赛宫进发。这场游行之所以爆发，表面上是因为有传闻称，在为新近抵达凡尔赛宫的佛兰德军团举办的欢迎宴会上，三色帽徽遭到亵渎，被踩在脚下。但不管怎样，游行注定要发生。她们拿着镰刀、长矛和其他任何可以找到的武器，直奔国民制宪议会，一路高呼口号，喊着要求得到面包。米拉波花了两个小时才让她们平静下来，说服大多数人退出王宫——即便如此，他也没能劝退所有示威群众。最终，国王同意接见 6 名谨慎挑选出来的妇女代表，她们根本就不是那种典型的下层妇女。路易十六用各种承诺哄骗她们，但其实他本不需要费口舌。王宫外的民众依然群情激愤。

更糟的还在后头。次日清晨，国王和王后被阵阵"奥地利人去死吧"的怒吼声惊醒。王子庭院的一扇门显然没有上锁，一些更为暴力同时可能喝得更醉的女人闯了进来，冲上通往王室套间的楼梯。玛丽·安托瓦内特吓坏了，匆忙穿上几件衣服，跑到国王的套间，在那里她看到路易抱着 4 岁的王太子。[①] 此刻，几个小时前带着国民自卫军赶到王宫的拉法耶特已经在一定程度上恢复了秩序，但示威群众的喊声仍不绝于耳，子弹横飞；拉法耶特清楚除非国王和王后在阳台上亮相，否则示威者不会罢休。这么做需要极大的勇气，不过两人都同意了。王后没有畏缩，在阳台上站了至少两分钟，对她而言，每一秒钟都可能是她最后的时刻。随后，国王重新出现，迫于形势，他宣布："我的朋友们，现在，我将带着我的妻儿返回巴黎。"

当天下午，雨水依旧，国王一行人离开凡尔赛宫，拉法耶特骑马在一旁护卫，余下的示威妇女跟在后面。他们先到了市政厅，然后前往被弃用很久的、阴郁冷清的杜伊勒里宫。保护国王一家的任务交给了仁慈的拉法耶特。但他们再也见不到凡尔赛宫了。

～

王室成员们发现，杜伊勒里宫与在邻近的马术学校开会的国民制宪议会离得很近，这让他们很不舒服。这个时候，国民制宪议会几乎一直在开会。一位来自阿拉斯的名叫马克西米利安·罗

---

① 王太子的哥哥死于 1789 年 6 月。

伯斯庇尔的危险的年轻律师引起了极左派的极大关注。右派依然由米拉波主导。在国王抵达巴黎的几天后，米拉波为他起草了一份咨询备忘录。这份备忘录认为国王必须立刻离开巴黎，前往远没有那么极端的外省，且务必对请愿做出积极的回应。另一方面，他不应该越过法国边界："国王是其人民的唯一守护者，不应逃离人民。"最后，国王陛下必须接受革命已是板上钉钉的事实，他绝不能被外界认为是反革命者。"在所有法国人心目中，君主和人民是不可分离的。"王后对此的第一反应是："我认为我们永远不应该陷入不得不向米拉波先生求助的难堪境地。"不过她的态度很快就发生了改变。米拉波的生命只剩下 6 个月，但他在死前做出了这样的评论："国王只剩下一个支持者了，那就是他的妻子。"

与此同时，令人惊讶的是，巴黎上层阶级仍像往常那样过着漫不经心的浮华生活。政治和文学沙龙照样举办，咖啡馆里依旧人头攒动。诚然，法国大革命确实改变了一些事：剧院不再上演莫里哀（贵族气息过于浓郁）和博马舍（其创作的《费加罗的婚礼》被认为是"危险地让人联想到反社会特质"）的作品。时代的动荡在时尚层面也有所反映：女性戴上自由帽和代表宪法的首饰，蓝白红三色随处可见。6 月 20 日，在部分贵族的敦促下，国民制宪议会废除了所有象征旧制度的头衔、纹章和骑士勋章。但人们的士气依旧高昂，就连国王的信心似乎也再次提升，街头偶尔会传来对国王的欢呼。

1790 年 7 月 14 日，巴士底狱被攻占一周年之际，法国举国上下展开庆祝，来自各地的数千名国民自卫军成员和士兵聚集在巴黎，参加"联盟节"。当这个大日子到来时，大雨倾盆，但至少天气暖和，似乎没有人介意淋雨。庆祝仪式以弥撒开场，由欧坦大主教夏尔·莫里斯·德·塔列朗-佩里戈尔主持（在后面的叙述中，我们还将听到更多关于此人的故事）。接下来，在 1200 名乐手伴奏下，人们先是唱了《感恩赞》。然后是感觉无休无止的高官列队宣誓效忠国家、法律和国王。最后，路易本人起身宣告："我，路易，法兰西国王，庄严宣誓将用我被赋予的权力维护宪法，它由国民制宪议会颁布，并且为我认可。"怀抱 5 岁王太子的王后随后也进行了表态。"这是我的儿子，"她说，"我和他完全同意国王的意见。"这一重要的仪式就此结束。此后的两天，人们沉浸在游行、阅兵和烟火表演中。他们或许认为，过去两年的艰辛苦痛终究是可以被遗忘的。

但并没有。没过多久，新问题出现了：这一次是教会。早在 1789 年 11 月，国民制宪议会就宣称教会所有财产"交由国家处置"。12 月，国民制宪议会开始变卖教会地产；若照此发展下去，地价就有可能严重下跌。大约在同一时期，国民制宪议会进一步立法，废除隐修誓言的合法性。1790 年 2 月 13 日，所有修会被解散。修士和修女被要求还俗结婚，如果可以的话，还要生孩子。7 月 12 日，国民制宪议会通过了名字具有误导性的《神职人员民事组织法案》，该法案实际上将所有余下的教士转为政府雇员。国民制宪议会还颁布法令，从此以后，堂区神父和主教（此时人数已骤减）应当由其所属堂区和教区选出，并且他们不应再承认罗马教皇的权威。最后，国民制宪议会要求所有神职人员应当发誓忠于新宪法。少数教士照做了，但绝大多数表示拒绝。结果是法国出现了灾难性的分裂。分裂最初限于教会内部，但很快就蔓延至俗众当中，在地方人群甚至全法的家庭中都出现了。可怜的路易和往常一样优柔寡断，烦恼不已。他是个十分虔诚的人，比起王位，他更担心自己无法获得永恒的救赎，他是否能由衷地接受宣誓效忠于新宪法的教士举行的圣餐礼？这么做难道不会危及自己不朽的灵魂吗？不久前，他写信给教皇庇护六世寻求指引，却没有收到答复。最后，在多数（但不是全部）大臣的建议下，路易十六极不情愿地在法令上签名。之后没多久，国王收到了期待已久的教皇回复，是他本可能预计到的唯一答案：绝对不能签名。接着，教皇又发来一封信，中止所有接受《神职人员民事组织法案》的神职人员的职务，并严厉谴责新的教士选举提案。路易立刻将自己身边宣誓效忠新宪法的告解神父换成了没有宣过誓的神父，但他依然深感苦恼。

当教皇庇护六世的第二封信被公开后，它果不其然激发了巴黎人的反教权情绪。大范围的骚乱再度爆发；在王家宫殿的花园里，教皇像遭焚烧；女修道院遭闯入，修女遭到侵犯；一颗头颅被扔进罗马教廷使节乘坐的马车里；暴民砸毁圣叙尔皮斯教堂的大门，强迫管风琴手演奏革命歌曲《一切都会好的》①。他们要求国王辞退其新聘用的告解神父，并谴责国王为叛徒，因为他藐视法国法律，从一位效忠教皇而非国家的教士那里领取圣餐。复活节时，国王及其家人试图离开杜伊勒里宫，前往圣克卢参加弥撒，却发现宫殿大门紧锁。尽管有拉法耶特从中斡旋，但暴民态度坚决，拒绝让国王的马车通过。僵局持续了近两个小时，这期间，王后想尽办法安抚抽泣的王太子，可最后，他们仍不得不打道回府。

---

① 有些出乎意料的是，这首歌的灵感来自本杰明·富兰克林。当被问及美国独立战争的进程时，他会以"Ça ira, ça ira"作答，字面意思是"会过去的"，但实际意思是"一切都会好的"。这首歌最初是在"联盟节"筹备期间流行起来的，不过很快就成为法国大革命的颂歌。

到此时，路易十六清楚自己永远不可能接受革命，而革命也不可能接受他。他还记得米拉波的建议：只要他能逃到边境，与军队会合，或许就能说服奥地利皇帝下令入侵法国，毕竟后者是其大舅子。西班牙国王十之八九也会提供帮助。不用说，玛丽·安托瓦内特十分热情地赞成这个主意，唯一的问题是如何将其付诸实施。正如他们所看到的，杜伊勒里宫已经被严密看守起来，有几个侍从可能是拿了钱的告密者。国王手头几乎没什么钱，王后若变卖其所拥有的珠宝，势必会引起怀疑。一家人——路易决意一家人不应该分离——要想成功出逃，就需要所有可能得到的帮助。

接着，仿佛如神迹降临一般，合适的人在合适的时机出现了。他就是弗雷德里克·阿克塞尔·冯·费尔森，一个身材高大、相貌极为英俊的瑞典贵族，他曾追随罗尚博将军在美国征战，此时是瑞典驻法兰西宫廷的特别代表。他是王后的密友，是她周日牌会的常客，自然有人说他是王后的情人，或许他真的是。他同样认为国王一家必须逃离巴黎，并且立刻借给他们所需的钱。他还答应安排一辆足够大的马车，能够容纳国王、王后、他们的孩子、国王的妹妹伊丽莎白以及孩子们的家庭教师图泽尔公爵夫人。他们计划出逃的时间定在 1791 年 6 月 20 日周一。当晚 11 点 15 分，趁警卫换岗时，他们中的 5 个人从侧门溜了出去，而王太子穿着裙子，扮成一个女孩。为了等王后，他们又耽搁了半个小时，不过王后最终还是现身了。费尔森扮成普通的马车夫，将国王一行人带到圣马丁门外指定的会面地点，那里有一辆大型马车 ① 会载

---

① 人们总是称这是一辆四轮双座篷盖马车，但这种马车通常只能载 2 名乘客。要能容纳 5 名乘客，就必须是一辆大得多的马车，类似驿站马车那种大小。就我们所知，这种马车需要 6 匹马才能拉得动。

他们前往蒙梅迪，这是一个位于法国东北边境、防御森严的保王党据点。

次日清晨，一位贴身男仆打算去叫醒国王，却发现他的床是空的，国王一家出逃的事便被发现了。国民制宪议会立刻发出警告，派人四下搜寻。自此，这场行动先是一场追捕，进而成了一场在国王一家赶到安全地带之前抓住他们的竞赛。对这几位逃亡者而言，不幸的是，他们所乘坐的马车速度太慢了：在坑坑洼洼的外省道路上，他们一小时能走超过 5 英里已经很走运了，至多能行 10 英里。在一年中最炎热的时节，在马车上度过极不舒服的24 小时后，他们抵达了小村瓦雷讷①，唉，瓦雷讷人正等着他们呢。当他们在前一个驿站阿戈讷地区克莱蒙为马车换马时，年轻的站长让-巴蒂斯特·德鲁埃通过印在纸币②上的路易十六的肖像认出了国王。在妻子的建议下，德鲁埃当时什么也没说。但过了一会儿，他愈发肯定自己没有认错，便和一位朋友策马追赶。他们超过了国王乘坐的马车，到达瓦雷讷后，他们立刻向当地一位名叫索斯的杂货商发出警告。马车被拦停了，乘客们被带到索斯的杂货店里。索斯同时让人给当地法官雅克·德泰传信，此人曾在凡尔赛宫住过，经常见到国王和王后。德泰立刻认出了他们，双膝跪地。"没错，"路易十六说，"我确实是你们的国王。"破晓前，两位官员抵达瓦雷讷，带来了国民制宪议会的命令，要求逃亡者立即返回巴黎。国王及其家人没能走得更远，他们的出逃以失败告终。

---

① 2012 年，瓦雷讷的人口为 656 人。

② 这种纸币被称为"指券"，1789 至 1796 年发行。

返程如同一场噩梦。6 月骄阳似火，炙烤着马车黑色的车顶，车厢内的气温之高，几乎让人难以忍受。但沿途愤怒的民众呐喊着，朝马车啐唾沫，用拳头砸车厢两侧，使车里的人根本无法开窗。当一行人抵达蓬塔宾森时，两名国民制宪议会成员爬进车厢，王后不得不将王太子抱到膝上，原本就不通风的空间变得更加令人窒息。其中一人名叫热罗姆·佩蒂翁，他至少解答了一个想必人人都会不由自主好奇的问题：

> 我们在马车上待了整整 12 个小时，由始至终都没有离开过半步。尤其让我惊讶的是，王后、伊丽莎白夫人和图泽尔夫人都没有流露出哪怕一丝想下车的意愿。王太子小解了两到三次。国王本人解开他的马裤扣子，让他往一个大银杯里小便。

这样的折磨持续了 5 天之久，国王一家终于回到巴黎，此时的他们早已筋疲力尽，受尽羞辱。民众的反应更加强烈，继续捶打马车，高声辱骂，直到马车最终驶入杜伊勒里宫。在那里，国王一家至少性命暂时无忧，但到这个时候，他们已经彻底垮了，身心皆垮，一点儿斗志都没有了。

～

国王出逃瓦雷讷未遂后不久，国民制宪议会外交委员会的重要成员雅克·皮埃尔·布里索起草了一份请愿书，称路易十六出逃实际上已经让他失去了担任国王的资格；1791 年 7 月 17 日周日，大量民众聚集在战神广场，在请愿书上签名，有很多人只是画上一个笔触有些颤巍巍的"X"。演讲自然必不可少，先是来自卡米耶·德穆兰的，接着是来自高大魁梧、脸上凹凸不平的年轻革命者乔治·丹东的，后者的影响力正在迅速增加；但这场集会很快就失控了。国民自卫军出动，却遭到猛烈的石头攻击。为了恢复秩序，拉法耶特命令手下往空中开几枪，但暴民就是暴民，他们根本没有留意到枪声。于是，拉法耶特命令自卫军调低枪口，朝人群开枪。大约 50 名示威者中枪而亡。场面很快得到了控制，但拉法耶特始终没能获得人们的原谅。德穆兰躲了起来。作为导致这场骚乱的主要幕后推手，丹东逃到英格兰，这年夏天余下时间，他都躲在那里。

自法国大革命爆发后，玛丽·安托瓦内特的哥哥，神圣罗马帝国皇帝利奥波德就一直关注妹妹及其家人的安全，他越来越担心，但唯恐干涉法国国事会让他们的处境更加危险。然而，在瓦雷讷的灾祸后，利奥波德觉得有必要表达自己的担忧。因此，他邀请普鲁士国王弗里德里希·威廉以及路易的弟弟阿图瓦伯爵[①]来到德累斯顿外围的皮尔尼茨城堡，8 月 27 日，三人在这里发表联合声明。签署这份声明的三方宣称，法国国王路易十六所处的困境已经成为"欧洲所有君主关心的问题"，如果其他强国愿意合作——这恰是困难所在——他们将做好恢复法国真正君主制的准备。利奥波德很清楚，伦敦的威廉·皮特政府绝对不会支持这种行动，但他希望这份声明至少能给予妹妹、妹夫以及流亡海外的法国人一定程度的安慰。他不认为这么做会带来严重的后果。

---

① 日后的国王查理十世。

可惜他错了。事实证明这是一次可怕的错误判断。在法国，国民制宪议会并不知道皮特的态度，大部分人恐怕都没听说过这号人物，他们认为这份联合声明明确表明奥地利和普鲁士打算宣战。自18世纪80年代后期开始，法国各地的政治俱乐部如雨后春笋般涌现，此时在这些地方，人们围绕开战的利弊展开无休止的讨论。早期最具影响力的俱乐部是左翼的宪法之友协会，其成员在圣奥诺黑路的雅各宾修道院聚会，因此通常被称为"雅各宾派"。宪法之友协会最初由来自布列塔尼的反保王党代表创立，很快就发展成为全国性的共和运动组织。协会的大多数成员都反对战争；但它并非只有单一派系的组织，还包括吉伦特派——这一派别因其大多数重要成员是来自法国西南部吉伦特省的立法议会代表而得名。吉伦特派也支持废除君主制，但他们并不是雅各宾派那样的有组织的政治团体，而只是一个由个人松散联系而结成的政党，其中包括颇具影响力的让-马利·罗兰及其妻子玛丽-让娜，后者举办的沙龙将成为吉伦特派的主要聚会地。他们倾向于发动战争，希望以战争为催化剂让当时极为动荡的法国大革命转化为更加坚实且持久的形式。从皮尔尼茨传来的消息很可能进一步坚定了他们主战的决心。1792年4月20日，国王向立法议会发表讲话：

> 先生们。你们刚才已经听到了我与维也纳宫廷的谈判结果。最终的结论经由我的委员会一致通过，而我本人予以采纳。该结论顺应立法议会数次表达过的意愿，且与王国各地大量民众向我表达的观点相符。所有人都宁愿开战，也不想看到法国人民的尊严继续遭到羞辱……我已尽全力维护和平，

这是我应尽的义务。现在我依照宪法条款，向立法议会提议发动战争。

台下传出几声"国王万岁"，这在当时实属罕见。就这样，战争开始了。

鉴于法国混乱不堪的现状，光是觉得其军队可以与欧洲最强大的两支力量抗衡就已经是一个让人觉得荒唐的想法了。3000 多名军官选择辞职，拒绝在漏掉了国王的名字的新效忠誓言上签字。武器弹药储备不足，主要因为其中的很多被盗了。并且受当时盛行风气的影响，暴动屡见不鲜。纪律早已不复存在。出生于爱尔兰的西奥博尔德·狄龙将军是其家族中几位为法军效力的成员之一，他被自己的士兵杀死了。另一位将军比龙公爵不得不取消刺刀进攻，因为他的手下投票反对这么做。"我们遭到了背叛！"和"人人为己！"的喊声以及火枪落地发出的响声不绝于耳。国王和王后自然饱受指责。显然是"奥地利人"将秘密军事情报泄露给了维也纳方面。她和路易十六背叛了国家，法国人再也无法容忍他们了。

1792 年 6 月 20 日晚，民众的不满情绪达到顶点。一大群暴民（据估计一共有 8000 人，有男有女，携带着他们能找到或制造出的所有武器）经市政厅和立法议会，在大约下午 4 点游行至杜伊勒里宫。据说他们发现通往宫殿的一扇侧门没有上锁，这似乎不太可能，更有可能是暴民将门砸开了。然后，他们冲进去寻找国王。根据王后身边侍女的说法，过去 10 天时间里，国王处于极度消沉的状态，一言不发，但是当暴民闯入时，国王表现得镇定自若。"我在这里。"他一动不动地站在他们面前，妹妹伊丽莎白搂着他的肩膀。（王后和孩子们在一名侍臣的帮助下及时躲了起来，这名侍臣把他们带到一个小房间里，用家具堵住门。）路易十六的沉着高贵起到了效果。人们安静下来，转移到较大的房间，在那里宣读了新的请愿书。国王头戴一顶鲜红色的"自由帽"，被要求为了"国家"喝光一整瓶酒，他曾宣称自己是"国家"最好的朋友。

多么可怕的经历，但这与6周后将要发生的事没法比：当时巴黎人获悉有一份由费尔森伯爵起草、不伦瑞克公爵签署的宣言，该宣言几乎等同于最后通牒。宣言称联军很快将攻入法国，恢复王权，而且若国王继续遭受暴行，联军就会将巴黎城"夷为平地"。这激怒了法国民众。上一次他们与路易十六对峙，对其从轻发落，这一回，他们不会犯同样的错误了。来自法国各地的代表团都抵达了巴黎。其中一支由大约500人组成的队伍从马赛过来，他们唱着一首激动人心的新歌——这首歌最初是由年轻的斯特拉斯堡工程师鲁热·德·利勒为莱茵军团创作的。"拿起武器，公民们！"他们高唱道；于是巴黎人践行了歌词。

8月10日周五清晨，这一回有2万人参与了游行，他们朝杜伊勒里宫进发。950名瑞士近卫军负责守卫王宫，约2000名忠诚度可疑的国民自卫军援助他们。有人建议国王出去，在暴民面前亮相。他的冷静和勇气曾经给人留下了深刻的印象，例如6月20日那次。但那是在6周前，眼下情况大不相同。"他经过时，我能看到他，"一名瑞士近卫兵写道，"他沉默不语，一副忧心忡忡的样子，他走路摇摇晃晃，似乎是在告诉我们'一切都完了'。"接着，令国王难堪的事发生了，他目睹自己的守卫一批接一批地离开，加入卡鲁索广场上的示威者行列。依据当时就在王宫的窗户前的王后侍女的说法,"一些卫兵离开岗位,走到国王面前,挥拳打他的脸"。他匆忙返回王宫,回到家人身边,考虑下一步动作。瑞士近卫军证明了他们的忠诚度,若国王一家继续留在宫中,或许会没事;但有人极力建议路易接受立法议会的保护。从某种意义上说,这与国王坚持的立场背道而驰,玛丽·安托瓦内特强烈反对这么做,称她宁愿被钉在杜伊勒里宫的墙上。但路易平静地坚持这么做。瑞士近卫军排成两列,在他们的护卫下,国王一行人走过这一年的第一层落叶,来到立法议会。他们被关在一个狭小的速记员房间里,等待立法议会决定他们的命运。

但炮火声一直不断,愈演愈烈。没过多久,几枚小炮弹从敞开的窗户飞进来。不久,一群无套裤汉①冲进大厅,要求每个代表宣誓维护自由和平等。与此同时,部分来自马赛和菲尼斯泰尔的叛乱者往王宫进发,试图说服瑞士近卫军放下武器。勇敢的瑞士人拒绝了。战斗打响了,双方开始交火。国王在意识到发生什么事后便下令要求近卫军放下武器,但在混乱中,只有部分近卫军接到了命令。在随后发生的混战中,暴民拥入王宫,此时的他们已经杀红了眼,这最终演变成一场大屠杀。男侍者、厨师、女仆都不加区别地遭到屠杀,就像瑞士近卫军一样——无论他们是否已经放下武器。一位幸运地逃过这场大劫的仆人写道:

> 套间里和楼梯上到处都是死尸。我从王后房间的窗户里跳到露台上……我爬起来,跑到一个地方,一些马赛人刚刚在此地杀了几个瑞士人,正在扒他们的衣服……一些遭到追

---

① 字面意思为"不穿裙裤",指普通百姓组成的工人阶级。

击的瑞士人就躲在邻近的马厩里。我也躲在这里。很快，就在距离我近在咫尺的地方，他们被剁成了碎片……一些人还在屠戮，另一些人则忙着将那些已经被害之人的头颅割下来。女人们毫无廉耻之心可言，她们犯下了最令人发指的破坏死尸罪行，将一片片肉从尸体上剥下来，得意扬扬地带走。入夜时分，我踏上去凡尔赛宫的路，穿过路易十六桥，桥上堆满了裸露的死尸，因为天气炎热，这些尸体已经开始腐烂。

这期间，路易及其家人在速记员房间里忍受着闷热的煎熬，但其实他们已经沦为被告。三天后，也就是 8 月 13 日，他们遭到逮捕，被关押在圣殿塔中，国王在那里度过了其生命的最后 5 个月。

如今，圣殿塔已荡然无存。1808 年，拿破仑下令拆除圣殿塔，因为此地当时正迅速成为保王党人的朝圣地。不过，在法国大革命期间，由圣殿骑士团建于 13 世纪的圣殿塔仍是一座宏大的堡垒，作为圣殿骑士团在欧洲的总部，它包含一系列建筑：有一座教堂，还有被称为"大塔楼"的带角楼的大要塞。圣殿塔内部一点儿也不像监狱；阿图瓦伯爵曾在这里待过，环境自然没有那么不舒服。可圣殿塔终究是一座监狱，它被选中，纯粹是因为它能严加看守。国王会在清晨 6 点起床，祈祷 5 分钟或更长时间，在吃过清淡的早餐后，上午剩下的大多数时间，他都用来给王太子上课。下午 2 点的正餐前，他和家人被允许在圣殿塔的庭院内散一会儿步。接着，一天余下的许多时间，他会用来阅读，他一周可以读多达 12 本书，其中很多都是伟大的拉丁语作者的作品。而对于几乎没怎么受过教育的玛丽·安托瓦内特来说，每天都漫长难熬。虽然她只有 37 岁，可看起来像是至少有 50 岁了。她主要靠刺绣和编织来打发时间，也会试着给 14 岁的女儿玛丽-泰瑞丝上课。小姑娘接受过良好的教育，可能比其母亲懂的多得多。

我们不知道国王一家被囚禁在圣殿塔期间对法国以及外面世界所发生的事知道多少。我们当然希望他们对于九月大屠杀一无所知，它发生于 1792 年 9 月第一个礼拜，或许是整个法国大革命历史上最丑陋的篇章。据信，不伦瑞克公爵将率领普鲁士军队向巴黎挺进；等他到达后，他就会释放被关押在巴黎监狱内的所有犯人，这些人会立刻团结起来，支持不伦瑞克。大屠杀之所以发生，正是出于对这一幕的担心。激进分子，尤其是极端记者让-保尔·马拉，呼吁先发制人，他要求立刻屠杀巴黎所有犯人。国民自卫军以及联盟派军队毫不留情地照做了。到 9 月 6 日，有半数犯人（1400 至 1500 人）被杀。其中超过 200 人为天主教神父，他们犯下的唯一罪行就是拒绝服从《神职人员民事组织法案》。并且，那些行凶者并没有干净利落地结果犯人的性命，他们很快就变成了彻底失控的杀人狂，他们嗜血成瘾地对受害者百般折磨，截掉他们的肢体，将他们开膛剖腹。在这些不幸的受害者中，几乎没有人的遭遇比王后最亲密的朋友朗巴勒亲王妃更惨了。她被扒光衣服，遭到强暴，被残忍地肢解。她的心脏被暴徒烤熟吃掉了，她的头颅被插在长矛上，被暴徒拿着在圣殿塔王后居住的房间窗外示威。

当革命者得到近段时间来第一个真正的好消息时，巴黎尚未从大屠杀中恢复清醒过来。不知何故，法军在近几个月里士气提升，重整旗鼓。在弗朗索瓦·凯勒曼和夏尔·迪穆里埃两位将军的带领下，法军在香槟附近的瓦尔米成功阻挡住了不伦瑞克公爵的前进步伐。从军事角度看，这只是一场微不足道的胜利；但在国民公会眼中，这是一场极其重要的胜利，给予国民公会足够的信心在 9 月 22 日正式宣布废除君主制，建立法兰西第一共和国。

12 月 11 日，路易十六被召至国民公会面对指控者，他被控犯叛国罪和危害国家罪。他得到了有力的辩护，但 1793 年 1 月 15 日公布的判决在意料之中：693 名代表投票认为国王有罪，没人觉得他无罪，另有 23 人弃权。次日，国民公会再度召开会议，决定如何处置国王。这一次的投票结果较为均衡，但同样无可辩驳：288 票要求将国王监禁或流放，361 票认为应当立刻处死国王。① 一个在最后时刻提出的缓刑动议也被否决了。国王的命运已成定局。他早就有了心理准备，平静地接受了这一消息。20 日，当路易十六睡得正香时，有人叫醒他并通知他，他将在第二天被送上断头台。那天晚上，他与家人告别，独自一人用了晚餐。次日，也就是 1 月 21 日清晨，路易十六在 5 点醒来，聆听弥撒，从爱尔兰出生的神父也是其密友亨利·埃塞克斯·埃奇沃思手中领过圣餐。正是埃奇沃思陪路易十六来到立在革命广场（今协和广场）的断头台前。

断头台得名于约瑟夫-伊尼亚斯·吉约丹医生的名字，这个名字在前文已经有所提及。吉约丹是个善良好心的人，他提议所有死刑犯均有权利获得斩首的待遇（这种处决方式此前只对贵族使用），并且行刑过程应该尽可能做到快速无痛。国王凝视着高大

---

① 国王的远房伯父，前奥尔良公爵亦投票支持处死国王，此时他已如愿更名为腓力·平等。他的这一举动在君主制支持者中引发极大的愤怒。事实上，同年年底，腓力本人也将被送上同一个断头台，惨遭砍头。

的断头台，依然面无惧色，在埃奇沃思的陪同下，他坚定地走上断头台的台阶，然后脱掉自己的外套、衬衣，摘下衣领。他向鼓手示意，让他们安静一会儿，然后用坚定平稳的声音说："我原谅所有置我于死地的人，我向上帝祈求，你们即将流的鲜血绝不是出于法兰西的要求。"据说当他俯卧在断头台上时，埃奇沃思大喊："上天堂吧，圣路易的子孙！"①接着，刀片便砸了下去。

---

① 我们只能希望这句壮丽感人的话在当时赋予国王极大的勇气。

第 14 章

"绝不软弱"

1793—1795 年

自由，多少罪恶假汝之名以行！

——断头台上的罗兰夫人

国王之死并不意味着法国大革命就此结束，事实上，大革命距离结束还早得很。任何用心研究法国大革命历史的人很快就会发现其复杂至极，以至于要原原本本将其讲清楚至少需要一百页，那样的话，本书就会变成一部大部头。因此很惭愧，上一章是极简版，本章亦是如此。

1792 年 9 月 20 日，也就是法军赢得瓦尔米战役那天，人们期待已久的国民公会成立了，国民公会将在次日宣布废除君主制；当时法王路易十六仍被囚禁在圣殿塔中，度过其生命最后几个月的时光。议员们一致同意，9 月 22 日应当成为法兰西共和国元年的第一天，但在其他事项方面，他们几乎没能达成任何共识。吉伦特派和雅各宾派之间的敌意越来越深，后者变得前所未有的极端——由于他们占据了会议大厅最高且最偏远的位置，因此也被称为"山岳派"。这一切让国王的命运变得更加阴云密布。如果可以的话，吉伦特派会饶路易十六一命。丹东一开始也抱着同样的想法，但很快就改变了想法，他坦白道："我可不想和他一样人头落地。"他意识到眼下自己和山岳派站在同一立场——这里有卡米耶·德穆兰和皮埃尔·菲利波，他们是他的密友也是他的合作伙伴；还有他不喜欢但依然敬重的马克西米利安·罗伯斯庇尔；以及让-保尔·马拉，他鄙视此人歇斯底里的表达。

丹东本人的块头比那几个人大。从某种程度上看，他像是另一个米拉波：脑袋很大，脸上因为得过天花而变得坑坑洼洼——儿时在农场发生的几次意外导致其面貌更加丑陋——声音洪亮，对法语情有独钟。和米拉波一样，他的名声受到质疑。他的生活水准与其表面上的收入完全不成比例。罗兰夫人一直不信任他，她说丹东曾声称自法国大革命爆发以来，自己已设法捞到了不少于 150 万里弗尔。或许他此言非虚：但在欧洲各宫廷获悉路易十六被处决，逐一与法国断绝外交关系后，是丹东的发声比其他人更具影响力。"国王们联合起来想恐吓我们，"他大声疾呼，"我们将法兰西国王的头颅扔到他们脚下，以示挑战。"既然欧洲大陆的战争已无法避免，他得确保国民公会采取主动：1793 年 2 月，国民公会向英国与尼德兰宣战，3 月初，又向西班牙宣战。

革命军如何才能抵御这些强敌呢？诚然，他们在近期的表现不俗。瓦尔米战役获胜后，革命军占领了萨伏依地区和尼斯这座城市。接着，迪穆里埃率军挺进比利时，在热马普击败了奥地利人，后继续行进至布鲁塞尔、列日和安特卫普。与此同时，阿尔芒-路易·德·屈斯蒂纳将军进入德意志，威胁到了法兰克福。但到此时，随着战争在数条新战线展开，国民公会显然已难以招架。屈斯蒂纳被迫从莱茵兰撤离，而迪穆里埃这个坚定的吉伦特派在内尔温登和鲁汶遭遇两连败。随后，他竭力劝说手下进军巴黎，以恢复秩序并推翻革命政府。遭到拒绝后，迪穆里埃明白自己必须在逃走和被捕之间做出选择，而一旦他被捕，几乎可以肯定会被送上断头台。他很明智地选择了叛逃到奥地利人这边，并且带上了年轻的沙特尔公爵——未来的国王路易-腓力。

更糟的还在后面。在位于布列塔尼以南的西海岸地区旺代①，农民们拿起武器反抗新秩序，他们将能找到的所有共和派和革命分子屠戮殆尽，他们行进至罗什福尔，威胁要将一支英国入侵舰队放入其港口。在波尔多、南特、里昂和马赛，情况不过稍好一点儿而已。国民公会急于保住控制权，先是于3月成立革命法庭，没过多久又设立公共安全委员会。该委员会以丹东为首，共有9名成员，他们逐渐将绝对权力收归委员会。起初，公共安全委员会发起了一场反对吉伦特派的运动，迪穆里埃是吉伦特派最杰出的成员之一，他的叛逃让吉伦特派颜面尽失。但吉伦特派进行了出其反击，将死敌之一让-保罗·马拉传唤至革命法庭。

马拉被捕的消息传开后，国民公会中几乎没有人为此深感苦恼。在国民公会所有成员中，马拉是最不受欢迎的人之一。英国医生约翰·摩尔造访巴黎时听过马拉的演讲，留下了如下描述：

---

① 维克多·雨果的最后一部小说《九三年》就是以旺代叛乱为主题的，巴尔扎克的《舒昂党人》也以这场叛乱为故事背景。

他形容枯槁，面部表情充分表现出其性情……他从不会流露出害怕或恭敬，在我看来，讲台上的他总是以威胁或蔑视的眼神看着与会议员。他的嗓音低沉沙哑，带一种做作的严肃感……马拉遭受极为严重的诽谤污蔑，以至于他想要支持的党派似乎以他为耻。人人对其避之不及，厌恶之情溢于言表。当他进入议会大厅时，四周的人都会躲开。等他落座后，旁边的人通常都会起身换位置。

然而，吉伦特派有理由为他们的举动感到后悔。马拉或许令人讨厌，但他亦有支持者。革命法庭当场宣判马拉无罪，马拉以胜利者的姿态回到国民公会大厅。

同一时间，法国各省的叛乱继续蔓延，到此时已有约 60 个省受到影响。诺曼底陷入混乱。里昂、马赛和土伦处于动荡的内战中。无论在哪里，巴黎都是被指责的对象，因其无视其余地方的不安局势，且无耻地恫吓选出的议会。公共安全委员会尽了全力，但面对时下乱作一团的情况，常常显得无能为力。此外，人们也意识到外国入侵的威胁与日俱增。1793 年夏，奥地利人占据了孔代和瓦朗谢讷这两个重要的前线阵地；屈斯蒂纳被普鲁士人逼退；西班牙军队在比利牛斯山脉周围集结；萨伏依和尼斯再次遭到威胁；英军正在围困敦刻尔克；土伦即将将自己的军械库、这座城镇本身及舰队交给英国海军上将胡德勋爵；[①] 保王党人重新控制了法国第二大城市里昂，他们正忙着处决视线范围内所有的共和派。而原本被视为有能力接管政府、恢复秩序的丹东也遭到了重挫。

---

① 土伦最终于 8 月 27 日投降。

公共安全委员会举行投票，将他与其他几个人逐出委员会，此时，他的位置被这几章中提及的所有可怕人物中可能是能力最出众但也最为邪恶的一位所取代：马克西米利安·罗伯斯庇尔。

～

马克西米利安·罗伯斯庇尔的姓原本是德罗伯斯庇尔，但他在 1789 年将姓缩短了。此人与米拉波或丹东截然不同。他们两位外形丑陋，而罗伯斯庇尔则衣着讲究，他总是穿着光洁整齐、裁剪完美的衣服，通常是深绿色的，这种颜色似乎能在他的眼睛甚至是蜡黄的麻脸上反照出来。他的头发抹过粉，梳得一丝不苟。因为长得矮小瘦弱，他会穿上高跟鞋让自己的个头显得高一些，走起路来步子小而急促，速度很快。他的绰号是"穿海绿色外套的不可腐蚀者"，他不枉此名，确实不可腐蚀。除了添置衣物，他几乎很少花钱。他没有密友，对他而言，女人没有丝毫意义，饮食亦是如此。他主要靠面包、水果和咖啡过活。从没有人听到过他大笑，也鲜少有人见到他微笑。他是一个时刻绷得很紧的人。"这个人能成就一番事业，"米拉波在死前不久曾这样说，"他对自己说的话深信不疑。"

1790 年 3 月，罗伯斯庇尔当选为雅各宾俱乐部主席，并目睹俱乐部经历最困难的时期，当时很多成员因反对要求废黜国王的请愿而选择离开，组建了更为温和的斐扬俱乐部；而且在 1792 年的一系列军事灾难之后，他的名声还将进一步提升。罗伯斯庇尔一贯反对战争，用其敌人的话来说，这是因为他缺乏胆识。毫无疑问，他从来不会出现在民众示威游行的队伍当中。8 月，当暴民冲进杜伊勒里宫时，吉伦特派指责罗伯斯庇尔躲在地窖中。马拉一如既往地直言不讳。他说："罗伯斯庇尔一看到马刀就吓得面色苍白。"马拉很可能是对的。但不可否认，到 1793 年夏，作为公共安全委员会主席的马克西米利安·罗伯斯庇尔掌握了最高权力。

或许有人会觉得，既然已经死了那么多人，再多杀一个也不会引起关注。但就在同年夏天，一桩谋杀案震动了整个巴黎：夏绿蒂·科黛，这个年轻的狂热吉伦特分子刺杀了让-保罗·马拉。科黛闯入马拉的公寓，发现他正裹着毛巾躺在浴缸里泡药浴（马拉一直饱受皮肤病的困扰，药浴是他缓解病痛的唯一方法）。科黛将一封信交给马拉，信上列出了她的家乡卡昂计划谋反之人的名单。马拉将名字抄下来，低声念叨"他们都应该被送上断头台"。就在这时，科黛猛地将一柄 6 英寸长的厨房用刀插入马拉胸部。马拉当场死去，科黛于 4 天后在断头台上死去，但她让马拉成了一名殉道者——马拉的半身像被放在国民公会大厅的基座上，他的骨灰被恭敬地安置在先贤祠中，为了纪念他，法国各地都有街道和广场以他的名字命名。不少画作也以马拉遇刺为主题，对其进行纪念，这其中就包括雅克-路易·大卫那幅著名的《马拉之死》①。大卫本人是坚定的雅各宾派，他曾投票赞成处决国王。

马拉被杀后，公共安全委员会为了达成目标变得更加狂热。屈斯蒂纳将军被送上断头台，然后很快就轮到了比龙公爵；一支军队被派往旺代去平息那里的内战，近 25 万人为此付出了生命的

---

① 这幅画如今为布鲁塞尔的皇家美术馆所收藏。科黛的信得以保存下来，上面还有血迹和浴水的痕迹，现在为克劳福德兼巴尔卡雷斯伯爵所有。

代价；最终，委员会认定王后必须接受审判。国王被处死后，其家人被转移至西岱岛的巴黎古监狱。此地最初是墨洛温王朝的王宫，过去 400 年里它的许多区域都作为监狱使用，监狱里面老鼠横行，尿骚味刺鼻，比圣殿塔更为阴森恐怖。王后不得不与一名女侍者和两名宪兵共处一间牢房。按照费尔森伯爵的说法，那两名宪兵"连王后如厕时都寸步不离"。更糟的是，她被迫与自己的儿子分离，她知道自己再也见不到他了。

和丈夫一样，王后接受审判不过是走过场而已。她被定下多项罪行，被判死刑。据《箴言报》报道，"听到判决后，她没有对法官或公众说一个字，脸上也没有流露出任何表情，就这样离开了法庭"。次日，即 10 月 16 日早上，她的头发被剃光。她独自爬上死囚车。在登断头台台阶时，她不小心绊了一下，踩到了刽子手的脚。"对不起，先生，"她说，"我不是故意的。"这是她死前说的最后一句话。

～

法国大革命发展到此时已经开始吞噬它自己的孩子。10 月尚未结束，有 21 位重要吉伦特派人士就掉了脑袋。11 月，同样的命运降临到前奥尔良公爵腓力·平等和罗兰夫人身上，前者为了享受最后一顿丰盛大餐，要求延缓 24 小时执行死刑。就连可怜懦弱的巴里夫人也在 12 月 8 日被处决了，行刑前，她泪如雨下，大声哀求希望得到宽恕。恐怖统治持续了整个秋季和冬季，巴黎有近 3000 人被处决，其余各省被处决的人数达到 1.4 万。很多指控都近乎荒诞。在囚犯名单上，你可以看到"亨丽埃特·弗朗索瓦丝·德·马尔伯夫……因期盼奥地利人和普鲁士人到来而被判有罪",“弗朗索瓦·贝特朗……因向这个国家的守护者提供有损健康的酸酒而被判有罪",“玛丽·安热莉克·普莱桑,杜埃的女裁缝,因大声宣称自己是贵族且‘根本不在乎这个国家’而被判有罪"。这些人都“在巴黎被判死刑,在同一天被处决"。

新历法已经启用,法兰西第一共和国的历元为君主制被废除的那天,即 1792 年 9 月 22 日。共和历由一位略显滑稽的、不太成功的演员腓力·法布尔制定,此人喜欢用法布尔·德埃格朗蒂纳这个名字,还喜欢拿着一副长柄眼镜,而这让罗伯斯庇尔很是生气。正是法布尔提议将一年均分成 12 个月,多出来的 5 天被称为“无套裤汉日",作为节日供人们庆祝。一个月由三个“十天"组成,以季节重新命名:秋季有葡月、雾月和霜月;冬季为雪月、雨月和风月;春季是芽月、花月和牧月;夏季分获月、热月和果月。[①] 这一提议令劳动人口愤慨不已,如此一来,他们不得不面临长达 10 天的工作周;神职人员亦大为震惊,他们中的很多人拒绝承认新的安息日。

而且国民公会本身面临的问题已经够多了。革命派发起的反基督教运动愈演愈烈。耶稣受难像和圣母像及圣徒像被毁成碎片(有时候,它们甚至被马拉半身像所代替);宗教仪式遭压制;法国各地,从城镇到村庄,从街巷到广场,大批大批地改名;在巴黎,圣母院和圣叙尔皮斯教堂举办了盛大的理性节,用丹东的话来说,“人们将拥有这样的节日,在这样的节日里为最高主宰,自

---

① 或者如当代一位风趣的英国人所提议的,这些月份也可以被称为喘月、嚏月、冷月;滑月、湿月、冻月;雨月、花月、牧月;酒花月、作物月、罂粟月。

然的主人敬香；我们从来无意摧毁宗教，让无神论取而代之"。

但丹东已来日无多。他患过病，在漫长的恢复期里，他重新思考了法国眼下正在走的这条路。他向国民公会宣告："恐怖统治也许曾经有效，但不应该伤及无辜。没人愿意看到有人仅仅是因为革命热情不够高涨就被当成罪犯。"罗伯斯庇尔立刻警觉起来。他一直很嫉妒丹东，觉得丹东除了演说能力比自己出众许多，还比自己聪明，他有这种怀疑合乎情理。此外，他无法接受丹东露骨且常常可以说是粗俗的性生活，为之深感震惊和不安，这或许是嫉妒的另一种表现。现在，丹东与"宽容派"站在同一阵线，而在罗伯斯庇尔的字典中，宽容派就等同于反革命分子。

1794年3月30日晚，在公共安全委员会与治安委员会的联合会议上，罗伯斯庇尔那位不苟言笑的副手路易·德·圣茹斯特将丹东的逮捕令放在桌上，请所有在场的人签名。只有2人拒绝了。3天后，审判开始了，和丹东一起出现在审判席上的还有卡米耶·德穆兰、法布尔·德埃格朗蒂纳以及其他15名宽容派成员。和往常一样，丹东主导了审判进程。他对最终结果心知肚明，但仍决心抗争。丹东洪亮的声音在法庭回荡，主席难以维持现场秩序，徒劳地摇着他的铃。"你没听到我的铃声吗？"主席问。"铃声？"丹东怒喝道。"一个正在为自己性命抗争的人根本不会留意什么铃声！"但一切都无济于事：4月5日，这18个遭到指控的人被押上3辆刷了红漆的死囚车，并被带到断头台。

丹东是这批人中最后一个被处决的人。当他从断头台上往下看时，注意到画家雅克-路易·大卫正在附近一家咖啡馆里画他的素描像，丹东吼出了其人生最后的脏话——尽管他和大卫曾是朋友，但后者投票赞成处决丹东。随后，丹东的脸色阴沉下来，有人听到他低声说："我的妻子，我亲爱的妻子，我能否再见到你？"接着，他又振作起来："勇敢点，丹东——绝不软弱！"这些话被载入史册。同样为历史铭记的还有他随后对刽子手说的那番话："切记，不要忘记将我的头展示给人们看。它值得一看。"

　　断头台每天处死约 30 人，这种稳定的节奏一直持续到 7 月底。[①]到此时，受害者中贵族所占比例不到 10%，有 6% 为神职人员，余下近 85% 属于第三等级。罗伯斯庇尔一次死刑都没看过。让人无法理解的是，他依然声称自己痛恨死刑，理由是这是对人民的残害。但这一势头已无法阻挡。"如果我们过早停手，"他宣称，"死的就是我们。如果革命政府现在被摧毁，明天自由就将不复存在。"他也没有忘记当死囚车经过他的住地时，丹东的喊话（也只有丹东会这么做）："下一个就轮到你了，罗伯斯庇尔！"

～

　　丹东说得没错：在 1794 年春夏之交，罗伯斯庇尔发现大革命的矛头指向了自己。他在一次公开演讲中斥责丹东"如果不是最懦弱者，也是最危险的阴谋者"，因此激怒了很多幸存下来的丹东的秘密支持者。他越来越严重的傲慢自大说明，他此时已经以独裁者自居。6 月 8 日，他以纪念"最高主宰"为名组织并主持了一个全国性的节日，在很多人看来，此举荒诞至极，对罗伯斯庇尔的名声没有一点儿好处。尽管一般来说，他受人尊敬，甚至可

---

① 一共有 16594 人被断头台处决，其中在巴黎的为 2639 人。此外在法国各地，另有 2.5 万人被草草处决，有 96% 的行刑发生在 1793 年 11 月或之后。

以说是景仰，但他从来都不是个受欢迎的人物，现在更是令人害怕。在他的统治下，法国变成了一个警察国家。6 月 10 日，在罗伯斯庇尔的煽动下，法国通过了一项可怕的新法令，即《牧月 22 日法令》——只要有嫌疑的人就可以被处决。辩护律师和证人都可以省掉，对被告的审问也可以略去，因为那"只会混淆法官的良知"。在公共场所讨论政治已不再安全。人们开始问，这一切真的有必要吗？外来入侵的危险现在已经过去。6 月 26 日，法军在低地国家的弗勒吕斯①击败奥地利人。7 月初，法军占领了布鲁塞尔，终结了存在了两个多世纪的尼德兰共和国。法国人还从英军手里收复了土伦。那为什么法国还要继续受苦呢？眼下，这种持续的压力难道不可以缓解吗？

人们还有另一个问题：罗伯斯庇尔的神志是否完全正常？他的朋友们越来越无法确定。其中两位——保罗·巴拉斯和路易·斯坦尼斯拉斯·弗雷龙去拜访罗伯斯庇尔，发现他穿着晨衣：

> 我们跟他打招呼，他没有反应。他先是转向一面挂在窗上的镜子，然后对着一面更小的镜子，拿起剃须刀刮掉脸上的粉，仔细检查头发梳得怎样。接着，他脱掉晨衣，放在我们旁边的一张椅子上，椅子上掉下来的粉尘都沾到了我们身上。可他没有道歉，也没有表现出任何注意到我们存在的迹象。他用手拿着一个碗以洗脸，刷牙，几次往我们脚边的地板上吐口水，仿佛我们不存在似的……他仍然站在那里……

---

① 在这场战役中，侦察机——确切地说，弗勒吕斯战役中使用的是侦察热气球——有史以来第一次出现，并且起到了作用。

> 依旧一句话也不说。我在他脸上看不到任何表情，那张脸就
> 如同冰冷大理石雕像的或尸体的脸。

1794 年 7 月 26 日（热月 8 日），穿天蓝色外套和淡黄色马裤的罗伯斯庇尔来到国民公会发表演说。他讲了两个多小时，厉声斥责大多数领导人，对那些嘲笑他举办最高主宰节的人，他更是毫不留情。接着，他将矛头对准了财政主管皮埃尔·约瑟夫·康邦，指责其破坏经济，让穷人陷入近乎食不果腹的境地。事实证明这是个错误。康邦跳起来断然表态："在我蒙受耻辱之前，我将向法国讲话。是时候将真相和盘托出了，有一个人正在麻痹国民公会的意志，那个人就是罗伯斯庇尔。"既然有人把话挑明了，代表们一个接一个站出来为自己辩护，谴责罗伯斯庇尔。等会议结束时，几乎可以肯定，罗伯斯庇尔已在劫难逃。

次日的会议证实了这一点。从一开始，会场就充满了火药味，主席几乎难以维持秩序。不过就在场面失控之前，有人提议立刻逮捕罗伯斯庇尔（和圣茹斯特），该提议获得一致通过。代表们叫来宪兵队，将两人带走，一起被带走的还有包括奥古斯丁·罗伯斯庇尔在内的几个人，奥古斯丁勇敢地站出来，坚持与兄长共进退。至此，人们觉得事情应该告一段落了。

可惜，事与愿违。巴黎公社引发了一场新争斗：公社成员在市政厅紧急集合，决心反抗两个委员会以及国民公会，以抗议罗伯斯庇尔一行人被捕。没过多久，罗伯斯庇尔本人抵达市政厅，他的出现想必让在场所有人都大吃一惊。他之前先是被带到不久前被改建成又一座监狱的卢森堡宫，但来自巴黎公社方面的命令使卢森堡宫不能接收罗伯斯庇尔。同样被巴黎市政府拒绝后，逮

捕罗伯斯庇尔的人无奈之下只能将他带到市政厅，罗伯斯庇尔在那里受到热烈欢迎。他立刻掌控了局面，命令公社"关闭城门，关闭所有报社，下令逮捕所有记者和犯下叛国罪的代表"。

28 日，也就是热月 10 日，凌晨，国民公会决定采取行动：军队必须直接前往市政厅，动用武力带走罗伯斯庇尔及其朋友。夏尔·安德烈·梅尔达在不情愿的情况下被任命为宪兵队将军，如果可以相信他那一点儿也不谦逊的叙述，那么他就是第一批冲进市政厅的军人。

> 我看到里面有大约 50 个人，个个都处于极度兴奋的状态……我认出中间那个人就是罗伯斯庇尔。他坐在一张扶手椅上，左肘支在膝盖上，左手撑着脑袋。我朝他扑过去，用剑指着他的心窝，大喊道："投降吧，你这个叛徒！"他抬起头说："你才是叛徒。我应该毙了你。"听了这话，我伸手去拿手枪……扣动了扳机。我本想朝他的胸口开枪的，但子弹打中了他的下巴，他的下颌骨被打碎了。他从椅子上跌落下来。①

此时大约是凌晨 3 点。罗伯斯庇尔被抬到公共安全委员会的办事处，他在那里躺到 6 点，一名外科医生赶来用绷带替他包扎了伤口。他的下半部分脸全都被包了起来，但绷带很快就被血水浸透。几个小时后，罗伯斯庇尔、他的弟弟、圣茹斯特以及其他

---

① 也有人认为梅尔达是吹牛，罗伯斯庇尔下巴的伤是他自己造成的，他企图自杀但没能成功。不过没有多少证据可以证明这种说法。

20个人被正式判处死刑。当天下午5点，他们被带往断头台，7点刚过，他们抵达了。罗伯斯庇尔被人从囚车上抬下来，平躺在地上，看上去已经处于半昏迷状态。直到被搬到断头台上，他才睁开眼睛。刽子手残忍地扯掉了将其上下颌骨固定在一起的绷带和夹板，顿时血如泉涌，罗伯斯庇尔发出"如濒死老虎般的呻吟，整个广场都能听到"。

在法国大革命期间涌现的所有领袖中，马克西米利安·罗伯斯庇尔是最神秘、最难懂的一位。当然了，他也是最为正直的。他很有教养，是个理想主义者，也是个捍卫穷人和受压迫者的雄辩者。他主张男性普选权，要求废除殖民地的奴隶制度。他由始至终反对战争，坚称"政治家脑海中出现的最过分的想法就是认为一个民族可以通过入侵他国，迫使对方接受自己的法律和制度。没有人喜欢全副武装的传教士"。他十分崇敬让-雅克·卢梭，床边一直摆着一本《社会契约论》。正是他提出了"自由、平等、博爱"这一口号，在欧元问世之前，该口号被印在法国所有的货币上。他投票赞成处死国王，但用他的话来说，那不过是"普通法一次残酷的例外罢了"。

那么，为什么我们总是将他，而不是其他革命者，与恐怖统治暴行联系在一起呢？或许是因为到那个时候，他已经严重精神错乱，并且对革命的前景有偏执的追求，革命支配着他的生活，而且他认为革命受到了威胁。罗伯斯庇尔的这一观点缺乏足够的依据：当时没有人还会严重担心外国入侵，并且也不存在君主制复辟的可能——王太子路易-查理还是个9岁的孩子，且已经得了骨结核。王太子于1795年6月一死，他的叔叔普罗旺斯伯爵——当时低调地住在维罗纳——便自立为国王路易十八，这是他义不

容辞的事，但还得再等 19 年，他才登基。法国大革命接近尾声
了。诚然，这场革命没能履行其全部承诺；法国经济陷入困顿，
穷人依然为食物价格过高而抗议。但无论如何，国王死了，法国
现在已经是一个共和国了。

但是，罗伯斯庇尔不会忍受这一切。对他而言，大革命仍
在进行中，凭借其能力和权威，他可以轻易说服其他人。无论如
何违背其本性，他都说服自己为达目的可以不择手段。正如他于
1794 年 2 月 5 日在国民公会上所说：

> 革命期间，民选政府的基础是美德和恐怖。没有美德
> 的恐怖是有害的，没有恐怖的美德是无力的。恐怖就是正
> 义，及时、严苛且不可动摇，因而它是美德的延伸；它并非
> 某种原则，而是民主通用原则的结果，适用于祖国最迫切的
> 需求。

所以不管怎样，他都赞成恐怖统治；事实上，他成了恐怖统
治的象征。最终，丧钟为他而鸣，他的死是恐怖统治期间最恐怖
的事。

～

罗伯斯庇尔被处死后，法国政局不可避免地明显右倾化。《牧
月 22 日法令》被废除，甚至有人提议贵族不应该因为其出身、神
职人员不应该因为其职业而被定罪。雅各宾俱乐部被关闭；象征
自由的红帽从街头消失了。很多与恐怖统治有牵连的人步其领导

人的后尘，被送上了断头台。只是不幸的是，1794 至 1795 年的这个冬天是人们记忆中最为寒冷的：塞纳河结冰，饥饿的狼群出现在城镇和村庄里，初春时节，冰雪的突然消融导致洪水泛滥。无套裤汉的境遇比大革命爆发前更为悲惨。法国出现了更多的起义和更多愤怒的示威，它们无一例外都遭到残酷镇压。没过多久，断头台就像以前那样忙碌了。

在此时，保王党似乎看到了复辟的可能，不过他们的希望未能持续太久。在南部发动的叛乱计划被发现，并迅速遭到镇压。一群流亡分子从英国政府那里得到了资金、制服和海军支持，他们在布列塔尼南部海岸登陆，之后被 27 岁的将军拉扎尔·奥什剿灭。这支队伍有 700 多人，大多数为贵族，穿着英军制服的他们被控犯下叛国罪，遭枪决。但在巴黎，人们的反抗劲头丝毫未减。1795 年 8 月，弗朗索瓦·安托万·布瓦西·丹格拉斯在介绍被称为《共和三年宪法》的新宪法时发表了这样一番演说，时至今日仍可能引发热评：

> 绝对的平等是一种幻想，若其真的存在，就意味着所有人在智力、美德、体力、教育和财富方面都是完全平等的……我们必须由最杰出的公民所统治。而最杰出的公民指的是学识最为渊博、最致力于维护法律与秩序的人。现在，几无例外，你只能在那些拥有财产的人中找到这种杰出公民，因为他们对财产所在的土地有感情，对保护财产的法律有感情，对维持财产的公共秩序有感情……所以，必须确保富有者的政治权利……且（不能）将政治权利无条件赋予无产者，因为若这些人发现自己与立法者同坐，便会变得焦躁

不安……到头来让我们陷入迄今几乎尚未摆脱的暴力的动乱之中。

考虑到此前 6 年发生的一系列事件,《共和三年宪法》确实算是一部非同寻常的宪法。它不仅全面禁止奴隶制,还建立了一个自由的共和国,选举权以缴纳税款为基础,设立两院制立法机构以及一个由 5 人组成的督政府,这些人将身穿华服,作为"对无套裤主义的抗议"。

在大革命真正画上句号之前,保王党还策划了最后一次叛乱。他们毫不费力地争取到了民众的支持——在巴黎,1795 年的生活成本比 1790 年高出约 30 倍——等到 10 月初,叛乱者的规模已达到约 2.5 万人。国民公会觉得谁是有效镇压这场叛乱的不二人选呢?他们的早期选择是灾难性的,那之后,这一任务交给了保罗·巴拉斯,此人因在热月政变期间的表现而声名鹊起。但巴拉斯缺乏军事经验,国民公会一致认为他应该选一两位经验更为丰富的副手来为其出谋划策。巴拉斯毫不犹豫地选择了其在 1793 年围攻土伦期间结识的一位军官,这位 26 岁的军官立刻采取了行动。10 月 5 日凌晨 1 点,即葡月 13 日,这位军官接替愿意放权的巴拉斯,派年轻的中尉若阿基姆·缪拉[1]去萨布隆平原(今讷伊)取 40 门大炮。幸运的是,这些大炮赶在保王党发起预料中的进攻前及时运到,放置在新桥、皇家桥、革命广场和旺多姆广场周边等具有战略意义的关键位置。当天上午大约 10 点,保王党开始大举进攻。国民公会军队在人数上处于劣势,仅为敌人的六分

---

[1] 他后来娶拿破仑的妹妹卡罗琳为妻,当上那不勒斯国王。

之一左右，但当大炮开火后，叛军被迫撤退。托马斯·卡莱尔如此描述："一阵葡萄弹……法国大革命就此灰飞烟灭。"

这一战也使拿破仑·波拿巴成了民族英雄。

第 15 章

是福还是祸？

1795—1815 年

没有机遇，能力毫无意义。

——拿破仑·波拿巴

仅仅因为拿破仑·波拿巴出生于科西嘉岛就认为其出身相对卑微，这种想法是大错特错的。事实上，他的家族是 16 世纪定居该岛的托斯卡纳小贵族的后裔。拿破仑的父亲是一位优秀的律师，曾担任科西嘉岛驻路易十六宫廷的官方代表，而且拿破仑的一个舅舅是枢机主教。他以拿破仑内·迪·布奥拿巴之名受洗，尽管在 20 多岁时，他将名字改成法语发音的拿破仑·波拿巴，但他从来都是科西嘉人。科西嘉语是他的母语，相较于法语，这门语言更接近意大利语。他说法语时总是带着浓厚的科西嘉口音，且始终不擅长法语拼写。至于他的外貌，著名的博物学家、探险家亚历山大·冯·洪堡有过一番详尽的描述，1798 年，他在法兰西学院见到了拿破仑：

> 他身材瘦小，头很小，双手小且娇嫩。他的脸是鹅蛋形的，而不是圆形，他的头发是稀疏的棕发……他的眉弓饱满，弧度明显，因此他的前额较鼻子更为突出。他有一双深陷的大眼睛，鼻梁弯曲但不是鹰钩鼻。他的嘴巴和下巴颇具阳刚之气，下巴尤其结实……因为瘦，所以他的颧骨明显突出，当他说话时，脸部每一块肌肉都会动……

> 从生理角度看，他既不高大，也不壮实，他似乎散发出更多的智慧气质，而非道德素养。他看上去冷静、深思熟虑、果决、放松、具有洞察力且非常严肃，似乎一心扑在工作上……

　　年轻时的拿破仑是狂热的科西嘉民族主义者和雅各宾派，拥护共和主义。1793 年，当法国保王党在英国和西班牙的支持下对土伦发起围攻时，他的确作为共和国军队一员大放异彩。其指挥官雅克·弗朗索瓦·迪戈米耶将军这样写道："我无法用言语来描述波拿巴的优点：他拥有精湛的军事技能和与之相匹配的智慧，且勇气非凡。"

　　在葡月暴动中，他展现出了同样的品质。拿破仑从巴拉斯那里接手了指挥权，6 个月后，他进一步接手了巴拉斯漂亮的情人，克里奥尔人约瑟芬·德·博阿尔内。他们于 1796 年 3 月举行了世俗婚礼；两天后，他离开巴黎去指挥意大利军团。在意大利战场，他再度收获胜利。仅前两周，他就占领了皮埃蒙特。此时，他们的敌人是奥地利；不过在卡斯蒂利奥内、巴萨诺、阿科莱和里沃利连打 4 场胜仗后，法国人已成为意大利无可争议的主人。随后，拿破仑向奥地利进军，他的军队抵达距离维也纳仅 60 英里左右的莱奥本，奥地利人最终选择求和。1797 年 4 月 18 日，在附近的埃肯瓦德城堡，这位 27 岁的将军以法国督政府的名义与奥地利帝国签订了临时和约——尽管事实上，他根本没去和督政府商议。依照和约条款（该和约的具体内容一直不为外界所知，直到 6 个月后才由《坎波福米奥条约》确认），奥地利会宣布放弃对比利时和伦巴第的所有权主张，作为交换，它将获得伊斯特拉半岛、达尔马提亚以及以奥利奥河、波河和以亚得里亚海为界的所有威尼斯土地。

不用说，拿破仑无权以这种方式处置一个中立国的领土，但他让威尼斯人对自己的未来没有了疑问：威尼斯很快就将不再是一个国家。他现在要求的无异于废除整个威尼斯政府、废弃延续了 1000 多年的制度——这不啻为让威尼斯共和国自杀。因此 1797 年 5 月 12 日周五，在坎波福米奥，奥地利得到的远比其预期的要多：除了威尼斯共和国的土地，还包括威尼斯这座城市。

此时，欧洲大陆实现了短暂的和平。法国的敌人只剩下英国，显然，法国必须入侵并摧毁对方。督政府指派波拿巴去完成这一任务，经过大半年的考虑后，尽管心有不甘，但他还是决定违背督政府的命令。侵略英国耗资不菲，且召集所需兵力并非易事。不过真正的问题是法国海军，其状态非常糟糕，根本不是英国海军的对手。法国海军方面也没有可与胡德、罗德尼或圣文森特伯爵相比的指挥官——更不用说和纳尔逊相比的了。

法国的另一个选择是埃及。早在 1797 年 7 月，外交部长夏尔·莫里斯·德·塔列朗-佩里戈尔（后称为"塔列朗"）就提议远征埃及，7个月后，他交出了一份关于此提议的冗长的备忘录。这其中难免会有段落伪善地表示要将埃及人从长期压迫中解放出来。更值得注意的是，塔列朗提议派一支2万至2.5万人组成的军队在亚历山大港登陆并占领开罗，这样就使进一步发动对印度的远征成为可能——如果迅速打通苏伊士运河就更加可行了。1798年3月2日，督政府正式予以批准。这一远征计划不仅能让军队继续忙活，还能使那位令人惧怕的年轻将军与巴黎保持一定的距离。此外，远征能让法国在东地中海获得一个重要的新殖民地，从而有机会接替英国在印度的角色。最后，甚至可以不严谨地说，远征埃及会迫使英国海军势力东移，令被延迟的入侵英国行动成为可能。

　　拿破仑当然是怀着极大的热情领命的。自孩提时代起，他就对东方很是着迷，他打定主意此次远征不应局限于实现纯政治和军事目标。为此，他招募了167位学者一同出征，包括科学家、数学家、天文学家、工程师、建筑师、画家和制图员。拿破仑认为，埃及已经将它的古老秘密保存了太长时间，是一颗熟透的果实。自1250年起，埃及实际上就处于马穆鲁克王朝①的统治之下。1517年，埃及被土耳其人征服，并入奥斯曼帝国版图（严格说来，它此时仍然是该帝国的一部分），但这时马穆鲁克的贝伊们再次获得了控制权。法军入侵无疑会遭到君士坦丁堡的苏丹塞利姆三世的愤怒抗议，可尽管当时他的帝国尚未沦为"欧洲病夫"，却也已衰退消沉，不复往日辉煌，难以构成太大威胁。不幸的是，

_____

① 阿拉伯语词mameluke（马穆鲁克）的意思是"奴隶"。马穆鲁克王朝是奴隶的后裔，在阿尤布王朝（萨拉丁王朝）灭亡后接管埃及。

法国还面临不少更为严重的风险。他们的运输船队武装简陋，人员几乎没有接受过专门的训练。诚然，法军派出了 27 艘风帆战列舰和护卫舰进行护卫，但据说纳尔逊已经在地中海巡航了。若他对这支舰队进行拦截，那这支舰队以及船上 3.1 万人成功逃跑的机会将会微乎其微。

拿破仑于 1798 年 5 月 19 日乘坐旗舰"东方"号离开土伦。他的第一个目标是马耳他。这座岛自 1530 年起就为医院骑士团所有。骑士们尽心尽力地维持他们的医院，在 1565 年遭土耳其人围困时，他们表现英勇，成功抵御了这场可怕的进攻。但作为基督教世界的斗士，他们开始逐步变得温和。6 月 9 日，当拿破仑抵达马耳他时，他派人上岸送消息给德意志大团长费迪南德·洪佩施，要求对方准许其所有船舰进港补水。他得到的回复是，根据骑士团规定，与其他基督教国家交战的国家一次只能停靠 4 艘船。"东方"号很快予以答复："波拿巴将军决定通过武力取得根据骑士团基本原则——好客原则——他应得的一切。"

6 月 10 日拂晓时分，法军发起了对马耳他岛的攻击。550 名骑士——近半是法国人，更多的人年事已高，无法出战——抵抗了仅仅 2 天。12 日晚，骑士团派出的代表团登上法军的旗舰。他们愿意交出马耳他以及邻近的戈佐岛，只要法国政府利用职权帮大团长洪佩施找到适合的隐退之地，并提供 30 万法郎①的养老金，以便其能过上与地位相称的生活。拿破仑接受了——不过他这么做绝不是出于为洪佩施个人利益考虑——随即在岛上着手进行改革。在不到一周的时间里，他成功让这座岛改头换面，变得

---

① 法郎从 1795 年开始作为法国本国货币流通，直到 1999 年被欧元所取代。

如同法国的一个省。修道院的数量减少，神职人员所拥有的权力也大幅削弱。法国人将教堂里所有的金银以及骑士宫里所有的珍宝——包括骑士团经常用来为医院病人提供餐食的著名银餐具①——都搬到了旗舰上，它们将被熔化成重3500磅的金银块，作为拿破仑的战时资金。克劳德·沃博伊斯将军带领3000名法军作为卫戍部队留在马耳他。抵达不到一周，法国舰队就做好了继续远征的准备。19日，拿破仑率军启程。

然而，法国对这座不幸岛屿的统治未能持续太久。沃博伊斯一度试图强制推行法语为官方语言，后来又提议将姆迪纳加尔默罗教堂的所有资产拍卖，他的行为激怒了马耳他人。9月3日，在神职人员的带领下，马耳他人发起反抗，将法国民兵指挥官扔出窗外。沃博伊斯迅速下令所有手下前往瓦莱塔，封锁城门。此后，法国人遭到围困。马耳他人向英国皇家海军寻求帮助，几艘英国船抵达，阻挡任何试图替卫戍部队解围的法国船只。很快，1500名英军也来到了马耳他。沃博伊斯坚持着，直到被包围的他只剩下3天口粮。最后，英国人准许他体面地投降、卫戍部队安全地返回法国，并且允许他带走他们驻守马耳他期间劫掠到的大量珍宝。最后这一点让马耳他人更为愤怒，因为英国人并没有征询他们的意见。

随着骑士团和法国人的离开，马耳他人发现，在他们的归属确定之前，他们为一名英国民事专员所管辖。1802年，《亚眠条约》签订——英国与法国达成和解，不过拿破仑打算只有在条约对自己有利的情况下才遵守它——马耳他岛被归还给医院骑士团。

① 马耳他的传染率之所以比其他医院低得多就是因为这个原因，其他医院全都使用被病菌污染的木盘。

但马耳他人对骑士团的喜爱并没有比对法国人的多，他们明确表示更喜欢英国王室方面承诺的安全保障——他们的愿望最终因为1814 年签订的《巴黎和约》实现。

～

1798 年 7 月 1 日晚，离开马耳他近 2 周后，法国舰队在亚历山大港以西约 7 英里处下锚。他们只能用小船将这么多人和装备送到岸上，这是一项漫长而复杂的任务。2 日傍晚，法军才开始登陆，此时暴风雨已近咫尺。海军中将弗朗索瓦-保罗·布吕埃斯·德艾格利里斯建议将行动延后至次日上午，但拿破仑不听。他本人直到午夜前不久才下船。幸运的是，军队在抵达亚历山大港之前都没有遇到抵抗。即便是在到达亚历山大港之后，其破败的城墙和小规模驻军也无法阻止势不可挡的法军。整座城市气息奄奄，人口从罗马时期引以为傲的 30 万人减至此时凄凉的 6000 人。除了庞培柱（与古罗马的庞培没有任何关系）和克娄巴特拉方尖碑（与克娄巴特拉女王没有关联）[1]，再没有什么能让人联想起其昔日的辉煌。

因此，对于法军而言，占领亚历山大港是一次糟糕且扫兴的经历。在 7 月热浪的炙烤之下，法军的士气已经足够低落了。而

---

① 庞培柱的历史可以追溯到 3 世纪末的戴克里先时期。到克娄巴特拉时代，这座方尖碑已经矗立了近 1500 年。1819 年，穆罕默德·阿里将方尖碑赠予英国政府，但还得再等上 59 年，也就是 1878 年，方尖碑才抵达伦敦的泰晤士河堤岸。

他们原本期待的是一座富庶华丽的城市，能为他们提供相称的掠夺机会——结果他们只看到了大量疾病肆虐、肮脏不堪的破屋。他们不仅大失所望，还感觉遭到了背叛。拿破仑认为没时间让法军继续闷闷不乐，他决意立刻往开罗进军。法军沿尼罗河三角洲西侧行进，途中在没有遭到抵抗的情况下占据了罗塞塔（罗塞塔石碑就是在这期间被发现的）。7月21日，他们在杰吉拉岛下游与马穆鲁克的主力军遭遇。拿破仑激励手下将士："士兵们，想想吧，4000年的悠久历史正从这些金字塔顶端注视着你们！"这句话被载入了史册，但其实，他没有必要这么做：法国人轻而易举地赢得了金字塔战役的胜利。纵使马穆鲁克士兵英勇无畏，但他们的利剑根本无法对抗法国人的火枪。约2000名埃及人战死疆场，法军却只损失了29人。次日，拿破仑进入开罗。对他的手下而言，这座城市比亚历山大港略好些，但也几乎不值得费这么大劲来一趟。

同一时间，纳尔逊正跨越地中海，追击法国战舰。因为情报有误，他以为的波拿巴离开马耳他的时间比实际的早了3天，他匆忙赶往亚历山大港。等到了那里后，连法军舰队的影子都没看到，纳尔逊惊讶不已，他随后再度起航，沿着叙利亚海岸搜寻。直到8月1日下午2点30分左右，当他返回埃及，他才在位于尼罗河河口的阿布基尔湾发现了13艘法国战舰和4艘护卫舰，一字排开，有2英里长，英军方面则有14艘战舰。但他们与法军舰队仍然隔了9英里，至少需要2个小时才能赶到法军战舰处，而要让英军舰船排成常规作战阵势，还需要更多的时间。在当时，夜战是很危险的，没有海图意味着船只很容易搁浅于未知海域，更糟的可能是误向同伴开火。在这种情况下，大多数海军上将会选择等到早上再战。但纳尔逊不愧是纳尔逊：看到法国人毫无防备，且刮起了对英军有利的西北风，他决定立刻发起攻击。纳尔逊先是派 4 艘战舰沿法军舰队靠海岸一侧行进，而他本人乘坐"先锋"号旗舰率领其余战舰沿离岸一侧发起并行攻击。因此，每艘法国船舰的两侧都同时遭受到了猛烈的炮火轰击。那时是晚上 6 点左右，随后的战斗持续了一整天，直到第二天晚上。待到 8 月 3 日黎明，法军方面，除了 4 艘战舰，其余的都被摧毁或俘虏，包括"东方"号——在火药爆炸之前，在这艘船上的海军中将布吕埃斯被炮弹击中丧命。时至今日，"东方"号以及从马耳他宫殿和教堂中抢夺的许多宝物仍然沉睡在阿布基尔湾底部。

纳尔逊不仅摧毁了法国舰队，还切断了拿破仑与法国之间的通信联系，让他陷入孤立无援的境地，使他征服中东地区的计划受挫。纳尔逊的这场胜利还严重打击了法军的士气，然而，波拿巴看上去是个例外。几乎没等舰炮冷却，他就已经着手将埃及改建成一个长期的战略基地。他制定了更为有效的行政和税收制度；他建立了土地登记处，确立了医院体系，改善了公共卫生甚至提升了街头照明条件。同时，随拿破仑来到埃及的科学家和工程师被派去解决诸如尼罗河水净化、当地火药生产等问题。

拿破仑试图赢得埃及人的信任和支持，但不出所料地失败了。他竭尽所能，利用一切机会来强调其对伊斯兰教的欣赏。可事实是，他和他的手下不仅住在埃及，还表现出拥有这个国家的样子。小规模的反抗不断爆发，孤立的法国驻军或街头落单的法国人会遭到攻击。10 月，法国人残酷镇压了一场较为严重的暴动。拿破仑下令，从此以后，任何被发现携带枪支的埃及人都会遭斩首之刑，其尸体会被扔进尼罗河。难怪法国人占领的时间越长，埃及人对他们的憎恨就越深。

而在埃及边境之外，敌人也在聚集。9月2日，苏丹塞利姆对法宣战，叙利亚的土耳其总督，绰号"屠夫"的杰扎尔帕夏开始召集军队。与其冒被叙利亚人入侵的风险，拿破仑决定先发制人。1799年2月初，他率军穿过西奈沙漠，往北进入巴勒斯坦。3月7日，吉达陷落，2000名土耳其人和巴勒斯坦人被杀，还有2000人被带到海边，遭到枪决。当时瘟疫肆虐，在犯下这些暴行后，为了改善自己的形象，拿破仑造访了一家医院。据说，他很不明智地将一位死去的感染者抬到坟墓。幸运的是，拿破仑没有被感染，但他的这次公关行为似乎并不是特别成功。①

阿克是拿破仑的下一个目标。但这座城市防守严密，土耳其指挥官向英国海军寻求帮助，后者派富有传奇色彩的海军准将西德尼·史密斯爵士率队增援，史密斯因在法国大革命期间逃出圣殿塔监狱而出名。法军对阿克进行了2个月的围困，但史密斯成功捕获了8艘载有围城火炮、补给和弹药的炮艇。5月10日，拿破仑发起了最后的攻击，却遭受重大损失，除了撤军，他别无出路。到此时，疫情已经蔓延到了他的军中。拿破仑主张通过大剂量鸦片来杀死所有病患，但他的首席医务官断然拒绝照做。用数百副担架抬着伤病员，这导致法军的回程速度大大放慢。最终步履蹒跚地回到了开罗的，是一群凄惨的人。②

和以往一样，即便是遭遇失利，拿破仑也会尽力将之粉饰为

---

① 在英国某家美术馆——真希望我能想起来到底是哪家——有一幅大型油画，描绘了拿破仑在海滩上与一大群感染了瘟疫的人站在一起。这幅画题为《阿克的瘟疫》。

② 后来，据说当回忆起史密斯在阿克的表现时，拿破仑是这么说的："那个人让我与命运失之交臂。"

路易十四。他在位 72 年。尽管他有很多缺点，但他给法国留下了其他国王未曾有过的印记。亚森特·里戈创作的肖像画，1701 年。

路易十五（左）。他于 1715 年在 5 岁时继位。他是一个平淡无奇的年轻人，配不上他的情人蓬帕杜夫人（下）。路易完全仰赖蓬帕杜夫人的才华、睿智的政治建议和出众的机敏。弗朗索瓦·布歇创作的肖像画，约 1758 年。

《我们必须祈祷这会尽快结束》。在一幅讽刺税收不公的 1789 年的漫画中，一位年老的农民承受着贵族和教会的过度重压。

"丑陋就是力量"。米拉波伯爵，三级会议中最杰出的演讲家。约瑟夫·博塞创作的肖像画。

巴士底狱的陷落，1789 年 7 月 14 日：法国大革命开始。

"穿海绿色外套的不可腐蚀者"和恐怖统治的面孔：马克西米利安·罗伯斯庇尔。当时的肖像画。

乔治·丹东。他是一个有着巨大存在感与卓越才智的人，但和本页的其他人一样，他也死于断头台上。当时的肖像画。

玛丽·安托瓦内特。她是一位无趣、未受过教育的公主，主要是因为她是奥地利人，法国人从未将她放在心上。伊丽莎白·维热·勒布伦创作的肖像画，1778 年。

路易十六。他本可以挽救君主国，但是他犯下了致命的错误：以特权阶层作为身份认同并忽略了影响力越来越大的市民阶级。安托万·卡莱创作的肖像画，1786 年。

在 1796 年 7 月获胜的意大利战役中的年轻的拿破仑·波拿巴。安托万–让·格罗创作的肖像画。

金字塔战役，1798 年 7 月 21 日。这一战是对统治埃及的马穆鲁克王朝的决定性胜利。弗朗索瓦·华托创作的油画。

1804 年 12 月 2 日，拿破仑皇帝的祝圣礼与约瑟芬皇后的加冕（极为不快的教皇庇护七世在右侧）。雅克–路易·大卫油画的局部。

歌剧院大街的建造，巴黎，约1865年。乔治·奥斯曼和拿破仑三世皇帝一起改造了首都。

拿破仑三世皇帝和欧仁妮皇后，约1865年。

巴黎围城期间，热气球被用来与外界传信。图为蒙马特圣皮埃尔广场上一个正在充气的热气球，1870年9月23日。

阿尔弗雷德·德雷福斯上尉。他被错误地指控叛国并于1895年1月被逮捕——这个事件将动摇法国的根基。直到1906年，德雷福斯才得到正式平反。

等待运送士兵奔赴马恩河战役的巴黎出租车，1914年9月。

代表们协商《凡尔赛条约》，1919年5月。

1940年10月24日，在卢瓦河畔蒙图瓦尔，阿道夫·希特勒与菲利普·贝当元帅握手。（中间为翻译保罗·施密特。）

1940年7月3日，英军对凯比尔港法国军舰的轰炸。英国皇家海军称此次行动是其执行过的最可耻的行动。

温斯顿·丘吉尔和戴高乐将军，巴黎，1944年11月11日。

巴黎解放：戴高乐将军，1944 年 8 月 26 日。

胜仗。土耳其俘虏被游街示众，法军还骄傲地展示夺来的土耳其旗帜。部队剩下的士兵都尽可能收拾整洁，在开罗表演了一场凯旋仪式。但没有人受骗，至少所有埃及人都不信。中东远征以失败告终，对提升拿破仑的名声没有任何帮助。他也因为得来的几个消息深感不安：欧洲再度陷入战争状态；他在两年前建立的意大利阿尔卑斯山南共和国如今为奥地利人所占领；俄国军队正在行军；法国国内的局势又一次变得危急起来。拿破仑抛下自己的军队，想方设法尽快赶回祖国——这是他军事生涯中头一次这么做，但不是最后一次。1799 年 8 月 22 日清晨 5 点，他偷偷溜出自己的军营，乘船驶往法国。就连接替他担任法军指挥官的让-巴蒂斯特·克莱贝尔也是在拿破仑安全离开后才知晓此事的。

～

在巴黎，1799 年的牧月 30 日政变（公历 6 月 18 日）将宽容派逐出了督政府，普遍被认为是雅各宾派极端分子的人入主，但混乱局面依然持续，新任督政官之一埃马纽埃尔·西耶斯宣称唯有军事独裁才能防止君主制卷土重来。"我在寻找一把军刀。"他说。很快，那把军刀就出现了，而且自拿破仑近乎奇迹般地摆脱英国舰队，于 10 月 14 日抵达巴黎那一刻起，他和西耶斯就开始计划发起一场政变。雾月 18 日至 19 日（公历 11 月 9 日至 10 日），二人发动政变，废除督政府，建立了新的政府——执政府。严格说来，执政府有 3 名执政官，但实际上只有一位。彼时居住在杜伊勒里宫的第一执政拿破仑·波拿巴成了法国的主宰。

整个冬天，拿破仑忙于重组军队。俄国已经退出了反法同盟，因此拿破仑专心准备对抗剩下的主要敌人奥地利。当时，奥地利人正在围攻热那亚，后者是拿破仑建立的短暂政权之一利古里亚共和国的首都。能力不出众的将军可能会选择自巴黎南下，进入罗讷河谷。但拿破仑在到达阿尔卑斯山后向东转，带领手下翻过大圣伯尔纳山口，这一路线完全出乎奥地利人的意料。奥地利将军米夏埃尔·冯·梅拉斯别无选择，只能离开热那亚，重新进行部署，将所有军力集中到亚历山德里亚。拿破仑紧随其后，于1800年6月13日晚抵达位于亚历山德里亚东南2.5英里处的马伦戈村——事实上，此地充其量算是个农场。

接下来发生的战斗差一点儿终结了拿破仑的军旅生涯。梅拉斯并没有坐以待毙。次日早上，他率领约3.1万人向2.3万法军发起猛攻，在5个多小时的时间里，他用80门火炮对敌人进行了无休止的轰击。午后，法军阵线开始后退：他们被迫撤到近4英里外的圣朱利亚诺村。奥地利人获胜似乎已是板上钉钉的事。但奇怪的是，奥地利军队的追击速度很慢——或许是因为71岁的梅拉斯此时已退至亚历山德里亚，将指挥权交给了某个相对无能的下属——这给了拿破仑重整旗鼓的时间，并且还让他迎来了路易·德赛将军率领的重要援军，后者从东南部赶来，恰恰在此时抵达。随着天色渐暗，拿破仑发起了反击。德赛几乎是在开战瞬间就丢了性命，但他手下的6000名士兵休息充分，精神抖擞，极大地鼓舞了同胞的士气。等到夜幕降临时，奥地利人已全线溃退。这场战斗结束时，奥地利人损失了9500人，法军方面则损失不足6000人。[1]

---

[1] 就在拿破仑败走马伦戈的消息传到罗马几个小时后，他赢得最终胜利的消息传来。原本欢欣鼓舞的氛围变得沉痛哀伤，这一突然的变化为普契尼的歌剧《托斯卡》第二幕增添了戏剧性。

到这个时候，梅拉斯别无选择，只能妥协，将所有军队撤至明乔河以东和波河以北，法军得以完全控制直至阿迪杰河的波河河谷。尽管这是一场险胜，但拿破仑的名声并未受损，回到巴黎后，他集军权和民政权于一身。1801 年，奥地利被迫签订《吕内维尔条约》，法国重新获得了恺撒给予高卢人的旧边界——莱茵河、阿尔卑斯山脉和比利牛斯山脉。而 1802 年的《亚眠条约》——极其短暂地——结束了法国和英国之间的敌对状态。

此时，拿破仑的声望可谓如日中天，并且仍在上升。他的野心也在不断扩大，现在他一心想要恢复君主制。当然了，他并不打算当国王，毕竟法国大革命的目标就是废除国王。但皇帝完全是另一回事。对沉浸于古典史的法国人而言，罗马帝国——即便不是每一位皇帝——是非常值得景仰的，因此，拿破仑要成为一位皇帝。他提出他理想中的帝国是以功绩为基础，而不是像波旁王朝那样完全根据出身。1804 年 11 月，法国举行公投，以批准拿破仑身份的转变——他不再被称为"波拿巴"——从第一执政变为法兰西皇帝。公投结果让人感觉这件事更像是发生在 20 世纪，而非 19 世纪：99.3% 的人赞成，仅有 0.7% 的人反对。

受邀参加加冕典礼的教皇庇护七世发现自己面临进退两难的局面。如果他现在将皇冠戴到这位科西嘉冒险家的头上，那么他在欧洲君主心目中的声望就会一落千丈。以奥地利皇帝为例，看到教皇为一个没有相似出身和血统的暴发户式竞争对手加冕，他会做何感想？但在那个情况下，庇护知道自己不能拒绝，在 6 名枢机主教的护送下，他很不情愿地出发了，翻越阿尔卑斯山。一抵达巴黎，他就发现一个可以维护自己的权威的意想不到的机会：约瑟芬向其承认自己和拿破仑从未在教堂举行过婚礼，于是教皇断然拒绝出席加冕典礼，除非两人在教堂补办婚礼。因而，就在加冕典礼这个重要日子的前一天下午，尽管新郎拿破仑很反感，但在他舅舅，枢机主教费什的主持下，他和约瑟芬在没有见证人的情况下举行了秘密婚礼。不过，拿破仑很快就报仇了。加冕当天，即1804年12月2日，他先是让教皇和会众等了整整一个小时，然后自己将皇冠戴到头上，接着为约瑟芬加冕。庇护为两人赐福，但仅此而已：除此之外他不过是一名普通的观众。在大卫创作的描述这一场景的伟大画作中，教皇的不悦显而易见。

不同于大多数加冕典礼，拿破仑的加冕典礼是在战时举行的。《亚眠条约》只维持了14个月。法国再次与英国交战，拿破仑又一次计划入侵，他在布洛涅集结起一支强大的军队，这支队伍构成了日后被称为"大军团"的部队的核心。但他面临的还是那个老问题——牢牢掌控海洋的英国皇家海军。英国海军大臣放话说："我不是说法国人不能来。我只是说他们没法从海上过来。"法国一度以为可以派舰队攻击西印度群岛，迫使伦敦调足够多的战舰前往加勒比海地区，如此一来，法国就可以入侵英国了。但英国海军在1805年7月赢得了菲尼斯特雷角的遭遇战，3个月后，又拿下了特拉法尔加海战，这一结果表明法国舰队在重大会战中再也无法挑战英国海军。

过了几周，拿破仑才获悉特拉法尔加的消息。到这个时候，他已经放弃了入侵英国的所有希望，率军转向不需要海军的欧洲大陆，在那里，包括奥地利和俄国在内的几个国家组成了反法同盟，联手反抗拿破仑。法兰西皇帝决心在奥地利军队的盟友俄国抵达前摧毁它。他率领20万法军渡过莱茵河，在乌尔姆取得一场胜利，这让他得以于11月进入维也纳。但是，相较于接下来发生的战斗，乌尔姆的胜利就显得没有那么重要了。12 月 2 日，拿破仑率军在奥斯特利茨击败（分别由各自的皇帝弗朗茨二世和亚历山大一世率领的）奥俄联军，收获了其军旅生涯最重要的一场胜利。战火蔓延，先是在中欧地区，后来转至伊比利亚半岛。拿破仑收获了一场又一场的胜利：在耶拿战胜普鲁士人，在弗里德兰击败俄国人，在科伦纳战胜英国人，在瓦格拉姆击败奥地利人。

但在 1812 年 6 月 24 日，拿破仑犯下了平生最大的错误：他率领 60 多万人组成的大军入侵俄国。俄国人很明智，尽可能避免与法军正面激战，他们采取了诱敌深入的方针，将拿破仑引入俄国深处，因为他们深知本国寒冬的威力，而法国人对此一无所知。双方在斯摩棱斯克进行了几次小规模交锋，不过第一次真正意义上的战斗发生在莫斯科外围的博罗季诺。为了保卫首都，俄国人拼尽全力。在拿破仑战争的所有战斗中，博罗季诺一战是最为血腥的：共有 25 万人参战，等到当日晚上，约 7 万人阵亡。严格说来，法国是获胜方，但他们再次付出了惨痛的代价。法军，或者说是余下部队进入莫斯科。在那儿，拿破仑满心以为沙皇亚历山大会求和，但后者根本没有这么做。莫斯科总督费奥多尔·罗斯托普钦并没有交出首都，而是将这座城市付之一炬。拿破仑在莫斯科停留了 5 周，这又是一个大错。当大军团开始撤退时，时值 11 月初，那时，冬天已经降临：仅 8 日至 9 日这一个夜晚，就有近 1 万人和马匹冻死。当法军于月底渡过别列津纳河时，人数已经不足 4 万。那之后不久，皇帝就乘上雪橇，在其军旅生涯中第二次弃手下而去，让士兵自己想办法回家。

拿破仑再也没能从对俄战争的溃败中恢复过来。1813 年 10 月，法军在莱比锡再次遭遇一场惨败。这场战役涉及近 60 万人，是第一次世界大战之前欧洲发生的规模最大的战役。现在，走投无路的拿破仑被迫返回巴黎，并于 1814 年 4 月 4 日退位。通过《枫丹白露条约》，反法同盟将拿破仑流放到临近托斯卡纳海岸的厄尔巴岛（这是一座约有 1.2 万名居民的小岛），允许拿破仑对厄尔巴岛享有完全的统治权并拥有一支由 600 人组成的私人卫队。他充分利用了这一点。在岛上的 9 个月时间里，他改造了这座岛：他组建了一支小规模的陆海军，制定诸项社会及经济改革，建造公路，开发铁矿，颁布农业现代化的命令。这期间，他耐心观望，等待时机的到来。①

　　站在拿破仑的立场，法国本土的局势令人振奋。被处决的国王路易十六的弟弟，普罗旺斯伯爵自封为路易十八，带着其所谓的"宪章"抵达巴黎。这其实是一份权利法案，内容包括法律面前人人平等、宗教宽容、出版自由、保护私人财产以及废除征兵制等。法案还参考英国政府的模式，规定建立由众议院和贵族院组成的两院制立法机构。但进入耳顺之年的老路易根本不得民心。不久前，法国还是一个伟大的帝国，如今却缩小至昔日的边界，这让法国人极为不满，他们痛恨路易十八以及其他回归的波旁王朝成员对待民众，尤其是对大军团老兵的专横方式。此外，齐聚维也纳以重新规划欧洲大陆版图的欧洲列强，似乎总是争执不休。拿破仑是否有可能重返法兰西呢？他并没有受到严密看管：逃跑应该不是什么难事。可以肯定的是，从俄国、德意志、英国和西

---

① 正是在厄尔巴岛期间，拿破仑得知了约瑟芬的死讯。因为约瑟芬没能为拿破仑生下子女，两人于 1810 年离婚，拿破仑随后娶了奥地利公主玛丽·路易丝（他再也没能见到她）。不过在获悉约瑟芬去世后，拿破仑将自己锁在房间里，整整两天闭门不出。

班牙归来的士兵会团结在他的旗帜之下，这支军队会比其敌人仓促组建的军队更为强大、更加训练有素。因此拿破仑做了决定。1815 年 2 月 26 日，他和他能召集到的所有人手一起乘坐法国双桅横帆船"无常"号，悄悄驶出厄尔巴岛的港口。3 月 1 日，一行人在夏纳和昂蒂布之间的胡安湾登陆。拿破仑清楚保王党肯定会派军队来阻止自己返回巴黎，并且对方肯定会走穿过罗讷河谷的这条路，因此他选择了东面的山路，穿过锡斯特龙和格勒诺布尔，这条路线至今仍被称为"拿破仑之路"。[①] 百日王朝开始了。

这是一段非同寻常的行程。拿破仑的队伍不断壮大，每天都有士兵加入。3 月 5 日，驻扎在格勒诺布尔、名义上支持保王党的第五步兵团集体投靠拿破仑。两天后，被专门派来拦截拿破仑的第七步兵团亦做出了同样的选择。当时，拿破仑下马，径直向这些人走去，猛地拉开自己的外套。"如果你们中有人想要射杀他的皇帝，"他大喊道，"我就在这里。"人群中发出"皇帝万岁"的呼声：这正是他所需要的。几天后，曾经为拿破仑效力的元帅之一米歇尔·内伊带领 6000 人投奔，此人此前说过拿破仑应该被塞进铁笼里带回巴黎。3 月 20 日，尽管已筋疲力尽，但拿破仑还是得意扬扬地抵达杜伊勒里宫。就在几天前，国王路易十八匆忙逃离这里。

此时，维也纳会议宣布拿破仑是一个被剥夺法律权益和保护者。1815 年 3 月 25 日，英国、俄国、奥地利和普鲁士再度结成反法同盟（事实上，这已经是第七次反法同盟了）与拿破仑抗

---

① 我们现在仍然可以重走他当年走过的路。这位皇帝每晚住过的屋子都保留了下来，每一座都有一块纪念牌。

衡。拿破仑战争最后一战的舞台已经搭建好了，众所周知，一切
终结于滑铁卢。现在，反法同盟的目标不再是法国——在那里路
易十八现在被认可为法兰西统治者——而是拿破仑·波拿巴个人。
与其让敌人掌握主动权，这位皇帝（在他眼中自己仍然是皇帝）
决定趁俄军尚未到来，反法同盟还未做好联合攻击的准备时，将
他们逐个突破。因此，6 月 15 日，他带领他的北方军队跨过比利
时边界，将东边由陆军元帅格布哈德·冯·布吕歇尔率领的普鲁
士军和西边由威灵顿公爵统领的英荷联军隔开。两场前哨战都发
生在 16 日。在卡特勒布拉，内伊元帅带领着 2.5 万士兵，错失了
赢得一场决定性胜利的机会，因为他误会了拿破仑的意图。法军
的伤亡人数略少于联军，但双方只能算是打成平手。另一方面，
在利尼，法国人成为绝对的胜者。拿破仑率领一支由 7.7 万人组
成的军队，成功将布吕歇尔逐出利尼镇，迫使其无法与威灵顿公
爵会合。这位陆军元帅被困在死去的坐骑之下长达数小时，但在
用大黄和大蒜药膏涂抹伤口，又喝了大量杜松子酒后，他很快和
部下重聚。普鲁士军队损失 2.8 万人，包括在夜间逃亡的约 1.2 万
人。法国方面伤亡总人数为 1.15 万。

　　最终之战于 6 月 18 日在滑铁卢展开。就在一两个小时之前，
这里下了一场雷暴雨，雨量之大不亚于雨季时节，战斗因而推迟
了数小时，双方都在等待地面变干。上午 11 点，拿破仑向手下军
官保证，当晚他们能在 12 英里之外的布鲁塞尔安睡。但 6 个小时
后，法国人仍然没能将威灵顿公爵逐出其驻守的陡坡。布吕歇尔
年事已高，加上不久前刚受过伤，难以在马背上待太久，并且他
还受到格鲁希元帅的严重牵制——这是拿破仑分离联军计划的一
部分——但他还是在临近傍晚时赶到。伯纳德·康沃尔写道：

　　"前进！"据说他是这么说的，"我听到你们说这是不可能的，但我们必须前进！我答应过威灵顿公爵，你们肯定不想我食言吧？加把劲吧，我的孩子们，我们会赢得胜利的。"没人会不喜欢布吕歇尔。他已经 74 岁了，承受着利尼之战给他带来的痛苦和不适，身上还散发着杜松子酒和大黄药膏的臭味，不过他依旧满怀热情，劲头十足。如果说拿破仑那天的举止是对被他低估的敌人的一种阴郁的蔑视；而威灵顿公爵是工于心计的冷静、不动声色；那么布吕歇尔就是充沛的激情。①

　　这是一场前景不明的战役——用威灵顿公爵的话形容就是"该死的势均力敌"——布吕歇尔和他的普鲁士士兵扭转了战局，赶走了拿破仑迫切需要的后备军，并且逐步粉碎了法军的抵抗。他们对撤退的大军团进行不懈的追击并彻底击败了法军。但法军的失败还有另一个因素：拿破仑的健康状况。有很多证据表明，在百日王朝期间，拿破仑表现得和往常很不一样。他无精打采，沉默寡言，抵达滑铁卢时，他的状况似乎更加糟糕了。据悉，他忍受着痔疮带来的剧痛，这使他根本无法坐在马上。在滑铁卢，他确实骑过几次马，但据说当天许多时间里，他都坐在指挥部里，双手抱头。倘若他的身体处在最佳状态，这场战役或许会有不同的结果？我们永远都无法知道了。

　　当拿破仑回到巴黎后——他可不是那种当自己的军队遭遇溃败仍然会坚持留在战场的人——他清楚自己大势已去。他的位置

---

① 伯纳德·康沃尔，《滑铁卢：四天、三支大军和三场战役的历史》。

难保，立法机构和人民都反对他。6 月 22 日，拿破仑第二次退位——虽然在法律上，此时的他已无位可退——他让位给自己与玛丽·路易丝生的儿子，这个孩子当时年仅 3 岁，被拿破仑授予"罗马国王"的头衔。3 天后，拿破仑离开巴黎，在约瑟芬位于塞纳河畔的故居马尔迈松城堡短暂停留。一周后，联军抵达，拿破仑逃到濒临大西洋的罗什福尔，寄望能逃到美国，却发现这里和其他大西洋海岸港口一样都被英国舰船封锁住了。7 月 15 日上午，他向英国皇家海军舰船"柏勒洛丰"号的船长弗雷德里克·梅特兰投降，委托对方将一封信转交给英国摄政王：

> 尊贵的殿下：
>
> 　　面对分裂国家的党派与欧洲列强的敌意，我结束了我的政治生涯。如地米斯托克利[1]一样，我将在英国人民的壁炉边取一席之地。我恳请尊贵的殿下，允许我将自己置于英国法律的保护之下，这是我的敌国的法律中最强大，最坚韧且最慷慨的。
>
> 　　　　　　　　　　　　　　　　　　　　　拿破仑敬上[2]
> 　　　　　　　　　　　　　　　　罗什福尔，1815 年 7 月 13 日

这是一封令人印象深刻的信：自重、谦恭、悲戚而简短，富有诗意，并能引发共鸣，让人读完后久久无法忘怀。而英国摄政

---

[1] 地米斯托克利（公元前 524—前 459 年）是雅典的执政官（严格来说，是国家首脑），但后来遭放逐，为波斯效力。

[2] 多年来有一种很盛行的理论，即拿破仑死于砷中毒，但最近的研究表明这不太可能。

王竟然觉得这封信不值得回复，真是悲哀。

　　"柏勒洛丰"号将拿破仑带到英国，但他没能获得登岸许可，反而被转移到了"诺森伯兰"号上。没过多久，这艘英国皇家海军舰船就将拿破仑带到了圣赫勒拿岛上。他在那里住了 5 年，过得很不舒服——岛上风雨肆虐，极其潮湿。1821 年 5 月 5 日，拿破仑去世，死因很可能是胃癌。

　　拿破仑身高不过 5 英尺 6 英寸，相貌远算不上英俊；但从纯粹个人魅力看，他可以说是无可比拟的；此外，他还具备了另外两个成就伟大的重要素质：无穷的精力和超凡的自信。历史上，甚至包括 20 世纪的那些独裁者，没有人享有他这样的名望。至今，仍然有老人（作者本人就是其中之一）记得孩提时代，大人曾这么吓唬他们："如果你不乖，波尼就会来把你带走！"威灵顿公爵称，拿破仑出现在战场上，就相当于 4 万士兵。1806 年的奥尔斯塔特战役，弗里德里希·威廉三世率领的普鲁士军队在人数上是法国人的两倍多；但得知法兰西皇帝亲自指挥后，普鲁士国王立刻下令撤退，而这场撤退很快就变为一场溃败。弗里德里希后来才发现自己收到的情报有误：法兰西皇帝根本没有上阵。

　　拿破仑并非总是铁石心肠；他深爱着两任妻子，在厄尔巴岛期间，他不断写信给玛丽·路易丝，恳求她过来陪伴自己——拿破仑根本不知道玛丽的家人故意给她找了一位极具魅力的情人[1]，以防止她产生去陪拿破仑的念头；拿破仑也很疼爱自己的幼子。但是不能忘记的是，他曾两次弃自己的整支军队于不顾——先是

---

[1] 亚当·阿尔伯特·冯·奈伯格伯爵，他的一只眼睛蒙有可怕的眼罩。他和玛丽·路易丝生了三个孩子，前两个孩子出生时，玛丽仍然是拿破仑的合法妻子。

在埃及，后来是在俄国——让手下士兵面临极大危险，更不必说恶劣至极的天气状况了；因他个人缘故导致死亡的人数多得数不胜数。但无论如何，他深得部下的爱戴，即便那些被派去除掉他的人也毫不犹豫地团结起来支持他的事业。

最后，是否有某一个人对欧洲产生的影响比拿破仑更为深远？在法国，面对大革命以及恐怖统治造成的混乱无序局面，他很快让法国恢复和平，实现政治均衡，让经济强势复苏；他确立了宗教自由，通过 1801 年与教皇庇护七世签订的政教协定，恢复了法兰西与教会的良好关系。他维持基本食物的低价格；并且在 1804 年颁布了《拿破仑法典》，这部法典至今仍是法国和近 30 个其他国家民法的基础。他在欧洲劫掠破坏，留下疮痍；但他也将自由、平等和博爱的革命理想传遍欧洲大陆各地，在那些地方，这些概念确实是非常新颖且极具挑战性的。

第 16 章

完美的折中

1815—1848 年

> 难道你没有感觉到……欧洲大地再度颤动？难道你没有感觉到……空气中弥漫着革命的气息？你是否能确定从现在起的一年、一个月，甚至仅仅是一天后，法国会发生什么？你不能。但是你知道一场暴风雨即将来临，它正在向你逼近。
>
> ——亚历西斯·德·托克维尔致众议院

据说，波旁家族在复辟后并没有吸取任何东西，也没有忘记任何东西。很多情况下，这话基本属实，但完全不适用于国王路易十八。如果有机会，他肯定会投票赞成绝对君主制——在旧制度下，他曾聘用了 390 名仆从。但长达 23 年的流亡生涯——先是在低地国家，然后是科布伦茨、维罗纳、不伦瑞克的布兰肯堡（他在那里占据了一家店面楼上的两室套间）、库兰（今拉脱维亚境内）、华沙、瑞典和白金汉郡的哈特韦尔别墅——让他明白绝对君主制已经一去不复返了。在后帝国时代的法国，他的第一次回归被百日王朝打断，极为短暂。当他第二次复位时，才算得上是以胜利之姿回归。在加来，迎接他的是热烈欢呼的人群，不知何故，人群中还有一群身着白衣的处女。接着，他坐上马车前往大教堂参加感恩礼拜，但拉车的不是马，而是当地百姓。①

　　1815 年 6 月 26 日，路易十八返回法国，抵达康布雷后，他发表声明，保证"除了煽动者"，所有在百日王朝期间为拿破仑效力的人都不会受到惩罚。3 天后，当时英国驻巴黎大使威灵顿公爵接待了一个代表团，后者提议让外国君主登上法国王位，但他立刻把他们打发走了。他坚称："路易十八是维护法国完整的最佳选择。"当国王于 7 月 8 日进入首都时，他再度受到热烈欢迎，以至于威灵顿公爵不耐烦地抱怨称，持续不断的欢呼声让他听不到国王陛下在说什么。第二次复位，路易决定遵守《1814 年宪章》，不过他将他的大部分职权都转交给了议会。他只求能顺利且清净地当法国国王：定期获得足够的饮食，有足够的机会与他的朋友聊些有伤风化的故事。为了确保能实现这一目标，他很乐意接受宪法，不过他与三色帽徽划清了界限，并且他很乐于让塔列朗亲王担任首相，后者在维也纳会议期间表现出众，捍卫了战败的法兰西的利益。

　　如果路易十八的家人和朋友也像他这样就好了，可惜不然。

---

① 鉴于他当时的体重已经超过 17 英石（英石，英国重量单位，1 英石约合 6.35 千克），因此加来百姓能拉动马车是很了不起的。而在 3 天前，英国摄政王将嘉德骑士袜带系在路易十八左腿上，他称感觉就像是往其他人的腰上绑袜带。

经历了四分之一个世纪的默默无闻后，他们报复心切。接替塔列朗的是第五代黎塞留公爵，尽管此人曾在其密友俄国沙皇手下效力，管理克里米亚，但法国王室还是接受了他。国王的弟弟阿图瓦伯爵身边有一群狂热的支持者，包括他的两个儿子昂古莱姆公爵和贝里公爵，他们整天讨论如何惩治犯下叛国罪的人。尤其是贝里公爵，他一心想要报复拿破仑旗下的元帅们。他经常挂在嘴边的一句话就是"让我们去追捕那些元帅吧"。[①] 国王的很多朋友都希望重新实施恐怖统治，用旧制度时的绞刑架取代国民公会使用的断头台。事实是，被处决的人实在太多了。"如果这些人享有完全的自由，"国王如是说，"到头来，他们也会把我除掉的。"这一波暴力浪潮在法国南部尤为盛行，那里至少发生了 300 场私刑处决。在马赛，昔日为拿破仑效力的马穆鲁克军团准备返回埃及，却在军营内惨遭屠戮。同时，1816 年 1 月，波拿巴家族的所有成员被禁止进入法国，也不能在法国拥有财产。

　　而反法同盟的态度使形势变得愈发严峻。1815 年 11 月签订的《巴黎条约》要求法国恢复至 1790 年的边界，即放弃其在北部和东部的许多宝贵领土。随后，反法同盟会派一支占领军驻扎在此，时限至少 3 年，可能长达 5 年，法国每年要为此支付约 1.5 亿法郎。法国人对该条约的看法与一个世纪后，也就是 1919 年战败的德国人对《凡尔赛条约》的态度几乎一样。黎塞留公爵在签署《巴黎条约》后坦言："在我许可了这些条款后，我就应该被送

①　在滑铁卢战役中，被誉为"勇中之勇"的元帅米歇尔·内伊在 5 匹坐骑先后战死的情况下依旧坚持作战。1815 年 12 月 7 日，他因叛国罪名被行刑队枪决。拿破仑在位期间担任普罗旺斯总督的布律纳元帅被残忍杀死，并被扔进罗讷河中，遗体被当作暴徒射击的靶子。

上绞刑架。"

　　除了极少数热情的保王党，没有人很喜欢君主制，但法兰西人民愿意忍受君主制，只因他们已精疲力竭，并且此时他们非常厌恶似乎永无休止的流血事件，整个法国几乎没有哪个家庭不受其影响。和他们的统治者一样，法兰西人民想过清净的生活，倘若政府明智，就应该实现他们的愿望。但保王党看不惯大革命和帝国培养起来的人在政府占据高位，并且在履行职责方面很有可能比其保王党前任们高效得多。有一段时间，路易十八在开明的首相埃利·德卡兹的协助下，尚能控制住保王党人。但在 1820 年的圣瓦伦丁节，贝里公爵在巴黎歌剧院遇刺身亡。暗杀者显示是"一个瘦长脸的小个子混血儿"，此人是一个激进的波拿巴主义者，曾在厄尔巴岛上拿破仑的马厩工作。这一事件发生后，那些自称为"极端分子"的人立刻群情激昂。他们宣称真正的凶手是将政府职位授予波旁家族的敌人以及波拿巴走狗的那些人。

　　就连路易十八最亲近的家人都一片哗然，国王意识到德卡兹必须下台。他封德卡兹为公爵，任命他为驻伦敦大使。在"极端分子"的支持下，黎塞留公爵重新掌权，他立刻开始压制个人自由和出版自由。可即便是他也没能在这个位置上停留太久。贝里公爵死后 7 个月，公爵夫人产下一个遗腹子，从而进一步确保了波旁王朝的未来，保王党欢欣鼓舞，并逼迫黎塞留公爵辞职。这群人中为首的是国王的弟弟阿图瓦伯爵，他曾承诺会支持黎塞留；面对黎塞留的抱怨，路易十八如此回答："你能指望什么？他曾密谋害路易十六，也谋害过我，现在又谋害你。很快，他就会谋害自己。"

　　路易十八还会再活 4 年，这期间，卡伊拉伯爵夫人左伊·维克图瓦·塔隆成为其生命中的一缕阳光，她每周三都会来拜访国王。^① 但在 1824 年春，路易的健康状况迅速恶化，此时的他比以往任何时候都要胖，而且饱受痛风折磨。到夏天，他的双腿得了坏疽；脖颈软弱无力，无法承受头部的重量。他只能把头靠在桌上的垫子上，因此在接见臣民时难以维持王室尊严。路易十八死于 9 月 16 日，他是最后一个在在位期间去世的法国君王。阿图瓦伯爵继位，成为国王查理十世。

新任国王已经 67 岁了。他曾是玛丽·安托瓦内特的密友，也有人说他是她的情人。他曾定期参加玛丽在凡尔赛宫设立的私人剧院的业余演出。法国大革命开始后，他和家人在国王路易十六的坚持下匆匆离开法国。在他的妻子（萨伏依的玛丽-特蕾莎）于 1804 年去世后，他携情人路易丝·德·波拉斯特龙流亡爱丁堡和伦敦多年，^② 受到英王乔治三世的慷慨资助。得知拿破仑 1814 年退位的消息后，他马不停蹄地回到法国。他比路易十八提前近 3 个月抵达，他在这段过渡期为路易充当"王国中将"。在那段时间里，他悄悄组建了一支由极端保王党人组成的秘密警察部队。在此后的 5 年时间里，这些人专门向他汇报，而路易十八对此毫不知情。

很显然，查理十世的统治从一开始就是一场灾难。他的哥哥很明智地意识到旧制度的时代已经彻底不复返了。但在查理那里，不只是过去 35 年，而且是过去数个世纪的事好像都没发生过。

---

① 传闻称他会躺在她的怀中吸鼻烟，卡伊拉伯爵夫人因此得了"鼻烟盒"这个绰号。

② 位于伦敦南奥德利街 72 号的房屋有一块蓝色匾牌。1805 至 1814 年，查理十世曾居住于此。

1825 年 5 月 29 日，他在兰斯大教堂接受了涂油礼，这正是他的前任路易十八谨慎避免的。查理和他那位极为无趣但时刻准备听从主人吩咐的首相约瑟夫·维莱勒是如此沉湎于过去，以至于就连最热心的"极端分子"都开始抗议。例如，当亵渎圣物法案规定偷取圣物的窃贼在被处决之前可先处以断腕之刑时，历史学家夏多布里昂称这个愚蠢的治理行为仿佛回到了公元 800 年，并指出，若君主国继续犯这样严重的错误，必然会导致共和国的成立。这个政府越来越不得民心，最终在投票中未能获得多数席位，维莱勒只能辞职。"您那位维莱勒先生被抛弃了，"王太子对其父亲说，"这是您走下王座的第一步。"

1830 年 1 月，政局似乎还算稳定，法国尚能发起一场海外冒险，这一次法军远征的目标是阿尔及利亚。此举表面上是要解决地中海地区日趋猖獗的海盗问题，实际上是为了转移人民对国内危机的注意力。（此外，还发生了一件不幸的意外，由于法国未能偿还拿破仑远征埃及时的欠债，怒不可遏的土耳其总督拿苍蝇拍打了法国领事的脸。）法军入侵阿尔及利亚，并且于 1830 年 7 月 5 日在阿尔及尔升起三色旗；法国对该国的统治一直持续到 1962 年。

但查理还有别的打算。1830 年 3 月 18 日，众议院召开会议，其中的 221 名众议员——以 30 票的优势胜出——投票赞成一个表达国家对政府举措的担忧之情的演讲。次日，国王宣布解散众议院，要求重新选举，不久后他进而决定中止宪法。7 月 25 日，查理在其位于圣克卢的住处颁布 4 项法令：进一步审查出版物；解散刚刚选举出的众议院；更改选举制度，使之对政府更为有利；要求在 9 月举行选举。除了国王本人及其首相朱尔·德·波利尼亚克（他声称圣母马利亚经常会来拜访他），任何人都看得出来，这么做无异于政治自杀。夏多布里昂如此评价："又一个政府把自己从圣母院的塔楼上抛了下去。"

夏多布里昂的话比预期更快地得到了应验。当政府官方报纸《箴言报》于 7 月 26 日刊登出这 4 项法令时，其竞争对手《国民报》违抗审查制度，公开号召人们反抗。来自 11 家报纸的 48 位记者在这份号召上签名，为首的是《国民报》创始人路易斯-阿道夫·梯也尔。梯也尔于 1797 年出生于马赛，身高只有 5 英尺 1 英寸或 2 英寸。他先是取得了律师资格，但超人的精力、聪明才智以及出众的表达能力证明他天生就是当记者的料。在 1823 年——梯也尔时年 26 岁，他已经完成了其著作《法国大革命史》的前 2 卷[①]——他遇到了塔列朗。已经彻底放弃波旁复辟希望的塔列朗觉得和这个年轻人志趣相投，他相信可以将梯也尔塑造成另一个自己。我们可以想象，塔列朗是带着兴趣和赞许关注接下来发生的事件的。

7 月 28 日，似乎一天比一天更为愚蠢的国王命令警署署长查封《国民报》，同时派拿破仑手下仅存的元帅之一奥古斯特·弗雷德里克·马尔蒙[②]去恢复秩序。但这两项命令都没能执行。警署署长带着工人来到《国民报》，拆了印刷机，锁了报社。可署长前脚刚走，同一批工人就重新打开报社大门，快速装好印刷机。同时，人群聚集在巴黎王家宫殿的花园里；街垒被设置起来；一群学生登上圣母院塔楼，展开了三色旗。很快，叛乱者就控制住了整个巴黎东端。马尔蒙没有接到命令，也没有得到补给，对这样

---

① 他会在 4 年后完成另外 8 卷。

② 或许国王应该担忧马尔蒙。这位元帅不久前因为参与一项将羊皮缝进大衣里的愚蠢计划而赔上了自己所有的钱。

的局面束手无策。4 万名法国最精良的士兵远在阿尔及利亚，而马尔蒙阵中不断有人倒戈。29 日上午，先是两个团叛变，几个小时后，整支军队从杜伊勒里宫逃到圣克卢。时年 76 岁的塔列朗从其位于路易十六广场（今协和广场）角落的圣弗洛伦丁街的住处注视着香榭丽舍大街上稳步行进的队伍。他拿出表，向同伴宣布："7 月 29 日中午 12 点 05 分：波旁家族主支的统治终结。"

　　事实上，直到 8 月 2 日，在家人的簇拥之下，查理十世才写下了退位书。即便是到那个时候，他仍然没有完全放弃对其家族未来的希望：他附上一项提议，表示应当立刻立自己 10 岁的孙子，贝里公爵的遗腹子为亨利五世，同时担任王国中将的奥尔良公爵出任摄政。不过查理的这一提议没有得到任何回应。一个考虑过后的答复，或许更为礼貌；但事实是，除了查理，任何人都看得出来，过去 3 天发生的一系列事件和流血冲突使法国绝无可能再接受一位波旁家族的国王。即便奥尔良公爵接受这一提议，家族双方不可避免的冲突也将使他不可能完成这项任务；而且如果这个男孩在其摄政期间死去，他就会立刻被控投毒。两周之后，在债权人的紧逼下，前任法王查理十世及其家人坐上了他的继任者给他们安排的一艘定期班次的蒸汽船，前往英国。①

～

　　奥尔良公爵路易-腓力不过是查理十世的远亲；要为他找到

---

① 他们先是去了多塞特的拉尔沃思城堡，但很快就搬到了爱丁堡的荷里路德宫。1832 至 1833 年的冬天，奥地利皇帝弗朗茨一世邀请他们去布拉格，但在皇帝于 1835 年去世后，查理一家人来到地中海地区的戈里齐亚。1836 年 11 月 6 日，查理因霍乱在此地去世。

一位合法的王室祖先，我们得追溯到路易十三，路易十三其实是路易-腓力的六世祖。路易-腓力是腓力·平等的儿子，而腓力·平等在法国大革命期间曾投票赞成处决路易十六，但后来，他自己也命丧断头台。路易-腓力本人在热马普以及后来的瓦尔米表现神勇，晋升至中将。流亡期间，他的日子并不好过。1793年，他不得不和他的司令官迪穆里埃将军一起在奥地利军营避难，不可避免尽管也是极为不公平的是，他的名声因而受损。他与自己的父亲和两个弟弟一直躲躲藏藏，他先后辗转瑞士和德意志，曾在莱茵河上游赖谢瑙的一所男童寄宿学校教书，后来却不得不匆匆离开（因为他让学校的厨娘怀孕了①）。于是，1796年，他来到斯堪的纳维亚，在拉普兰一座偏远的村庄以村里牧师的客人的身份住了近一年，得以在北极圈内四处旅行。接下来的 4 年，他前往美国，去了费城（与两个弟弟重聚）、纳什维尔、纽约和波士顿，其间，他见到了亚历山大·汉密尔顿，甚至还有乔治·华盛顿。②

　　1797 年秋，三兄弟决定返回欧洲。他们来到新奥尔良，计划先乘船至哈瓦那，然后去西班牙。他们在墨西哥湾被一艘英国战舰拦下，但不管怎样，三人还是被带到了哈瓦那，可他们无法找到去往欧洲的办法。在古巴待了一年后，他们遭到西班牙当局的驱逐，并终于找到一艘前往新斯科舍的船。兄弟三人从那里回到纽约，最终从纽约出发，于 1800 年 1 月抵达英格兰。他们在英格兰待了 15 年。路易-腓力一度希望能娶乔治三世的第六个孩子，

---

① 据我们所知，这是他一生中仅有的一桩风流韵事。

② 他还和一位印第安酋长成了朋友，被后者授予该部落最高荣誉——在酋长的小棚屋里，睡在酋长的祖母和姑姑中间。

即三女儿伊丽莎白公主，但王后夏洛特拒绝接受一位天主教女婿，因此他只能娶那不勒斯和西西里的公主玛丽亚·阿马利娅。这个选择或许有点尴尬，因为这位公主是玛丽·安托瓦内特的外甥女。不过两人的婚姻幸福美满，她接连为他生了 10 个孩子。

但玛丽亚·阿马利娅不是路易-腓力生命中唯一的女人。对路易-腓力而言，还有一个亲密得多，或许还更重要的女性：他的妹妹阿德莱德。阿德莱德长得不漂亮，并且似乎对婚姻不感兴趣；但她和哥哥一样聪明，并且具备出众的政治判断力。在流亡的前 15 年里，兄妹两人并没有待在一起；但在 1808 年，也就是路易-腓力结婚的前一年，阿德莱德来到英格兰找到了哥哥。那之后，两人几乎再也没有分开过。阿德莱德受到了令人难以置信的好运的眷顾，玛丽亚·阿马利娅第一眼就喜欢上了她，两人成了最好的朋友。每当路易-腓力离家时，她们就彼此做伴，他写的信都是同时给她们两个人的。

现在的问题很简单：他是否准备好接受国王查理十世提议的职位？答案是否定的，原因只有一个。他清楚波旁家族已经没有未来了；他本人将会并且必须当上国王。但在君主制拥护者、共和派，甚至其妻子与妹妹都反对的情况下，他会成为一个篡位者：一个被委任为合法的国王保住王位，最终却将王位占为己有的人。或许反对者是对的，但路易-腓力的反驳很有说服力：法国需要一位国王，一位强势的统治者，现在就需要——而眼下没有其他合适的人选。此外，他会是一个与众不同的国王，一个没有宫廷的国王。他甚至不会是法国国王，而是法兰西人的国王。（他的敌人质问，究竟有谁和法兰西人民商量过此事吗？）但他知道自己不缺支持者。法国大革命后，由工业家、银行家和商人组成的新中产阶级慢慢壮大，并开始发声，他们被这样的前景所吸引：拥有选举权的人数将翻一番，增加至 20 万，并且自己或许可以在根据宪章新成立的贵族院中占据一席之地。路易-腓力很确定，他们会百分百地支持他。

他拥有一个尤为重要的拥护者：阿道夫·梯也尔，此人此前在迫使查理十世退位一事上表现积极，现在则确信奥尔良公爵路易-腓力是接替查理的不二人选。梯也尔精心起草了一份宣言，以海报的形式粘贴在巴黎各处。具体内容共有 8 条：

> 查理十世再也不会回到巴黎了，他是人民血流成河的罪魁祸首。
>
> 共和国会让我们出现巨大的分裂，使我们卷入与欧洲的纠纷之中。
>
> 奥尔良公爵是一位致力于大革命事业的贵族。
>
> 奥尔良公爵永远不会与我们对着干。
>
> 奥尔良公爵参加过热马普战役。
>
> 奥尔良公爵冒着炮火攻击扛起三色旗，他能再次扛起三色旗，我们不想要其他人。
>
> 奥尔良公爵已经自称为王；如我们一直所期望的那样，他接受宪章。
>
> 他将从法兰西人民那里接过王冠。

只不过倒数第二条宣言有些为时尚早。路易-腓力尚未宣布自己为王，因此梯也尔跳上马，赶往公爵位于讷伊的府邸。对于接下来的事，梯也尔留下了自己的描述。他失望地发现公爵不在家，但公爵夫人及其小姑子款待了他，于是梯也尔请她们表态。是阿德莱德做出了至关重要的答复："若您觉得我们家族的坚持对革命有用的话，我们很乐意坚持。""女士，"梯也尔回应说，"今天，您为您的家族赢得了王冠。"

次日下午，路易-腓力骑上一匹雪白的马，带着一小队人马从巴黎王家宫殿出发，来到市政厅。市政委员会以及 75 岁的拉法耶特侯爵在那里组建了巴黎临时政府，很多人要求侯爵担任新法兰西共和国的总统。路易-腓力很清楚他是在冒生命危险。路上聚集了很多人，当路易-腓力一行人骑马时，人群变得更加密集，他们不可能全都对他抱着友善的态度。这些人当中肯定有保王党、共和派和波拿巴主义者，很多人都乐意看到奥尔良家族彻底消失。路易-腓力是幸运的，他平安抵达了市政厅，拉法耶特正在台阶上等候，然后将他带入大会堂，但在那里，他受到的接待就又不够热心了，"共和国万岁"和"奥尔良公爵下台"的呼声透过俯瞰格列夫广场的窗口传来，令人心惊胆战。拉法耶特出手相助。凭借做出夸张动作的无尽天赋，他抓住一面大三色旗的一角，将另一端塞给路易-腓力，两人并排走到阳台上，热烈拥抱在一起。这就足够了：拉法耶特的高威望决定了事态的发展。人们的呼喊声立刻变成了"国王万岁"。路易-腓力赢得了这一局。他当场被人们拥立为"法兰西人的国王"。①

在这一系列激动人心的事件发生时，玛丽亚·阿马利娅和阿德莱德仍然留在讷伊。很显然，她们得立刻启程前往巴黎。但此行仍然存在风险，而在这样关键的时刻，她们不能冒任何风险。

---

① 不过严格说来，直到 8 月 9 日在众议院宣誓后，他才成为国王。

因此，天一黑，她们就带着孩子们悄悄溜出讷伊的花园，叫了一辆经过的公共马车。在马车上，他们被认出来的概率微乎其微，或者说根本不可能。他们于午夜前安全抵达巴黎王家宫殿。一个男人刚被拥立为王，其家人却只能乘坐公共交通工具来与其团聚，在被记录下来的历史中，这种情况恐怕是绝无仅有的。

～

　　路易-腓力与其前任可谓天差地别。查理十世完全是一副国王的派头，他是一个专制君主，尽管是一个极其不成功的。路易-腓力从没见过真正的宫廷，他熟悉的只有战争、流亡和贫穷。但正是因为这些原因，他认为自己是让法国走出现有困境的完美选择：他是公民国王，他的父亲投票赞成处决他的远房堂兄（路易-腓力与路易十六拥有共同的六世祖）路易十六，他父亲本人最终也在断头台上被处决，显然，他是介于大革命与君主制之间的完美的折中。路易-腓力尽可能避免繁文缛节，也不穿华服；他更喜欢带着伞在街头漫步，抬帽与遇到的臣民打招呼。这应该是如今被我们称为斯堪的纳维亚式的生活方式首次出现在欧洲大陆；如果当时有自行车，他肯定会骑车四处转悠。[①] 他信奉和平，不愿再在阿尔及利亚或其他任何海外之地冒险。

　　另一方面，外交政策至关重要。对路易-腓力而言，这意味

---

① 可惜，他的这个念头难以付诸实践。诗人阿尔弗雷·德·维尼曾目睹路易-腓力在一次麻烦散步回来后的情景："他回来时……看上去很糟糕，马甲敞开着，袖子被扯破了，而且他的帽子因为频繁和一大群将他围住的人打招呼而变得皱皱巴巴。"

着尽可能与英国保持友好的关系。这不仅是因为他在英国住过多年，能说一口近乎完美的英语；更重要的是，英国就是他希望法国变成的样子——建立在自由基础上的君主立宪制国家。他身边大多数主要的幕僚对此都表示认同，包括最德高望重的塔列朗亲王。大约 40 年前，塔列朗曾代表革命政府出使伦敦，他的几个英国老友依然健在。此时，76 岁高龄的他被任命为大使，伦敦方面给予其热烈的欢迎。[①] 但是，塔列朗和其他法国大使有一个很大的区别：除了官方信件，他私下里还与阿德莱德保持通信联系，因为他清楚她肯定会把自己的信给国王看。连续几任外交大臣强烈反对这一做法，但他们也无可奈何。

当塔列朗于 1830 年 9 月抵达伦敦，他立刻发现自己陷入一场危机中。因为维也纳会议而与尼德兰合并的比利时发生叛乱，要求独立；[②]11 月，一场由塔列朗和帕默斯顿勋爵主导的会议在伦敦举行，会议承认了这两个国家分离。但现在问题来了：新国家需要新国王。路易-腓力很明智地拒绝了由其子内穆尔公爵出任比利时国王的建议，他知道这是欧洲其他国家所无法容忍的。另一位主要的竞争者是萨克森-科堡-萨尔费尔德公爵利奥波德，不过他曾娶过乔治四世的女儿（他此时已经成为鳏夫），又是英国王位继承人维多利亚公主的舅舅，这无助于他的竞选。但当塔列朗提议利奥波德应当娶路易-腓力三个女儿中的一个时，反对声至少

---

① 塔列朗昔日参加过的俱乐部"旅行者"考虑到他日渐衰老，专门在主楼梯上安装了特制的扶手。扶手上有一块黄铜牌匾，这个扶手至今仍能看到。
② 这场动乱始于在布鲁塞尔皇家铸币局剧院上演的丹尼尔·奥伯创作的歌剧《波尔蒂契的哑女》。这部歌剧聚焦 1647 年那不勒斯人对西班牙统治的反抗，是对自由的鼓舞人心的赞颂。观众一出剧院就开始陷入骚动，骚动又发展成为叛乱。这肯定是历史上歌剧带来此种影响的唯一一例。

稍微平息了一些。路易-腓力的女儿们对这桩婚事都不是特别有兴趣，但长女路易丝决定大胆一试，她最终为年龄比自己大一倍的丈夫生了两个男孩和一个女孩。利奥波德果然当选，且比利时王室后继有人。

　　1832 年 6 月 5 日至 6 日间发生了两桩完全不相干的事情，一悲一喜，在法国历史上，它们可能显得不是那么重要，但或许值得再提上一句。激进民族主义议员让·马克西米利安·拉马克将军的葬礼于 5 日举行，几天前，他因感染当时在巴黎肆虐的霍乱而去世。极左反对派决定组织公开集会，以期引发更大的骚乱。他们没有失望，局面很快就失控了，而且接下来两天，巴黎实际上为暴民所掌控。[①] 国王匆匆离开圣克卢前往巴黎，他在那里展现出了非凡的勇气。两天后，局势再度得到控制，但有 150 人为此付出了生命的代价。同一时期，6 月 6 日，300 英里之外的旺代发生了另一场叛乱。这场叛乱几乎是由异想天开、略显可笑的贝里公爵夫人代表她的儿子一手策划的——现在她装扮成了一位农夫。不奇怪的是，这场叛乱没能成功，她前往南特一处宅邸避难，躲在壁炉后面的一间密室里。不幸的是，追踪她的警察在壁炉里生火，她被迫投降。公爵夫人随后被关押在西海岸的布莱城堡，在那里，她已怀有身孕一事几乎立刻被人发觉。此前她的第一个孩子出生时，君主制拥护者欢呼雀跃；可这个即将到来的第二个孩子让他们很是难堪，这也让他们将她描绘成一个浪漫的牺牲者的计划化为泡影。不过她获准捏造与一位风度翩翩的那不勒斯年轻贵族秘密结婚的事，从而保住了自己的名节，也因此被流放到那不勒斯。

---

① 维克多·雨果亲身经历了这场街垒之战，他在《悲惨世界》中对此进行了描述，成为小说的高潮。

～

　　在路易-腓力统治期间，法国始终没能如其期望的那样和平安稳。巴黎、里昂和其他地方还发生过几次叛乱，它们全都被平息了，尽管没有费太大劲，但伤亡是不可避免的；政府不断更迭——1834 年 8 月至 1835 年 2 月这 7 个月间，法国首相这一职位上先后出现了 5 张不同的面孔——1835 年 7 月 28 日，国王险些遇刺。当时，他在 3 个年龄最大的儿子以及部分元帅和大臣的陪同下，骑马从杜伊勒里宫出发，去检阅国民自卫军。当一行人抵达圣殿大道时，路旁一个楼上窗口射出一排子弹。包括几个旁观者在内的 18 个人当场死亡，另有 22 个人受伤。老元帅莫蒂埃头部中弹，他的血溅到了梯也尔的白色裤子上；时任首相的布罗伊公爵胸部中弹，多亏了他佩戴的荣誉勋章才得以保住性命。不过国王本人除了前额轻微擦伤，没有大碍，他一如既往地表现出过人的胆量，坚持继续行进。直到在旺多姆广场阅兵结束，他投入妻子和妹妹的怀抱中，才忍不住落下泪来。

　　同一时间，国民自卫军冲入射出子弹的那所房子，在一个木架子上发现了可以同时开枪的 25 支火枪筒。刺客已经逃走了，不过自卫军很快就找到并逮捕了他。此人名叫约瑟夫·菲耶斯基，45 岁，是来自科西嘉岛的波拿巴主义者，他和另外两个共和派恐怖分子联合行动。菲耶斯基的头部因其安装的略显荒唐的武器而严重受伤，[1] 后来，媒体形容这一武器为 machine infernale

---

[1] 他的头部后来接受了一位脑科专家的检查。如今在卡纳瓦莱博物馆，有一幅关于其头部的令观者极度不适的画。圣殿大道 50 号有一块纪念牌匾。

（"地狱机器"）——无论是在法语中，还是在英语中，这一词组几乎都被用滥了。在塔列朗亲自出席的作秀式审判之后，3 名刺杀者在人群的欢呼声中在断头台上被公开处决。

　　1836 年 1 月，布罗伊公爵政府垮台，主要是因为无人能再容忍公爵本人。到这个时候，路易-腓力已经任命了 7 任首相，包括 1 位伯爵和 4 位公爵。终于，这一回，他选择了比前任们好出很多的人，即平民出身的阿道夫·梯也尔。1827 年，时年不过 29 岁的梯也尔完成了《法国大革命史》的后 8 卷，这本书得到了夏多布里昂和司汤达的高度赞赏，但在英国反响平平。[①] 在政治上，他起步时面临一大劣势：没有选举权。一个人要想获得这一资格，一年至少得缴纳 1000 法郎的税，这意味着他得拥有一笔相当可观的财产才行。幸运的是，梯也尔设法得到了一笔 10 万法郎的借款，用这笔钱买了一处舒适的房子。1830 年 10 月，他当选为众议院议员，尽管带着始终没能改掉的浓重普罗旺斯口音，但他成了一名出色的演讲者；根据拉马丁的描述，"此人天生充满火药味，足以引爆 6 届政府"。1833 年，36 岁的梯也尔入选法兰西学术院，这个年纪的入选者几乎可以说前所未有。

　　但他没能赢得国王的青睐。1836 年 6 月，路易-腓力再度躲过一次暗杀——在其统治期间，他共 7 次遇刺，可谓是创下了纪录——因此，他被说服不出席凯旋门的落成典礼。凯旋门是由拿破仑下令建造的，不过直到此时才竣工。7 月 29 日，梯也尔主持

①　历史学家乔治·圣茨伯里在《不列颠百科全书》（第 11 版）中这样写道："梯也尔的历史著作的特点一是极不准确，二是充斥着已经超越了偶尔有缺公允的程度的偏见，三是与其笔下主人公所取得的成功相比，他对历史成就的态度近乎完全淡漠。"

了落成典礼，[①]此时，他和国王的关系已经变得非常紧张，主要是因为国王坚持奉行自己的外交政策。梯也尔希望法国能效仿英国，由首相负责所有外交和军事事务，但路易-腓力断然拒绝。梯也尔觉得自己别无选择，只能辞职——8月，他这么做了。

梯也尔的两位继任者路易-马修·莫莱伯爵和弗朗索瓦·基佐都很出众，但性格截然不同：一个是巴黎的天主教徒，一个是来自尼姆的新教徒。莫莱年轻时是坚定的波拿巴主义者，而基佐——即使仅仅是因为年轻了6岁——则没有受此影响，是一个忠诚的保王党。帝国时期，基佐远离政治，醉心文学，成为索邦大学现代史教授，翻译了吉本的六卷《罗马帝国衰亡史》。百日王朝期间，他追随路易十八，流亡至根特。不过，他和莫莱以及他们的君主有一段相同的经历，他们的成长也都因此受到影响：三人的父亲都死在断头台上。

1837年4月，就在莫莱接替梯也尔成为法国首相不久之后，王室就宣布了国王长子奥尔良公爵和梅克伦堡-什未林大公之女海伦娜订婚的消息。新郎金发碧眼，异常英俊，尽管有着非常大的政治野心，但他比他的父亲受欢迎。为了庆祝双方订婚，所有政治犯被赦免，凡尔赛宫重新开放。法国大革命期间，这一建筑遭到洗劫，里面大多数东西都被拍卖。现在，国王自掏腰包对凡尔赛宫进行了修复（并做了必要的重建）。完工后，国王举办了一场盛宴，邀请1500名客人共同庆祝。奥尔良公爵夫妇的婚姻幸福美满，接下来的5年时间里，公爵夫人为丈夫生了两个儿子，从

---

① 路易-腓力在经历暗杀事件后的第一次公开亮相是在10月25日。这一天，自称为"赫迪夫"的埃及总督穆罕默德·阿里赠送的礼物，来自卢克索的大方尖碑矗立在了协和广场上。

而确保奥尔良家族的血脉得到传承。但悲剧来得太快。1842 年 7 月 13 日，时年不过 31 岁的公爵死于一场马车事故。他的家人始终没能从这次打击中完全恢复过来。"死的本该是我！"国王会一再这样喃喃自语。

1840 年，梯也尔第二次出任首相，此时的他已经娶了债主的女儿，欠下的 10 万法郎因而一笔勾销。和第一次一样，他这次的任期也很短，只持续了 7 个月，不过这期间，他促成了一件大事：将拿破仑·波拿巴的遗体运回法国。一辈子都是亲英派的基佐在不久前被任命为驻伦敦大使，他接到命令，从帕默斯顿勋爵那里获得将拿破仑遗体从圣赫勒拿岛带回的许可。在帕默斯顿看来，这个念头似乎有些荒谬，但他难以拒绝。7 月 7 日，路易-腓力的三子弗朗索瓦领命乘坐护卫舰前往圣赫勒拿岛，领取遗体。舰船进入瑟堡港口后，棺木被放在一艘漆成黑色的驳船上，缓缓地往塞纳河上游行进。到达库尔布瓦后，棺木被转运到一辆覆盖有紫色天鹅绒、挂有战旗的巨大马车上。12 月 15 日，马车顺着香榭丽舍大道向巴黎荣军院缓缓前进，国王在荣军院等着棺木的到来。20 年后，荣军院穹顶下方的地下墓室完工，时至今日，人们仍然可以在此看到那具石棺，巨大无比，与安息在里面的矮小遗体极度不成比例。

基佐驻伦敦的时间非常短。10 月，他就被召回巴黎，加入由 71 岁的让-德迪厄-苏尔特领导的政府。苏尔特曾是拿破仑麾下的元帅之一——滑铁卢战役期间，他担任皇帝的总参谋长——后来三次出任法国首相，走过这样辉煌的职业生涯之后，此时苏尔特正快速失势。虽然理论上，基佐只是负责外交事务的大臣，但在很短时间里，他实际上已经掌握了实权。因此，正是基佐负责安排了维多利亚女王于 1843 年 9 月对法国的访问——这是自金缕地会晤后英国君主首次踏上法国领土。路易丝公主与比利时国王利奥波德结婚后，路易-腓力的孩子和科堡家族成员还有过两次联姻，因此两家人关系很密切。为了强调这是一次个人及家庭性质的会面，双方甚至同意维多利亚女王和阿尔伯特亲王不前往巴黎，他们住在路易-腓力位于勒特雷波尔的乡间别墅厄堡。这次访问为期 5 整天，非常成功，以至于国王提议这应该成为一年一度的活动，后来差不多就是这么做的。国王本人于 1844 年访问英国，这是自约翰二世在 1356 年普瓦捷战役沦为俘虏被带到那里后，法国国王第一次来到英国。1845 年，维多利亚女王再次短暂造访厄堡。不过在那之后，这样的互访活动停止了。因为一连串事件正在逼近。

～

在巴黎，乃至整个法国，人民的不满情绪再度高涨。随着年龄的增加，依然喜欢自称为公民国王的路易-腓力变得越来越右倾，他除了在担任国王、挑选自己的大臣方面一如既往地坚决，在治理国家方面也是。幸亏有梯也尔、基佐这样能力出众的人，以及受到严格限制的选举权——意味着国王有支持他的选民——他得以再拖一段时间，但公民国王几乎就等同于缺乏魅力的代名词，而且路易-腓力始终不得民心。此时，共和派、支持波旁家族的保王党以及波拿巴主义者都大声疾呼，要求他退位，路易-腓力开始担心自己的统治即将到头。或许有人会觉得，拿破仑死了近四分之一个世纪，他的儿子也死了约 15 年，波拿巴主义的威胁已经减小了。但昔日法兰西皇帝的侄子路易-拿破仑①已两次企图发起政变，一次是在 1836 年，另一次则是在 1840 年。后来，他被判处终身监禁；但在 1846 年，政治野心不减的路易-拿破仑逃到英格兰——他肯定会在那里挑起事端。同年，法国遭遇严重的财政危机，而且收成异常惨淡。仍然处于发展起步阶段的铁路系统非但没能帮到救助，反而阻碍了救助。随之而来的农民起义遭到残酷的镇压。可能有三分之一的巴黎人靠领取救济金过活，而诸如皮埃尔-约瑟夫·蒲鲁东（"财产就是窃盗！"）这样的作家令局势变得愈发严峻。

对路易-腓力个人而言，最大的打击——很可能也是让他失去王位的打击——是妹妹阿德莱德在 1847 年最后一天去世。阿德莱德享年 70 岁。我们可以想象路易-腓力有多么悲痛。兄妹俩每天晚上都会在国王的书房见面，长时间讨论当天遇到的棘手问题。18 年来，路易-腓力极其依赖妹妹的智慧、勇气及其可靠的政治直觉。可现在，就在他最需要的时候，这些都随着阿德莱德的去世而不复存在。6 周后，当风暴降临时，他依然没能从这次打击中恢复过来。

1848 年是革命年，巴黎即将迎来的这场革命是欧洲爆发的至少 14 场革命之一。②但有一段时间，路易-腓力无法相信，自己的这个建立在革命基础上的王国，会被另一场革命所推翻。另外，

---

① 他是——或者说被认为是——拿破仑的弟弟路易和约瑟芬的女儿奥坦丝·德·博阿尔内生的儿子。

② 第一场革命于 1 月在巴勒莫爆发。之后，仅在意大利，就有那不勒斯、罗马、威尼斯、佛罗伦萨、卢卡、帕尔马、摩德纳和米兰发生革命。在欧洲北部和中部，除了巴黎，维也纳、华沙、克拉科夫和布达佩斯也爆发了革命。

若发生真的暴动，他根本没有把握自己能解决。他尤其担心国民自卫军的忠诚度。国民自卫军独立于军队，被用于维持治安，同时也是储备军。过去，路易-腓力百分百信任国民自卫军，自卫军表现英勇，例如在1832年暴动期间。但时过境迁：虽然国民自卫军一如既往，可民心转而反抗君主制，自卫军也随之变化。

还有另一个问题。由于政治示威遭禁止，各种反对派开始举办一系列筹款"宴会"，这自然也为批评政权提供了合法的渠道。由于这些场合变得过于危险，因此到了1848年2月，此类活动也被禁止。这是压垮巴黎人的最后一根稻草。2月22日正午，他们涌上街头，高喊着"基佐下台"和"改革万岁"。没过多久，冲突就发生了。次日，也就是23日，基佐辞职，一大群人聚集在外交部门外。一位军官想要阻挡他们，但前排的人正被后面的人往前推挤着。这位军官因此下令装上刺刀，就在这个时候，有一名士兵可能是不小心，火枪走火。他的同伴听到枪声就失去了理智，开始朝人群开枪。52人丧命。街垒被设置起来，场面一片混乱。国王担心的事发生了，国民自卫军开始瓦解。很显然，要想保住王位，他必须下令让军队朝自卫军开枪，此举肯定会引发内战。和1789年的路易十六一样，他拒绝考虑这么做。唯一的选择就是退位。1848年2月24日，他这么做了，将王位留给9岁的孙子巴黎伯爵。

路易-腓力本希望能隐退至厄堡，但次日清晨，他被告知，让他的孙子继位一事遭到拒绝，一个共和国宣告成立。他不知道也无意弄清楚自己在这个共和国里的地位。他与玛丽亚·阿马利娅还有他们的儿媳内穆尔公爵夫人及其孩子在当晚抵达翁弗勒尔，一行人只带了15法郎。在勒阿弗尔的英国领事馆的帮助下，他们用难以辨认的化名登上了前往英国的船。抵达纽黑文几个小时，他们收到了维多利亚女王的消息，她安排他们入住萨里的克莱尔蒙特别墅。很快，几乎其他所有家人都到了，一家团聚，对他们而言，麻烦似乎已经过去了；但又一次，悲剧来得太快。自 1817 年起，克莱尔蒙特别墅就无人居住，过去 30 年里，铅管污染了供水。几乎所有居住在里面的人都深受影响，对其中三位奥尔良家族成员来说，这次水污染是致命的。国王又活了两年，但他的健康状况迅速恶化。1850 年 8 月 26 日，路易-腓力于克莱尔蒙特去世。玛丽亚·阿马利娅继续在那里生活，又活了 16 年，最终于 1866 年去世，享年 84 岁。

会让人意外的是，路易-腓力是法国有史以来最好的国王之一——一个他的国家并没有给予他应得的待遇的国王。他做到了所有前任没能做到的事，让法国成为一个能存活的君主立宪制国家，而这个政体维持了近 20 年，而且本可以延续更长的时间；他给了法国人法国历史上最快乐的几年时光。路易-腓力得到的回报是流亡，再也没有见到他深爱并付出诸多辛劳的国家。令人伤感又奇怪的是，他也没能得到历史的重视：和拿破仑一世、拿破仑三世相比，关于路易-腓力和阿德莱德的书作寥寥无几。阿德莱德这个名字很重要：路易-腓力的妹妹由始至终都起到了必不可少的作用，以至于时至今日，仍有人认为，如果她当初没有死，或许能拯救这个王国，并且在兄长失去信心时，为他注入希望和力量。我们永远都不会知道答案了，但这是学术界讨论的问题。我们只能说，他们的国家欠他们两个很多——他们没能得到应有的回报。

第 17 章

"国家荣耀的象征"

1848—1852 年

就因为曾经有一个拿破仑大帝，我们现在必须得有一个小拿破仑吗？

——维克多·雨果

路易-腓力被推翻后，法国再度陷入困境：谁或者怎样的体制能够填补他留下的空缺？诗人兼政治家阿尔方斯·德·拉马丁以临时政府的名义正式宣布法兰西第二共和国成立。但从一开始，共和国就分裂成两个敌对的阵营。一派是总部设在波旁宫①的国民派，这个派别以拉马丁为代表，他想建立一个以传统制度为基础的一般共和国，这个共和国通过提前选举来决定执政者。另一个派别是改革派，他们的总部在市政厅，为首的是极左人士路

---

① 今国民议会所在地。

易·布朗,他追求的是远为激进的方案——原始共产主义的社会改革,他主张在改革中实现工资均等化,个人利益与公益相融合。改革派还希望能将选举推迟,以便这种新秩序的计划得以实施。国民派呼吁保留三色旗,而改革派则想使用红旗。局势日益紧张,到6月,巴黎东区和西区之间发生了一场为期3天的小规模内战,其间不可避免地有人丧命。"法国需要一位拿破仑,"威灵顿公爵写道,"但我还没看到这样的人。"

事实上,这个人比公爵以为的近。在第二次政变未遂后,路易-拿破仑亲王在哈姆堡度过了6年的牢狱时光,他很清楚伯父的声望正在再次提升。当昔日皇帝拿破仑的遗体于1840年12月被运回巴黎,由路易-腓力迎接时,大批群众曾聚集巴黎;对路易-拿破仑而言,显然向权位发起第三次冲击的时机很快就要到来——而这一次,他将获得成功。1846年5月25日,在狱外朋友的帮助下,他乔装成工人,直接走出了监狱。等待在外的马车载他前往海岸,他已经在那里安排了一艘可以送他去英格兰的船。

听到1848年革命和路易-腓力退位的消息后,路易-拿破仑立刻决定返回法国,其实,他和路易-腓力在英吉利海峡中部擦肩而过。抵达法国后,路易-拿破仑马上写信给拉马丁,表明自己在法国"一心只想效力我的祖国,绝无任何野心"。拉马丁礼貌地回复,要求对方在巴黎局势稳定之前远离巴黎,"且在选举之前绝不能回来"。此时的路易-拿破仑无意惹麻烦,于是他顺从地乘船返回英格兰。但到初夏,他再次返回法国,参加6月4日的选举,这个时候,候选人可以同时在多个省份参选。他在至少4个省份当选为议员;不过在巴黎,他以微弱的票数差距败给了阿道夫·梯也尔和维克多·雨果。

拉马丁对此事的反应体现出了那种第二共和国始终无法摆脱的无望的混乱。他宣布，1832 年颁布的禁止路易-拿破仑踏足法国的法令依然有效，还下令若路易-拿破仑出现在任何一个他所当选的省份，就逮捕他。路易-拿破仑再一次让步，没有接受职位。"我的名字，"他写道，"是国家荣耀的象征，若被用来加剧国家的混乱与分裂，我会感到由衷的悲伤。"他的顾问们都跟他说，他过于谨慎了，既然他是合法当选的，政府就无法阻止他就任。但是再一次，事实证明路易-拿破仑的选择是对的：6 月，政府计划关闭不久前路易·布朗设立的为无数失业者提供工作机会的国家工场，这使巴黎再度爆发起义。（这些国家工场从一开始就注定要失败，它们只提供没有前途、收入勉强可糊口的工作。）路易·卡芬雅克将军率领的国民自卫军被调来镇压起义者，动乱确实被镇压了，但伤亡惨重。死伤者达 1 万人之多，有约 4000 名起义者被流放到阿尔及利亚。此时改革派气数已尽。

由于不在巴黎，路易-拿破仑没与起义本身和镇压起义的暴行扯上任何联系。当国民议会举行新选举时，他还在伦敦，不过他是 13 个省份的候选人。他在 5 个省当选，在巴黎得到了 11 万张选票，是所有候选人中得票最高的。路易-拿破仑于 9 月 24 日匆忙赶回法国首都，[①]这一次他接受了在议会的职位。在短短 7 个月的时间里，流亡伦敦的他就变成了法国政坛的重要人物之一。

第二共和国的新宪法规定，总统不是由国民议会选出的，而是由所有拥有普选权的男性选民选出的。获胜的候选人任期 4 年，

---

① 他离开得极为仓促，以至于当房东来收回拿破仑租住在圣詹姆斯区国王街的房子时，发现床没整理过，浴缸里还有水。

任期结束后不能立刻再度当选。选举定于 1848 年 12 月 10 日至 11 日举行，路易-拿破仑马上宣布参选。共有 4 人参加了这次选举，其中包括拉马丁，此前，他很有把握自己能胜出，但到这个时候，他的人气已急剧下滑。路易-拿破仑唯一的劲敌是时任共和国临时首脑的卡芬雅克将军。卡芬雅克对自己的当选是乐观的。路易-拿破仑是个拙劣的演说者：语速很慢，语气单调，令人昏昏欲睡，始终带有些许德语口音——孩提时代在瑞士流亡的结果——这些语言特点让他难以受到听众的青睐。有个敌人曾这样喃喃道："哪怕他觉得自己是只雄鹰，其实他就是只火鸡。"不管怎样，路易-拿破仑都不可能赢得超过五成的选票，如果他真的无法赢得，那么选举将提交国民议会决定，而卡芬雅克在国民议会肯定会获胜。

但结果让卡芬雅克大吃一惊。最终计票显示，路易-拿破仑赢得了 74% 的选票，票数超过 550 万张。（拉马丁仅得到了 1.7 万张选票。）路易-拿破仑立刻搬入爱丽舍宫，并将一幅其伯父身披加冕长袍的画像挂在大厅。对每一个巴黎人而言，此举的象征意义显而易见。法兰西的国王们过去都住在杜伊勒里宫，而爱丽舍宫曾经为那位皇帝居住，如今为其侄子兼继任者居住。[①] 路易-拿破仑宣布，他将使用"亲王总统"这一头衔，人们要称他为 Altesse（殿下）或 monseigneur（阁下）。

爱丽舍宫还有一个好处：当时仍是单身汉的亲王总统可以将心爱的情妇安置在附近马戏团路 23 号的房子里。1846 年，在伦

---

① 1871 年，巴黎公社统治期间，杜伊勒里宫被焚毁。自 1873 年起，爱丽舍宫就成为共和国总统的官邸。

敦，路易-拿破仑在布莱辛顿夫人举办的一次聚会上第一次见到哈丽雅特·霍华德。她是制鞋大师之女、布莱顿城堡酒店所有人的孙女，而且继承了一名昔日的情人给她留下的一大笔财富。很快，她不仅成为路易-拿破仑的情人，还成为他主要的财务资助人。她甚至给了他更多：一个家。爱丽舍宫冰冷、缺乏人情味，让人备感孤单。而只需 3 分钟，亲王总统就能来到马戏团路，在那里，他会和哈丽雅特，而且常常还有其他一两个密友——包括他的美国牙医托马斯·埃文斯，关于此人，我们在下一章会有更多的提及——待在一起，做所有能让他完全放松的事：抽烟，喝咖啡，用英语交流，和他的爱犬玩耍。

～

但很快，他就面临一场国际危机。对奥地利而言，1848 年这一革命之年是灾难性的。首相梅特涅亲王辞职并逃之夭夭，留下处于混乱中的奥地利。意大利爱国者及统一支持者抓住了他们的机会：现在是让意大利北部彻底摆脱奥地利统治的时机。在米兰，所有意大利人都称其为"米兰五日"——3 月 18 日至 22 日的 5 天——的伟大起义将奥地利人逐出了这座城市，建立了共和政府。起义的最后一天，在都灵，《复兴报》头版出现了一篇由该报主编卡米洛·加富尔伯爵撰写的鼓舞人心的文章。"生死时刻已经到来。"他写道。"对于国家、政府以及国王而言，只有一条出路。那就是战争！"

他的国王，萨伏依的查理·阿尔贝特第一时间响应这一号召，托斯卡纳的利奥波德大公、那不勒斯国王斐迪南也是如此。另一方面，教皇庇护九世惊恐万分。他怎能容忍这种赤裸裸的针对一个天主教国家的侵犯？不管怎样，他最不希望看到的事就是意大利统一，别的不说，一旦意大利统一，教皇国又将陷入怎样的境况呢？显然，他必须表明自己的立场。他在他所谓的 1848 年 4 月 29 日训谕中这么做了。他宣布，他非但不会领导意大利统一运动，还强烈反对。虔诚的意大利人应该将统一的整个想法都抛诸脑后，再度向他们各自的君主宣誓效忠。

这一训谕震惊了所有意大利爱国人士。教皇的声望在一夜之间一落千丈，这下轮到他直面革命了。整整 7 个月，他竭力控制局势。但在 11 月 13 日，他的首相佩莱格里诺·罗西伯爵在步入文书院宫时被砍死，到这时，庇护意识到，对教皇而言，罗马已不再安全（这不是他第一次有这个想法）。11 月 24 日，在法国大使的帮助下，扮成一个普通神父的教皇逃到了位于那不勒斯王国境内的加埃塔，在那里他受到了那不勒斯国王斐迪南的热烈欢迎。教皇的匆匆离开让罗马大为惊讶。当教皇几次拒绝了让其回罗马的请求后，罗西伯爵勇敢的继任者朱塞佩·加莱蒂呼吁 200 名选举产生的议员出席在 1849 年 2 月 5 日召开的罗马制宪议会。虽然时间仓促，但有 142 名议员在约定的开会日期准时出席。9 日凌晨 2 点，议会通过投票——120 票赞成，10 票反对，12 票弃权——决定永久终结教皇的世俗权力，建立罗马共和国。主导这场讨论的是 41 岁的冒险家朱塞佩·加里波第。

加里波第出生于尼斯（直到 1860 年，尼斯才被割让给法国），他是皮埃蒙特人，最初在商船上当船员。加里波第一直是一个实干家，1834 年，他参与了一场失败的叛乱，当局下令逮捕他。加里波第及时逃到了法国。同时在都灵，政府对其进行了缺席审判，以叛国罪判处其死刑。1835 年 12 月，他前往南美洲，几年后，他被安排负责乌拉圭海军，还掌管了一支由意大利流亡者组成的军团，这就是最早的"红衫军"，从那之后，加里波第的名字就和"红衫军"永远联系在了一起。此时的他已经成了一名专业的反叛分子，游击战中积累的经验将让他在此后几年里获益匪浅。

一听到 1848 年革命的消息，加里波第马上召集麾下 60 名红衫军成员，乘上了最近的一艘前往意大利的船。最初，他提出为教皇和皮埃蒙特作战，但都遭到了拒绝，尤其是查理·阿尔贝特，他并没有忘记加里波第此前被判处了死刑。于是，加里波第前往米兰，并立即投入战斗。在获悉教皇逃离罗马后，他马上带领志愿军前往罗马。他当选为新议会议员，并且是他，正式提议罗马应该成为一个独立共和国。

最初，皮埃蒙特军取得了一定程度的成功。但是在 1848 年 7 月 24 日，查理·阿尔贝特在距离维罗纳不过几英里的库斯托扎遭遇溃败。他退回到米兰，奥地利老帅约瑟夫·拉德茨基[①] 在后面紧追不舍。8 月 4 日，阿尔贝特提议休战。两天后，米兰人也投降了，坚韧不屈的老帅率领他的军队重返这座城市。这场战争的第一阶段结束了，奥地利无疑是胜利者。不仅因为它重获对威尼斯－伦巴第无可争辩的掌控权，还因为它鼓舞了意大利在大陆各地的反革命力量。

1849 年 2 月 18 日，身在加埃塔的教皇庇护正式向法国、奥地利、西班牙和那不勒斯求助。这四国中的任何一个都不会对

---

① 拉德茨基此时已经 83 岁了。半个多世纪前，他参加过奥地利对拿破仑的最早的战役；1813 年的莱比锡战役，他担任总参谋长。他共参加过 17 场战役，7 次受伤，9 匹坐骑遭射杀。

教皇置之不理；但在罗马的制宪议会看来，最大的威胁来自法国——很显然，法国会做出怎样的反应取决于不久前成立的法兰西共和国的态度，尤其取决于新晋当选的亲王总统。近20年前，路易-拿破仑曾卷入一场反教廷的阴谋，被罗马驱逐；他对教皇统治仍无甚好感。但他很清楚奥地利在意大利的势力变得空前强大；眼下奥地利人可能南下，以他们的方式让教皇重回罗马，他怎能不担心？若不采取行动，他很肯定奥地利人就会那么做。一旦他们那么做，又怎会止步于罗马呢？对他们而言，已经摇摇欲坠的那不勒斯王国恐怕具有不可抗拒的吸引力。

因此，路易-拿破仑下达了命令。1849年4月25日，尼古拉斯·乌迪诺将军——他是为拿破仑效力的一位元帅的儿子——率领一支约9000人组成的军队在奇维塔韦基亚登陆，从那里出发，向45英里之外的罗马行军。从一开始，乌迪诺对此次行动的认识就是错误的。他被误导，以为罗马共和国是由一小群革命分子强加给不情愿的人民的，很快就会被推翻；因此，作为解放者，他和他的手下将受到欢迎。他接到的命令是不承认制宪议会，要和平占据这座城市——如果可能的话，最好在不费一枪一弹的情况下。

很快，事实让他大失所望。等待他的不是欢迎；罗马人做好了战斗的准备。他们的军队有教皇的正规线列军、卡宾枪骑兵队（受托履行警察职责的特种部队）、1000人组成的公民卫队以及在罗马城内的1400人组成的志愿军，此外还有民众——他们持有能找到的各种武器，绝不是最弱的一支。不过，罗马在总人数方面依然相对较少。4月27日，当加里波第率领其在罗马涅招募的1300名军团士兵骑马进入这座城市时，罗马人欢呼雀跃。两天后，佩戴独特的宽边帽、摇曳的黑绿色公鸡羽毛的伦巴第特种步兵也来到了罗马。守军规模不断壮大，但他们的胜算依旧很小，这一点，他们自己也很清楚。

第一场罗马保卫战发生在 4 月 30 日。法军之所以战败，完全是因为乌迪诺对局势的无知和误解。他没有带攻城炮，也没有带云梯；直到法军纵队在向梵蒂冈和贾尼科洛山前进的途中遭到猛烈的炮火攻击时，他才开始意识到自己的处境很危险。没过多久，加里波第的军团朝法军席卷而来，伦巴第特种步兵紧随其后。接下来 6 个小时，乌迪诺与其手下竭力反击，但随着夜幕降临，他们只能认输，踏上了返回奇维塔韦基亚的漫漫长路。法军有 500 人伤亡，365 人被俘；但或许让他们最难承受的是战败带来的耻辱感。显然，罗马远比他们预期的难对付得多。

但不管怎样，法国人铁了心要攻克罗马。一个多月后——这期间，加里波第及其军团与伦巴第步兵南下抵御入侵的那不勒斯军队——乌迪诺要求的增援到了。6 月 3 日，乌迪诺率领 2 万名士兵，带着有大幅提升的武器装备，第二次向罗马进发。这一回，这座城市显然在劫难逃。守军英勇抗争，但到了月底，他们再也坚持不下去了。6 月 30 日，满身尘土、红衫为血水和汗水浸透的加里波第现身制宪议会。他宣布，投降绝无可能。于是，双方展开巷战。当特拉斯泰韦雷（台伯河以西的罗马地区）不得不被放弃时，法国炮火便能轻易地摧毁这座城市。守军只能逃跑，随后躲起来。加里波第对他们说："我们在哪里，哪里就是罗马。"最终，教皇得以安全返回罗马，但前提是亲王总统要留下一支法国驻军保护他。路易-拿破仑承担起了新的重任，日后他将为此后悔不已。

～

在法国国内，亲王总统的许多时间都用于巩固自己的地位，不仅是在巴黎，还在法国各地。这意味着他得尽可能多地在城镇甚至乡村露面。他走遍了整个法国，且经常选择乘火车出行（铁路网正以惊人的速度扩展），他开辟了新线路，探访医院和学校，为军团授旗，不断树立自己新拿破仑的形象，而且每当听到"皇帝万岁"的欢呼声（而且这种情况变得越来越频繁），他内心就会无比喜悦。1849 年 10 月，路易-拿破仑觉得自己已拥有足够力量，可以解除总理职务，亲自接手相关工作了。他在一封给议会的信中写道："拿破仑这个名字本身就是一个纲领。它在国内代表着秩序、权威、宗教以及人民的福祉，在国外代表着国家尊严。"

但他很清楚，麻烦还在后面。共和国宪法规定他只有 4 年的任期，而且不能到期后立刻连任。不管他愿不愿意，他都必须在 1852 年卸任总统职务。既然不打算让这种事情发生，亲王总统就只有两个选择：修改宪法，或者发动政变。路易-拿破仑渴望尽可能少地引发骚乱，因此他自然倾向于第一个选择，他正式向议会提出了修宪请求。议会进行了漫长而激烈的讨论，但最终还是否决了这一动议。如此一来，他就只能发动政变了。他精心地计划，最终定下的日期为 1851 年 12 月 2 日，这是拿破仑一世于 1804 年加冕的周年纪念日，亦是其一年后在奥斯特利茨获胜的纪念日。

出奇制胜的条件都已具备。12 月 1 日，路易-拿破仑在爱丽舍宫举办了例行的周一晚上招待会。10 点 30 分左右，当最后一批客人离开后，他和大约 6 个最信任的支持者一起来到书房，将 3 份不同的声明文本交给他们。这些声明传达的意思很简单。国民议会正试图夺走法国人民直接赋予亲王总统的权力，他有责任捍卫并维护法兰西共和国。他重新确立了男性普选权（18 个月前，国民议会对普选权进行了严苛的限制），并提议在两周之内举行全民公投，让人民——他唯一认可的主权所有者——来决定自己的未来。他下令，次日上午之前必须将这些声明张贴在巴黎各地。就这样，路易-拿破仑依次与这些支持者握手，然后上床睡觉。

次日上午，一切都进行得有条不紊。10 点左右，约 300 名议员抵达波旁宫，发现大门紧闭。他们转至附近的市政厅进行抗议，却是徒劳：没过多久，警察赶到，逮捕了这些人。11 点，亲王总统骑着一匹高大的黑马离开爱丽舍宫，曾经的威斯特伐利亚国王，拿破仑一世最小的弟弟热罗姆亦骑马相随。热罗姆此时 67 岁，在所有兄弟中，他和皇帝拿破仑一世长得最像，而他将手塞进马甲的习惯极具拿破仑特色，使两人更为相似。"皇帝万岁"的呼喊声变得前所未有地频繁。

政变差不多接近尾声了，但还没有彻底结束。包括维克多·雨果在内的反对派继续抗议，巴黎街头出现了一些街垒——这是巴黎的传统。但大部分抗议者是中产阶级，根本无法说服暴徒加入他们的行列。12 月 4 日，波拿巴主义者发起攻击：3 万名士兵进军巴黎，砸毁了余下的街垒。若有人反抗，就会被当场射杀。不幸的是，到下午，场面失控。士兵和炮兵不知何故出现恐慌，洗劫了意大利大道两家最受欢迎的咖啡馆，杀了近 100 位完全无辜的顾客。意大利大道屠杀让一场原本可以做到不流血的政变有了一个悲伤的结局。①

至于路易-拿破仑承诺的全民公投，其结果在意料之中。如预期的那样，亲王总统赢得了压倒性的胜利，获得了超过 700 万张选票，反对票数量不足 60 万。理论上，法国仍然是共和国，但随着时间的推移，路易-拿破仑变得越来越像皇帝。1852 年元旦，他从爱丽舍宫搬入杜伊勒里宫；巴黎歌剧院靠近舞台的包厢上的首字母 R. F.（République Française，法兰西共和国）被 L. N.（Louis-Napoleon，路易-拿破仑）所取代；新的硬币上带有他的侧面像；一些眼尖的人留意到官方旗杆顶端再次出现了象征帝国的老鹰标志。11 月 7 日，此时完全由路易-拿破仑的支持者组成的参议院通过一项决议，任命他为皇帝，任命其继承人为皇位继承人。只有一位议员投了反对票：他哥哥昔日的教师尼古拉斯·维埃亚尔。尼古拉斯·维埃亚尔给路易-拿破仑写了一封充满惋惜之情的信，解释称，出于良知，自己只能这么做。路易-拿破仑的反应很符合他的作风，他邀请维埃亚尔共进午餐。

11 月 21 日，法国再度举行全民公投，以 780 万票赞成，25.3 万票反对的结果通过了参议院的这一决议。10 天后，立法议会主席带领一支由 200 辆马车组成的队伍前往圣克卢，路易-拿破仑和热罗姆在那里等着他。"陛下，"主席庄重宣布，"整个法国将自己托付于您。"路易-拿破仑亦庄重回复，最后，他是这样说的：

---

① 可惜，法国其他省份也没能做到不流血，在发生农民起义的南部和东南部，9000 多人被流放到阿尔及利亚，239 人被流放到法属圭亚那。约 2.7 万遭指控的抗议者被捕，接受审讯。1859 年，当一份赦令终于颁布时，仍有 1800 人处于服刑期。对于如此冷酷的镇压行动，路易-拿破仑始终没能原谅自己。

"请诸位协助我，建立一个稳定的政府，一个以宗教、诚信、公正和对受苦阶层（Les classes souffrantes，典型的拿破仑口吻）的爱为基础的政府。"1852 年 12 月 2 日，又是在拿破仑一世加冕周年纪念日，他签署法令，宣布建立帝国，他本人"承蒙上帝恩典及人民意愿，成为法兰西人的皇帝拿破仑三世"。

这是一个非凡的成就，而且他此时只有 44 岁。法兰西帝国是他的，他也打算享受对帝国的统治。

第18章

没有谜语的斯芬克斯

1852—1870 年

帝国，意味着和平……我希望相互充满敌意的党派能够达成和解，汇入民众的洪流，因为敌意对任何人都没有好处。我们有广阔的荒地等待耕作，道路需要开辟，港口需要挖掘，河流需要通航，运河需要竣工，铁路网需要完工……我们有遗迹需要修复，伪神需要推翻，真理需要为之奋斗。这即是我眼中的帝国……

——路易-拿破仑，波尔多，1852 年 10 月 9 日

对路易-拿破仑而言，下一步要做的就是结婚：必须不惜一切代价确保拿破仑家族后继有人。（这位皇帝已经指定热罗姆为其继承人，但热罗姆比他还年长 20 多岁，而热罗姆的儿子，被大家称为"普隆-普隆"的路易-拿破仑亲王是个让人觉得有些可笑的家伙，就算再过 1000 年，他也不是当皇帝的料。）皇帝的情妇，

一直被称为"丽兹"的哈丽雅特·霍华德不在结婚对象的考虑范围内。说实话，她就是个高级交际花，而交际花不可能当上皇后。另一方面，想和哈布斯堡、霍亨索伦、罗曼诺夫这些声名显赫的欧洲王室或皇族联姻基本没戏，就连名望相对较低的汉诺威家族也不可能：这些英国人的想法和其他人一样，况且他们无论如何都不可能接受一位天主教徒。对所有这些家族而言，拿破仑三世（现在不得不这么称呼他）不过是个暴发户式的冒险家罢了，甚至不如他的伯父。显然，他得降低眼光。

他最终的选择是一位非常美丽的西班牙女孩：玛丽亚·欧亨尼娅，她本人是第十五代阿达莱斯女侯爵、第十六代特瓦女伯爵、已故蒙蒂霍伯爵的女儿。她或许算不上最好的选择，但也相当不错，已经是路易-拿破仑所能期望的最好的妻子人选了。此外，还有一点对欧亨尼娅有利：路易-拿破仑对她一见钟情。这让他身边的人大为惊骇。"我们建立帝国可不是为了让皇帝娶一个卖花女的。"路易-拿破仑的密友佩尔西尼公爵说，他甚至过分到散发诽谤辱骂欧亨尼娅的小册子。佩尔西尼不是唯一抱有这种想法的人。"听到男男女女是怎么谈论未来皇后的，真令人惊讶。"英国大使考利勋爵在给外交部的信中写道。"我一再听到同样的话……那些话着实难以付诸纸上。"但拿破仑态度坚决，1853 年 1 月 29 日，他在巴黎圣母院与此后被称为"欧仁妮"的欧亨尼娅结婚。至于丽兹，她被封为博勒加尔女伯爵，得到了一座漂亮的城堡，还有一笔极为丰厚的津贴。事实上，她与皇帝的这次离别根本就不是所谓的诀别：一个月不到，她就回来与皇帝同床共枕。但这种情况并没有持续太久。皇后很快听到消息，毫无新意地，她给丈夫下了最后通牒：他必须在她们两个之间做出选择，不可能同时拥有两个女人。丽兹与皇帝的关系彻底结束了。她回到伦敦，经历了一段短暂的失败婚姻后，她退隐到自己的城堡里，过着与世隔绝的生活，以至于后来被人称为"博勒加尔隐士"。1864 年，她因癌症去世，终年 42 岁。

欧仁妮赢了，但她知道摆在自己面前的是一条漫长且很可能非常艰苦的上坡路。巴黎人热衷把她想象成冒险家和阴谋家，但她绝不是这样的人，不过她已经习惯了面对逆境。欧仁妮的人生从一开始就极不寻常：1826 年 5 月 5 日，她出生在一顶帐篷里，当时她的家乡格拉纳达发生强烈地震，家人躲在帐篷里避难。欧仁妮 13 岁时，她那遭软禁多年的父亲去世，她那极具野心的母亲拖着她和姐姐走遍欧洲各地最为时髦的疗养胜地，替她们物色合适的丈夫人选，但一无所获。等到成功引起皇帝的注意时，欧仁妮已经 26 岁了，完全超过当时普遍认为的适婚年龄。不过在成为路易-拿破仑的妻子后，接下来的 67 年里，她一直都是"皇后"。

欧仁妮应该还是挺喜欢皇帝对她的殷勤的，这并不令人意外；但她从一开始就明确表态，她在结婚之前不会与路易-拿破仑发生性关系。可即便是两人结婚后，同房的次数也少得可怜：原来欧仁妮是个极为性冷淡的人——她觉得性事恶心至极，且毫不掩饰自己的这一想法。不过到 1855 年夏，她下了决心，履行职责，于是次年 3 月，她为丈夫生下了一个儿子。两人只有这一个孩子，而且他们极有可能没有再尝试要孩子。

好在路易-拿破仑还有其他兴趣爱好可以追求。他认为必须对首都加以改造。此时巴黎许多地区仍然如巴尔扎克 [①] 所描述的

———————

① 奥诺雷·德·巴尔扎克（1799—1850 年）被很多人认为是 19 世纪法国最伟大的小说家。

那样：狭窄的街巷蜿蜒曲折，过度拥挤的公寓随处可见，整座城市的卫生状况都糟糕透顶，蚊蝇遍布。1853 年夏，路易-拿破仑叫来塞纳省省长乔治·奥斯曼，命令其建造一个与新帝国相匹配的全新巴黎。他很清楚自己想要什么：一条条又宽又长的大道，它们将能使马车从一个区快速到达另一个区，而且赋予巴黎其应有的尊严和荣誉。此外，他欣然认同，若突发叛乱（在巴黎，始终存在这种可能），这些大道将为快速调动军队提供极大的便利。不过，上述这些都是次要的，皇帝的主要目的是打造一座让每个巴黎——甚至每个法国人——都引以为豪的城市。

尽管奥斯曼的家族来自阿尔萨斯，但他在巴黎出生，在这里长大，对这座城市可谓再熟悉不过了。最初，他想成为一名音乐家，但在意识到自己的能力不足以胜任舞台表演后，他进入了省政府部门。选中他担任此项任务的是皇帝手下的内政大臣维克多·德·佩尔西尼，佩尔西尼后来如此回忆道：

> 奇怪的是，吸引我的不是他的天赋和超群的智力，而是他的性格缺陷。在我面前的是我们这个时代最了不起的人之一：高大强壮、精力充沛，同时狡猾机智。在我看来，他正是我所需要的那种人，他可以同整个经济学院的观念和偏见，以及证券交易所中那些同样狡猾的人周旋。在那种地方，正直高尚的绅士注定会失败；而这位胆识过人、能力出众的竞技者定会成功。因为他能设置更聪明的陷阱，以对付别人布下的局。

实际上，在整个拿破仑三世统治时期以及他的统治结束后的

10 年时间里，巴黎就是一个巨大的建筑工地。数百座旧建筑被拆除，总长 80 千米的新大道将这座城市重要的地方连接起来。奥斯曼和皇帝联手对法国首都进行了改造。我们得感谢他们规划建造了从协和广场延伸至圣安托万街的里沃利大街、圣日耳曼大道、歌剧院大街、福煦大街、塞瓦斯托波尔大道，当然，还有奥斯曼大道。新建筑中包括多数主要的火车站、巴黎歌剧院（当时世界上最大的歌剧院）以及巴黎大堂中央市场。正是在这一时期，巴黎最早的两大百货商店创立：1852 年的乐蓬马歇和 1865 年的巴黎春天。更不用说新建的公园、花园和广场了。最后但也很重要的是，对污水处理系统的彻底重建。路易-拿破仑并没有完全效仿古罗马皇帝奥古斯都，后者吹嘘自己接手时的首都是一座用砖石建造的城市，自己最终留下的首都是一座大理石建造的城市；但路易-拿破仑无疑比之前或之后的任何君主都更为彻底地改造了巴黎。

～

1853 年 10 月爆发的克里米亚战争是一场根本不该发生的闹剧。这场战争源于希腊东正教和罗马天主教围绕耶路撒冷圣墓教堂的共享问题始终存在的分歧。不出所料，沙皇支持东正教。而拿破仑方面，尽管进行了和平抗议，他仍觉得有必要通过一场战争来巩固自己的权威和名誉，因此，他代表天主教徒采取了同样强硬的立场。奥斯曼帝国的苏丹一开始犹豫不决，后来决定支持法国。但在 6 周内，他的海军就被俄国人剿灭，因此奥斯曼人在这场战争中几乎没有发挥任何作用。没有人希望俄国势力触及地中海东部，就连信奉新教的英国人也选择与法国人站在同一阵线。1854年3月，他们向俄国宣战，于克里米亚登陆。

同一时间，法兰西皇帝向考利勋爵明确表示，他很乐意受邀对英国进行国事访问。英国政府基本认可这么做，但维多利亚女王的态度是主要的阻碍。早在1853年秋，拿破仑的一位大臣就向考利提出过这件事，考利将此事禀报英国外交大臣克拉伦登勋爵。女王很快予以答复：

> 女王急忙回复克拉伦登勋爵的信，希望他通知考利勋爵，自己根本没有邀请法兰西皇帝造访的念头。并且考利勋爵应当牢记，女王现在和将来都没有类似的打算，因此这件事不应存有任何异议。女王确信这些报告都是法兰西皇帝自己捏造出来的。

但两国的关系日渐改善。克里米亚的局势明显正陷入僵局，1854年9月，拿破仑邀请女王的丈夫造访自己位于布洛涅的军营，阿尔伯特亲王接受了这份邀请。他发现这位皇帝比自己想象的远为随和、聪明，他尤其欣赏路易-拿破仑能说一口流利的德语。根据克拉伦登给女王的报告，在客人回去后，拿破仑以夸张的热情谈论起这位亲王，"称他这辈子还从未见过这样知识渊博的人……皇帝陛下还补充说自己从未在这么短的时间内学到如此多的东西"。这样的讨好恭维让维多利亚女王很是受用。她对法兰西皇帝的印象立刻好了很多，而且当听到阿尔伯特亲王提及国事访问时，她不再抗拒。不过她还没有做好亲切待人的准备；女王表示，如果皇帝愿意，可以造访英国，她还提议时间为11月中旬。

女王明显认为拿破仑理应会抓住机会，因此当后者提出访问延期的请求时，女王很不高兴："关于此次对英国的访问，拿破仑皇帝给考利勋爵的答复……基本无异于拒绝，这无法改善我们的状况。女王不希望对实现此次访问表现出焦虑的态度……我们接受他的访问是对他的恩惠，而不是他对我们的恩惠。"

战况依旧不顺。次年 4 月，路易-拿破仑宣布他打算亲自航行至克里米亚，指挥军队作战。女王吓坏了。距离滑铁卢战役不过 40 年，拿破仑一世的侄子将带领他的军队与女王的部下并肩作战，①这个想法让她很是恐惧。若他干出一番成就，带领法军赢得辉煌的胜利，抢走英国人的风头，那该怎么办？显然，女王必须不惜一切代价阻止这种情况。克拉伦登火速赶往法兰西，试图劝阻皇帝亲自出征的念头。他发现拿破仑的热情已经有所冷却，便认为不需要费太大劲就能说服他改变主意。克拉伦登觉得一场国事访问或许正是他所需要的。于是，双方安排好了：拿破仑将于 1855 年 4 月 16 日至 21 日期间对英国进行国事访问。

这次访问成行了，并且比所有人预期的都成功。这期间难免会出现一些小插曲：皇后的行李被耽搁在多佛尔和温莎之间的某个地方，因此在第一个重要的晚上，她不得不在穿着打扮上即兴发挥。但这或许是一次再好不过的意外：女王很欣赏欧仁妮的简洁、不炫耀。她意识到欧仁妮绝非考利勋爵在最初报告中所描绘的那种"红颜祸水"，相反，她的贞洁名声是名副其实的，得知欧仁妮对英国宫廷高尚的道德作风赞赏有加，维多利亚女王非常高

---

① 英法这两个盟国的关系相当冷淡，很大程度上是由于英军指挥官拉格伦勋爵（他上一次参战是参加拿破仑战争）坚持把敌人称为"法兰西人"。

兴。至于皇帝,第一眼看到对方时,他的身高让女王很是惊讶。
"他非常矮,"她注意到,"却拥有本应属于个头高得多的人的头和
胸膛。"但很快,她就将这些抛诸脑后。拿破仑三世以其个人魅力
著称,他一个劲儿地向女主人展现自己的风采。女王立刻就被迷
住了。她很快决定授予其嘉德勋章。"我终于是个绅士了。"仪式
结束后,拿破仑开玩笑道。女王从未如此陶醉过。在访问的第 5
天也就是最后一天,她总结了自己的感受:

> 皇帝非常迷人;他温文尔雅,声音柔和悦耳。此外,他
> 说话时用词简单明了,完全不用短语;而且他天性浪漫且充
> 满诗意与热情,这使他格外具有吸引力。他是最非凡且最神
> 秘的男子,人们很渴望能看到并认识他……他说的一切都是
> 经过深思熟虑的,他能在平凡琐事中察觉到他人看不到的意
> 义和预兆……他显然具备**不屈不挠的勇气、坚定不移的决
> 心,以及独立自主、锲而不舍和守口如瓶等品质,**[①]这使他所
> 谓的星章变得更值得信赖。

5 个月后,维多利亚女王对法国进行了回访,同样非常成
功。冒着暴风骤雨前往拿破仑一世的陵墓,这是女王此行的高潮。
"(在火把的照耀下)我挽着拿破仑三世的胳膊站立在拿破仑一世
的棺木前,他如今是我最亲密的盟友。看到两国的同盟关系变得
如此紧密,昔日敌怨在墓前一笔勾销,这令我非常感动,也由衷
高兴。"

---

① 女王给这段话加了强调标注。

在不到两年的时间里，维多利亚女王的态度发生了极大的转变。

或许在某种程度上，这次国事访问使法兰西皇帝没去克里米亚——一旦维多利亚女王愿意尝试，她可以很有说服力。并且对拿破仑三世而言，也没有这个必要了。1855 年 9 月，在一场看似无止境的围攻后，法军在帕特里斯·麦克马洪将军（他很快将当上元帅，日后将当上总统）的带领下，猛攻了守卫着从陆上通往塞瓦斯托波尔的马拉科夫要塞。"J'y suis, j'y reste!"（既然来了，就撑下去！）当将军带领他的士兵爬过城垛时，他这样大吼着，这一句大喊被收录进法语习语中，可能也收录进了英语中。这是克里米亚战争的转折点。1856 年 2 月，俄国人求和，此后的谈判在巴黎举行。对于法兰西皇帝而言，谈判本身就意味着胜利。尽管除了导致人口大幅减少，[①]克里米亚战争对欧洲未来几乎或者根本没有任何长期的影响，但拿破仑还是从中捞取所有他能得到的荣耀。如今，没有几个巴黎人能告诉我们在阿尔玛、马拉科夫或塞瓦斯托波尔发生的事，但阿尔玛广场、马拉科夫大街、塞瓦斯托波尔大道能至少确保这些名字不会被人遗忘。

～

一场失败的刺杀统治者的行动导致了国家外交政策发生重大改变，这种情况并不常见，但至少可以说拿破仑三世在这一规律

---

① 据认为，仅塞瓦斯托波尔围城战就有 11.5 万联军士兵丧命。俄军方面的损失估计为 25 万人。

上是个例外。这次暗杀未遂发生在 1858 年 1 月 14 日，在拿破仑与皇后一起乘坐马车前往歌剧院欣赏《威廉·退尔》途中，有人朝马车投掷炸弹。尽管护卫队和周围的旁观者出现了伤亡情况，但皇帝和皇后都没有受伤。这次阴谋的带头人费利斯·奥尔西尼是有名的共和派人士，之前也参与过几场阴谋。在监狱候审期间，他给皇帝写了一封信。这封信在公开庭审时被大声朗读出来，还在法国与皮埃蒙特的报刊上公布出来。信的结尾是这样写的："记住，只要意大利没有独立，欧洲以及陛下您的安宁就只是空想……让我的国家获得自由，2500 万人的祝福会永远伴随着您，无论您到何处。"

虽然这些高尚的言辞没能将奥尔西尼从行刑队手中解救出来，但它们似乎一直萦绕在拿破仑脑海中。到 1858 年仲夏，他考虑采取联合行动，将奥地利人彻底逐出意大利半岛。他这么做并非完全出自利他主义。拿破仑确实真诚喜爱意大利，并且很乐意在世人面前打造自己意大利拯救者的形象，但他也清楚自己的人气和声望正在下滑。为了挽回人气和声望，他迫切需要又一场胜仗，而奥地利是他唯一能找到的潜在敌人。下一步就是与时任皮埃蒙特首相的加富尔伯爵讨论具体步骤；1858 年 7 月，两人在孚日省的小疗养胜地普隆比耶尔莱班秘密会晤。他们很快就达成了协议。皮埃蒙特会策划一场与摩德纳公爵的争执，并且会派出军队，表面上是应民众的要求。奥地利肯定会支持公爵，进而宣战。如此一来，皮埃蒙特就可以向法国求援，后者会在第一时间做出回应。作为对法国伸出援手的回报，皮埃蒙特会将萨伏依以及尼斯城割让给法国。尼斯是加里波第的出生地，对加富尔而言，割让尼斯是一件让他难以接受的事，但如果这是击败奥地利要付出的代价，那就只能接受。

为了稳固这一协议，两人同意两国联姻：维克托·伊曼纽尔二世的长女玛丽亚·克洛蒂尔德公主将嫁给法兰西皇帝的堂弟路易-拿破仑亲王。当两人订婚的消息对外宣布时，很多人——尤其是在皮埃蒙特——惊慌失措。15 岁的公主聪慧过人，是个虔诚而迷人的女孩。而她的未婚夫——略显可笑的"普隆-普隆"——则是一个 37 岁的昏沉的糟老头。显然，拿破仑三世和加富尔伯爵事先没有询问过维克托·伊曼纽尔的意见，后者的不悦之情溢于言表，不过他将最后的决定权留给玛丽亚·克洛蒂尔德本人。很大程度上是出于责任感，玛丽亚决定接受联姻——出乎所有人意料，这场婚姻最终并非一点儿都不幸福。

婚礼于 1859 年 1 月底举行，与此同时，法国和皮埃蒙特公然积极备战。可不久后，拿破仑三世对整件事有了新的想法，这让加富尔很是不安，他知道自己的小国不可能独自对抗奥地利。结果是奥地利自己替他解了围，奥地利于 4 月 23 日向都灵发出最后通牒，要求皮埃蒙特在 3 天内解除武装。奥地利此时宣布自己是侵略者；这下，皇帝不能指望逃避先前给出的承诺了，他也没试图这么做。他下令立刻调集法军。这支 12 万人组成的军队中有一部分将翻越阿尔卑斯山脉进入意大利，其余人则将走海路前往热那亚——在当时，热那亚属于皮埃蒙特。

加富尔很清楚，这一切需要时间。奥地利人已经在行军了，至少在两星期的时间里，皮埃蒙特人只能单独面对他们了。加富尔很幸运地再度逃过一劫，这一次救他的是倾盆大雨，以及奥地利参谋部围绕战略产生的分歧。因之造成的延误让法国人有时间赶到。率领这支队的是皇帝拿破仑三世本人，他于 1859 年 5 月

12 日在热那亚登陆，这是他第一次亲自指挥军队出征。6 月 4 日，第一场战役在米兰以西 14 英里处的小村庄马真塔打响，在麦克马洪的带领下孤军奋战的法军，击败了一支由 5 万人组成的奥地利军队。双方伤亡都很惨重，若不是皮埃蒙特军在战役结束后一段时间抵达——由于指挥官犹豫不决导致他们的行程延误——伤亡情况会更加糟糕。不过，拿破仑三世和维克托·伊曼纽尔并没有受这一不幸事件的影响，4 天后，他们联手以胜利者的姿态进入米兰。

马真塔战役后，活力依旧、热情丝毫不减的加里波第加入法军和皮埃蒙特军的行列。人们早就忘了他曾被判死刑一事。加里波第受到维克托·伊曼纽尔的邀请，组建了一支名为"阿尔卑斯猎手"的部队。大约 10 天前在瓦雷泽，他们战胜奥地利人，赢得了一场重要的胜利。联军和猎手部队随后一起推进，直到 1859 年 6 月 24 日，在加尔达湖南面的索尔费里诺与奥地利大军遭遇。接下来发生的战役有超过 25 万人参与，是自 1813 年莱比锡战役后规模最大的一场。这一次，拿破仑三世不再是唯一亲自坐镇指挥的君主，维克托·伊曼纽尔和 29 岁的奥地利皇帝弗朗茨·约瑟夫都御驾亲征。但只有法国拥有在当时算秘密武器的线膛炮，这种大炮在精度和射程方面都比过去有了极大的提升。

这场在很多时候是在肉搏的战斗从清晨开始，持续了几乎一整天。直到夜幕降临，在大雨中损失了约 2 万人后，弗朗茨·约瑟夫才下令撤军到明乔河另一侧。但这又是一场代价惨痛的胜利。法军和皮埃蒙特军损失的兵力跟奥地利军损失的几乎相当，而战役之后爆发的热病（可能是斑疹伤寒）又导致双方数千人丧命。残酷的战争场景让一个名叫亨利·杜南特的瑞士年轻人印象深刻，他当时正好在现场，为伤员组织紧急救援。这次经历让他在 5 年后创立了国际红十字会。

杜南特并不是唯一一个对索尔费里诺所见所闻感到厌恶的人。拿破仑三世同样深感震惊，这场战役刚过两周，他就与奥地利单方面提出议和，可以肯定，他对战争及其带来的恐怖事物的厌恶，是促使他这么做的原因之一。也有别的原因。德意志邦联此时已经调集了约 35 万大军；若他们站在奥地利一方发动攻击，留在法国的 5 万法军很可能遭屠戮。此外，意大利境内的局势也不可忽视。近期发生的一系列事件使数个小国考虑推翻曾经的统治者，与皮埃蒙特合并。这样一来，法国边境旁就会出现一股覆盖整个意大利西北部和中部的强大势力：假以时日，这个国家很可能会吞并部分或整个教皇国，甚至还有两西西里王国。那些倒在索尔费里诺的人，真的是为此才付出生命代价的吗？

于是在 1859 年 7 月 11 日，法国和奥地利的两位皇帝在维罗纳附近的维拉弗兰卡会面，在不到一个小时的时间里，他们就决定了意大利许多地区的未来。奥地利将保留在曼托瓦和佩斯基耶拉的两座要塞，伦巴第其余地区将割让给法国，再由法国转交给皮埃蒙特。意大利将建立邦联，由教皇担任名誉主席。威尼斯以及威尼托大区将成为该邦联成员，不过仍然处于奥地利人的统治之下。

幸好，加富尔在获悉维拉弗兰卡条约的细节之后的反应不属于这本历史书的讲述范畴之内。

～

现在，我们的叙述场景将暂时切换至让人意想不到的墨西哥。

在 1821 年之前，这个国家和中美洲、南美洲大多数国家一样，是西班牙的殖民地。那一年，在极具感召力的年轻军官阿古斯丁·伊图尔维德的带领下，墨西哥宣布独立。1822 年，阿古斯丁自封为皇帝阿古斯丁一世。不过他在皇位上只坐了 3 年，就被行刑队处决了。在接下来的 40 多年时间里，墨西哥接连为腐败到无可救药的军人总统所统治。这些人全都有西班牙血统，极端保守，他们欠下了大笔债务，主要债权国有法国、西班牙和英国。依照 19 世纪强权政治的惯例，这三个国家决定在 1861 年 10 月向港口城市韦拉克鲁斯派出联合海军，接管海关，直至墨西哥偿清所有债务，他们才会返回欧洲。

但这三国都没能意识到海外的精神已焕然一新。就在一年前，也就是 1860 年 10 月，历经 3 年内战后，墨西哥由严厉清廉的年轻律师贝尼托·胡亚雷斯接手，他拥有纯印第安血统。整个联盟计划结果是不切实际且行不通的。几个月后，英国和西班牙军队空手而归，但法军很不明智地选择了留守。1862 年 5 月，他们在去往墨西哥城的途中，在普埃布拉被胡亚雷斯的军队击溃。此时，将军队召回法国、全盘取消此次行动是唯一明智的决定；但法国并没有这么做，反而又派出 2.5 万名士兵，他们于秋天在韦拉克鲁斯登陆。

法国人为什么要大老远地跑来，参加这样一场注定让他们付出比墨西哥所欠债务多数倍代价的冒险？这主要是因为皇帝的野心。1861 年 9 月，欧仁妮孩提时期的朋友，西班牙裔墨西哥人何塞·曼努埃尔·伊达尔戈向拿破仑提议，称他应当建立一个伟大的天主教帝国，先从墨西哥入手，但将来有望扩大至拉丁美洲许多地区。皇帝很感兴趣，原因有三。首先，这个想法迎合了他的雄心壮志和冒险精神。其次，这样能阻止以新教徒为主的美国在这一地区变得过于强大。通常情况下，美国总统林肯会尽全力去阻止这样的事，他会援引 1823 年的门罗主义，指出欧洲列强将其影响力扩大至美洲的任何尝试都会被视为对美国安全的威胁，美国将做出相应回应。但眼下，林肯自己就陷入了可怕的内战，焦头烂额，无暇分心。

第三个原因与前两个无关，而是关系到新帝国最显而易见的皇帝候选人——奥地利皇帝的弟弟马克西米利安。此时的马克西米利安患上了在王家极为普遍的"弟弟综合征"。君主的弟弟们应该做什么？马克西米利安的妻子，比利时的夏洛特公主的困扰甚至更为严重。夫妻二人第一次得知这个计划时，马克西米利安非常犹豫，这其中无疑有极大的风险。但夏洛特很激动。作为比利时国王利奥波德一世的女儿与另一位国王，即我们的老友路易-腓力的外孙女，夏洛特渴望亲自掌握权力。可能正是受到她的影响，再加上拿破仑三世方面持续施加的压力，夏洛特那以意志薄弱出名的丈夫最终接受了墨西哥的邀请。

就这样，马克西米利安被说服了。1864 年 4 月，他正式宣布放弃对奥地利皇位的继承权，几天后，他和夏洛特一起登上了奥地利护卫舰"诺瓦拉"号。我们可以简短地讲述下他们此后的经历。两人都尽了全力，若有机会的话，墨西哥帝国或许能实现成功，但它没能获得这样的机会。马克西米利安犯了一个严重的错误。1865 年 10 月 3 日，他签署了"黑色法令"，根据该法令，任何属于非法武装团队的人都将受到军事法庭的审判，一旦罪名成立，罪犯将在 24 小时内交由行刑队处决。据说，胡亚雷斯因此损失了 1.1 万多名部下——他没有忘记这个仇。

　　与此同时，尽管蒙受损失，胡亚雷斯的势力却在稳步提升。
到 1866 年初，厄运就要降临到皇帝夫妇头上了。马克西米利安似
乎没有意识到自己处境十分危险，仍然兴高采烈地在墨西哥各地
巡游，与当地农民饮酒作乐，将其政府职责交给夏洛特。她一直
主持内阁会议，直到最后情势明显变得如果没有外界的帮助，她
和丈夫注定在劫难逃。因此，同年秋，夏洛特独自返回欧洲，向
任何会倾听她的人寻求帮助。她的第一站是巴黎，毕竟是拿破仑
三世应当为这整起灾难性的事件负责。一开始，负罪感使拿破仑
不愿接见夏洛特，但欧仁妮坚持见她。双方这次面谈只持续了很
短的时间，因为法兰西皇帝和皇后很快意识到，巨大的压力已经
让年轻的墨西哥皇后失去了理智。当一个男仆端着一盘柠檬水出
现时，夏洛特将盘子打翻，声称饮料里下了毒。她被悄悄送出皇
帝驻地，护送回住处。

　　当夏洛特向教皇求助时，情况也差不多。根据一份描述，当
时庇护九世正在用早餐，她突然闯入，夺走了教皇装有巧克力的杯
子，说："至少这杯不会被下毒！"这一次，教皇方面只是提议夏
洛特去访问梵蒂冈孤儿院，就成功将她请出了教皇住所。皇后一如
既往，立刻接受了这一提议。进入厨房后，已经饥肠辘辘的她将手
伸进一大锅热汤中，被严重烫伤。幸好她因为疼痛而昏厥，并在不
省人事的情况下被抬上担架，送回了酒店。夏洛特在那里待了数
天，她在房间里养了几只鸡，把它们拴在椅子上，只吃鸡蛋、橘子
和坚果，因为她能亲眼看到这些东西没被人动过手脚。最后，人们
叫来她在比利时的哥哥，把她接回家。夏洛特再也没能看到自己的
丈夫，精神失常的她在比利时生活了 60 年，于 1927 年 1 月去世。

　　至于马克西米利安，1867 年 5 月 16 日，他被胡亚雷斯的手

下抓获，后被送上军事法庭并被判死刑。很多欧洲君主和包括加
里波第、维克多·雨果在内的知名人士请求对其宽大处理，但都
无济于事：胡亚雷斯始终没有忘记"黑色法令"。6 月 19 日，墨
西哥第二任同时也是最后一任皇帝无所畏惧地面对行刑队，遭到
处决。他死时 34 岁。

　　这个悲剧故事有一个奇怪的、在一定程度上推测性的续曲。
马克西姆·魏刚将军（他参加过两次世界大战，表现突出，但此
后他很不明智地选择加入维希政权）声称自己始终不知道父母的
身份。他曾在圣西尔的法国军校学习，在那里时由比利时宫廷资
助；他于 1867 年 6 月 21 日在布鲁塞尔出生，他极有可能是夏洛
特皇后的儿子，不过他的父亲不是马克西米利安，而是阿尔弗雷
德·范德史密森上校，此人曾在墨西哥指挥一支比利时分遣队。
对比他与魏刚将军的肖像照片，你会发现他们极其相像。如果这
一推测属实，就非常有助于解释夏洛特为何会精神失常。在当时，
因婚外情而怀孕是她最不愿意遇到的事，[①] 这势必让她备感焦虑。

～

　　有一段时间，拿破仑三世越来越担心普鲁士首相奥
托·冯·俾斯麦的行动。1865 年 10 月，普鲁士首相来到比亚里
茨拜访拿破仑三世。两人沿着大西洋海岸散了很久的步，俾斯麦
向拿破仑三世粗略地描述了自己的想法。他会找借口向德意志统

---

① 第二次世界大战期间，我的老友科斯塔·阿奇罗普洛斯和这位将军的
儿子让·魏刚住同一顶帐篷。一天晚上，阿奇罗普洛斯问让·魏刚，夏洛
特是否真的是其祖母。对方回答说自己没有证据，不过他的父亲一直对这
个故事深信不疑。

一的最后重大阻碍奥地利宣战，击败对方后，他就会实现（当然是）普鲁士领导下的统一。[①] 俾斯麦对他的获胜前景没有丝毫怀疑，但奥地利的规模是普鲁士的两倍，他得确认法国不会站在奥地利那边才行。

让人惊讶的是，法兰西皇帝答应了俾斯麦的这一请求。至于他这么做的原因，我们永远无法知道了。他似乎忘记了自己对东部边境出现一个强大且具有潜在威胁的新国家的担忧。他甚至没有想到要求对方拿出实质性的回报，而那是俾斯麦肯定会乐意提供的。诚然，如果一切按照计划进行，战败的奥地利将不得不割让威尼斯和威尼托大区——意大利拼图缺少的最后两块。这或许能让拿破仑三世获得极大的个人满足感，但对法国而言，没有任何可以想见的好处。

不管怎样，此时的俾斯麦可以放手一搏了，并且他的策略很奏效。1866 年 6 月，普鲁士入侵萨克森，兵临奥地利帝国的边界。新近成立的意大利王国出于显而易见的原因加入了这场战争。仅 6 周后，整件事就结束了。对于普鲁士人来说，一场战斗足矣。会战发生在布拉格以东约 65 英里处的萨多瓦（德意志人和奥地利人称之为克尼格雷茨），约有 33 万士兵参与，欧洲战场此前从未发生过如此大规模的战斗。（这也是第一场大规模使用铁路和电报的战役。）普鲁士取得了压倒性的胜利，之后签订的条约如预期的那样，将威尼斯和威尼托大区割让给了意大利。奥地利被正式逐出德意志，从此以后只能依靠自己；北德意志邦联成立，几个此

---

① 德意志甚至比意大利更迫切地需要实现统一。19 世纪初，旅者从不伦瑞克前往巴黎要经过 22 道边界——包括 6 个公国、4 个独立主教辖区以及 1 座自由城市。这些小邦国的数量一直在变化，最多时达到 348 个。

前独立的小国加入其中。普鲁士国王威廉一世出任邦联主席，俾斯麦担任首相。

但我们必须回到之前那个问题，为什么拿破仑三世在与这位首相打交道的过程中莫名其妙地软弱？有人指出，这至少在一定程度上与他的健康状况有关。虽然只有 57 岁，但拿破仑的身体显然不复往昔，近段时间更是饱受肾结石之痛。不过就在几周前，他接受了一次小手术，以解决结石问题，已不再感到疼痛，如我们已看到的，他完全能和客人一起进行长距离的散步。因而我们得出的结论是：拿破仑三世就是不如俾斯麦精明。俾斯麦对拿破仑的才智自然是印象平平。回到柏林后，俾斯麦称法兰西皇帝是"没有谜语的斯芬克斯"；欧仁妮是"其政府中唯一的人物"。

人人都知道，拿破仑三世的健康和精神状况欠佳，随着时间的推移，这成为大家普遍关注的问题。萨多瓦会战之后，他就再也没有恢复过来，此时的他知道自己在很大程度上得为这场战役负责。忧虑使拿破仑三世肾病复发，他不得不离开巴黎，在维希住了数周，那里的温泉能在一定程度上缓解他的痛苦。年事已高的阿道夫·梯也尔评论道："法国才是萨多瓦之战的落败者。"此言不虚。在具有决定性的内阁会晤一个月之后，已不再担任大使的考利勋爵以朋友身份去枫丹白露拜访皇帝，发现他"苍老且十分消沉"，怀疑他甚至动了退位的念头。考利的继任者莱昂斯勋爵同意他的看法。8 月 11 日，莱昂斯勋爵在给外交大臣斯坦利勋爵的报告中这样写道：

> 甚至有人断言称他已厌倦了一切，统治初期展现出来的辉煌和眼下的阴沉之间巨大的落差让他深感沮丧，如果可能

的话，他倾向于隐退，回归私人生活。这么说无疑有极大的夸张成分，但如果他真觉得精力不济，难以承担管理重任，那么这个王朝以及法国都将陷入极端危险的境地。

以拿破仑三世的状况，显然无法陪伴欧仁妮出席赫迪夫伊斯梅尔于 1869 年 11 月举办的苏伊士运河通航典礼。典礼出现了一个令人难堪的时刻。赫迪夫亲切邀请乘坐法国皇家游艇"老鹰"号的皇后率先通过运河。但是在典礼前夜，乔治·内尔斯指挥的英国皇家海军"纽波特"号在没有亮灯的情况下悄悄穿过大批等待的船只，排在了"老鹰"号的前面。破晓时分，法国人震惊地发现"纽波特"号已经停在运河口，不可能让它移开了，因此"纽波特"号成为第一艘通过苏伊士运河的船。内尔斯可能是唯一一个同时收到英国海军部官方申斥和非官方的贺其完成一项出众的航海任务的贺信的英国海军军官。"老鹰"号因此只能成为第二艘从塞德港进入苏伊士的船只。载着赫迪夫及其正式宾客们、外国使节和其他要人的 45 艘船跟在后面。20 日上午，当"老鹰"号出现在红海上时，礼炮齐鸣，船上乐队奏响《向叙利亚进发》①。这一歌名恐怕极为不贴切，但应该没有很多人注意到。②

---

① 《向叙利亚进发》这首流行的歌曲由约瑟芬的女儿奥坦丝·德·博阿尔内作曲。法兰西第二帝国期间，《马赛曲》遭禁，这首歌成为非官方国歌。
② 有一个普遍的误解，即朱塞佩·威尔第创作《阿依达》是为了庆祝苏伊士运河通航。事实上，他似乎对这一历史性事件无动于衷，甚至拒绝了为通航典礼创作赞美曲的邀请。直到 1870 年初，威尔第得到了一个令他感兴趣的以古埃及为背景的剧本。他立刻投入创作。大家同意这出歌剧应该在开罗首演，但遗憾的是，歌剧的布景和服装都是在巴黎准备的，普法战争以及随后针对巴黎的围城导致进度严重拖后。开罗首演最终于 1871 年的圣诞夜进行。威尔第没有出席。

～

1868 年 9 月 30 日，在西班牙军队在阿尔科莱阿之战中败于革命军后，女王伊莎贝拉二世及其子女在圣塞瓦斯蒂安登上火车，随着火车徐徐驶离，他们踏上了流亡之路。有两年的时间，西班牙没有君主，但有几位候选人在考虑范围内；1870 年，有人提议将王位交给霍亨索伦-锡格马林根侯国的利奥波德亲王。若亲王立刻拒绝，普法战争可能就不会发生了，拿破仑三世或许也能在皇位上度过余生；只可惜，他接受了。法国大惊失色。它怎能容忍自己成为夹在德意志三明治中间的香肠呢？决心逼法国宣战的俾斯麦公开了所谓的"埃姆斯密电"，称这封电报记录了普鲁士国王威廉和法国大使最近的一次对话——此举符合俾斯麦一向的做派。事实上，他们的对话相当友好，但俾斯麦狡猾地篡改了电报，改后的电报让普法两国都觉得受到了对方的侮辱和嘲讽，十分危险地激起了两国民众的情绪。

7 月 19 日，法国如俾斯麦所期望的那样对普鲁士宣战。德意志各邦视法国为侵略者（理论上说，确实如此），团结起来站在普鲁士这一边。因此，法国实际上陷入了没有盟友的境地。向英国求助根本是徒劳，拿破仑三世与维多利亚女王的关系早已冷却；托马斯·卡莱尔写下了这样一段话，或许能（可能有些夸张地）反映公众对此事的看法："高贵、坚韧、深沉、虔诚、牢靠的德意志，而不是虚浮、自负、好指手画脚、爱争吵、躁动、过分敏感的法国，终将凝为一个国家，并成为欧洲大陆的女王，在我看来，这是我所处时代最具希望的公开事实。"

对于法兰西皇帝来说，宣战是毫无疑问的。尽管膀胱里"大如鸽子蛋"的结石让他遭受持续的有时甚至是极度的痛苦，为此他几乎无法骑马，甚至无法乘坐颠簸的马车，但他仍然下定决心要亲自上阵指挥。于是 7 月 28 日，在圣克卢宫庭院里的小型私人火车站，拿破仑三世及其 14 岁的儿子亦即皇太子登上火车，在轰鸣声中出发前往梅斯，与军队会合。

普法战争的输赢毫无悬念。俾斯麦此时已经将普鲁士军队打造成了一台超级战争机器，虽然普鲁士和北德意志邦联约 3000 万的总人口远不及法国，但通过 18 天的动员，他们召集起一支由 118.3 万人组成的军队。法军则相反，不仅人手不足，准备不足，且严重缺少重要装备。他们没有救护设备和行李车。将军们手头有大量德意志那一侧的边境地图，却连一张法国这一侧的边境地图都没有，因此他们中的一些人难以找到应该由自己指挥的部队。德意志炮兵将法国骑兵打得溃不成军，这无疑表明，在战场上，属于骑兵的时代已经一去不复返了。8 月 27 日，拿破仑意识到不能再冒儿子可能被杀或被俘的风险了——他是法兰西帝国续存的依靠。悔恨之下，他将儿子送回巴黎，接着又安排儿子从巴黎前往英格兰。

幸好，这场战争于 9 月 1 日在小镇色当附近画上句号。皇帝知道大局已定，他——为了掩盖憔悴病容，他在双颊抹了厚厚的胭脂——骑上了马。除了两次为了方便以及一次抱着一棵树好挨过剧痛而不得不下马，拿破仑三世在马鞍上待了 5 小时之久。当晚 6 点左右，当太阳已经沉入地平线之下，法军举起白旗，一位军官带着法兰西皇帝的信骑马去找普鲁士国王威廉：

我的兄弟：

由于无法死在我的军中，我只能将自己的佩剑献给陛下。

陛下的好兄弟，路易-拿破仑

俾斯麦在快速咨询了同样亲临战场的普鲁士国王的意见后，做出了如下的回复：

我的兄弟：

很遗憾我们让自己陷入如此境况，我将接受陛下的佩剑，望您委派一名能全权负责的军官前来商谈您麾下表现如此英勇的军队的投降事宜。我方会派毛奇将军参与谈判。

陛下的好兄弟，威廉

当晚，法兰西皇帝写信给欧仁妮：“我难以描述自己之前以及现在的经历……我宁愿死了，也不愿如此悲惨地被俘。然而在目前的情况下，这是唯一能避免 6 万人遭屠戮的方法……我想到了你，我们的儿子，还有我们那不幸的国家。”

拿破仑三世被带到普鲁士国王的城堡——位于卡塞尔附近的威廉姆斯赫厄宫，作为俘虏，他在那里度过了相当舒适的 6 个月。①

然而，当拿破仑三世投降的消息传到巴黎后，民众群情激愤。很快，巴黎的街道被重新命名，所有关于第二帝国的明显标志都被清除。欧仁妮一开始拒绝相信自己的丈夫选择投降，一再声称他死了。最终，接受这一事实的她羞愧地把头埋在双手中。与此

① 埃米尔·左拉的《崩溃》对这一系列事件有精彩的描述。

同时，法兰西第三共和国在市政厅宣布成立。几小时内，杜伊勒里宫周围就聚集起了约 20 万人。帝国的旗帜还在旗杆顶部飘扬，表明皇后仍在宫中。即便到了这个时候，她仍然不愿意离开。欧仁妮安慰身边的人，称自己不惧死亡，只怕蒙受被脱光衣服或强暴的耻辱。最后，她总算答应离开，她和里夏德·梅特涅以及意大利大使一起穿过从杜伊勒里宫到卢浮宫的狭窄地下通道，出了地道后，他们招了一辆路过的马车。最终，一行人来到皇帝的老友，牙医托马斯·埃文斯那里避难。次日清晨，欧仁妮和埃文斯医生出发前往多维尔，他们于第二天凌晨 3 点抵达。几个小时后，埃文斯来到港口，看到一艘飘着英国国旗的游艇。原来这是英国人约翰·伯戈因爵士的游艇，埃文斯向其说明了情况。伯戈因毫不犹豫地将游艇交由皇后支配。欧仁妮等人立刻起航，于 9 月 8 日清晨在怀特岛的赖德登陆。接着，欧仁妮从那里前往黑斯廷斯，她的儿子正在当地的海洋酒店等她。

～

法兰西皇帝投降了，但法国人没有。普法战争并没有结束，战争继续的同时，拿破仑三世仍被囚禁在威廉姆斯赫厄宫中。欧仁妮和儿子住在肯特郡奇斯尔赫斯特附近的卡姆登宫，这座又大又旧又形状不规则的建筑更像是法国城堡，而非英格兰乡村府邸；它很可能是拿破仑三世在数年前购置的，以备不时之需，不过这种说法没有相关的证据。1871 年 3 月 20 日，他终于在卡姆登宫与妻儿团聚。有一段时间，因为终于摆脱了近些年来的种种焦虑，拿破仑三世的健康状况有了明显的改善：到这一年年底，他甚至能再次骑马了，为了玩乐而骑，而不是为了责任。但到了次年秋天，病痛再度袭来，临近圣诞时，拿破仑三世已经病得很重了。1873 年 1 月 2 日，英国最有名的肾外科医生亨利·汤普森爵士在卡姆登宫给他做了手术。医生在拿破仑的膀胱里发现了一颗很大的结石，但只能取出一半。4 天后的第二次手术，医生又取出了不少结石，但还有些剩余。大家同意等皇帝——如果还能这么称呼他的话——体力恢复后，有必要进行第三次手术，清除余下的结石。

但他没能恢复过来。1873 年 1 月 9 日周四，上午 10 点 25 分，拿破仑三世突然去世。他最后几句清楚的话是对另一个医生，跟随他来到英国的老友亨利·科诺说的："科诺，我们在色当的表现并不懦弱，对吗？"似乎已逐渐对丈夫产生感情的欧仁妮哭倒在他的床边。拿破仑三世被暂时安葬在当地教堂的墓地里。欧仁妮在 1880 年搬到了法恩伯勒附近一座大而丑陋的房子里，[1] 她委托法国建筑师伊波利特·德塔耶尔在相隔几百码的地方建造一座献给圣米迦勒的修道院。时至今日，你仍然能在修道院华丽的大理石地下室里看到欧仁妮及其丈夫的陵墓，还有他们的儿子皇太子路易的陵墓。

皇太子的死确实很奇怪。1872 年，16 岁的皇太子被父母送到伍尔维奇皇家军事学院学习枪炮操作。（波拿巴家族素来出炮兵。）他在 34 人的班上以第七名的成绩毕业，不过在骑术方面，他排第一。1879 年，第二次祖鲁战争爆发，皇太子看到自己所有的朋友和同侪都前往非洲参战。当然他本人不在被征召的名单中，但他

---

[1] 如今这里成了一所天主教女校。

决心要加入。他恳求母亲，指出若自己只是徒有其表，就永远不可能夺回皇位；他必须证明自己拥有与家族名望相配的力量和勇气，而这正是一次绝佳的机会。欧仁妮不希望唯一的儿子去非洲冒生命危险，但他的坚决让欧仁妮勉强答应去和英国女王商讨此事。维多利亚同样不愿意，但最终还是让步了。好吧，女王表示，这个男孩可以去祖鲁兰，但他必须留在后方，绝对不能靠近战场。她会给总司令切姆斯福德勋爵下相关的指令。

第一场祖鲁战争就是一场灾难。1879 年 1 月 22 日，一支由约 1800 名士兵组成的英国军队在伊桑德瓦纳遭到约 2 万名祖鲁人攻击。祖鲁人的武器主要是长矛和牛皮盾牌；而英国人配备了当时最为先进的马蒂尼-亨利步枪和 2 门 7 磅野战炮，但严重缺乏弹药。因此，英国人很快就被击溃，1300 人死在战场上。切姆斯福德别无选择，只能撤出祖鲁兰，重整遭受重创的部队。正是在这期间，英国新派遣的军队抵达，皇太子就在其中。同时，新作战方案出炉：英军将于 6 月 1 日重新入侵祖鲁兰。

尽管很不乐意，但皇太子只能加入情报部队，很快，他就心生厌倦。5 月 30 日晚，他向他的指挥官提议，自己先于主力部队出发，去侦察下一个 10 英里的情况——由于军队需要牛车来运输辎重，因此 10 英里相当于一天的路程——并选择下一晚的合适扎营地。他指出，此前派出的侦察队已经确认这一地区没有祖鲁人，所以不存在潜在的危险。令人难以置信的是，他的请求获得了批准，条件是必须有 3 到 4 名下级军官陪同他一起去，听从上尉贾米勒·布伦顿·凯里的指挥。次日清晨，这支小分队骑马出发，到午餐时分，他们发现一处俯瞰一小片干河谷的绝佳歇脚地。一行人下马，让马去吃草，他们则坐下来喝杯咖啡，抽支烟。突然，他们听到一阵密集的枪声：一群（impi）[1]祖鲁人猛地从几码之外高高的草丛中跳了出来。抵抗是不可能的，小分队唯一的希望是抓住马，策马逃到安全之地。其余几个人都做到了。皇太子——他的骑术几乎可以肯定是这几个人中最好的，而且他通常觉得跃上飞奔而过的马不是问题——试图抓住马鞍鞍头，可他只抓住了他那廉价的非洲马鞍放地图的皮套；结果，马从手中溜走。其余人都成功逃脱，在几百码之外的一个小山丘勒住缰绳，皇太子的马向他们飞奔而来，但皇太子不在马上。他们立刻知道没希望了，只能策马返回参谋总部，报告这一悲剧。

总部的反应可想而知。女王早就下令绝不能让皇太子的性命处于危险之中，但事实是他成了这场新战役第一个牺牲者。英军立刻派一支搜索队前往那片干河谷。他们很快就找到了皇太子的遗体，除了一只袜子，全身赤裸，有 18 处伤口，全都在正面。有一点可以肯定：对于这样一场巨大的悲剧，必须找一个替罪羊。上尉凯里成了那个倒霉蛋。他被——极为不公平地——指控在危急时刻弃战友于不顾，受军法审判，随后被开除军职。[2]

可想而知，维多利亚女王在获悉此事后大发雷霆。极度看重儿子的欧仁妮伤心欲绝，但面对这一打击，她表现得很勇敢。她说儿子是军人，而军人牺牲很正常。但在皇太子去世一年忌日时，她亲自去到那片干河谷——沿途之艰辛难以想象——在那里彻夜守夜。她带去了在法恩伯勒剪下的树枝，种在离儿子死去的地点

---

① impi 是祖鲁语中一个古老的集合名词，就我所收集的信息，它可以指代任何数字。在这里，可能指大约 100 个祖鲁人。

② 幸好，当消息传到英格兰时，引发强烈的抗议，以至于女王下令展开进一步调查，凯里恢复原职。1883 年，他在印度去世。

尽可能近的地方。没过多久，维多利亚女王下令在那个地方立起一座小巧耀眼的白色大理石纪念碑。纪念碑至今仍在那里，被明显是来自英国的矮树丛所环绕：南非的草原上因而增添了些许汉普郡风情。①

---

① 1979 年，我为英国广播公司制作了一部关于此事的电视纪录片。《伦敦新闻画报》对此进行了详尽报道，刊登了一系列根据事件发生后立刻拍摄的照片绘制的木刻版画。在过去 100 年时间里，出事地点除了皇后栽下的树和女王立起的纪念碑，完全没有变化。在干河谷里，人们甚至可以找到出现在一个世纪前的木刻版画中的石块和鹅卵石。

第 19 章

最后的抗争

1870—1873 年

我刚从巴黎回来……那里满目疮痍，但和陷入疯狂的巴黎人相比，根本算不了什么。在我看来，除了极少数人，所有人都只适合穿上约束服。有一半人渴望杀死另一半人，另一半人也抱有同样的想法。

——古斯塔夫·福楼拜致乔治·桑

拿破仑三世投降后，俾斯麦与普鲁士总司令毛奇将军要求他签署初步的和平条约，但他拒绝了。他称自己已无权这么做；和平谈判的责任将交由担任摄政的皇后欧仁妮领导的法国政府。但这一政府也不复存在了。9 月 4 日，议员莱昂·甘必大在市政厅宣布法兰西第三共和国成立。与此同时，战争仍在进行中。在人们知晓普鲁士军队正向巴黎行军后（这意味着这座城市很快会遭到围困），一个以路易·朱尔·特罗胥将军为主席的国防政府成立了，甘必大兼任内政部长和战争部长。要保卫首都，他们需要动员所有可用的人：他们召集了一支由大约 6 万从色当回来的士兵组成的正规军、约 9 万人组成的机动部队（以地方自卫队士兵为主）和约 3 万水兵，他们将和 35 万未接受过训练的国民自卫军一起并肩作战。总人数约为 50 万。

巴黎自身的防御主要依靠梯也尔城墙。该城墙长 25 英里，根据梯也尔政府颁布的一项法令于 1841 至 1844 年修建，其路线与现有的环城大道一致，不过略短些。此外，巴黎还被 16 座堡垒所环绕，它们同样建于 19 世纪 40 年代。但人们很快发现，毛奇无意强行攻占巴黎。他甚至没打算让法国很快投降，因为很快投降的话，新组建的法军就相当于没有被击败，会让法国能够重新开始战争。他寄望于打消耗战，决定让巴黎陷入饥荒，从而迫使其投降。

巴黎城内，人们的士气依旧高涨，但此时的形势相当严峻，而且巴黎人很清楚。9 月 7 日，特罗胥的副主席兼外交部长儒勒·法夫尔恳请美国公使伊莱休·B. 沃什伯恩"出面调解"。两天后，他又让梯也尔前往伦敦，希望能获得英国的支持。梯也尔从伦敦继续出发，先后前往维也纳、圣彼得堡和佛罗伦萨（当时作为新统一的意大利的临时首都），但对方所表达的无外乎都是礼貌的同情。接着，法夫尔请求与俾斯麦本人见面。两人在巴黎以东约 20 英里处宏大的罗斯柴尔德家族费里耶尔城堡展开对话，他们一直谈到深夜，但仍一无所获。俾斯麦一个劲儿地抽他的海泡石烟斗，还故意将烟喷到不吸烟的法夫尔脸上。他称普鲁士的要求很简单：得到阿尔萨斯以及洛林的大部分地区。"我肯定，"他补充道（而且事实证明他说的是对的），"未来我们还会与你们开战，

我们会尽可能占据一切有利条件。"法夫尔回应道，若屈从于这样
的要求，任何一个法国政府都将无望生存。"你想摧毁法国！"他
惊呼道，突然放声大哭。[①]

　　法夫尔回到巴黎，汇报了此次会面的情况，法国政府震怒不
已。甘必大立刻发电报给巴黎的行政长官："被激怒的巴黎誓要抵
抗到底。请各省也都站出来抵抗吧！"唯一的问题是怎么做？各
省军队要如何召集、训练和组织，谁又来领导他们？显然，政府
必须派出一人对任何可能出现的抵抗活动负责，可他又要怎样才
能离开巴黎呢？普鲁士军已经占据了凡尔赛宫，将那里设为指挥
总部。他们已经完成了对巴黎的包围，在通过萨多瓦和色当这两
场战役成为英雄的莱昂哈德·冯·布卢门塔尔伯爵的带领下，普
鲁士人开始了围城。此时的巴黎实际上被封死了，与法国其余地
区隔绝。

　　突然，一个可行的解决方案出现了。有人发现一个旧热气球，
它曾是 1867 年巴黎世界博览会的焦点之一，被命名为"海王星"
号。眼下，这个热气球经过修补后，差不多可以再度起飞。"海
王星"号于 9 月 3 日升空，经过 3 小时飞行后，安全降落在埃夫
勒。普鲁士军对巴黎的封锁即便没有遭到破坏，至少也是出现了
裂缝。接着又一个问题出现了：哪位高级官员愿意冒生命危险飞
到外面？其实只有一个合适的人选。就像特罗胥用可敬的坦诚所
说的，"甘必大先生是我们当中唯一不会对乘坐热气球出行有所顾
虑的人"。

---

① 俾斯麦没受触动。俾斯麦后来写道："他很可能打算用一点儿戏剧化的
表演来影响我的看法。"

但甘必大拥有的远不仅仅是血气之勇。此时的他才 32 岁。他出生于卡奥尔，是一位意大利杂货商的儿子。根据描述，他"身形偏瘦，留着黑色长发，鼻子像犹太人的鼻子，一个眼球十分明显地从眼窝中凸出来，让人担心会掉出来"。他的品行不端，据可靠信息来源，我们知道他的一些个人习惯很糟糕；但他是个出色的演说家，热情且真诚，能让所有听众热血沸腾。10 月 7 日上午 11 点，在蒙马特的圣彼得广场①，在兴奋的人群钦佩的目光下，甘必大爬进敞口的柳条筐内，所有人都看得出来，他很紧张。他确实应该紧张，除了其他种种危险，还存在着一种可能：他头顶上方悬着的一大袋高度易燃的煤气，一旦被普鲁士军的子弹射穿，它就会爆炸成为一个火球。随着气球缓缓升空，甘必大展开一面巨幅三色旗；就这样，气球飞过巴黎人的屋顶，逐渐消失在视线里。

没过多久，奥尔良车站建起了一座热气球工厂，此外一家飞行员培训学校也成立了。很快，每周就有两到三个热气球从这里起飞。此后，从巴黎城内带信出去再也不是无法克服的难题了。但是城外的消息带进城里就要困难得多了。大家很快认同只有一种有效的办法：信鸽。幸运的是，政府找到了一位显微摄影专家，并用两个热气球将他和他的所有设备送到图尔。其中一个热气球落地了并落入普鲁士人的手中，幸好那位专家乘坐的是另一个热气球，他安全着陆，安装好设备。这下，官方信件可以通过显微摄影技术缩至极小的尺寸，以至于一只信鸽可以携带 4 万封这样的信件，相当于一本普通的书的篇幅。若这些信件能抵达巴黎，

---

① 靠近如今的圣心大教堂。

就会通过幻灯机投影，再由为数众多的文书抄写下来。20 字或以内的私人消息也可以传送，不过法国邮政局很谨慎地表示，对未传达的信件不承担任何责任。还好他们这么做了，因为结果看来，信鸽传信远不如热气球传信那么可靠。巴黎遭围期间，人们放了302 只信鸽，只有 59 只抵达巴黎。其余信鸽不是被猛禽捕获，就是因受冻挨饿而死，或者被饥肠辘辘的普鲁士人射杀吃掉。

但巴黎人更饿。12 月 5 日，埃德蒙·德·龚古尔在其日记中写道："吃成为人们的唯一话题，他们谈论能吃什么、哪里还有吃的东西。除此之外，别无其他……"美国公使沃什伯恩写道："我渴望能吃上甜甜圈。"早在 10 月，马肉就已成为巴黎人的主食；在过去，只有穷人才吃马肉，而此时，马肉成了人人争抢的食物。维克多·雨果在给一位不知何故拒绝与其一起用餐的年轻女士的信中这样写道："为了让你品尝马翅，我愿亲自去宰一匹飞马，烹为佳肴。"

接着轮到猫狗了。12 月中旬，伦敦《每日新闻》记者亨利·拉布谢尔写道："有一天，我吃了一片西班牙猎犬的肉。"他还记录了一周后，他遇到一个男人，对方正想把一只大猫喂得更肥些，以便能在圣诞节享用它，那只猫"被肉肠一般的老鼠包围着"。[①] 其实，相比马、猫和狗，巴黎人吃老鼠的次数要少得多。因为老鼠容易传染疾病，且味道令人作呕；让鼠肉变得可以食用的精细酱汁价格十分昂贵；所以矛盾的是，吃鼠肉的更多是富人，而不是穷人。随着日子越来越难熬，厄运降临到动物园的动物身

① 这几则以及本章节提及的其余许多故事都来自我的已故好友阿里斯泰尔·霍恩及其精彩著作《巴黎陷落》，对此，我衷心表示感谢。

上。狮子和老虎躲过一劫：有可能的话，没有人会想吃食肉动物。同样躲过一劫的还有河马，仅仅是因为没有屠夫能应对如此挑战。但动物园的两头大象卡斯托和波吕克斯就没那么走运了。一些菜单在一些有魄力的餐厅里保存了下来。有一份菜单在圣诞节当天供应塞馅料的驴头、清炖象肉汤、烤骆驼肉、炖袋鼠肉、砂锅羚羊肉、熊肋骨、猫鼠肉双拼以及狼腿肉配鹿肉汁。另一份菜单显然费了更多心力，包括黄油狗肝串、蘑菇炖猫肉、老鼠腊肠、罗伯特酱、狗腿配浣熊肉。《晨报》的汤米·鲍尔斯在1月初记录道："到这会儿为止，我已经吃了骆驼肉、羚羊肉、狗肉、驴肉、骡肉和象肉，我是按我写下的这个顺序让自己接受它们的……马肉实在是太恶心了，有一股让人永远忘不了的怪味。"围城的最后一段日子里，政府推出了一款用小麦、大米和麦秆做成的全新的面包："费里面包"。它的名字来自想出这款面包的部长的名字。用一位勇敢的巴黎人的话来说，这款面包好像是"用从阴沟里捡来的破旧巴拿马草帽做成的"。

圣诞节过去两天后，轰炸开始了。在最初的计划中，普鲁士人并不打算轰炸巴黎，但俾斯麦和毛奇都觉得这场围攻持续的时间太久了。围城战对围攻者造成的影响往往和被围攻者所承受的一样甚至更加严重，这几乎是老生常谈了。1870至1871年巴黎遭围困或许并不完全符合这一结论，但普鲁士士兵大多被困在极薄的帐篷里，已经有人开始生病了，如果围城继续拖下去，就有突发疫情的严重危险。轰炸开始时，每晚有300到400枚炮弹落入巴黎城中，袭击时间通常从晚上10点开始，持续到次日凌晨2点或3点。塞纳河右岸幸运地不在普鲁士大炮的射程范围内，但左岸损失惨重。对普鲁士军来说，荣军院和先贤祠的穹顶，以及圣叙尔皮斯教堂是再好不过的目标。萨尔贝提耶尔医院也遭到反复轰炸，以至于巴黎人怀疑普鲁士人是故意瞄准它射击的。[①] 奥尔良车站的热气球工厂被击中，这对巴黎又是一个打击：人们只能匆忙将工厂搬到敌军射程范围之外的巴黎东站。

轰炸已经够糟了，但 1871 年 1 月 18 日周三，很多爱国的法国人遭受了最严重的羞辱：在凡尔赛宫的镜厅——仅仅 15 年前，在法兰西第二帝国的光环的笼罩下，英国女王维多利亚与拿破仑三世曾在此翩翩起舞——普鲁士国王威廉一世登基成为德意志人的皇帝。埃德蒙·德·龚古尔写道："这标志着法兰西的荣耀彻底终结。"乍看之下，这是一个完全无端的侮辱性做法：一个唯有俾斯麦才想得出来的侮辱性做法，也是一个会在此后很多年里损害法德关系的侮辱性做法。

巴黎人很快就习惯了炮轰，就如同 70 年后的伦敦人逐渐适应了纳粹德国的闪电空袭一样。但饥饿问题要严重得多，而且到 1871 年 1 月下旬，法国首都正被逼到无计可施的地步。偶尔的突围尝试均以惨败告终——在布松瓦尔展开的突围中，被困军队伤亡人数达 4000 人。纪律很快变得松散，尤其是国民自卫军。1 月 22 日，巴黎又爆发了一场严重的暴动，那之后，法夫尔写下了这样一句话："内战近在咫尺，饥荒迫在眉睫。"次日，他召来昔日特罗胥手下的一位参谋德埃里松上尉（Captain d'Hérisson），[②] 派他给俾斯麦传一条私人信息。不久后，双方都下令停火，但普鲁

---

① 特罗胥就此事向毛奇提出抗议。毛奇的回复是他希望很快就能把大炮推得更近些，近到能够看到红十字会的旗帜为止。这样的回答着实令巴黎人泄气。

② Hérisson 在法语中的意思是刺猬。这是个很不寻常的名字。

士方面要求法夫尔必须出席谈判。他和德埃里松乘坐划艇渡过塞纳河，由于有不少弹孔，这艘划艇不是完全防水的。头戴高顶礼帽、身穿长礼服的副主席发了疯似的用一个旧炖锅往外舀水——目击者们尽情目睹着此情此景。

当法夫尔见到俾斯麦时，首相见面先是说："啊，部长先生，和费里耶尔见面时相比，您的白发多了不少啊。"后来，俾斯麦向皇储报告，称法夫尔"吃饭时简直就是狼吞虎咽"，他吃的一顿晚饭足够 3 个人吃的。双方一直谈到 27 日，最终宣布停战 3 周，这期间，普鲁士军队不会进入巴黎。法军方面，除了一支小分队，其余部队都会交出武器；法国要支付 2 亿法郎的赔款。此外，法国还会选出新议会，以便在波尔多开会讨论什么条件下可以接受和平条约。普鲁士人则承诺会尽全力帮助并在可能的情况下加快解决法国首都的粮食补给问题。

包括年轻的蒙马特区长乔治·克列孟梭在内，很多巴黎人都对投降感到愤怒。（远在波尔多的莱昂·甘必大愤而抱怨甚至没有人提前将投降一事告知他，[①] 他当场宣布辞职。）虽说这场法国历史上最灾难性的战争终于结束了，但巴黎还得过一段时间才能恢复过来：人们发现政府严重高估了巴黎城内余粮的数量，停战后两周的时间里，尽管有普鲁士方面的承诺，巴黎的粮食供应并没有好转，反而越发吃紧，以至于德意志皇帝威廉一世下令将原本给军队的 600 万份口粮运送给快饿死的巴黎人。英国也送来了大量补给，德特福德有 24 个大烤箱夜以继日不间断地烘烤面包，而

---

① 事实上，法夫尔用热气球给他传了消息，但飞行员没能在波尔多降落，而是落在了大西洋。具体原因至今仍是个谜。

且捐款之多使市长救助基金应接不暇。美国方面的反应亦很迅速，输送了价值 200 万美元的食物。但如此慷慨之举并不总是能得到好的结果。当第一批来自英国的补给抵达巴黎大堂中央市场[①]时，这引发了一场骚乱，进而导致灾难性的后果；大量鸡肉、鸡蛋和黄油被践踏。而当美国人的救济船抵达勒阿弗尔时，接连数天都找不到人来卸货。

到 2 月中旬，情况逐渐恢复正常。除了对于那些始终面临生存考验的最穷苦之人，大饥荒已经过去。然而，心理上的创伤依然很深。法国是战败国，如欧内斯特·勒南所指出的，先前获胜的民族总是能带来一些东西，例如他们的艺术、文明或信仰，而俾斯麦的德意志带来的只有暴力。仇恨、痛苦和怨愤在太多巴黎人的心中挥之不去。他们对生活失去了兴趣：他们感到无聊，而无聊让他们变得脾气暴躁。芝麻绿豆大的小事都能激起巴黎人的怒火——这一点很快就会显现出来。

～

与此同时，仍在波尔多的国民政府呼吁举行停战协议中规定的新选举。选举于 1871 年 2 月 8 日举行。法国大多数选民是农民、保守派和天主教徒，因此压倒性多数的票支持君主立宪制回归就不足为奇了。但选民分成波旁家族支持者和奥尔良派，因此已经 73 岁高龄不过依然精力充沛的老共和派阿道夫·梯也尔最终当选为首席部长。他上任后的第一项任务就是与普鲁士缔结和平条约。

———————————

① 即巴黎中央食品市场。

梯也尔在谈判中竭尽全力，但俾斯麦态度坚决，明确表示若休战协议到期时和平条约还没有签署，战火就会立刻重燃。俾斯麦的主要要求没有变：阿尔萨斯以及洛林的大部分地区，包括重要城市梅斯和斯特拉斯堡。俾斯麦此次提出的经济赔偿要求甚至比他在停战谈判时提出的更高：5 亿法郎，尽管后来减少至 4 亿。在付清全款之前，法国仍然得忍受部分领土被占的耻辱。梯也尔别无选择。2 月 26 日，他极不情愿地签署了条约。

当梯也尔将这些条款提交波尔多的国民议会批准时，代表们深感惊恐，却也无能为力。甘必大和来自阿尔斯萨及洛林的议员一起宣布辞职，没过多久，维克多·雨果亦辞职。议会最后的举动是同意在 3 月 20 日重新开会，但地点设在哪儿呢？大家一致认同不能在巴黎召开：这里过于危险，过于混乱，过于激进，充斥着过多无神论者。凡尔赛宫是更好的选择。事实证明，这是个明智的决定，因为就在梯也尔签署条约的当天，巴士底广场就发生了一起令人不快的事件。

国民自卫军已经在广场上进行了两天的抗议，因为怀疑政府计划解散他们。2 月 26 日，他们举行了一次大规模游行，从上午 10 点一直持续到晚上 6 点。大约 30 万巴黎人参加了此次游行，而且在某个时候，国民自卫军挪用了约 200 门政府的大炮，将它们拖至蒙马特。当时的气氛已经非常紧张了，夺取大炮更被视为进一步的挑衅行为。几个小时之内，巴黎的力量平衡被打破了。3 月 8 日，梯也尔给军队下令（军队中只有一支小分队获准保留武器），让他们收回大炮，但国民自卫军进行了抵抗，混乱随之而来。移动大炮所需的马匹没有出现，军队很快被不友善的人群所包围。率队的克劳德·勒孔特将军被造反的自卫军抓住，被拖到他们位于玫瑰街 6 号的驻地。当天下午晚些时候，勒孔特被打得不省人事，后背中枪而死。

不同于军队，国民自卫军没有被解除武装，讽刺的是，持有武器的他们本该维护巴黎的和平。理论上，此时国民自卫军的人数接近 40 万，不过实际人数要少很多。2 月中旬，他们开始掌权。3 月 15 日，被称为"巴黎公社"的组织成立了中央委员会，该委员会首先采取的行动就是拒绝承认梯也尔最近任命的担任国民自卫军指挥官，或者说巴黎军事总督的将军。同一天下午 5 点左右，另一位将军，穿着便衣的雅克·莱昂·克莱门特-托马斯被人看到了。尽管现在他已经退休，但一直很不受欢迎，尽管如此，他也不应该遭受随后的厄运。他同样被带到位于玫瑰街那座带小花园的房子里，遭到射杀，但不是由一支正规组织起来的行刑队，而是由一群不受控制的自卫军士兵射杀的，他的尸体上有大约 40 个弹孔。这个时候，乔治·克列孟梭抵达，高喊着"不要流血，我的朋友们，不要流血了！"，却发现为时已晚。看到两位将军的尸体，他失声痛哭。

那天傍晚和整个晚上，国民自卫军逐步控制了巴黎。24 小时后，2 万名自卫军士兵在市政厅前扎营，一面红旗（而不是三色旗）在市政厅上方飘扬。同时，中央委员会派克列孟梭带领巴黎各区区长组成的代表团前往凡尔赛宫，与梯也尔展开谈判。他们要求巴黎享有特殊的独立地位，允许其自治。他们还重新启用革命历法，废除死刑和兵役，并通过一项决议，大意是巴黎公社和国民议会的成员资格不能并存。后来，公社通过更多法令，包括废除面包店的夜班（对法国人而言，这无疑是一场灾难）以及免除整个巴黎遭围期间欠下的租金。

不过最严酷的法令恐怕与教会有关。委员会公开指控教会是"君主制的同谋"。委员会宣布立刻实行政教分离；没收分配给教会的政府资金；没收宗教机构的财产；下令所有教会学校世俗化。在此后的7周时间里，有大约200名神父、修士和修女被捕，26座教堂被关闭。部分国民自卫军成员甚至嘲讽宗教游行，亵渎天主教仪式。

然而，公社采取的最引人注目的行动是推倒旺多姆广场上纪念拿破仑的巨大圆柱，该圆柱建于1806至1810年，用于庆祝拿破仑赢得奥斯特利茨战役。圆柱被毁在很大程度上和画家古斯塔夫·库尔贝有关。他曾这样写道："旺多姆圆柱是一座没有任何艺术价值的纪念碑，它倾向于通过其表现形式来延续过去帝国王朝的战争和征服思想……市民库尔贝敬请国防政府授权去拆毁圆柱。"

他的愿望实现了。5月16日傍晚6点左右，圆柱被毁。但库尔贝没能得意多久。巴黎公社失败后，法国政府决定重立旺多姆圆柱，库尔贝被要求支付全部费用，大约32.3万法郎，按照一年1万法郎分期支付。政府没收他的画作并出售。库尔贝本人则自愿流亡瑞士，在那里度过余生。

～

同一时间，在凡尔赛宫的梯也尔则在计划收复首都，努力重新召集一支新的可靠的正规军。幸好根据与普鲁士的停战协议，有大批战俘获释，还有很多士兵从法国各地赶来。梯也尔选择当时63岁的帕特里斯·德·麦克马洪指挥这支新军队。这位老帅在色当战役中受了重伤，不过此时已经康复。麦克马洪在众人心目中享有极高的声望，且老当益壮。到 1871 年 5 月中旬，他已做好了准备。20 日，他的炮兵部队已经抵达巴黎城墙，向西部地区开炮，部分炮弹几乎轰到了星形广场。到 21 日周日凌晨 4 点，6 万名士兵占据了奥特伊和帕西区，就在两天后，他们实际上已经收复了巴黎市中心的许多区域。而缺乏纪律和协调且没有像样的中央指挥部的巴黎公社在人数上处于明显的劣势，除了象征性的抵抗，别无他法。但事态发展并不如政府军预期的那样：此后的 7 天被称为"流血周"，双方都表现得极端暴力且残忍。当政府军在 23 日占据蒙马特后，士兵们抓住了 42 名国民自卫军成员和几个妇女，将他们带到位于玫瑰街上勒孔特和克莱门特－托马斯这两位将军被处决的那座房子，全部射杀。在皇家大道，政府军夺取了马德莱娜教堂周围的巨大街垒，又带走了 300 名俘虏，他们全都遭到了同样的命运。

同一天，国民自卫军开始焚烧公共建筑。圣奥诺雷市郊路、圣弗洛伦丁街和里沃利大街以及左岸的巴克路、里尔路上很多房屋和办公楼都被大火吞没，杜伊勒里宫亦陷入火海。位于卢浮宫的黎塞留图书馆同样被摧毁，幸亏博物馆工作人员以及当地消防队员的英勇表现，卢浮宫的其余部分才得以保留。当地的公社指挥官朱尔·贝热雷向市政厅发信："王室最后的残余消失了。我希望巴黎所有的纪念性建筑都能落得如此下场。"就在第二天，市政厅也化为一片焦土。同时，行刑仍在继续，每天都有数百人被处决，这其中包括巴黎大主教乔治·达尔博伊。5 月 25 日晚，公社领袖夏尔·德莱克吕兹系上代表其职位的红色饰带，手无寸铁地走到最近的街垒旁，爬到顶端，好让所有士兵都能看到他。德莱克吕兹当即被射杀，这正是他想要的。

两天后，政府军占据拉雪兹神父公墓，这标志着流血周的结束。巴黎公社结束了，但行刑并没有停止。没有人知道有多少人被处死：至少10万，很有可能高达20万。古斯塔夫·福楼拜写信给乔治·桑："萨多瓦战役之后的奥地利、诺瓦拉战役之后的意大利、塞瓦斯托波尔战役之后的俄国都没有走上革命这条路。但我们这些好法国人一看到烟囱着火，就迫不及待地拆房子。"

1873年7月24日，国民议会投票赞成在巴黎最高点蒙马特建造圣心大教堂。人们普遍认为这座教堂是用于纪念所有在这场战争和巴黎遭围期间失去生命的人。若圣心大教堂真的是一座纪念性建筑，它将是无与伦比的——它的外观令人难忘且不会认错，而且在巴黎任何一个地方都能看到。但严格说来，它根本不是一座纪念性建筑：议会法令谨慎表明建造圣心大教堂是"为巴黎公社所犯下的罪行赎罪"。一个半世纪后的今天，这些都不再重要，我们只能对于本章节不得不记录的悲伤且可耻岁月中发生的唯一一件好事心怀感恩。

第 20 章

"我控诉！"

1873—1935 年

我们认为德国一直试图回避其应尽的义务，根本就不打算履行和平条约，因为至今为止，它仍然不相信自己已经战败……我们也肯定，作为一个国家，德国只有在必需的情况下才会信守诺言。

——雷蒙·普恩加莱，1922 年 12 月

法兰西第三共和国实际上成立于 1870 年 9 月 4 日，那一天甘必大在市政厅的阳台上宣告了它的成立。尽管法国在经历了战争、围城和巴黎公社运动后渐渐团结起来，但第三共和国似乎难以持续很长时间。梯也尔和甘必大这两位坚定的共和派勉强联手，但麻烦已经浮现——君主主义者。有很长一段时间，他们认为恢复君主制的主要障碍是波旁家族两个分支之间的角力。贝里公爵的遗腹子，也就是查理十世的孙子尚博尔伯爵——他已经自封为

亨利五世——没有直系后代；为什么不由他统治，然后由奥尔良派的巴黎伯爵继位呢？梯也尔似乎风头正盛，但君主主义者和波拿巴主义者一致决定除掉他。他们最终找到布罗伊公爵担任领袖，他的父亲曾是路易-腓力手下的大臣，他本人也是斯塔埃尔夫人的外孙。布罗伊公爵坚决反对梯也尔，并于 1873 年 5 月 24 日赢得了选举。

同一天晚上，老帅麦克马洪当选为共和国总统。他是个彻底的君主主义者，认为没有理由不让尚博尔伯爵当法国国王。但确实有一个理由，并且是很好的理由：尚博尔伯爵从一开始就表明他的立场和其祖父一致。他不会与任何议会达成协议，也不会接受三色旗，如果不恢复波旁家族的白旗，就什么都没有。于是，结果就是什么都没有。梯也尔评价道："没人会否认尚博尔伯爵先生是法兰西共和国奠基人。"此时，人们或许会觉得君主主义者会转而去找巴黎伯爵。但君主主义者看上去认为只有在尚博尔伯爵离开人世 [1] 后才能这么做。他们改为同意接受麦克马洪为无冕君王，一个不会受到党派政治纷争影响的王国中将。他的任期确定为 7 年，到期后可竞选连任。议会投票以 353 票对 352 票的结果通过该条款。一票之差，就决定了第三共和国的命运；它将再持续 67 年。

1886 年，总理夏尔-路易·德·肖塞斯·德·弗雷西内犯了个严重的错误——任命乔治·布朗热将军为陆军部长，他是乔治·克列孟梭推荐的人选，两人在南特曾是高中同学。布朗热是

---

[1] 尚博尔伯爵一直活到 1883 年，到那个时候，人们对君主制的热情已经消退。两年后，王冠上的珠宝被拆解并出售。

个能干的管理者,但天生爱出风头,非常擅长自我宣传。不久前,法国通过一项法律,禁止任何此前统治过法兰西的家族的一家之长进入法国,同时这些家族的其他成员也被禁止授予官职或委任。但该法律并不打算用于那些已经在服兵役的人。因此,当布朗热将时任陆军监察长的路易-腓力的第五个儿子欧马勒公爵和第七轻步兵团上校沙特尔公爵从服役名单上删除时,他引起了轰动。他还引入了一系列激进的军队改革措施,大大改善了士兵的食宿条件,赢得了尊重和关心普通士兵的美誉。布朗热傲慢狂妄,却深得民心,事实上,很多百姓视他为又一个拿破仑,指望他能将法国从一连串令人烦心的共和政府手中拯救出来,带领它重拾昔日的伟大和荣耀。

1889 年 1 月,布朗热以 24.6 万的压倒性票数当选为巴黎议员。他的支持者欢呼雀跃,高喊道:"向爱丽舍宫进发!";然而,国民议会很多成员抱着不同的想法。关于时任总理查理·弗洛凯,如今人们只记得他在布朗热进入议院时对其的奚落:"先生,在您这个年纪,拿破仑已经死了!"这句话以及其他类似的言论让布朗热耿耿于怀,最终导致他和弗洛凯展开决斗,并受了轻伤。但后来,突然之间,布朗热似乎失去了自信。政府为了应对国家安全遭受威胁而采取的新措施尤其让他感到惊慌,而这种惊慌恐怕是完全多余的。布朗热害怕被捕,最主要的原因是这样就会让他和心爱的情人——患有肺结核的玛格丽特·德·博纳曼——分开。1889 年 5 月 1 日,两人逃到布鲁塞尔,布朗热的政治生涯结束了,布朗热主义也就此终结。1891 年,玛格丽特死在布朗热的怀中,后者伤心欲绝。两个月后,布朗热在玛格丽特的坟前饮弹自尽。

接着,巴拿马丑闻发生了。费迪南·德·莱塞普主持开凿苏伊士运河的工作干得很出色。因此当他宣布有意挖一条穿过巴拿马地峡的运河时，投资者踊跃参与。巴拿马运河工程始于 1881 年元旦。德·莱塞普最初的打算是像在苏伊士那样开凿一条与海平面齐平的运河，而且他数次前往巴拿马考察。然而，这些考察都是在旱季进行的，而在当地，一年中只有 4 个月是旱季。因此，德·莱塞普和他的手下对于长达 8 个月的雨季毫无准备，雨季期间，查格雷斯河变成奔腾的急流，涨高 35 英尺，一再引发塌方。唯一的希望是在运河上建闸，但这么做需要大量的额外开支。运河要蜿蜒穿过热带丛林，里面有毒蛇、毒蜘蛛出没。到 1884 年，疟疾和黄热病每个月能夺走 200 多人的性命，而钢铁设备几乎是刚从包装里取出来就生锈了。开凿苏伊士运河期间从未发生过这些情况。德·莱塞普尽力让这项工程维持运转，但到 1888 年 12 月，巴拿马运河公司宣布破产。有大约 80 万法国人投资亏损，投资额总计约为 18 亿金法郎。

更糟的还在后面。1892 至 1893 年，510 名议员和几位部长（包括克列孟梭）被控收受来自德·莱塞普及其儿子夏尔的贿赂，批准父子俩进一步发行股票；或从巴拿马运河公司收受贿赂，允许其向公众隐瞒其财务状况。104 人被定罪。德·莱塞普父子与负责设计船闸的工程师古斯塔夫·埃菲尔 [①] 都被判处长期监禁。最终，他们的刑罚被免除。但有一位部长在监狱服刑 3 年，而负责处理政府与运河公司关系的雅克·德·赖纳赫男爵自杀身亡。

赖纳赫是犹太人，但他在自杀前将所有卷入这一丑闻的人的名单交给了极端反犹的《自由言论报》，这份报纸在一夜之间成

---

① 埃菲尔于 1889 年完成了他的壮观铁塔。

了法国最受欢迎且最具影响力的报纸之一。《自由言论报》将名单拆开，每天只刊登极小一部分，因此连续几个月，数百名议员都生活在提心吊胆中。不幸的是，赖纳赫主要的合作伙伴科尔内留斯·赫茨以及另外几个合伙人也都是犹太人，这给了《自由言论报》刊登大量诽谤文章的机会，这些文章极有可能对即将发生的一系列事件造成影响。

巴拿马运河丑闻尚未尘埃落定，法国又发生了一起灾难性事件，这一次足以动摇国家的根基。法国情报局聘用了一位在德国大使馆工作的清洁工，要她留意任何她觉得可疑的文件。1894年9月，她在武官马克西米利安·冯·施瓦茨科彭上校的废纸篓里发现一份被撕成六片的文件（被称为"the bordereau"），这份文件有力地表明法军参谋部一军官有叛国行为。由于笔迹差异[①]——还因为法军中普遍存在强烈的反犹太情绪——35岁的炮兵军官阿尔萨斯-犹太后裔阿尔弗雷德·德雷福斯上尉被锁定为嫌疑人。德雷福斯被捕，1895年1月5日他被带上军事法庭。在整个审判过程中，法庭拒绝让其审阅对其不利的证据，更不要说对它们提出质疑了，因此他并不令人意外地被判有罪。随后，德雷福斯被强行带到军事学院的庭院里一排排沉默的士兵面前，他的剑在他眼前被折断，他的肩章、纽扣和穗带被从制服上扯下来。在这之后，仍然坚称自己是无辜的的德雷福斯被送往他要去度过余生的法属圭亚那海岸附近的恶魔岛上。

次年，主要多亏了反间谍领导人物乔治·皮卡尔上校下令

[①] 笔迹学家声称，德雷福斯的笔迹和文件上的笔迹缺乏相似性，就是"自我伪造"的证据。

展开的调查，新证据浮出水面，表明真正的罪犯是一个叫费迪南·埃斯特哈齐的少校。但法国军方不愿承认对如此严重的误判负有责任，于是先将皮卡尔调到突尼斯南部的沙漠，让他没法发声，然后竭力隐瞒证据；在持续仅两天的审判后，埃斯特哈齐被无异议地判为无罪。然而，关于一个无辜之人遭故意陷害、军方有遮掩之行的流言已经广泛传开。小说家埃米尔·左拉在写给共和国总统的公开信《"我控诉！"》中通过激烈的措辞表达了这些质疑。这封信于 1898 年 1 月刊登在克列孟梭掌控的《震旦报》上。

由于无法平息抗议，1899 年，军方将流亡中的德雷福斯带回法国，再次接受军事法庭的审判，结果他遭到了更多的指控。到这个时候，巴黎人几乎不谈论德雷福斯案之外的事了。家人之间产生分裂；老友发誓再也不和对方说话；晚宴不欢而散，客人摔门而去。德雷福斯派包括乔治·克列孟梭、亨利·普恩加莱、作家阿纳托尔·弗朗士和女演员萨拉·贝纳尔。而反德雷福斯派由天主教会多数人士及教会报纸《十字架报》、军方大多数人士、很多贵族以及很多记者组成，其中臭名昭著的是《自由言论报》发行人爱德华·德吕蒙。此外还有约 6 万人组成的所谓"爱国者同盟"——这是一个由布朗热将军和善于煽动民众的保罗·德鲁莱德创立的原始法西斯主义组织——以及不久前创立的由天主教徒、君主主义者和反犹太者组成的"法兰西行动"。从军方角度看，新审判是一个严重的错误。其结果——如最初打算的那样，是又一次定罪和额外的刑罚（尽管此前的判决已经是终身判决了）——只是揭露出了军方那毁了一个完全无辜之人的不诚实。德雷福斯再也没有回到圭亚那，同年，总统埃米尔·卢贝提出赦免，德雷福斯接受了。他得以重获自由。不过德雷福斯表示，若不能恢复荣誉，自由对他而言没有意义，从法律角度看他仍然是卖国贼。但法国政府仍然犹豫不决；直到 1906 年 7 月 12 日，德雷福斯才正式得到平反，被重新纳入军队，被晋升为少校。一周后，他被授予法国荣誉军团骑士身份。在 12 年之后，德雷福斯事件终于画上了句号。[1]

～

德雷福斯事件持续的很长时间里，担任法兰西共和国总统的是菲利·福尔。他于 1895 年 1 月当选——在很大程度上是因为他是唯一不会冒犯任何人的候选人——在爱丽舍宫一直待到于 1899 年 2 月 16 日略显尴尬地突然离世。当时，福尔和其情妇之一玛格丽特·斯坦希尔夫人在爱丽舍宫的蓝厅亲热，突发中风。他的秘书们在隔壁房间，他们很清楚隔壁在发生什么。在听到斯坦希尔夫人的尖叫声后，他们冲进蓝厅，发现她已经陷入歇斯底里的状态，因为总统抽搐的手死死缠住她的头发，导致她无法脱身。她只能等到旁人把部分头发剪断，才穿上衣服。[2] 接着，她被匆匆送出宫，秘书们这才去通知总统的遗孀。（据说，福尔夫人立刻派人去找神父，若她的丈夫还有一口气，就能给他举行临终涂油礼。

---

[1] 尽管到那个时候，德雷福斯已经 50 多岁了，但他仍然参加了第一次世界大战，他一直活到 1935 年 7 月。在巴黎的拉斯帕伊大道，圣母院地铁站外，有一尊手持断剑的德雷福斯像。

[2] 传言两人当时正在进行口交。那之后，斯坦希尔夫人就得了 pompe funèbre（"葬礼"）这个绰号。

神父一赶到，门就被管家打开了，他气喘吁吁地问管家："总统先生的情妇还在吗？""不，先生，"管家答道，"我们送她从花园的门走了。"）①

　　匆忙之中要找一名神父并非易事；当时的教会正经历困难时期。统治集团中的许多人为狂热的君主主义者，出身贵族，因此，共和派自然视教会为共和主义和进步的威胁。早在 1882 年，学校的宗教教育就遭到禁止，修会的成员也不能在学校任教。世俗婚礼刚得到准许，离婚获得推行，军队中不再设置随军神父。当埃米尔·孔布在 1902 年当选为总理时，情况变得更加糟糕。他几乎是一上任就关闭了所有的堂区学校。接着，他又取缔了当时法国境内的所有 54 个修会，大约 2 万名修士和修女离开法国，他们中的很多人在西班牙安顿下来。到 1904 年，局势进一步恶化，接替福尔担任总统的埃米尔·卢贝对意大利进行国事访问，与国王维克托·伊曼纽尔二世见面，这引发了不承认意大利王国的教皇庇护十世的强烈抗议。孔布对此的反应是召回法国驻教皇国大使。1905 年，议会宣布："梵蒂冈的态度"使政教分离变得无法避免；同年 12 月，又一项以此为目的的法律通过。对于教会而言，政教

---

① 原文为 "Monsieur le Président, a-t-il encore sa connaissance?" 这一双关语没法翻译出来，因为 "connaissance" 既有 "情妇" 的意思，也有 "知觉" 的意思。这不是斯坦希尔夫人最后一次尖叫呼救。1908 年 5 月 31 日，警察被叫到她的住处，发现她的丈夫和继母已经死亡，前者是被勒死的，后者是被自己的假牙噎死的。斯坦希尔夫人本人嘴被塞住了，被很外行地绑在床上。她称是四个穿黑袍的陌生人干的，但这个证词明显是假的，警察逮捕了她。随后，她因为谋杀受到审判，此事成为 1909 年轰动一时的事件。斯坦希尔夫人最后被判无罪，随后她去到英格兰，在那里，她与第六代阿宾格勋爵结婚。在人生最后的 45 年里，她始终保持正直，她住在霍夫——我曾在那里见过她一次——直到于 1954 年去世。

分离有一个好处：教会可以不再受影响，此后它可以自行选择主教，而不受政府干涉。但持续四分之一个世纪实际上相当于迫害的打击，严重削弱了教会的势力，教会始终没能彻底恢复。

19 世纪下半叶，尤其是最后 20 年，法兰西第二帝国的扩张速度惊人。第一帝国一度在北美、加勒比海地区和印度建立殖民地，但后来又失去了这些地方。法国在 1830 年卷土重来，占据了阿尔及尔；随后的进一步吞并使阿尔及利亚成了法国的 3 个海外省；严格说来，当时的阿尔及利亚是法国的一部分。这一回，法国将目标对准了非洲及其离岛——尤其是塞内加尔、突尼斯、毛里塔尼亚、马里、科特迪瓦、乍得、加蓬、摩洛哥（受保护国）、马达加斯加和留尼汪岛；以及中南半岛——越南、老挝和柬埔寨；还有南太平洋——新喀里多尼亚、马克萨斯群岛和波利尼西亚许多地区。共和派最初反对整个领土扩张计划，但当德国开始实施扩张时，他们改变了主意。没过多久，随着与新殖民地贸易的发展，法兰西帝国被视为一股强大的积极力量，传播基督教、法国文化、法语，提升本国声望——即所谓的"文明使命"。

论打造帝国，英国人当然是法国人的主要竞争对手。不过对于法兰西的稳步扩张，英国表现得很平静，甚至流露出些许钦佩之意。即便当拿破仑三世建造了 15 艘全新的由螺旋桨驱动的强力战列巡洋舰时，法国海军的规模仍然相对较小，明显不如英国海军。此外，两国的势力范围鲜有很大的交集。1898 年，一支法国远征队前往白尼罗河河畔的法绍达，试图掌控整个河流流域，从而阻止英国占领苏丹，这恐怕是两国殖民扩张期间最危险的时刻。在法绍达，表面上是为了埃及赫迪夫的利益而采取行动的英军，在人数上差不多是法军的 10 倍，双方彼此仍表现得非常友好。然而在伦敦和巴黎，气氛变得非常紧张。最终，法国人做出了让步，他们及时意识到德国正变得越来越强大，随时可能发生又一场如果没有英国的帮助他们就不会获胜的战争。但他们无法掩盖遭到公开羞辱的事实，还得过好几年，"法绍达事件"才会被人们淡忘。

～

20 世纪的最初几年里，法国的外交政策主要基于对德国的畏惧（德国更大的面积和发展更快的经济，都令法国禁不住想要与之匹敌）和对于收复阿尔萨斯-洛林这一被认为本来就属于法国的土地的决心。（自 1871 年起，巴黎协和广场上代表阿尔萨斯首府斯特拉斯堡的雕像就蒙上了黑纱。）为了孤立这一极其危险的邻居，法国同英国和俄国结盟，1907 年三国协约签订。6 年后，总理雷蒙·普恩加莱当选为共和国总统。他决心想让总统职位不是纯礼仪性的，且他是三国协约的热心拥趸，便两次出访俄国，以加强战略关系。不过，他并不像人们通常认为的那样是反德派，事实上在 1914 年 1 月，他是第一位进入德国大使馆的法国总统。

但两个月后，他卷入一桩严重的丑闻，让他差点儿丢了总统职位。前总理、现任财政部长约瑟夫·卡约威胁要公开总统与梵蒂冈秘密联系的信件。此事一旦被曝光，将会激怒强烈反对教会的左派人士。幸好，卡约本人也有问题：《费加罗报》主编加斯东·卡尔梅特手上有文件证明卡约与第一任妻子尚未离婚就与未来的第二任妻子有染。双方很快达成协议：卡约同意不公开普恩加莱的信，而普恩加莱会利用总统身份向卡尔梅特施压，要求后者同样保持沉默。这件事本可以就此解决,但 3 月 16 日,担心自己名誉受损的第二任卡约夫人闯进卡尔梅特的办公室,用枪打死了他。令人震惊的是,4 个月后,法庭以激情犯罪为由,判卡约夫人无罪。普恩加莱的秘密也没有被公开。

6 月 28 日,总统在隆尚赛马场观看赛马比赛时,得知了斐迪南大公在萨拉热窝遇刺的消息。他让助手写了一封吊唁信,然后继续看比赛。为什么不呢?毕竟触发战争的不是这场暗杀,但一两天后,奥匈帝国政府决定以斐迪南大公遇刺为借口向塞尔维亚发动战争,而俄国作为塞尔维亚的盟友卷入其中,因此也将协约国牵扯进来。对于战争爆发,法国各界想法不一。知识分子整体上欢迎这一仗,认为终于有机会雪 1870 年战败之耻了。由德鲁莱德创立的臭名昭著的爱国者同盟自 19 世纪 80 年代起就开始鼓吹"复仇之战"了。社会党长期以来都将反对战争作为原则问题,但该党派坚持和平主义的领袖让·饶勒斯于 7 月 31 日在巴黎一家餐厅被一名疯狂的狂热分子刺杀,那之后,社会党就改变了态度。8 月 4 日,普恩加莱向法国人民发表讲话:"在即将到来的战争中,法国将受到所有子民的英勇保护,面对敌人,他们神圣的团结不会遭到破坏。"

德国人希望打一场又快又准的战争:他们从东北部入侵,穿过比利时中部,来到法国重工业重镇里尔附近,打算在几个月时间里重创法国的钢铁和煤矿产业。他们的基本战略是西转到英吉利海峡附近,然后往南进发,切断法国的退路。这样一来,法军会被包围,巴黎就会处于没有防御的境况。但在 9 月初,当德军距离法国首都只有约 30 英里,而法国政府刚刚从巴黎迁往波尔多时,马恩河战役发生了。到此时,德军已疲惫不堪,其中一部分人已行军超过 150 英里。他们和近 2000 年前的恺撒一样，大大低估了法国人的斗志：德国人发现所有的桥梁都被拆毁，所有的铁路都被破坏了。但法国人的士气依然高涨，他们坚信最后的胜利是属于自己的。

德军逼近巴黎，这确实让法国人很紧张，可法国人有自己的优势。马恩河战役是世界史上唯一一场有约 3000 名士兵乘坐出租车抵达战场的战役。9 月 7 日晚，约瑟夫·加利埃尼将军征集了大约 600 辆巴黎出租车，从荣军院出发，将士兵们送到前线。每辆出租车载 5 人，4 人坐后排，1 人坐在司机旁。出租车只能开尾灯：司机被要求跟着前车的尾灯。他们按巴黎市的规则，开着计价器；国库为此支付了总计 70012 法郎的费用——如今这个故事已经成了一则传奇，这也是在战斗中首次使用摩托化步兵，因此相比之下，这笔费用算不了什么。[1]

法国赢得了马恩河战役的胜利。但这是否算是一场完胜仍然有争议——法国伤亡人数达 25 万，德国则获得了一大块东北部工业区——不过巴黎保住了，这就足以称得上是胜利了。接下来就是"向海岸推进"的竞赛，两军都向西北行军，都试图避开彼此。尽管战事激烈，但双方都没能赢得这场竞赛，最终，从北海到瑞士边境的前线稳定了下来。同时，军队忙着挖壕沟，以至于挖出了一个双重战壕网，有时，双方战壕之间甚至没有无人区的隔离。

法国——和英国——由此被迫陷入长达 4 年的消耗战，遭受无可形容的破坏，150 万法军士兵丧命，相当于每 20 个法国人中

---

[1] 马恩河战役中的另一位英雄是加利埃尼的总司令福煦元帅，他被人铭记主要是因为他发的那封著名的电报："我的左翼遭攻陷，我的右翼在撤退，形势大好，我要进攻。"

就有一个人死亡。而至少直到 1918 年初，双方都没有实质上的领土增减。不过这期间也出现过具有重要意义的战役。例如，发生在 1915 年 4 月和 5 月的第二次伊普尔战役，是史上第一场使用毒气（由德军使用）的战役。德军的这次毒气攻击针对的是一支主要由殖民地士兵组成的法国部队。4 月 22 日下午 5 点左右，法军哨兵注意到一团黄绿色的烟雾朝己方飘来。一名英国步兵回忆道：

> 我看见……皮肤黝黑的法属非洲勇士们，扔掉他们的步枪、装备，甚至脱掉所穿的短袍，以便能跑得更快些。有个人跌跌撞撞地穿过我们的防线。我们的一位军官举起左轮手枪拦住他，问道："发生什么事了，你们这些该死的胆小鬼？"这个轻步兵口吐白沫，眼睛凸出，倒在军官脚边，痛苦地扭动。

这是一场没有分出胜负的战役，不过伊普尔这座城市沦为了废墟。这之后，双方都变得强硬起来：这场"结束一切战争的战争"变得越来越可怕。

1916 年的凡尔登战役几乎持续了一年，从 2 月一直到 12 月。这一次，英国没有参战：对阵双方是法国和德国。战役一共持续了 303 天，是人类历史上耗时最长恐怕也是代价最为惨痛的战役。法军损失 37.7 万人，德军损失的人数也差不多。正是在凡尔登，菲利普·贝当将军的名字第一次为世界所知晓。[1] 贝当将军指挥

---

① 据说战役初期，一位参谋在夜里赶到巴黎一家旅馆找到了贝当，这位参谋恰好知道贝当当时和他众多情妇中的哪一个在一起。

52 个师，坚持使用轮换战术，每个师在前线的时间不超过两周。他还组织卡车夜以继日地运输，将武器、弹药和军队源源不断地送到凡尔登。他每天下达的命令是："我们能拿下他们！"在两次世界大战之间，贝当在人们眼中是"凡尔登英雄"和法国元帅，是最受尊崇的在世法国人之一。关于贝当的崩毁，我们得留到下一章再进行叙述了。

虽然损失惨重，但严格来说，法国人赢得了凡尔登战役的胜利。不过这场战役的影响远不止于此。在法国人心目中，凡尔登战役代表着整场战争，而且不仅是这场战争，还代表着这场战争导致的所有痛苦和牺牲。20 世纪 60 年代，凡尔登的战场也成了法德和解的象征，法国总统弗朗索瓦·密特朗和德国总理赫尔穆特·科尔在杜奥蒙墓地的合影十分感人：两人在倾盆大雨中低着头，手握在一起。

凡尔登战役进行期间，英军于 7 月至 11 月间参加了索姆河战役，顺带提一下，这场战役中首次出现了一种强大的新型武器：坦克。鲜少有战役比索姆河更为血腥：参战的 300 多万人中，伤亡人数达 100 万。开战第一天，仅英军就有 57470 人伤亡，此前战场上甚至从未出现过接近这样的数字。到 11 月，法军方面又损失了 20 万人。这场战役是由英国将军道格拉斯·黑格爵士和与其同职位者法国将军约瑟夫·霞飞共同策划的，前者不久前取代约翰·弗伦奇爵士成为英军总司令，后者被军队亲切地称为"老爹"。霞飞早期的军旅生涯极富冒险意味，从马达加斯加到廷巴克图，他收获了很多战斗荣誉。1911 年，他晋升为总参谋长，但在这之前，他从未指挥过军队，并欣然承认自己对管理工作一无所知，而这一不足很快就显现出来：1914 年底，人们开始猜测曾是霞飞上司的加利埃尼会接替他的职位。而霞飞和黑格的关系十分糟糕，两人不断起争执。黑格提议将索姆河攻势推迟到 8 月，以便有更多时间进行训练，同时准备更多的火炮；霞飞却嚷嚷称如此一来"法军就不复存在了"，他不得不靠"大量 1840 年的白兰地"来让自己平静下来。事实上，霞飞的职位在那年年底被（罗贝尔·尼韦勒将军）取代，不过作为弥补，他获得晋升，成为法国元帅。

历经 5 个月的噩梦后，我们英国人和法国人在索姆河大屠杀中取得了什么能展示的成果呢？少得可怜。这场战役结束后的一段时间内，人们视之为一场来之不易的胜利，它从德军手中夺走了战略主动，并导致德国的最终溃败。但最近，历史学家不再那么肯定了。无论如何，索姆河战役之于英国人就如同凡尔登战役之于法国人；他们向德军阵地推进了无足轻重的 6 英里，而这已经是自马恩河战役以来最多的了，这样的结果只能进一步表明这场战争令人发指的程度。

1917 年 4 月，贝当成为法军总司令，及时地处理了一连串叛乱事件。士兵的叛乱并不令人意外；即便对于幸存者而言，凡尔登和索姆河这两场战役造成的创伤也是巨大的。彻骨的寒冷、连绵的雨水、肮脏的污泥、横行的老鼠、战壕内凄楚的景象着实让人难以承受。士兵们精疲力竭，很多人都受到了严重的惊吓。总的说来，贝当是带着怜悯之情来处理这些士兵的。尽管有大约 3.5 万士兵卷入叛乱，但被贝当送上军事法庭的只有 3400 人，其中 554 人被判处死刑，可超过 90% 获得了减刑。不用说，叛乱不能让德国人知道。直到 1967 年，叛乱的所有细节才被披露出来。[1]

———————————

① 盖伊·佩德龙西尼，《1917 年哗变》。

仍然是在那个 4 月里，美国参战，之后，它在原料和物资方面做出了重要贡献，不过直到 1918 年夏，大批精力充沛的美军抵达欧洲，才改变了这场战争的力量对比，他们的到来也是德军落败的主要原因。7 月，德军在马恩河发起最后一次绝望的攻击，但被在英美部队协助下的法军约 40 个师团击败。这之后，战争大局已定。众所周知，停战协定于 11 月 11 日签订。

次年，和平会议在巴黎召开，最终，对阵双方签订了《凡尔赛条约》。该条约的条款基本上是由四巨头起草的，四人分别是英国首相大卫·劳合·乔治、美国总统伍德罗·威尔逊、意大利总理维托里奥·埃曼努尔·奥兰多，以及我们的老朋友乔治·克列孟梭——此时的他已经 78 岁，担任法国总理，他制定了条约中最为强硬的那些条款。这些条款当然是惩罚性的：法国收回阿尔萨斯-洛林，并占据德国工业区萨尔盆地；德国位于非洲的殖民地被法英两国瓜分；同时，德国被大幅裁减军队规模，还被要求对这场战争负全责、支付巨额赔款。[1]尽管德国最终只支付了一小部分赔款，但法国迫切需要这笔钱。法国已经背负了沉重的公共债务，还面临规模庞大的重建计划：重振在东北地区的煤钢工业，同时修复战争期间德国占领下的里尔、杜埃、康布雷、瓦朗谢讷以及其他城镇遭受的损失。1918 年，灾难性的西班牙流感爆

---

[1]　不过或许德国实际受到的惩罚比我们以为的要轻。虽然劳合·乔治主张绞死德国皇帝，但协约国允许他过着舒适的流放生活，直到其于四分之一个世纪后去世。只有十几个德国战犯接受了审判，其中大多被判无罪。尽管德国割让了约 10% 的领土，但本土人口损失不足 20%。协约国要求德国支付的赔款高达 1320 亿金马克，可除了 500 亿金马克，其余都被免除。最终，德国只支付了约 20 亿赔款——和希特勒后来用于重整军备所花的费用相比，这只能算是一个小数目。

发，这对欧洲的剩余人口造成了毁灭性打击，法国有 25 万人患病死亡，这一数字如此之大，以至于政府颁布了旨在提高出生率的重要方案："有尊严地"抚养四五个孩子的母亲将被授予铜质的"法国家庭奖章"，有六七个孩子的母亲会得到银质奖章，而那些有 8 个或更多孩子的母亲能得到金质奖章。法国陷入严重的危机。1920 年，共和国总统精神错乱，这件事无助于形势。

～

和所有前任一样，保罗·德夏内尔拥有显赫的政治生涯。多年来，他曾一直是法兰西学术院的成员，写过不少饱受好评的关于文学和历史的书作。早在 1898 年，他就当上了议会主席，并于 1912 年再度当选，之后一直稳坐这个位置，直到 1920 年 2 月，他击败克列孟梭，当选为法兰西共和国总统。德夏内尔上任初期表现不错；但几周之后，当总统收到一个由女学生组成的代表团送上的花束时，他将花一朵朵地扔回到她们身上，这让总统身边的工作人员开始有些担心。还有一次，据说总统在接见英国大使时，身上除了礼仪性的饰物，什么都没穿。5 月 24 日至 25 日的那个深夜，还发生了一件让人意想不到的事，当总统乘坐的列车行至蒙塔日附近时，总统从车窗掉了下去。一个铺轨工人发现了穿着睡衣游荡的德夏内尔，将他带到了最近的铁路平交道口的信号员小屋，总统助手随后赶来这里将他接回。那年夏天晚些时候，德夏内尔在一场会议中离开会场，穿着衣服径直走进一个湖泊。9 月 21 日，他宣布辞职，成为唯一一位从爱丽舍宫直接搬进精神病院的总统。

对法国而言，幸好在条约签署后的第一个 10 年里，政府为追求安全和效率的人所掌控——虽然总统并非总是如此——大多时候是阿里斯蒂德·白里安 ① 和雷蒙·普恩加莱。后者是所谓的"国家集团"的领军人物，这是一个右翼政治联盟，口号是"德国将付出代价！"。1923 年 1 月，德国拖欠赔款，于是时任总理的普恩加莱下令入侵鲁尔，用实际行动表明自己所言非虚。普恩加莱坚称，这么做不仅是出于财政上的原因，还因为赔款支付是《凡尔赛条约》中的一项严格的保证；如果德国人拖欠付款，就会开创极其危险的先例：接下来，什么还能阻止他们废除条约余下的条款、使世界陷入另一场战争？德国自然表示抗议，杜塞尔多夫爆发了激烈的示威游行，导致 130 位平民身亡。有一种很盛行的说法，虽然不能说完全正确，但或许有一部分属实，即鲁尔被占引发的恶性通货膨胀在那年晚些时候彻底破坏了德国的经济：到 11 月，1 美元能兑换 42105 亿马克。

从法国的角度看，占领鲁尔实现了其目标，但法国也为此付出了沉重的代价，其他国家不赞成它的行为，而且这一行为掀起一股对德国的同情浪潮。新成立的国际联盟对此无能为力，因为严格来说，法国的行为并没有违反《凡尔赛条约》。不过，法国不得不同意"道威斯计划"，该计划规定法国撤军并大幅降低了德国的赔款数额；最后一支法军部队得在 1925 年 8 月 25 日离开杜塞尔多夫和杜伊斯堡。

白里安和普恩加莱是截然不同的两种人。白里安首先是个调

---

① 白里安曾 11 次出任法国总理。他还因与玛丽·波拿巴（后来成为希腊王子乔治的王妃）的长期私情而出名。这段关系似乎并不十分令人满意：两人分手后，玛丽·波拿巴漫长的余生都用于性学研究。

解人，1918 年后，他就致力于在欧洲实现长久的和平。最初，他为国际联盟奔波，但该组织在成立初期由于美国的缺席以及英国明显的漠然而毫无建树。1925 年，白里安参加了《洛迦诺公约》的谈判，获得成功，根据该公约条款，法国、英国、意大利、波兰和德国承诺互不侵犯。严格来说，在鲁尔被占期间，这份公约会让英国对抗法国，不过此时纷争已经结束，白里安很肯定同样的情况不会再发生了。1926 年，他和他的朋友，德国政治家古斯塔夫·施特雷泽曼一道获得诺贝尔和平奖。但对于白里安所做的努力，他的祖国没有表现出丝毫的感激之情。1931 年，白里安竞选总统，却以较大劣势落败。他于 1932 年去世，享年 70 岁。

白里安去世不过两年，法国就因为斯塔维斯基事件陷入极度的动荡之中，这起事件或许不如德雷福斯案或巴拿马丑闻那么严重，但它曝光了不少政治家和法官腐化堕落的行为。被称为"漂亮的萨沙"的塞尔日·亚历山大·斯塔维斯基是乌克兰裔犹太人，其父母早年间移居法国。斯塔维斯基过去的经历可谓曲折起伏：他曾当过咖啡馆驻唱歌手、夜总会经理、非法赌场运营者和汤料厂工人。到 20 世纪 30 年代，斯塔维斯基在巴约讷管理市典当行。他还活跃于金融界，通过非凡的个人魅力结交了几位富有且具影响力的朋友。1927 年，他第一次触犯法律，因诈骗罪被捕，但对他的审判一再延期，而且他被获准保释了 19 次。这期间，一位声称持有能证明其有罪的秘密文件的法官被人发现身首异处。根据美国记者珍妮特·弗兰纳里的报道：

> 最终让亚历山大·斯塔维斯基送命的项目……是其在巴约讷市立典当行发放的价值亿万法郎的伪债券，人寿保险

公司购买了这批债券。这些公司听取了殖民地事务部长的建议，殖民地事务部长听取了商务部长的建议，商务部长听取了巴约讷市长的建议，巴约讷市长听取了当铺小经理的建议，而当铺小经理听取的是斯塔维斯基的建议。

1933 年 12 月，斯塔维斯基意识到一切都完了，他逃走了。次年 1 月，警方报告称在沙莫尼一个小木屋里发现了斯塔维斯基的尸体，他死于枪伤。他们称他是自杀，但外界普遍认为斯塔维斯基是被他们杀死的。这些怀疑，斯塔维斯基长期侵占公款、行骗的劣迹被曝光，大量受害者蒙受的损失，以及他与几名部长之间的密切联系，使得国民议会出现了激烈的冲突，最终总理卡米耶·肖当于 1934 年 1 月辞职。接替肖当的是爱德华·达拉第，后者立刻采取行动。他先是免去了警署署长让·夏普的职务，这在意料之中，夏普因同情右翼分子、涉嫌鼓励反政府示威游行而声名狼藉。接着，出于说不清的原因，达拉第解雇了法兰西喜剧院院长，表面上是因为喜剧院安排了一场"反民主"的演出——莎士比亚的《科里奥兰纳斯》。同样出于无法解释的原因，他任命公共安全局局长继任喜剧院院长。

然而，民众的怒火依旧难以平息。他们看到了意大利发生的事，看到了边境那边的纳粹德国现下的局势，而他们对一场法西斯阴谋的担心是真的。不过同样心怀不满的还有几个一心想效仿德国和意大利的法西斯组织。2 月 6 日至 7 日的那个晚上，左翼和右翼一起拥上街头——包括君主主义者和共和派、激进社会主义者、反犹保守分子，还有法兰西行动、法兰西主义运动、火十字团^①这些组织的成员。波旁宫完全被暴徒包围了，为了保护协和桥，军队不得不开火。15 人被打死。自 63 年前的巴黎公社之后，第一次出现这种情况。究竟是怎么回事？示威者到底想要什么？这很难说。他们高喊着："打倒小偷！"但他们要的不止于此。如今看起来很明显的是，当时，很多人决心要彻底推翻法兰西第三共和国。达拉第上任仅 10 天就被迫辞职。^②加斯东·杜梅格继任，他终于成功组建了联合内阁。

1935 年，20 名与斯塔维斯基有关联的重要人物接受了审判。出现在被告席的包括斯塔维斯基的遗孀、两名议员和一名将军。所有人都被判无罪。但法国遭到严重削弱，并在这个 10 年余下的时间都处于严重的分裂之中。这是一场悲剧，尤其因为在那些年里，这个国家将接受召唤，面对其历史上最致命的挑战——只可惜，它没能交出亮眼的成绩单。

---

① 法兰西主义运动创立于 1933 年，是由墨索里尼资助的法西斯组织。火十字团最初是退伍军人协会，后来逐渐右倾，年轻人弗朗索瓦·密特朗是该组织成员。
② 他于 1938 年再度成为法国总理，正好赶上慕尼黑会议，可他对此居然毫无贡献。

第 21 章

洛林十字架

1935—1945 年

> 我向目前在英国领土与将来可能来到英国、持有或没有持武器的法国官兵……发出号召，请你们与我取得联系。无论局势如何，法国抵抗运动的火焰一定不能也绝不会熄灭。

> ——夏尔·戴高乐，1940 年 6 月 18 日

20 世纪 30 年代中期，在东边地平线上，德国变得越来越具威胁性。阿道夫·希特勒于 1933 年上台，他已经发表公开演讲，要"打造更伟大的德国"；他在自传《我的奋斗》中很清楚地表明摧毁法国是其目标之一。1935 年，法国人得知英国甚至都没与自己商量，就签署了一份海军条约，允许德国海军大规模扩军，这让他们更加担心。1936 年 3 月，德军公然违反《凡尔赛条约》，重新占领莱茵兰地区，而英国并没有提出抗议，于是法英关系进一步恶化。与此同时，希特勒变得愈发自信，不再需要惧怕欧洲

方面对他采取的政策提出强烈的反对。在伦敦，内维尔·张伯伦
（他在担任伯明翰市长期间的表现令人钦佩，但他鲜少跨过英吉利
海峡，对于外交事务几乎一无所知）政府认为，要想避免另一场
战争，就得满足元首提出的所有要求。只有温斯顿·丘吉尔和达
夫·库珀尽全力向全世界警示即将来临的危险。

从 1936 年 7 月开始一直到 1939 年 4 月的西班牙内战没有让局
势变得难懂，而是明朗化。德国和意大利立刻加入弗朗西斯科·佛
朗哥将军领导的民族主义阵营。尤其是德国，视这场战争为开发空
军新技术的天赐良机，此时德国空军的实力已经大幅超过了协约国
的空军。相比之下，英国和法国拒绝介入，英国是因为其政府担心
欧洲出现新冲突并进一步升级，法国则是害怕单独行动。

1938 年 3 月，此时的希特勒已经确信自己可以随心所欲，他
吞并了奥地利，后者给予德军热烈的欢迎。[1]接着，希特勒提议吞
并捷克斯洛伐克，理由是该国拥有 300 多万德意志人，他们大多
生活在边境附近，被称为"苏台德德意志人"，这些人是属于德国
的。这一消息在法国引发了更大的不安，因为自 1924 年起，法国
就和捷克斯洛伐克签署了同盟条约。再次当上总理的爱德华·达
拉第咨询内维尔·张伯伦的意见，他得到了预料之中的答复：英
国无意因为这个原因开战。[2]但此时的张伯伦也真的开始担心起
来，为了去见希特勒、跟希特勒当面讨论局势，他生平第一次乘
坐飞机。结果他却一无所获。希特勒要么直接拒绝张伯伦的提议，

----

① 早在 1918 年，大多数奥地利人就投票赞成与德国合并。

② 1938 年 9 月，张伯伦通过广播明确表达了自己的态度，展现了近乎令
人难以置信的无知："为了在一个遥远国家里我们毫无所知的人之间发生的
争执，我们要在这里挖战壕，试戴防毒面具，这多么可怕，多么荒唐，多
么不可思议。"

要么表示接受，但继而告诉对方这些条件还不够，并立刻提出他的要求。

9 月 29 日，谈判因为在慕尼黑的一场会议（一方是希特勒、墨索里尼，另一方则是张伯伦和达拉第）尖锐化。作为此次会议讨论的对象，捷克斯洛伐克却被排除在外。捷克人抗议道："关于我们却没有我们！"会议达成的协议，直接把苏台德地区给了希特勒。张伯伦认为希特勒会就此满足，不会再提出更多要求。他回到伦敦，向等候在赫斯顿机场的欢呼人群夸耀称自己促成了"我们这个时代的和平"。我们都知道，他根本没有做出这么一件事。达夫·库珀愤而辞职，令人惊讶的是，他是唯一这么做的内阁成员。1939 年 3 月 15 日，纳粹军队占领的可不仅是苏台德地区，他们侵占了整个捷克斯洛伐克。5 个月后，8 月 23 日，希特勒与苏联签署了互不侵犯条约。9 月 1 日，他命令军队入侵波兰。此时法英两国终于意识到张伯伦错得多离谱。他们无法再搪塞推诿。9 月 3 日，法英对德宣战。

战争最初 8 个月未发生什么大事。这个阶段被法国人称为"drôle de guerre"（怪战），我们英国人称之为"Phoney War"（假战），温斯顿·丘吉尔称之为"Sitzkrieg"（静坐战）。但到了 1940 年 5 月，一切似乎集中爆发。挪威发生了残酷的战役；张伯伦辞职，丘吉尔接管了英国政府；德军入侵法国、比利时、卢森堡和尼德兰，通过将俯冲轰炸和不间断的坦克攻击相结合，德军势如破竹。5 月 26 日周日上午，法国总理保罗·雷诺飞到伦敦，告知丘吉尔其已在考虑巴黎沦陷的可能。雷诺表态他本人绝不会与德国单独讲和，但他很有可能被有这种念头的人所取代。当天晚上，英国政府下令执行"发电机行动"，撤回在敦刻尔克的英国远征军。

敦刻尔克的故事——在 6 天时间里，约 26 万英军和 9 万法军乘坐任何可以漂浮在海面上的东西渡过英吉利海峡，撤到英格兰——是第二次世界大战中最伟大的壮举之一。但这个故事并不是我们要讲述的故事。此时此刻，法国的情况如何？担任总司令的马克西姆·魏刚将军麾下还有 43 个师，来守卫索姆河和埃纳河。不过法军在人数上和实力上都处于绝对的劣势，且德国人拥有明显更强大的空军。6 月 10 日晚，一直让希特勒干苦差的墨索里尼对法国宣战：法国驻罗马大使用"背后捅刀子"来形容意大利的这一行为。领袖的声望并没有因此得到提升。

法国政府决定让巴黎不设防，不能冒让巴黎毁灭的危险。法军先是撤退到图尔，但图尔已经遭受过轰炸。有人建议在阿尔及利亚继续作战；但北非没有工厂，物资储备少得可怜，几乎没有飞机燃料。英国已经铆足了劲，它从敦刻尔克撤退之后就想方设法地重新装备自己的军队。6 月 13 日，丘吉尔在图尔，他称法国人做错了，他引用克列孟梭的话："我将在巴黎的前面战斗，在巴黎城内战斗，在巴黎的后面战斗。"根据丘吉尔本人的描述，面对他的这番宣言，法国副总理菲利普·贝当"平静而不失尊严"地指出，克列孟梭当初拥有 60 个师的战略预备队，可眼下法国什么都没有。将巴黎变成一片废墟不会影响这场战争的结局。次日，贝当向内阁宣读了一份草案，他在其中谈到

留在法国、准备民族复兴、与民众同甘共苦的必要性。政府不可能在不移民、不逃亡的情况下，放弃法国领土。政府的职责是，无论发生什么事情，都要留在国内，否则就不能再被视为政府。

　　菲利普·贝当出生于克里米亚战争的最后一年，此时已经 84 岁高龄。作为军事领袖的他立下过赫赫战功，尤其是在 1916 年凡尔登战役的 10 个月间，以及在后来镇压法军内部叛乱分子期间。第一次世界大战结束时，贝当已经当上法军总司令，被认为是法国最伟大的军人英雄之一，总统普恩加莱为其颁发了元帅节杖。20 世纪 20 年代，贝当在摩洛哥指挥法军；20 世纪 30 年代，他担任法国战争部长；1940 年 5 月德国入侵后，担任法国驻西班牙大使的他被召回，加入保罗·雷诺的政府。

　　雷诺是个有正确理念的好人。他痛恨纳粹德国，决心反抗到底。然而，他有一个灾难性的阿喀琉斯之踵。他的情妇埃莱娜·德·波尔特伯爵夫人是亲德派，她厚颜无耻地干涉国家事务，更过分的是，她还劝说雷诺任命几个与她抱有同样想法的朋友担任重要的部长。在图尔会谈期间，雷诺问丘吉尔，若法国被迫单独议和，英国会做何反应。丘吉尔给出了只有他才会做出的答复："我们不会大肆苛责不幸的盟友。若我们最终获胜，我们会无条件地承担起帮助法国从废墟中重获新生的职责。"当然了，这完全是丘吉尔个人的即兴讲话，并没有得到英国议会的批准。几天后，他收到了战时内阁的反馈：法国可以提议停战，但其舰队先得被带到英国港口。内阁同时提出了另一个提议：英法两国应当建立起稳固持久的联盟关系。两国公民可自动获得另一国的公民身份；两国只有一个内阁和一个指挥部。这固然是个相当宏伟的概念，但可惜，在法国人看来，这是"背信的阿尔比恩"再次试图接管他们的国家，他们不假思索地拒绝了。此时已经处于精神崩溃边缘的雷诺觉得自己无能为力了。他递交了辞呈，并告诉总统阿尔贝·勒布伦，若他认同法国必须寻求休战这个普遍观点，那么他应该去找菲利普·贝当。勒布伦这么做了。6月16日，贝当出任总理，顺带一提，他是坚定的反英派。7月10日，国民议会授予贝当全部权力，而法兰西第三共和国终结了。

法国与德国在6月22日签订了停战协定。当时法国已经有9.2万人阵亡，20万人受伤，近200万人沦为战俘。这个国家眼下分成两个区：约五分之三的领土为"占领区"，位于北部和西部，完全被德国人控制；余下的东南地区将在贝当的领导下于维希建立政府。表面上看，法国获得了独立，甚至能保持中立，因为维希政府从未正式加入轴心国。另一方面，德国将200万被俘虏的法国士兵（其中的多数人被强迫劳动）当作人质，以确保维希政府能听其摆布——抓捕犹太人并向德国交纳大量黄金、食品和补给。

与此同时，对法国海军该采取怎样的措施呢？显然，绝不能让其落入敌人之手。法国海军被告知必须立刻将舰船驶入英国或美国的港口，也可以前往加勒比海地区的马提尼克岛或瓜德罗普的法国港口。否则，法国舰船就得在6小时内自沉。若上述选项都遭到拒绝，"国王陛下的政府会动用一切必要的力量来阻止这些舰船落入德国或意大利之手"。法国果真没有选任何一个选项。许多法国舰船停泊在北非海岸奥兰附近的凯比尔港。7月1日，法国海军上将马塞尔·让苏尔拒绝接见代表英国海军上将詹姆斯·萨默维尔爵士前来的上校，并声称法国海军绝不会允许其舰船被他方接管，若英方开火，他们的行动会被解读为对法宣战。萨默维尔接到的命令是不能拖延；他留给让苏尔的时间，是到下午5点30分，希望后者会改变主意。直到5点54分，他知道必须下达自己之前一直希望并祈祷能够避免的命令：尽可能多地摧毁昔日盟友的舰船。尽管痛心疾首且极不情愿，但萨默维尔还是命令手下开火。让苏尔的旗舰"敦刻尔克"号以及战列巡洋舰"普罗旺斯"号都遭到严重损害，另一艘战列巡洋舰"布列塔尼"号遭轰炸并沉没。共有 1297 名法国水兵丧命，350 人受重伤。英国皇家海军视这次被称为"弩炮行动"的行动是其执行过的最可耻的行动；但英国别无选择，至少通过此举，英国向全世界表明了抗争到底的决心。

无论是英国人，还是法国人，对于凯比尔港发生的悲剧，最感震惊的当属夏尔·戴高乐。身材高大的戴高乐高 6 英尺 5 英寸，他曾指挥第四装甲师，当雷诺任命戴高乐为战争部长时，他已升至准将军衔。获悉贝当出任总理后，戴高乐立刻带着雷诺给他的一笔秘密资金（10 万金法郎）飞到英国，着手组建自由法国。6 月 18 日周二——这天正值滑铁卢战役周年纪念，而且也恰好是丘吉尔向英国下议院发表著名的《这是他们最光辉的时刻》演讲的日子——戴高乐抵达英国，仅 24 小时后，而且尽管遭到了英国外交部极力反对，[①] 他向法国人民发表了同样著名的广播讲话。他表示，法国输掉了一场战斗，但没有输掉整场战争。

自由法国成立了。

～

随着自由法国在英国的规模逐渐扩大，法国国内的抵抗运动也愈发积极。运动一开始只是轻微的抗议行动：剪断电话线，撕掉海报，划破德国人的轿车和卡车的轮胎。但当特别行动处在伦

---

① 外交部的反对被时任信息大臣的达夫·库珀驳回了，达夫当时控制着英国广播公司。

敦成立，丘吉尔下令"让欧洲燃烧起来"后，遍布法国城镇和乡村的抵抗运动成员得到了大量武器和无线设备供应，很快，他们就被称为"马基游击队"。小型飞机会定期在夜间悄悄飞到法国各地的临时小机场，接送特工和投放补给。我们中的一些人仍然记得英国广播公司在9点的新闻播报之后播放的法语消息："亨利丢了他的伞，但肉很不错。"这些都是暗号，以缓慢阴沉的语调重复两三遍，可能意味着展开行动，也可能意味着取消行动。

这个时候，到了我生活的时期，或许我可以掺入我的个人记忆。我的父亲于战争一结束就成为驻巴黎大使，在这期间，他经常会举办授衔仪式，在这些仪式上，他会为法国抵抗运动的英雄们颁发奖励，通常是英国国王勇气勋章。他们大多是来自法国各个地方的社会地位不高者，很多是此前从未到过巴黎的质朴农民。有些人收留过逃跑的英国战俘数周，直到这些战俘能拿到伪造文件、过境进入中立的西班牙。还有些人经常在夜幕的掩护下溜出去点亮飞机跑道，以便在那些地方接收特工和补给，那些小型运输机在地面上停留的时间几乎不会超过5分钟。甚至还有人在桥下安装炸弹，或者炸毁纳粹分子的汽车。在这么做时，这些人全在冒生命危险。一些人被捕，遭盖世太保严刑拷打，但拒绝透露任何消息，而且在被释放后，他们又立刻继续行动。他们中的大多数人都不是身强力壮的年轻人，而是已到中年甚至上了年纪的男女，他们平时或是在农田劳作，或是打理当地的汽车修理厂，又或在村里的店铺工作。我父亲的秘书埃里克·邓坎农负责念嘉奖令，他时常哽咽，接着，一个矮小、受惊的人会走上前，我的父亲会为此人别上勋章，在这个过程中，眼泪止不住地从父亲双颊滑落。他过去常说，这些是他人生中最为动人的时刻。

1942 年夏，美国（在珍珠港事件后，于 1941 年 12 月加入第二次世界大战）和英国正在为联合入侵法属北非的"火炬行动"做准备。在当时，苏联军队是唯一一支与德军正面对抗的力量。有一段时间，苏联一直竭力说服英美开辟第二战场，以缓解苏军所承受的巨大压力。美国方面倾向于"大锤行动"，即在欧洲占领区登陆。但英国人意识到新近抵达的美军没有对付德国国防军的经验——英国人自己则累积了相当丰富的经验——并认为这会导致灾难性的后果。他们转而提议消灭北非海岸的轴心国军队：英美联手入侵摩洛哥、阿尔及利亚和突尼斯，这些地区名义上都为维希政府所掌控。美国总统罗斯福打破了随之出现的僵局，他给自己的将军们下达了明确的指令，要求他们支持英国的计划。

维希政府在北非海岸地区有约 12.5 万士兵，在卡萨布兰卡还有十几艘军舰和 11 艘潜艇。法国人的忠诚度显然是个未知数，他们是会继续忠于贝当元帅，反抗英法联军，还是会允许联军登陆，加入自由法国运动？美国将军马克·克拉克与一位重要的法军指挥官进行了秘密会谈，[①]并获悉法国陆军和空军或许是可以争取的力量，但海军方面，由于对凯比尔港事件仍然记忆犹新，他们会顽抗到底。

11 月 8 日，就在蒙哥马利于阿拉曼获胜几天后，盟军同时在卡萨布兰卡、奥兰和阿尔及尔登陆。美国士兵在入侵部队中占多数，他们希望自己遇到的阻挠会比英国人小一些，但事与愿违。诚然，在摩洛哥，守军没能发起有效的抵抗，但盟军差一点儿因为汹涌的大西洋海浪而无法登陆：55 艘美国登陆艇被毁，很多人

---

① 严格来说，美国和维希政府并不处在交战状态。

因而丧命。在阿尔及利亚海岸，法军的抵抗要顽强得多，不过盟军最终还是取得了胜利。

幸运的是，就在盟军登陆前一天，维希政府代总理，海军上将弗朗索瓦·达尔朗抵达阿尔及尔，看望患上小儿麻痹症的儿子。他被人认出，并被俘。达尔朗知道德国人即将占领维希法国的所有领土，当德国人于 1942 年 11 月 11 日真的这么做时，他向盟军提出了提议。达尔朗会下令立刻停火，且指挥维希政府在北非的军队投靠盟军；作为交换，盟军得承认他是法国在北非和西非的最高长官。时任北非战场盟军司令的艾森豪威尔将军接受了这一条件，达尔朗没有食言。

现在，问题第二次出现了：怎么处理土伦的战舰，怎样阻止轴心国接手这些战舰？那里的指挥官是海军上将让·德·拉博德，他还记得凯比尔港事件，和几乎所有法国高级海军军官一样，他对英国人的憎恶甚至超过了他对达尔朗的鄙视。尽管他的上级们试图让他相信一切都结束了，但他拒绝采取任何行动。最终，海军部长保罗·奥方海军上将向他下达了严格的命令：拉博德得在不流血的情况下阻止外国军队进入法国海军所有机构，若不可行，他必须下令凿沉所有舰船。德国海军向拉博德承诺，德国不会进攻土伦或他的舰艇，因此拉博德相信自己的处境相对安全。但随着党卫军装甲部队于 11 月 27 日抵达土伦，他改变了主意。法国海军采取了规模惊人的自沉行动：他们故意凿沉了总计 77 艘远洋舰艇，包括 3 艘战列舰、7 艘巡洋舰、15 艘驱逐舰和 12 艘潜艇。另有 7 艘潜艇无视命令，叛逃至北非的自由法国。

"达尔朗交易"不出意外地引发了一股抗议浪潮。在伦敦的戴高乐将军很是愤怒。海军上将达尔朗是头号通敌者，任何负责的盟军指挥官都不会和他对话，更不要说与他达成协议了。但这场风暴很快就平息了，当 1942 年平安夜，达尔朗被法国青年费尔南·博尼耶刺杀，进一步的讨论变得毫无意义。很多年后，真相才浮出水面：达尔朗遇刺是英国特别行动处和自由法国联手精心策划的。法军和盟军方面都没有人感到难过。

~

"火炬行动"使战局起了变化。终于，盟军似乎有望赢得胜利；1943 年 6 月 3 日，戴高乐将军在阿尔及尔与亨利·吉罗将军会面。吉罗拥有显赫的军旅生涯。他曾在第一次世界大战期间被俘（被弃在战场上等死），两个月后，他乔装打扮成流动马戏团的杂工成功出逃。1940 年，他再次被俘。这一次，他借助一根手工搓成的绳子，从山间堡垒中逃脱，最终溜进维希法国。在那里，他极力劝说贝当（但他的努力落空了），希望后者相信德国会落败，因此面对德国的侵占，必须予以反抗。美国人试图让吉罗参加"火炬行动"，但他提出了让他们难以接受的条件，包括由他本人担任此次行动的总司令，并且英国人不能参与。（他同样对凯比尔港事件耿耿于怀。）不过，盟军还是将他带到了北非。达尔朗遇刺后，吉罗成了法军总司令。

　　戴高乐和吉罗两位将军参加了于 1943 年 1 月举行的卡萨布兰卡会议，但他们极不情愿，因为他们只是这场会议的配角，并且被排除在军事计划讨论之外。此外，由于两人毫不掩饰的对彼此的厌恶，情况也变得更加复杂。在旁人的极力劝说之下，戴高乐和吉罗才答应在镜头前面握手。可即便如此，他们的第一次握手过于潦草和敷衍，以至于他们不得不再握一次。不过，他们也意识到彼此不可或缺。6月，他们一起创建了法兰西民族解放委员会——实际上就是自由法国的临时政府——一起担任联合主席。在真正意义上的法国领土（严格说来，阿尔及利亚是宗主国法国的一部分）成立真正的法国政府，这极大地鼓舞了法国各地人民的士气，尤其是抵抗运动成员的。然而，戴高乐和吉罗这样互不满意的合作关系显然无法持续太久。没有人感到意外的情况出现了：离这一年结束还早时，戴高乐智胜吉罗（吉罗的勇气远大于自己的才智），戴高乐独掌大权。

就第二次世界大战而言，1943年6月至1944年6月这12个月间发生了很多事。7月，盟军在西西里登陆，墨索里尼失势；9月，盟军在意大利南部登陆；10月，意大利对德国宣战。1944年新年伊始，遭困两年半之久的列宁格勒被解围，英国皇家空军开始对德国主要城市进行夜间轰炸；6月4日，美国第五集团军进入罗马；两天后的6月6日，"霸王行动"，也就是被期待已久的诺曼底登陆行动开始。

盟军的登陆行动不可避免地使其与法国人的关系变得极为紧张。就像此时人人都知道的，戴高乐将军是个很难打交道的人：动不动就生气，自尊心极强，常常将别人的无心之举解读为冒犯。有一次，丘吉尔和他通电话，并且很快就发了脾气。戴高乐称法国人将他视为圣女贞德转世。"我们现在不得不烧死这最后一个。"英国首相怒吼道。

戴高乐将军与美国人的关系更加糟糕。罗斯福总统始终不信任他，拒绝承认法兰西民族解放委员会，坚持"为了安全起见"，应该将戴高乐排除在诺曼底登陆行动之外。事实上，罗斯福这么做完全是对的。法国人仍在使用英国密码破解员几分钟就能解开的密码，但高卢人的自尊心不允许他们采用英国或美国的密码系统。另一方面，如丘吉尔向罗斯福总统指出的，"尽管戴高乐有种种缺点和愚笨之处，但最近他流露出些许与我们合作的意愿，说到底，要解放法国，我们很难把法国人排除在外"。因此，丘吉尔派两架约克客机去阿尔及尔司令部接戴高乐，但这位将军拒绝前往，因为他听闻美国人不同意就后续成立法国文官政府展开讨论。达夫·库珀当时是丘吉尔派驻阿尔及尔的代表，他花了一个小时来劝说戴高乐改变主意。直到次日，戴高乐才极不情愿地——且非常没有风度地——同意前往。

当戴高乐抵达英国时，心情依旧糟糕。将"先遣司令部"设在朴次茅斯附近一列火车上的丘吉尔热情地接待了戴高乐，邀请其共进午餐，可随后，丘吉尔做出了严重冒犯举动：他表示接戴高乐来的目的是让其在英国广播公司发表讲话。对于这位法国将军眼下最关心的法国民政事务，丘吉尔只字不提。这已经够糟糕的了，但接下来发生的事更糟。戴高乐被带着观看了盟军货币，这种货币在美国印刷，被发放给了入侵部队。这种"fausse monnaie"（他这么称它们，即"假币"之意）是"绝对不会被共和国政府承认的"。午餐之后，他被带去与总司令艾森豪威尔将军会面，看到了为他广播讲话起草的文本。他拒不接受这一文本，愤怒地宣布要撤回所有派驻在英国师和美国师的法国联络官。丘吉尔这时同样怒火中烧，指责戴高乐"在战斗最要紧时刻背叛"，提议将他直接送回阿尔及尔，并称"若有必要可以给他戴上镣铐"。

法国与盟军的关系的确很僵，以至于直到 6 月 14 日，距离诺曼底登陆过去一个多星期后，戴高乐才踏上法国的领土。与他一起抵达的还有一大批随从和大量行李，对于一日游来说，如此阵仗未免过大。蒙哥马利将军邀请戴高乐共进午餐，并表示后者可以带上 2 名部下，结果戴高乐带来了 18 个人，最后减至 3 人。剩下的人会被驱车送到巴约。可是当吉普车抵达时，又发生了一次争吵。戴高乐坚持要让他带来的法国司机开车载他们。难怪丘吉尔说过这样一句话："在我背负的所有十字架中，属洛林十字架最为沉重。"①

接下来的 10 周，战斗进行得非常艰难。但到 8 月中旬，盟军逼近巴黎，巴黎也做好了准备。8 月 15 日，宪兵、警察和地铁员工进行罢工。19 日，随着德国坦克及装甲车沿香榭丽舍大街撤退，抵抗运动（此时被称为"法国内务部队"）成员向全体巴黎人发出总动员；在此后的 3 天里，小规模战斗一直持续。24 日下午，菲利普·勒克莱尔将军故意违背上级美国少将杰罗的命令，派先遣部队进入巴黎，并带去整个师将于次日进城的消息。当晚 9 点 22 分，第九装甲连在雷蒙·德罗纳上尉的带领下从意大利门突破，进入巴黎。

当时在巴黎的德国指挥官是中将迪特里希·冯·肖尔蒂茨。希特勒给他下达的命令是"一旦敌人推进，就摧毁巴黎，在废墟中防守"。但军官同僚说服肖尔蒂茨，这么做没有任何军事意义。

---

① 这种拥有两个横杆的十字架是自由法国的象征。

肖尔蒂茨拖延了自己的投降时间，好让德国政府相信自己是光荣地投降。25 日下午，在警察局，身形肥胖、戴着单片眼镜、满头大汗的肖尔蒂茨在勒克莱尔交给他的文件上签了字。在被占领了4 年多之后，巴黎终于解放了。

26 日，周六，一个晴朗无云的夏日，仍在为勒克莱尔的抗命之举而生气的杰罗将军接报，法军计划在当天下午举行胜利游行。午餐时分，杰罗愤怒地表示："命令勒克莱尔将军，他的部队不能，再说一遍，是不能，参加今天下午的游行，而是得继续执行当前任务，清理巴黎及附近的敌人。他只能听从我下达的命令。"但再一次，杰罗的命令遭到了无视。下午 3 点，戴高乐在凯旋门上接受军队的敬礼，然后在勒克莱尔、他的另外两名高级将领柯尼希和朱安以及巴黎抵抗运动组织的主要领袖的陪同下沿香榭丽舍大街步行。游行过程并非一帆风顺：当队伍来到协和广场时，枪声响起，现场随之陷入混乱，数人死亡。[①] 不过戴高乐面不改色，沉着地坐上正在等候的车，并向巴黎圣母院驶去。当他抵达圣母院时，现场响起了更为密集的枪声。等候在大教堂的教徒们都趴在地上，但将军继续缓缓地、无所畏惧地、庄严地走进正厅，来到祭坛台阶下方他的位置上。负责现场直播的英国广播公司记者是这样报道的：

> 这是我所见过的最具戏剧性的场景之一……将军径直朝着枪林弹雨走去……他一直往前走，目不旁视，没有丝毫的

---

① 让·谷克多当时在克里雍酒店观看游行，他坚称其叼在嘴里的香烟被射成两半，但没有人相信他。

犹豫，他的肩膀往后展，沿着中间过道走着，全然不顾朝他飞去的子弹。这是我所见过的最勇敢的表现之一……枪声烟雾包围着他，不过他似乎拥有神灵的保佑。

巴黎解放了，但战争远未结束。8月15日，一场新行动展开，15.1万名盟军士兵在马赛和尼斯之间的里维埃拉地区登陆。盟军打算先占据地中海沿岸——丘吉尔坚称这里是"欧洲的软肋"——的重要港口，然后开辟另一个战场，向德国人施加更大的压力。美国第六军和由让·德·拉特·德·塔西尼将军指挥的几个法军师并肩作战。在南部力量薄弱的德军很快就撤到罗讷河谷，他们试图在第戎掘壕防守，但没有成功。直到抵达孚日山脉，他们才得以建起一条稳固的防线。与此同时，法军占据了马赛和土伦，极大地缓解了诺曼底港口的压力，后者当时极其艰难地维持着英军和美军的补给。仅4周的时间，盟军就解放了法国南部大部分地区，重创德军，并且解决了自身的供给问题。"龙骑兵行动"大获成功——11月19日，德·拉特及其部下抵达莱茵河上游，仅4天后，勒克莱尔将军和他的第二装甲师就进入了斯特拉斯堡，实现了他当初在非洲沙漠深处许下的誓言。同一时期，丘吉尔于10日飞到巴黎，次日，他和戴高乐一起参加了在香榭丽舍大街举行的又一次游行。安东尼·艾登当时也在场，他告诉哈罗德·尼科尔森，人群"为丘吉尔欢呼，他此前从未听到过这样的欢呼声"。艾登还补充道："温斯顿一直在哭，等他接受'解放巴黎'奖章时，他的眼泪能装满好几桶。"

在斯特拉斯堡获胜后的次日，戴高乐飞到莫斯科与斯大林会面。这次会面对他而言很重要，原因有二。首先，戴高乐决心要严格控制法国共产党。幸好，斯大林很乐意帮忙；他最不希望发生的事就是巴黎发生共产主义起义，因为这很可能导致罗斯福终止美国与苏联的租借法案协定。其次，戴高乐担心的另一件事是即将召开的和平会议，显然，会议召开时间不能拖延太久。他知道罗斯福仍像以前那样不信任自己，因此他需要斯大林的支持，以确保自己能够出席和平会议。

而为了这次会面，戴高乐要付出的代价就是忍受斯大林在克里姆林宫举办的铺张至极的宴会：即便是在最有利的情况下，这种事也很吓人，而这一回，戴高乐的外交部长乔治·比多让情况变得更加糟糕，他喝得酩酊大醉——这正是宴会主人想要看到的。但最终在凌晨 4 点，法苏协议签署。戴高乐将军达到了目的。法国共产党领袖莫里斯·多列士战时大部分时间都待在苏联，此时的他刚返回法国，他没有号召罢工或人为设置街垒，相反，他鼓励全党为了击败德国这个唯一的目标提高生产力。戴高乐开心地离开莫斯科，但坏消息正等着他：德军在阿登森林取得突破，预计会向海岸进发。

～

这个作战计划是希特勒提出来的。此时他的处境很糟；他 7 月遇刺，侥幸死里逃生，而随着盟军逼近德国、"千年帝国"可耻的失败摆在眼前，希特勒深感绝望。此刻，他开始策划出人意料的反攻。他的军队将穿越美国第一集团军的防线，渡过默兹河，夺取安特卫普。希特勒相信整个行动只需 14 天时间就能完成。他告诉大为震惊的德国将军们，这么做可以将盟军分隔开，困住加拿大第一集团军，并将加拿大逐出战场。如此一来，美国人自然会乐于开启和平谈判。这将成为战争的转折点。

担任德军总司令的陆军元帅冯·伦德施泰特清楚这个计划根本行不通。但到这个时候，德国已经没什么可失去的了，他答应领导希特勒提议的这次攻势。该行动被称为"突出部战役"，于1944年12月中旬打响，持续了3周。战役初期，盟军被打得措手不及，德军形势大好。由于无线电完全关闭，通信仅靠电话和信使，盟军情报人员和ULTRA密码破译员 [1] 没能察觉到任何征兆，因此没有人预见到即将到来的进攻。但最终，德国输了：德国失去了最后的储备，残余的德国空军也被摧毁了。不过盟军同样遭受了惨重的损失：他们不得不对付记忆中最寒冷的冬天之一，且希特勒的这次行动使盟军入侵德国的计划延迟了一个月或更久。从法国的角度看，有一点尤其糟糕：艾森豪威尔命令法军撤离斯特拉斯堡。艾森豪威尔完全没有明白斯特拉斯堡在法国人心中代表着什么。这座城市以及阿尔萨斯和洛林在1940年被希特勒吞并，过去4年里一直属于德国。没有人能想象斯特拉斯堡重新落入德国人之手。戴高乐愤怒地违抗了总司令的命令，称"斯特拉斯堡将是我们的斯大林格勒"，若美军撤出，法国人会孤军奋战到死。丘吉尔支持戴高乐。法国人的决心给艾森豪威尔留下了深刻的印象，他不再坚持撤离。

突出部战役还见证了英美关系的急剧恶化，这完全归咎于将军伯纳德·蒙哥马利爵士令人无法容忍的自负。他于1月7日召开新闻发布会，在会上，他只是轻描淡写地带过美国人展现出来的"勇气和出色的战斗素质"，而在接下去的半小时里，他说他

---

[1] ULTRA 是指通过破译敌军加密通信获得的军事情报。

差不多是独自赢得了这场战斗——事实是，突出部战役的胜利完全是属于美国人的 ① ——而且，除了艾森豪威尔，他对其他美国将军只字不提。一直都很讨厌蒙哥马利的奥马尔·布拉德利和乔治·巴顿两位将军，以辞职相威胁，要求调走蒙哥马利，艾森豪威尔也确实打算将其开除。在参谋长的劝说下，艾森豪威尔才极不情愿地接受了蒙哥马利的道歉。

　　战争最后几个月，三巨头在雅尔塔召开重要会议。但戴高乐没有接到与会邀请，这让他大为光火，他始终忘不了这次侮辱。将戴高乐排除在外的决定依旧与其长久的敌人罗斯福脱不了干系。尽管法军占据了德国南部很多地区，但美国总统仍然阻挠法国参与所有将会塑造欧洲及战后世界的讨论。他发电报给丘吉尔和斯大林，称戴高乐的参与"只会让讨论多一个复杂且令人不快的因子"。另一方面，罗斯福认同丘吉尔的看法，即应当允许法国在德国拥有占领区，并且如斯大林所坚持的，法国区得在英国区和美国区之外，此外，法国应该是联合国成立会议的五大参与国之一。后一条让步对法国而言至关重要，它因此得以在联合国安全理事会中获得一个永久席位。

　　现身雅尔塔会议的罗斯福比以前显得苍白虚弱，就在会议结束仅两个月后，也就是 1945 年 4 月 12 日，他去世了。不到一个月后，1945 年 5 月 8 日，第二次世界大战欧洲战区的战斗宣告结束，但远东地区的战斗直到 8 月才画上句号。法国属于胜利的一方，可经过过去 5 年，它严重受创。随着战前各党派及其大多数领导人名誉扫地，戴高乐组建临时政府几乎没有遭遇阻力；但他拒绝入住诸如爱丽舍宫或位于瓦雷讷路的总理官邸马提尼翁府这

---

① 美军方面有 19246 人阵亡，英军阵亡人数为 200 人。

样重要的办公楼，反而带着家人搬进了布洛涅森林边缘一座国有小别墅内，并且无视该别墅曾为赫尔曼·戈林居住这件事。

唉，胜利并没能改善将军的性格，6月18日阅兵仪式上发生的一幕就是例子。很符合其一贯作风的是，戴高乐下令只有法国将士可以参加此次阅兵。然而，队伍中有一辆属于斯皮尔斯夫人创立的医疗小组的救护车，这位夫人的丈夫爱德华爵士曾在1940年6月悄悄将戴高乐送到伦敦。时任英国驻巴黎大使的达夫·库珀描述了当时的情景：

> 斯皮尔斯夫人送给法军的救护车也参加了阅兵，她的吉普车上除了法国三色旗，还飘扬着英国小国旗。眼尖的将军发现了这些让他反感的旗帜，而站在他边上的我却没能察觉。结果就是，将军将负责此事的上校召唤过来，勒令其解散医疗小组，将所有英国成员遣送回国。这个由斯皮尔斯夫人及其朋友资助的医疗小组自战争爆发以来就一直在前线为法军服务，先后看护了2万受伤的法国士兵。
>
> 戴高乐为人之愚蠢和小心眼实在令人难以置信。

巴黎刚被解放时的情况比其在德国人控制之下时更糟糕。这座城市的部分地区成了废墟，公共设施几乎不复存在。食物严重短缺，主要困难不在于农业生产，而在于运输。铁轨被炸毁，轨道车辆和卡车被征用并带到了德国。塞纳河、卢瓦尔河和罗讷河上的所有桥梁都被拆除。当然，情况很快得以改善，到1945年年底，法国开始努力复苏；但其在心理上遭遇的创伤则需要更长的时间来恢复。

　　战后初期最重要的问题是确认通敌者并处置他们。首当其冲的是维希政府的领导人。此时近 90 岁高龄的贝当被控犯有叛国罪，并被判处死刑，除了法国元帅，其所有头衔都遭褫夺。显然，第一次世界大战期间的表现让他逃脱死刑，戴高乐改判其终身监禁。贝当先是被囚禁在比利牛斯山脉一座堡垒中，3 个月后，他被送到靠近北大西洋海岸的利勒迪厄岛。贝当在岛上渡过余生，于 1951 年 7 月老死。几乎让人难以置信的是，在贝当政府担任国防部长并曾将犹太孩子逐出学校的魏刚被判无罪。事实上，维希政府要员中仅 3 个人被处决（由行刑队执行，断头台的时代终于不复返了）：党卫军军官约瑟夫·达尔南，他曾领导追捕抵抗运动组织成员的准军事组织法兰西民兵；维希政权第三号人物费尔南·德·布里农，他是狂热的纳粹支持者，于 1944 年 9 月逃到德国，流亡期间出任维希政府总统；皮埃尔·赖伐尔，他恐怕是 3 个人中最卑劣的，同样是疯狂的纳粹支持者，在将犹太儿童驱逐到德国这件事中扮演了重要的角色，并且在诺曼底登陆日，他发表广播讲话，禁止同胞为盟军提供任何帮助。

　　在其他地方，通敌者就没那么走运了。很多通敌者遭到暴民的私刑攻击，被殴打致死。无数被控与德国士兵上床的女性（她们中的很多人之所以这么做只是为了得到养活自己孩子的食物）被剃光头发或者半裸着游街示众。据说，单是抵抗运动组织成员就处决了约 4500 人。为了维持秩序，戴高乐发起了"合法清洗"，惩罚所有叛国者，尽可能消除维希政权的所有残余。大约 2000 名通敌者被判死刑，不过真正被处决的不足 800 人。（作为国家首脑，戴高乐本人给包括所有女性在内的 998 个被告做了减刑处理。）但其中仍然有很大的灰色地带，很多人被一些人认为是通敌者，又被另一些人认为是英勇的抵抗运动组织成员。仅在巴黎就有超过 15 万人因为涉嫌通敌被拘留过，不过大多数人随后被释放。这些人中包括实业家路易·雷诺、歌手蒂诺·罗西、莫里斯·切瓦力亚和埃迪丝·琵雅芙，演员兼剧作家萨沙·吉特里，服装设计师可可·香奈尔。解放初期，在英国大使馆举办的晚宴上，出现了好几次这样的情况：有客人在开宴前悄悄找到女主人，抱歉地表示无法与另一人同桌。

～

就这样，第二次世界大战让法国成了滋生矛盾的温床。法国既是落败者，又是胜利者；它有过荣耀的时刻，也有过耻辱的时刻；它的新领袖是法国历史上最伟大的人物之一，但也会表现出令人难以置信的怯弱和狭隘。然而，他确实为法国带来了振奋人心的领导力，还有一定程度的纪律性，毕竟在经历了漫长的 5 年之后，这个国家迫切地需要这种纪律性。在接下去的若干年，法国将要面对许多问题，例如与越南、阿尔及利亚的问题，与一个统一的欧洲的问题，还有与新近出现的与伊斯兰世界的问题；但 2000 年的历史已经足够了。我选择用第二次世界大战的结束为本书收尾，一发现我开始写自己生活中的事，我就觉得我不再是在书写历史了。所以叙述就到此为止吧，以最近一次具有里程碑意义的重大事件作为本书的句号，对此，我满怀感激。在过去的 20 个世纪里，法英关系的历史可说跌宕起伏，但在那些时间里，法国为欧洲文化做出的贡献比其他任何国家都要大——我们一直和许多其他人一样，都是幸福的受益者。

结　语

　　对法国的感激分为两种。第一种，是我们每个人都应该对法国给予这个世界的东西的感激。或许我们应该从它的语言说起。对于不是在法国出生的人而言，法语始终是一个挑战，它是罗曼语族中最难学的，天知道，也是最难发音的。（事实上，我一直认为轻微的口音是一种优势：我们无权声称自己掌握了一门外语，并且假装它是我们的母语。多亏了母亲坚持让我从 4 岁起就上法语课，我对自己能说流利法语之前的日子几乎没什么印象；可我永远不会被误以为是法国人，我也无权被误以为是。）另一方面，回报非常丰厚，而且不仅对旅行者来说如此，对阅读者来说也是：无论译文如何出色，原文的很多风味不可避免地会丢失，这个问题在诗歌体上比在散文体上体现得更为突出。而且我想着的不止是那些伟大的作家：龙萨和拉辛，巴尔扎克和福楼拜，德·缪塞和维克多·雨果[1]；我想着的还有西默农、我过去爱唱的那些极其迷人的民谣，以及琵雅芙、夏尔·特雷内、乔治·布拉桑、雅克·布雷尔等类似歌者在夜总会吟唱的根本无法翻译的抒情歌曲——在他们吟唱这些歌曲的那些年里，英国人最能拿得出手的

---

[1]　在被问到谁是法国最伟大的诗人时，安德烈·纪德回答："维克多·雨果，唉！"

歌曲仅是《（周日下午）畅游泰晤士河》。不同于英国人，法国人为自己的语言感到自豪。流行的英语用语必然会悄悄掺入法语中（从"le weekend"到"email"），可如果情况失控，法兰西学术院总是会发出警告的。

在画家方面，我们再次从法国那里获益良多。特纳欣赏的克洛德·洛兰和不用说了的普桑，还有本书提到过的菲利普·德·尚帕涅和亚森特·里戈这两位杰出的肖像画家。不过我本人始终对 15 世纪情有独钟，让·富凯、创作了《贝里公爵的豪华时祷书》的林堡兄弟，以及同样出众的同时代画家们。他们的作品在前文亦有所提及。多希望我能找到更多的理由来介绍一两位我喜爱的印象派画家。

再来说说音乐世界，我个人会将让·巴普蒂斯特·吕利列在名单第一位，原因很简单，我认为《在月光下》是有史以来最迷人的曲子之一。至于 19 世纪，我心目中的第一名是埃克托尔·柏辽兹，比才、福雷和德彪西可角逐第二名。（因为那部糟糕的《波莱罗》，拉威尔没资格参选。）更不要说那些歌剧作曲家了——例如夏尔·古诺、儒勒·马斯内·贾科莫·梅耶贝尔和莱奥·德利布——在英国很少能听到他们的作品，我认为这主要是因为很少有英美歌手喜欢法语鼻音化元音以及似乎无处不在的阴性词尾 -e——这处理起来可比看起来要复杂得多。

建筑方面，只需要提及伟大的罗马式教堂——在图卢兹、昂古莱姆、韦兹莱、图尔尼和勒皮，能找到尤其漂亮的教堂——沙特尔主教座堂和卢瓦尔河谷城堡群这些足矣。这个游戏几乎可以无休止地玩下去。但在这里，我很乐意点到为止，我只是要再提醒下英国人，所有这些以及多得多的建筑，对我们来说是近在咫尺。

但是，我这里描述的种种仅是法兰西精髓的皮毛，有时候，它仿佛就在我们呼吸的空气中。1964 年，我驾车从阿比让出发，沿着西非海岸前往拉各斯。尽管当地已经取得了独立，但仍然让人觉得仿佛置身殖民世界：在抵达尼日利亚之前，我驶过科特迪瓦（象牙海岸）、加纳、多哥和贝宁（当时被称为"达荷美"）。加纳和尼日利亚（曾经的英国殖民地）与其他地区（曾经的法国殖民地）有着惊人的差异。在阿比让和洛美（多哥），我在午餐时享用了美味的杏仁鳟鱼——鳟鱼是此前一晚从马赛空运过来的。那里有让人愉悦的咖啡馆，光顾的大多是留在当地的法国人，他们穿着剪裁完美的衬衣和短裤，啜饮佩诺茴香酒和金巴利酒。我清楚地记得，当来到尼日利亚边境时，我的心往下沉，边境处的工作人员是一位体形硕大的尼日利亚女士，她穿着鼓起的卡其色制服，坐在一张摇晃的木桌旁，桌上是一圈圈满溢的啤酒杯留下的圆痕，她正在下足球赛赌注。天呐，我心想，天呐。

现在，我要讲讲我对法国的第二种感激，这就是我个人的感激。这个我已经认识了 80 多年的国家，这个从宏伟的英国大使官邸到简朴的斯特拉斯堡卧室兼起居室各种住所我都住过的国家。回首过去，诸多回忆涌上心头：在战前艾克斯莱班看到的吉卜赛高跷舞者；在盟军登陆南部一周年纪念日骑自行车穿越普罗旺斯；在蒙马特的狡兔酒吧（它永远都是我最爱的夜店）唱老歌；又或者是在阿尔勒享用户外晚餐，其间，一匹高大的白马突然从角落里窜出来，马背上有一个男人，在那个男人身后是一个极为美丽的女孩，他们穿着全套普罗旺斯传统服装，半个世纪过去了，那段记忆依旧鲜活。对于所有这些回忆，还有更多回忆，我都心怀感激。那种感激不仅仅是感激：那是爱。

进一步阅读

以下是一些关于绝妙的法国历史的书籍，远比我的书更优秀、更周密。希望我的小书能引起您的兴趣，同时，如果您想进一步阅读更多，我会向您介绍几本多年来我格外喜爱的相关书籍。

Julius Caesar, *De Bello Gallico* (editions too numerous to count).

Richard Cobb, *Paris and Elsewher*, John Murray, 1998.

Jonathan Fenby, *The History of Mordern France*, Simon & Schuster, 2015.

Graham Robb, *The Discovery of France*, Picador, 2007.

Stephen runciman, *The History of the Crusdes*, vol 1-3, Penguin, 1971 etc.

Desmond Seward, *François I: Prince of the Renaissance*, Legend, 1973.

顺便一提，我实在很享受这本讲述了 1000 年来关于法国的误解的妙趣横生的小书：Stephen Clarke, *1000 Years of Annoying the French*, Bantam Press, 2010。

出版后记

如今法国所在的这片土地上，曾诞生了一位又一位的领袖人物，他们深刻地影响了法国国家的发展，共同书写了丰富多彩而具有影响力的法国历史。本书的作者约翰·朱利叶斯·诺威奇以这些人物为线索，梳理了从高卢时期到第二次世界大战结束2000多年的法国历史。

诺威奇是英国著名的大众历史学家，其父亲达夫·库珀为巴黎解放后的英国首任驻巴黎大使，因此诺威奇从童年起在法国度过了大量的时光。在本书中，他以生动轻松的笔调，结合自己特有的经历与对法国深厚的感情，为读者娓娓道来一部法国简史。通过他的书写，我们得以看到，法国历史的复杂性与法国历史上的重要人物密切相关，他们以各自的方式给法国打上了自己的烙印。

本书编校过程中难免有疏漏错误，敬请读者指正，在此谨表谢忱。

服务热线：133-6631-2326 188-1142-1266

服务信箱：reader@hinabook.com

2021 年 2 月

图书在版编目（CIP）数据

法国简史：从高卢人到戴高乐 /（英）约翰·朱利叶斯·诺威奇著；陈薇薇译 . -- 北京：中国友谊出版公司 , 2021.8（2023.7 重印）
书名原文：A History of France
ISBN 978-7-5057-5264-1

Ⅰ . ①法… Ⅱ . ①约… ②陈… Ⅲ . ①法国—历史—通俗读物 Ⅳ . ① K565.09

中国版本图书馆 CIP 数据核字 (2021) 第 138782 号

著作权合同登记号　图字：01-2021-4984

书名	法国简史：从高卢人到戴高乐
作者	［英］约翰·朱利叶斯·诺威奇
译者	陈薇薇
出版	中国友谊出版公司
发行	中国友谊出版公司
经销	新华书店
印刷	天津雅图印刷有限公司
规格	889×1194 毫米　32 开
	13.5 印张　302 千字
版次	2021 年 11 月第 1 版
印次	2023 年 7 月第 4 次印刷
书号	ISBN 978-7-5057-5264-1
定价	84.00 元
地址	北京市朝阳区西坝河南里 17 号楼
邮编	100028
电话	（010）64678009